Sayyid Abul Hasan Ali Nadwi

La vita e l'opera

Ahsan Academy of Research

(Springs, South Africa)

Sayyid Abul Hasan Ali Nadwi: La vita e l'opera

Abdul Kader Choughley

Traduzione a cura di Sabrina Lei

Tawasul International
Centre for Publishing, Research and Dialogue

ISBN: 9791281473096

Autore: Abdul Kader Choughley

Titolo inglese: Sayyid Abul Hasan Ali Nadwi: Life and Legacy

Titolo in italiano: Sayyid Hasan Ali Nadwi, la vita e l'opera

Traduttore: Sabrina Lei

Ahsan Academy of Research

(Springs, South Africa)

Tawasul International

(Rome, Italy)

In onore di Muhammad Aasif Bamjee

Come apprezzamento per il generoso supporto al
Dottor Yusuf Bamjee Memorial Series

Indice

Indice

---

[1] Nadwi, *The Four Pillars* (Lucknow, 1976).

Riconoscimenti

La corrispondenza e l'incontro con Sayyid Abul Hasan Ali Nadwi mi hanno ispirato a scrivere questo libro. Dopo trent'anni dalla lettura del volume *Kārwān i-Zindagi* in lingua urdu, il mio interesse è aumentato e mi ha spinto a scrivere un'opera dedicata alla vita ed all'eredità dello Shaykh Nadwi.

L'opera -qui presentata nell'edizione in lingua italiana- è un'edizione rivisitata del volume intitolato *Sayyid Abul Hasan Ali Nadwi: Life and Work* risalente al 2011. Negli ultimi anni sono state pubblicate opere scritte in urdu, arabo ed inglese da cui ho tratto un immenso beneficio. Nello stesso periodo molti scritti dello Shaykh Nadwi sono stati resi disponibili grazie all'impegno di studiosi ed istituzioni competenti. Il contributo notevole dell'Abul Hasan Ali Centre ne è una testimonianza.

Il Sayyid Muhammad Rabey Nadwi, rettore della Nadwat al-'Ulama (Lucknow) è stato molto gentile nel corso del mio breve soggiorno nel 2005, mettendo a mia disposizione i libri ed i manoscritti disponibili. Il suo interesse e supporto verso la mia ricerca sono stati molte apprezzate. Sayyid Bilal Abdul Hayy, un discendente della famiglia Hasani, è degno di una menzione speciale. Costui ha infatti recuperato i libri e gli articoli che non ero riuscito a trovare ed ha ricoperto il ruolo di patrono della nostra accademia. Desidero esprimere anche il mio apprezzamento verso Muhammad Nu'man Chishti della Iqbal Academy (Pakistan) che cortesemente ha reso disponibili per la mia ricerca delle traduzioni di poemi scelti dell'"Allāma Iqbal.

Due persone influenti che hanno avuto un ruolo chiave nel progetto di stesura di un'opera multivolume sulla vita e sull'eredità dello Shaykh Nadwi purtroppo non si trovano più tra di noi. Questa è stata una grande perdita per l'Ahsan Academy of Research. Il Dottor Yusuf Bamjee ha avuto un ruolo chiave nella fondazione dell'Accademia nel 2017 per promuovere le opere dello Shaykh Nadwi ed altri studiosi nell'ambito della rinascita islamica (*tajdīd*). Il seguente commento intende sottolineare il suo importante ruolo nell'ambito della Shaykh Nadwi Series:

<<Sono grato al mio collega, il Dottor Yusuf Bamjee, il cui supporto mi ha spronato a studiare l'erudizione islamica nell'Asia meridionale. Mi ha dato consigli e mi ha incoraggiato in ogni fase della stesura dell'opera. La pubblicazione di diversi volumi, di cui il presente studio costituisce una parte, deve il suo inizio a Yusuf. Il suo interesse e le conoscenze sia tipografiche che dei migliori standard editoriali riflettono l'etica della sua opera e la generosità>>.

Purtroppo, anche nel ringraziare il Mufti Ayoob Moola esprimendogli il mio profondo senso di gratitudine, sono costretto ad utilizzare il tempo passato. Mentore ed amico, il Mufti Ayyob è sempre stato una fonte d'ispirazione. Il suo profondo interesse nel progresso della ricerca e le speciali du'ā per il suo completamento sono le cose che ora ricordo con maggiore gratitudine. Quest'opera, sotto diversi punti di vista, può anche essere considerata un tributo alla sua benedetta memoria.

Un grazie va anche a Muniera, che si è impegnata molto nella battitura delle molteplici stesure del manoscritto. La sua collaborazione editoriale ha accresciuto l'importanza di questo studio. Infine, intendo ringraziare i molti colleghi, i sostenitori ed i benefattori per il continuo interesse mostrato verso questo progetto editoriale.

Abdul Kader Choughley
(Springs, South Africa)
akchoughley@gmail.com

Traslitterazione

Tutti i nomi in urdu, arabo e persiano sono stati citati utilizzando un sistema di translitterazione semplificato in cui sono stati eliminati i segni diacritici dettagliati. Le lettere 'ayn, hamza e ā sono state invece mantenute. Vi sono comunque delle variazioni quando questi segni diacritici non vengono utilizzati nelle opere in lingua inglese. Per questa ragione, in molti casi termini come sufi e tafsir compaiono nella forma anglicizzata. Nella traslitterazione di nomi propri e di località in lingua urdu, è stata seguita la loro pronuncia particolare al fine di ottenere una misura di uniformità.

Citazioni dirette e riferimenti, quando è stato possibile, sono state riportate da traduzioni pubblicate delle opere in arabo ed urdu. Quando invece è stato necessario, sono state fatte delle traduzioni dirette dalla fonte in lingua urdu.

Sayyid Abul Hasan 'Ali Nadwi: La vita e l'eredità

1913: Lo Shaykh Nadwi nacque a Takya Kalān, Rae Bareli, il 15 dicembre.

1923: -Morte del padre, Sayyid 'Abdul Hayy, autore dell'opera biografica *Nuzhat al-Khawātir*.

-Inizia lo studio dell'arabo e del persiano.

-Accompagna suo fratello, il Dottor 'Abdul 'Ali, alla convocazione annuale della Nadwah a Kanpur.

1926: Incontra eminenti personalità musulmane ed attivisti politici quali il Dottor Zakir Husain, il Mawlana Muhammad Ali Jauhar, il Mawlana Zafar Ali Khan e l'Hakim Ajmal Khan.

1927: Viene ammesso al corso di letteratura araba (*adab*) nell'università di Lucknow.

1928: Incontra il Mawlana Husayn Ahmad Madani.

1929: Ottiene il primo posto negli esami di letteratura araba (*fādil adab*).

-Incontra l' Allāmah Iqbal nel corso di una sua visita a Lahore e gli porge la sua traduzione in arabo del poema di Iqbal intitolato *Chānd*.

-Studia scienza degli *hadīth* presso la Nadwah sotto il Mawlana Haydar Hasan Khan.

-Inizia lo studio della lingua inglese.

1930: Risiede nel College medico a causa di un'operazione agli occhi di sua madre.

-Accompagna ad Azamgarh lo studioso e letterato marocchino 'Allāmah Taqi al-Din Hilāli.

-Compone una monografia in lingua araba su Sayyid Ahmad Shahid.

1931: Partecipa a Lahore alle lezioni di *tafsīr* del Mawlana Ahmad 'Ali Lahori ed a quelle dedicate all'opera di Shah Waliyullah intitolata *Hujjat-Allah al-Bālighah*.

-Viene iniziato nel *tasawwuf* dallo Shaykh Ghulam Muhammad Dinouri.

1932: Partecipa alle lezioni sugli *hadīth* del Mawlana Madani a Deoband.

 -Scrive degli articoli per la rivista *Al-Diyāh*.

1933: Primo incontro con il Gran Mufti di Palestina, lo Shaykh Amin Al-Husayni.

1934: Riceve l'incarico d'insegnante di *tafsīr* e letteratura araba presso la Nadwah.

-Contrae matrimonio con Sayyidah Tayybah al-Nisā.

-Primo incontro con il Mawlana Ashraf 'Ali Thānawi, illustre riformista del subcontinente, presso Thana Bhawan.

1935: Incontra a Mumbai il Dottor Ambedkar, leader dei Dalit (intoccabili).

1936: Partecipa alla Aligarh Muslim Educational Conference.

1937: Incontra per l'ultima volta l'Allāmah Iqbal.

1938: Prepara il curriculum del BA in studi islamici per la Aligarh Muslim University.

1939: Incontra per la prima volta il Mawlana Sayyid Abul A'la Mawdudi.

-Pubblica il *Sirah Sayyid Ahmad Shahid*.

-Incontra il Mawlana 'Abdul Qādir Raipuri ed il Mawlana Muhammad Ilyās (fondatore della Tablighī Jamā'at).

1940: Diviene coeditore della rivista *Al-Nadwah*.

-Prepara l'antologia araba *Mukhtārāt*.

1941: Si unisce alla Jamā'at-i Islami sotto la leadership del Mawlana Mawdudi.

1942: Presenta uno scritto intitolato *Religion and Civilisation* presso la Jamia Millia Islamia (New Delhi).

1943: Si dimette dalla Jamā'at i-Islami.

-Fonda l'*Islamic Educational Institute* e diviene responsabile delle lezioni di Corano.

1944: Partecipa alla conferenza sulla *sirah* in Peshawar (Pakistan).

1945: Si dimette dalla Nadwah, ma le sue dimissioni non vengono accettate.

1946: Ottiene il *khilāfat* dal Mawlana Ahmad 'Ali Lahori.

-Mantiene dei legami spirituali con il Mawlana 'Abdul Qādir Raipuri.

1947: Compie il suo primo pellegrinaggio insieme a sua madre, sua sorella, e suo nipote, Sayyid Muhammad Thāni Hasani.

-Scrive una lettera al Re Saud relativamente al governo islamico nel regno saudita.

-Viene invitato da Jawaharlal Nehru a partecipare all'Asia Conference insieme a Sarojini Naidu e Mohammad Ali Jinnah.

1948: Riceve l'incarico di editor della rivista *Ta'meeri-Hayāt*.

-Viene eletto membro dell'Executive Committee della Nadwah.

-Ottiene il *khilāfat* dal Mawlana Raipuri.

1949: Riceve l'incarico di direttore dell'educazione presso la Nadwah.

-Tiene dei discorsi alla presenza di indù e musulmani in importanti città.

1950: Compie un secondo pellegrinaggio.

-Riceve l'onore di entrare nella Ka'bah su invito della famiglia Shaybi.

-Primo incontro con Sayyid Qutb alla Mecca.

1951: Compie degli importanti viaggi per la *da 'wah* in Egitto.

-Insegna presso l'università del Cairo

-Incontra il padre di Hasan al-Bannā, fondatore del movimento dell'Ikhwān.

-Partecipa agli incontri di lettura della sua opera intitolata *Rise and Fall of Muslims*.

-Visita importanti luoghi con lo Shaykh Muhammad al-Ghazāli.

-Visita il Sudan, la Siria e la Giordania.

-Trascorre gli ultimi dieci giorni del Ramadān presso la Bayt al-Muqaddas.

-Condivide dei punti di vista sulle questioni relative ad al-Quds.

-Tiene una lezione sulla Palestina ed i suoi contributi alla cultura islamica.

1952: In seguito alle violenze intercomunitarie in India, intraprende un dialogo interreligioso tra musulmani ed indù.
1953: Fonda un centro Tabligh in Lucknow.
1954: Si rivolge agli studenti della Dār al-'Ulūm Deoband.
-Trascorre del tempo con il noto Shaykh Mawlana Wasi-Allah Fatehpuri.
1955: Viene pubblicato il primo volume di *Saviours of Islamic Spirit*.
1956: Professore in visita presso l'università di Damasco.
-Viene eletto membro dell'Islamic Conference
-Incontra il Presidente Shukri Qawtāli ed altri dignitari.
-Visita il Libano ed incontra degli influenti studiosi di diverse organizzazioni islamiche.
-Visita la Turchia e mette in luce le politiche anti-islamiche di Kemal Ataturk.
1957: Soffre di cataratta e comincia ad avere difficoltà nella scrittura.
1958: Scrive degli editoriali per la rivista araba *Al-Muslimūn* pubblicata a Damasco.
1959: Fonda a Lucknow l'Academy of Islamic Research.
1960: Viene eletto presidente del Dini Ta'limi Council, di cui era anche membro fondatore.
1961: Morte di suo fratello maggiore, il Dottor Sayyid 'Abdul 'Ali, rettore della Nadwah.
-Viene scelto come rettore della Nadwah.
1962: Viene eletto membro esecutivo della Steering Committee dell'Università di Medina.
-Incontra il Re Saud ed il combattente libico Idris Sanusi.
-Diviene membro della Rābita 'Ālam al-Islami (Lega Musulmana Mondiale).
-Tiene una serie di lezioni pubblicate sotto il titolo di *Islamic Concept of Prophethood.*
-Viene eletto membro del concilio della *Shurā* a Deoband.
1963: Riceve l'onore di tenere una conferenza pubblica presso il *musallah* di Shāfi'ī nell'Haram.

-Viaggia in Europa e tiene delle conferenze presso le università di Londra ed Edimburgo.

-Tiene due conferenze per la BBC in lingua araba.

-Incontra il leader sudanese, Hasan Turabi.

-Visita la Spagna, inclusi i monumenti e le città risalenti al periodo islamico.

1964: Seconda visita in Europa.

-Tiene un'importante lezione in Germania presso la Berlin University of Engineering.

-Partecipa ad un incontro per promuovere la pace in Jamshedpur dopo le rivolte intercomunitarie.

-Viene operato agli occhi a Mumbai. L'operazione ebbe esito negativo.

1965: Ha assunto un ruolo di leadership nella fondazione della Muslim Majlis Mushāwarāt.

-Incontra il re Faisal e discute questioni islamiche di rilevanza globale.

1966: In seguito alla critica rivolta alle politiche del presidente egiziano Nasser, le autorità indiane gli confiscano il passaporto.

-Scrive un'introduzione all'autobiografia di Hasan al-Bannā, *Mudhakkirāt*.

1967: Visita l'Hijaz e rimane miracolosamente illeso in un incidente d'auto a Taif,

1968: Tiene una serie di lezioni presso l'università di Riyadh.

-Morte di sua madre, Sayyidah Khairun Nisā.

-Presenta un articolo all'incontro dei ministri dell'educazione in Kuwait.

1969: Terza visita in Europa. Tiene delle lezioni alle università di Birmingham e di Leeds.

1970: Soggiorna per un periodo a Lucknow in seguito alle inondazioni verificatesi a Takya Kalān.

1971: Viene operato agli occhi a Sitapur.

1972: Partecipa alla conferenza organizzata dalla Aligarh Muslim University sulla condizione delle minoranze.

1973: In quanto membro della delegazione della Rābita, si reca in visita in Libano, Afghanistan, Iran, Siria ed Iraq.
 -Parla di fronte agli intellettuali iraniani a Tehran.
 -Scambia dei punti di vista con il primo ministro del Libano ed altri personaggi politici.
-Incontra il re Hussain di Giordania e tiene un discorso davanti alle forze militari.
1974: Ha inizio il movimento del *Payām i-Insāniyat* da lui fondato.
 -Visita Sharjah su richiesta dell'emiro Sultan Muhammad Al-Qasimi.
1975: Celebrazione del settantacinquesimo anniversario della Nadwah.
1976: Morte di sua sorella, Amatullah Tasnim.
 -Il governo proclama lo stato di emergenza.
 -Incontra il primo ministro Indira Gandhi e presenta la prospettiva islamica sul controllo delle nascite.
 -Incontra il presidente della Mauritania, Mukhtar Dildada, nel palazzo del parlamento.
-Viaggia in Marocco per la quarta conferenza della Federation of Islamic Universities.
-Incontra il re Hassan del Marocco.
1977: Il primo ministro Indira Gandhi lo va a visitare a Takya Kalān, Rae Bareli.
-Su invito della Muslim Students Association, visita gli Stati Uniti d'America.
-Tiene delle lezioni presso diverse università prestigiose.
-Viene di nuovo operato di nuovo agli occhi a Filadelfia.
-Incontra Muhammad Ali, il campione di box.
1978: Partecipa all'Asia conference in Pakistan.
-Incontra il generale Zia-ul-Haq, presidente del Pakistan, presso la State House.
-Il Council of Islamic Ideology organizza un ricevimento in suo onore.

-Tiene delle lezioni presso delle importanti università ed istituzioni.

-Incontra il Mawlana Mawdudi e Maryam Jameelah.

1979: Partecipa alla conferenza sulla *sirah* in Qatar.

-Rappresenta la Rābita in un incontro con i ministri dell'Awqāf dai paesi arabi.

1980: Sultan Al-Qasimi, il sovrano di Sharjah, si reca in visita di cortesia alla Nadwah.

-Riceve uno speciale invito dall'inviato dell'Iraq su richiesta di Saddam Hussain per partecipare ad una conferenza internazionale.

-Viene eletto membro della prestigiosa accademia delle scienze (Majlis 'Ilmi) in Giordania.

-Gli viene assegnato il King Faisal Prize. La somma in denaro viene distribuita tra il Tahfiz al-Qur'ān (Mecca) ed i rifugiati afgani.

-Tiene un discorso in occasione del centenario della Dār al-'Ulūm Deoband.

1981: L'università del Kashmir gli conferisce un dottorato *honoris causa*.

1982: Organizza un seminario su Islam ed Orientalismo.

1983: Viene eletto presidente del Muslim Personal Law Board.

-Incontra il principe Hasan di Giordania.

-Tiene delle lezioni all'Emirates Gulf College ed all' 'Ain University in Dubai.

-Tiene una lezione alla presenza degli studenti e dello Staff presso la Kuwait University e la Jami'at al-Islāh.

-Ha un ruolo fondamentale nella fondazione dell'Oxford Centre for Islamic Studies.

-Viene eletto presidente dell'OCIS.

1985: Diviene presidente della World Academy of Islamic Literature.

-Partecipa a diverse conferenze in Bangladesh.

-Tiene delle lezioni alle università di Sana e di Yarmuk.

-Incontra il presidente dello Yemen, Ali Abdullah Salih.

-Si rivolge ai membri dell'aviazione yemenita.
-Dona al Generale Zia-ul-Haq un modello della Masjid al-Aqsa.
-Il governo del Pakistan conferisce un premio per la *Sirat al-nabi* di Sayyid Sulaymān. La somma viene devoluta alla Shibli Academy (Azamgarh).
-Viene costituito ufficialmente l'OCIS presso la Oxford University.
1986: Partecipa alla conferenza islamica sull'Algerian Interfaith Dialogue in Delhi, Nagpur, e Pune.
1987: Tiene delle lezioni presso diverse università in Malesia.
-Inizia le Abdul Aziz Al-Mutawwa Lecture Series a Londra.
-Partecipa alla Rābita Silver Jubilee.
1988: Tiene una serie di lezioni ad Abu Dhabi, Dubai e Sharjah.
1989: Incontra il primo ministro della Turchia, Najmuddin Erbakan.
1990: Incontra funzionari dello Stato e leader religiosi per cercare di risolve la crisi della Babri Masjid.
1991: Esprime delle dure critiche verso l'invasione irachena del Kuwait.
-Incontra l'ex primo ministro dell'Afghanistan, Abdur Rabb Rasul.
-Payām i-Insāniyat organizza degli eventi per promuovere l'armonia intercomunitaria.
-Scrive una lettera al re Fahd dell'Arabia Saudita relativamente alla riforma della società musulmana.
-Riceve l'Abul Kalam Azad Award, il cui ricavato viene distribuito per fini legati alla ricerca.
1992: Declina la più alta onorificenza civile del governo indiano.
-Tiene una lezione su *Islam and the West* presso l'Islamic Foundation (Leicester).
1993: Partecipa alla World Conference of Religion in Chicago.
-Visita Bukhara, Tashkent ed Uzbekistan.
-Fondazione dell'Imām Bukhārī Islamic Centre.

1994: Tiene delle lezioni per lo staff dell'Aligarh Muslim University.

-Irruzione della polizia negli ostelli della Nadwah.

-Compensazione del governo per gli studenti feriti.

1995: Fondazione del comitato dell'hifz e delle madāris sotto la sua supervisione.

1996: Incontro con il Primo ministro dell'India.

-In Turchia viene tenuto un seminario in suo onore.

-Gli viene conferito l'onore di aprire la porta della Ka'bah.

1997: Partecipa al simposio organizzato dalla Rābita Adab in Lahore.

-Viene tenuta alla Nadwah una conferenza internazionale sul Qadianismo.

-Il Dīnī Ta'limi Council si oppone alla politica statale nell'ambito dell'educazione.

1998-Riceve il premio Islamic Personality of the Year.

-Si oppone all'introduzione forzata del *Vande Mataram* per studenti musulmani nelle scuole a sovvenzione statale.

-La polizia fa irruzione nella sua abitazione in Rae Bareli seguita da proteste nel paese.

-Inaugurazione del centro di informazione in Bengaluru.

1999: Viene colto da paralisi in seguito ad un colpo apoplettico.

-Viene visitato dal primo ministro Vajpayee ed altre personalità.

-Riceve il Sultan of Brunei Prize per l'opera *Saviours of Islamic Spirit*.

-Fa un appello ai dirottatori del volo dell'Indian Airlines per il rilascio degli ostaggi.

-Muore il 31 Dicembre del 1999.

Introduzione

Questo studio intende esaminare i contributi di Sayyid Abul Hasan Ali Nadwi (1913-99) al pensiero islamico contemporaneo. Con una carriera lunga e movimentata durata oltre 70 anni, lo Shaykh Nadwi è considerato un importante studioso nell'ambito della rinascita islamica, espressione che in questo studio indica delle specifiche circostanze storiche relative al ventesimo secolo, in cui la globalizzazione e la modernità hanno influenzato il discorso islamico su molteplici livelli. Gli 'ulama considerati come i bastioni della tradizione islamica non sono stati immuni dai rapidi mutamenti che hanno avuto luogo nel mondo musulmano in seguito al progresso tecnologico. Nel suo *The Ulama in Contemporary Islam*[1], Zaman ha messo in luce i dilemmi delle società musulmane nella gestione delle sfide ed il ruolo degli 'ulama come custodi delle tradizioni islamiche, relativamente alle istituzioni a cui sono associati ed alle risposte agli sviluppi geopolitici.

Lo Shaykh Nadwi è tra i pochi 'ulama indiani che hanno preso sul serio il ruolo dinamico dell'Islam nell'India multireligiosa. La difficile situazione dei musulmani indiani che, come minoranza, si vedono sempre più assediati e minacciati dall'ascesa della militanza induista era una delle sue principali preoccupazioni. Lo Shaykh Nadwi ha sempre sostenuto la necessità per i musulmani di abbandonare la loro mentalità separatista e cercare delle opportunità per coesistere ed operare insieme alle altre realtà religiose per costruire una società vivibile[2]. Secondo lo Shaykh Nadwi, l'autenticità islamica è un ideale a cui i musulmani indiani debbono aspirare in ragione dei legami che intrattengono con

---

[1] Muhammad Qasim Zaman, *The Ulama in Contemporary Islam: Custodians of Change* (Princeton, 2002).
[2] Abul Hasan Ali Nadwi, *Muslims in India* (Lucknow, 1972), 125.

il mondo islamico. Questo spiega la sua presentazione della *islāh* (riforma) e del *tajdīd* (risveglio) come strumenti di rinascita islamica. È interessante notare che la tradizione scolastica combinata con l'attivismo islamico ha contribuito in modo significativo al profilo dello Shaykh Nadwi come portavoce per i musulmani indiani e riformatore di rilevanza internazionale. La sua versatilità è visibile nei suoi scritti maggiori, in cui vengono elaborati i seguenti temi:

- Il primato del Corano e della Sunna come araldi della civiltà mondiale.
- l'*islāh* ed il *tajdīd* come ancore della rinascita islamica.
- La *da 'wah* come approccio metodologico.
- Una critica dell'Islam e dell'occidente.
- L'ordine islamico in un ambiente indiano.

La diversità dei temi brevemente citati è individuabile nell'opera autobiografica multivolume intitolata *Kārwān i-Zindagi*[3]. Il presente studio si concentra sull'opera dello Shaykh Nadwi nel background degli sviluppi socio-politici sia in India che nel mondo musulmano. Viene adottato un approccio sequenziale per dare significato cronologico e tematico ai suoi contributi al pensiero islamico riformista. Lo Shaykh Nadwi è infatti un eminente *'ālim*, la cui presentazione dell'Islam è influenzata dalle sue preoccupazioni per la comunità e l'affermazione della necessità di prendere ispirazione dalle vite esemplari dei primi musulmani[4].

Un importante elemento per ricostruire l'approccio dello Shaykh Nadwi ad un'ampia gamma di questioni nel ventesimo secolo è rinvenibile nel *Kārwān*. È chiaro che l'autobiografia di un personaggio così eminente sia un documento importante

---

[3] Nadwi, *Kārwān i-Zindagi*, 7 vol. (Lucknow, 1999).
[4] Cfr. Nadwi, *Saviours of Islamic Spirit*, vol. I (Lucknow, 1971), 1-4.

sotto molteplici punti di vista. L'autobiografia come genere letterario era ben nota nel mondo musulmano. Come esempio è possibile citare l'autobiografia spirituale di al-Ghazāli intitolata *Al-Munqidh min al-Dalāl* (Liberazione dell'errore)[5]. La tradizione autobiografica stabilita nel corso del periodo medievale islamico è stata soggetta ad uno studio critico in Occidente[6]. Malti Douglas nel *Blindness and Autobiography* ha messo in luce le caratteristiche di un'autobiografia che sono rilevanti anche per il *Kārwān* dello Shaykh Nadwi. Un testo implica un lettore che a sua volta ha delle determinate aspettative verso il genere letterario dell'autobiografia. Questo genere è molto più intimo e personale di una biografia, e promuove una sorta d'identità tra il narratore ed il soggetto, che aiuta anche a creare l'autenticità nel testo[7].

La motivazione che ha spinto lo Shaykh Nadwi a scrivere la sua autobiografia non è solo quella di ricordare "le memorabili pietre miliari della sua vita"[8], ma di fornire una cornice onnicomprensiva delle sue attività rispetto alla sua crescita ed allo sviluppo intellettuale[9]. Gli episodi storici nella sua vita, come ha osservato lo Shaykh Nadwi, sono contestualizzati per fornire al lettore l'opportunità di esaminare criticamente il suo ruolo in quegli eventi in cui "ha partecipato attivamente"[10]. Inoltre, la sua autobiografia fa degli ampi riferimenti ai suoi prolifici scritti per mettere in risalto i contributi al pensiero islamico contemporaneo. Il *Kārwān* cerca anche di esplorare la visione dello Shaykh Nadwi così come viene rappresentata dalla Nadwat al-'Ulama sul

---

[5] Cfr. Montgomery Watt, *Muslim Intellectual: A Study of Al-Ghazali* (Edinburgh, 1963).

[6] Cfr. James Olney, *Autobiography, Essays, Theoretical and Critical* (Princeton, 1980).

[7] Fedwa Malti-Douglas, *Blindness and Autobiography* (Princeton, 1988), 93-4.

[8] Nadwi, *Kārwān*, vol. 1, 12.

[9] *Ibid.*, 12-13.

[10] *Ibid.*, 13.

ruolo dell'Islam nel mondo contemporaneo[11]. La Nadwah, come ha notato lo Shaykh Nadwi nella sua autobiografia, "è una scuola di pensiero e d'insegnamento che crede nella perseveranza nei suoi obiettivi, nel progresso nel suo metodo, si serve di quanto è antico se è di beneficio, accoglie tutto il nuovo che è ragionevole, adotta dalla tradizione quanto è veritiero e rifiuta tutto quello che appare come dubbio ed incerto"[12]. I suoi contributi personali nella creazione di studiosi adatti a compiere il dovere della *da'wah* e che fossero in grado di spiegare la *shari'ah* come stile di vita compatibile con i bisogni moderni sono stati esaminati nelle opere recenti. Egualmente importante è il suo ampio punto di vista relativamente alle questioni islamiche pertinenti nella sua interazione con studiosi e movimenti che sostenevano dei punti di vista divergenti[13].

Il *Kārwān* dello Shaykh Nadwi rappresenta inoltre una sinopsi delle sue opere importanti attraverso cui vengono esplorati i contributi al pensiero islamico contemporaneo.

Le opere dello Shaykh Nadwi: una breve indagine

La bibliografia araba delle opere dello Shaykh Nadwi riporta 228 pubblicazioni[14], mentre i libri e le monografie scritte in urdu ammontano a 397. Quest'ultime includono anche le traduzioni delle opere dello Shaykh Nadwi scritte in lingua araba e le raccolte dei suoi articoli e delle sue lezioni. I suoi scritti sono ampi e variegati e si rapportano con le principali caratteristiche dell'ideologia islamica, della storia e della cultura.

- La serie dedicata alla biografia del Profeta Muhammad (pbsl), intitolata *Muhammad Rasullullah*

---

[11] Nadwi, *Western Civilisation, Islam and Muslims* (Lucknow, 1976), 198-9.

[12] Nadwi, *Kārwān*, vol. 3.

[13] *Ta'meer i-Hayāt*, Special Issue (Lucknow, 2000).

[14] 'Abdullah 'Abbās Nadwi, *Mir Kārwān*, (New Delhi, 1999), 367.

(1985), è considerata un contributo eccellente al tema. Scritta originariamente in arabo, è stata tradotta nelle più importanti lingue europee.

- Il genere delle memorie (*tadhkirah*) che è stato per secoli coltivato nella cultura indo-islamica, e che ha prodotto una pletora di biografie (*sawānih*) di studiosi, santi e sufi. Bruce Lawrence ha fatto un commento significativo relativamente al genere della *tadhkirah* ed all'impatto sull'ambiente culturale dei musulmani dell'Asia meridionale: <<La *tadhkirah* è una strategia mimetica potente che riattualizza il passato e nello stesso tempo costringe il narratore, per quanto sia possibile, a scomparire dalla storia lasciando che gli eventi parlino per sé. Gli insegnamenti delle narrazioni sugli eterni valori morali hanno una forza superiore e sono codificati nell'espressione di sé. Il processo storico di trasmissione ha fornito l'impeto che ha permesso ai racconti biografici degli *'ulama* e dei *mashā'ikh* di dominare il panorama spirituale dell'Asia meridionale per gli ultimi sei secoli. Il genere del *Tadhkirah* continua ad esercitare una forte influenza sulle masse musulmane relativamente alla loro affiliazione con i maestri sufi>>[15].

Il *Sawānih 'Abdul Qādir Rāipuri* (1981) è un'opera rappresentativa dell'orientamento sufi dello Shaykh Nadwi.

- La cultura indo-islamica è un tema dominante negli scritti dello Shaykh Nadwi. La motivazione è evidente nell'opera *Muslims in India* (1976): <<Spero che il libro venga letto con interesse nei circoli degli intellettuali e sia di aiuto nel ridurre l'ignoranza e

---

[15] Bruce Lawrence, *Nizamuddin Awlya: Morals of the Heart* (New York, 1992), 1-4.

l'attitudine d'indifferenza esistente nelle altre comunità verso i musulmani>>.[16]

- Il progetto dei movimenti revivalisti è contenuto nell'opera ampiamente apprezzata *Saviours of Islamic Spirit* (1971-93). L'opera, composta di quattro volumi, rappresenta l'interpretazione dello Shaykh Nadwi della storia islamica intesa come storia degli *'ulama* e degli intellettuali invece di una cronaca di sultani e di regimi, alcuni dei quali possono essere considerati nobili ed altri meno[17].

- La *da'wah* in Occidente. Il coinvolgimento dello Shaykh Nadwi con l'Oxford Centre for Islamic Studies e la serie di lezioni e scritti illustrano la sua visione della *da'wah* in Occidente. *Muslims in the West* (1983) è un'opera altamente esplicativa delle sfide che i musulmani sono chiamati ad affrontare in Occidente.

- La letteratura araba è stato un genere in cui lo Shaykh Nadwi ha mostrato tutta la sua abilità: è stato infatti il primo scrittore indiano le cui rinomate opere sono state scelte come testi di riferimento in molte università islamiche. Il *Mukhtārāt* (1980), un'antologia di prosa, ha poi accresciuto la sua statura di letterato in lingua araba[18].

- La letteratura della *da'wah* per il mondo arabo. Due filoni paralleli e spesso in conflitto, l'autenticità islamica ed il nazionalismo arabo formano la base dei prolifici scritti dello Shaykh Nadwi. I libri

---

[16] Nadwi, *Muslims in India*, 4.

[17] M.H. Faruqi, Abul Hasan Ali Nadwi in *The Fragrance of the East*, Special Issue (Lucknow), 122-4.

[18] Waris Ahmad Siddiqui, "Ma'ruf Tasānif aur unka Payghām" in *Ta'meer i-Hayāt*, Special Issue, 256-62.

pubblicati sono monografie, racconti di viaggio, raccolte di lezioni e rappresentano per la maggior parte dei appelli appassionati rivolti alla nazione araba affinché "si assuma la responsabilità della missione dell'Islam". Il testo *Bayn al-Suratān wal Haqiqatān* (Tra apparenza e realtà) caratterizza questo genere di testi orientati verso la *da'wah* rivolta al mondo arabo[19].

- La *da'wah* rivolta ai musulmani dell'Asia meridionale. Il genere del *tuhfah* rappresenta una rivalutazione delle questioni che riguardano i musulmani in India, Bangladesh e Pakistan. La riforma della società musulmana rappresenta una caratteristica prominente degli scritti dello Shaykh Nadwi su questo tema.

Le fonti maggiori per questo studio

Le maggiori fonti utilizzate in questo studio si basano sugli scritti dello Shaykh Nadwi sia in arabo che in urdu, molti dei quali sono stati tradotti in inglese. In questa sessione forniremo una breve introduzione delle fonti utilizzate.

Kārwān (1984-99) è un'opera autobiografica in sette volumi che descrive la versatilità dello Shaykh Nadwi relativamente alle sue attività ed al contributo all'identità collettiva dei musulmani indiani. Una caratteristica distintiva della sua autobiografia è l'assenza di aneddoti agiografici che tendono a rovinare la narrazione. Al contrario, il testo del *Kārwān* ha come scopo principale quello di rendere chiara per il lettore la visione del mondo dello Shaykh Nadwi.

Rise and Fall of Muslims: Its Impact on the World è una traduzione inglese della prominente opera in lingua araba

---

[19] *Mir Kārwān* contiene delle recensioni critiche degli scritti dello Shaykh Nadwi.

intitolata *Mādhā Khasir al-'Ālam bin-Inhitāt il-Muslimīn*. Questo testo non intende essere una storia dell'ascesa e della decadenza dei musulmani, ma si limita ad esaminarne gli effetti. L'ambizione principale dell'autore, comunque, è stata quella d'incitare i musulmani ad apprezzare il ruolo glorioso dell'Islam nella storia del progresso. Inoltre, intende fornire una piattaforma per una sorta di autovalutazione in relazione alla loro missione e dovere verso il mondo. Questo libro è stato considerato da Von Grunebaum come <<rappresentativo dell'autoesame dell'Islam contemporaneo>>[20].

Muslims in the West: The Message and Mission (1983) è una traduzione inglese di una raccolta d'interventi in arabo ed urdu tenuti nel Regno Unito e negli Stati Uniti d'America. Quest'opera offre degli scorci preziosi sulla situazione della civiltà occidentale, la sua forza e la sua debolezza, e discute il ruolo e le responsabilità dei musulmani che vivono in Occidente.

Il presente studio rappresenta un modesto tentativo di fornire un ritratto completo di uno studioso associato al discorso della rinascita islamica nel mondo musulmano. Si spera che futuri studi si occuperanno con una maggiore profondità dei contributi dello Shaykh Nadwi in vari ambiti, che sono ispirati dal pensiero islamico contemporaneo e sono derivati dalle principali fonti islamiche.

---

[20] G. E. von Grunebaum, *Modern Islam: The Search for Cultural Identity* (London, 1969), 181.

Capitolo I

Le caratteristiche famigliari

L'anatomia, la psicologia, l'etica e la sociologia concordano sul fatto che ogni essere umano possieda una determinata eredità genetica che sembra rivestire un ruolo importante nel plasmare il suo carattere, l'attitudine, la competenza, e le inclinazioni. Questi tratti assumono le seguenti forme: le credenze e i valori sostenuti rigorosamente, amati e promossi da una famiglia sono insiti nella mente delle persone che ne fanno parte. Ciò che si sente ripetutamente fin dall'infanzia, ad esempio, riguardo al coraggio, all'audacia, alla generosità, all'altruismo ed all'onestà si radicano nella mentalità di ciascuno. Questi tratti a loro volta determinano le inclinazioni e le disposizioni, dando nello stesso tempo una misura di giudizio di questi valori morali[1].

Questi tratti che sono stati esemplificati in 'Alī, il quarto Califfo dell'Islam, furono assimilati anche dai membri dell'illustre famiglia dello Shaykh Nadwi. Vantando la loro discendenza sia da Hasan che da Husayn[2], i nipoti del Santo Profeta (pbsl), questa illustre famiglia servì da faro per gli indiani del subcontinente. Il loro impegno nell'ambito della riforma (*islāhi*) combinato alla loro ammirevole pietà ed al carattere virtuoso riuscì a mutare la situazione del panorama religioso nell'India musulmana. Il vero contenuto del *tawhīd* - l'unicità divina- ha illuminato la vita dei musulmani, molti dei quali avevano precedentemente seguito una forma d'Islam contaminato dalle influenze degli usi, dei riti e delle pratiche

---

[1] Nadwi, *The Life of Caliph 'Ali* (Lucknow, 1991), 11.
[2] *Ibid.* 237-9.

dell'Induismo[3]. Gli antenati dello Sheikh Nadwi hanno condotto delle vite esemplari. La loro devozione ed il rispetto verso la Sunna del Profeta (pbsl) ha fornito ai musulmani la spinta per fondare la loro comprensione della Shari'ah sulle sue fonti principali: il Corano e la letteratura degli Hadīth. Inoltre, l'impegno strenuo sulla via di Dio in tutte le sue manifestazioni incarnava le loro anime pure ed era esemplificato così ampiamente da diventare "una sorta di ricordo della prima era islamica"[4].

Lo Shaykh Nadwi ha fornito un resoconto dettagliato dei principali contributi dei suoi antenati alla *islāh* della comunità musulmana[5]. La riforma e la rinascita devono essere considerati dei concetti gemelli nell'ambito dell'articolazione dei suoi numerosi scritti. La catena d'oro (*silsilat al-dhahab*) dei riformatori e degli studiosi ha formato il nucleo della presentazione dell'autentico ideale islamico in un contesto transnazionale[6].

I contributi degli antenati di Shaykh Nadwi hanno avuto le seguenti caratteristiche:

Innanzitutto la famiglia non mostrava una rigidità esagerata nella presentazione del proprio lignaggio. La *shari'ah* era considerata il punto di riferimento nella loro interazione con altre famiglie, che invece reputavano la nobiltà di nascita sul suolo indiano come un'identità di superiorità etnica. In secondo luogo, negli ultimi otto secoli non è stato possibile trovare una sola traccia di pratiche non islamiche all'interno della famiglia. Dall'arrivo di Sayyid Qutb al-Din al-Madani fino allo Shaykh Nadwi, la visione del mondo della famiglia è stata radicata nel *tawhīd* e nella sunna. In linea con lo spirito della *shari'ah* non sono stati costruiti santuari

---

[3] Nadwi, *Kārwān i-Zindagi*, vol. 1 (Lucknow, 1983), 20-3.
[4] Nadwi, *The Life of Caliph 'Ali*, 251.
[5] Questi concetti vengono ribaditi nell'opera intitolata *Sirat i-Sayyid Ahmad Shahid*.
[6] Nadwi, *Kārwān*, vol. 1, 26-7.

(*mazārs*) per commemorare i contributi dei loro *mashā'ikh*. Inoltre, la cavalleria (*futuwwah*) era una caratteristica eccezionale della famiglia, insieme al coraggio, alla protezione delle virtù islamiche ed alla passione nobilitante per l'impegno strenuo sulla via di Dio.

In quarto luogo, la famiglia era, nel complesso, esente da qualsivoglia forma di ipocrisia e la loro vita era caratterizzata dalla semplicità e dalla frugalità. In molte occasioni furono vittime di intrighi e vennero diffamati da personaggi subdoli. Però, anche sotto queste circostanze avverse, furono in grado di mantenere il loro equilibrio e sublimità di carattere. La sua famiglia inoltre vanta degli ulema che hanno prodotto e promosso una sintesi di *shari'ah* e *tasawwuf*. Prominenti membri della sua famiglia erano infatti affiliati al movimento revivalista dei *mujaddid*, ossia Shaikh Ahmad Sirhindi (1624) e Shah Walyullah (1762). Infine, la famiglia conduceva una vita austera e non era incline alla ricchezza ed all' opulenza. La famiglia di Shaykh Nadwi infatti credeva che le loro vite fossero il risultato dell'invocazione del Profeta (pbsl) affinché Dio concedesse ai suoi discendenti adeguati mezzi di sussistenza.

Le caratteristiche sopra elencate sono state i principi guida della famiglia dello Shaykh Nadwi. Durante i momenti piacevoli e le difficoltà della loro vita sono stati in grado di sostenere la loro spiritualità e il loro ruolo di leadership spirituale[7].

Il successo della famiglia nell'ambito del Tajdid può essere attribuito ai seguenti fattori:

- I loro contributi nell'ambito dell'*islāhi* sono stati piuttosto ampi. La centralità del *tasawwuf* nell'ambito delle loro esistenze individuali ha inoltre influenzato ampi segmenti della società musulmana.

---

[7] Muhiudin Ahmad, *Saiyid Ahmad Shahid* (Lucknow, 1975), 20-1.

- Il loro impegno verso la *shari'ah* rispecchiava pienamente l'ideale del *salaf*.

Sayyid Qutb al-Din Muhammad al-Hasani

Sayyid Qutb al-Din, un illustre discendente della famiglia di Hasan, è stato doppiamente benedetto dallo straordinario spirito d'impegno strenuo sulla via di Dio e dalla "bellezza della santità". Emigrato da Baghdad a Ghazna (Afghanistan), ha proseguito con un contingente dei suoi "seguaci spirituali" (*muridin*) in India nel 1211. Ispirato da una visione dal Santo Profeta (pbsl) a propagare l'Islam a Kara, situata sul fiume Gange nel Allahabad, ha lanciato una campagna militare di successo contro il Raja Jai Chand[8]. Successivamente fu richiamato dal Sultano Shams al-Din Iltutmish (1211-1236) che gli offrì di ricoprire la carica di Shaykh al-Islam a Delhi.

L'evoluzione del Sultanato di Delhi ha preso forma durante il dominio mamelucco, una dinastia di schiavi turchi. La nostra attenzione si concentra comunque su tre famosi sovrani:

Qutb al-Din Aibak (1210), a cui si deve l'organizzazione del governo musulmano sulla base dei principi e delle tradizioni islamiche[9]. Ha applicato la *Shari'ah* e ha introdotto delle riforme islamiche secondo il modello dei *Khulafā al-Rāshidin* (ossia i califfi ben guidati).

Shams al-Din Iltutmish (1236), il successore di Aibak, era un amministratore capace che ha patrocinato l'insegnamento islamico. Le sue forti inclinazioni verso il *tasawwuf* ed il supporto dato all'ordine Chishti causò però una spaccatura tra lui e i maestri di giurisprudenza (*fuqahā*)[10].

---

[8] *Ibi.*, 21.
[9] Khalid Ahmad Nizami, *Some Aspects of Religion and Politics in India during the Thirteenth Century* (Delhi, 1974), 87-88.
[10] *Ibid.*, 114.

L'ascesa di Ghiyath al-Din Balban (1286) ha condotto ad un periodo di stabilità nell'ambito religioso. La moralità pubblica (*ihtisāb*) e l'osservanza dei valori islamici vennero ampiamente promossi. Sovrano devoto, Balban era tenuto in grande stima sia dai sufi che dagli ulema[11].

Diversi storici hanno descritto Sayyid Qutb al-Din come "un principe delle anime pure di cuore"[12], i cui discendenti hanno diffuso i genuini insegnamenti dell'Islam. Le loro innate qualità di spiritualità ed abnegazione hanno esercitato un influsso piuttosto profondo sulla comunità islamica. I suoi discendenti hanno poi continuato a perseguire il grande compito di forgiare l'identità islamica secondo la *shari'ah*. Il distretto di Rae Bareli ha attratto un considerevole numero dei suoi discendenti destinati successivamente a diventare un punto focale per l'impegno verso il *tajdīdī* dei *mashā'ikh* e dei *mujāhidin* associati con la sua famiglia[13].

Sayyid Shah 'Alamullah

Nato nel 1623, Sayyid 'Alamullah fu guidato sul sentiero del *suluk* (formazione spirituale) da parte del reputato santo dell'epoca, Sayyid Adam Bannuri, il successore spirituale dello Shaykh Ahmad Sirhindi[14]. Quando Sayyid Bannuri emigrò in Arabia, Shah voleva accompagnarlo, ma lui gli ordinò di rimanere in India[15]. Il suo trasferimento in una località presso Rae Bareli (successivamente chiamato Dā'ira Shah 'Alamullah), sulla riva sinistra del Sa'i, era destinato a

---

[11] *Ibid.*, 115-9.

[12] Ahmad, *Saiyid Ahmad Shahid*, 21.

[13] Muhammad Al-Hasani, *Tadhkirah Sayyid Shah 'Alamullah Hasani Rae Bareli* (Karachi, n.d.), 20-2.

[14] Nadwi, *Saviours of Islamic Spirit*, vol. 3 (Lucknow, 1983); Muhammad Abdul Haq Ansari, *Sufism and Shari 'ah* (Leicester, 1986).

[15] Hasani, *Tadhkirah*, 42.

diventare un paradiso di conoscenza dei discendenti di Sayyid Qutb al-Din.

Shah 'Alamullah era dotato di una grande forza interiore che lo rendeva capace di praticare la sunna sin nei più minuti dettagli. Nella vita privata assomigliava ai *Sahābah* -i compagni del Profeta (pbsl). Quando si recò a compiere il pellegrinaggio, gli abitanti della Mecca e di Medina nel vedere il suo grande impegno nel seguire la *shari'ah*, osservarono che era l'Abu Dhar[16] del suo tempo. La sua devozione alla *sunna* era così forte che evitava scrupolosamente ogni parvenza di pratiche consuetudinarie. Si oppose vigorosamente ad ogni *bid'ah* (innovazione) sia nei contenuti che nello spirito e, attraverso il suo esempio personale, ha sollecitato i musulmani a rispettare la sunna in ogni aspetto della loro vita. Le sue caratteristiche principali erano l'indipendenza, l'altruismo e la generosità. Era noto per aver domandato a Dio per mezzo di un'invocazione di concedere sostentamento alla sua progenie solo quanto basta per mantenere il corpo e l'anima insieme al fine di non diventare disattenti al ricordo di Lui (*dhikr*)[17].

Shah 'Alamullah è stato sempre perseverante nel seguire la *uswah al-hasanah* (la nobile condotta) del Santo Profeta (pbsl). Quando morì, Aurangzeb (1707) -il potente imperatore Mughal- ebbe la visione del Profeta (pbsl) in sogno. Il sogno indicava che Shah 'Alamullah "aveva lasciato questo mondo la medesima notte che aveva avuto quel sogno"[18]. Erano le prime ore del mattino del 26 Ottobre del 1685, quando costui morì all'età di 63 anni.

Una caratteristica importante del periodo di Shah 'Alamullah fu il consolidamento del *tajdīd*. Durante l'epoca di Shaykh Sirhindi, il dibattito dottrinale sul *wahdat al-wujud*

---

[16] Un compagno del Profeta (pbsl) noto per la sua vita semplice ed austera.
[17] Hasani, *Tadhkirah*, 68-9.
[18] Ahmad, *Saiyid Ahmad*, 25.

(Unità dell'Essere) ha dominato il discorso islamico attraverso cui è stata promossa una forma alquanto diluita della sunna. Il *mujaddid* attraverso scritti importanti come il *Maktubāt* e la sua vastissima rete di *khulafā* (successori spirituali) ha lanciato una campagna per ripristinare la sunna intesa come presupposto per la riforma della società musulmana. Questo stesso spirito appare evidente nel programma di Shah Waliyullah e dei suoi discendenti. Allo stesso modo, anche Shah 'Alamullah e i suoi discendenti furono influenzati dai modelli *tajdīdī* ed hanno fatto dei grandi passi in avanti per rimuovere delle pratiche inopportune ormai radicate nella psiche collettiva dei musulmani indiani. Sotto una determinata prospettiva, l'opera *Saviours of Islamic Spirit* dello Sheyki Nadwi rappresenta una rielaborazione dei forti legami della sua famiglia con il *mujaddid* e Shah Waliyullah, ed un rafforzamento delle sue idee riformiste che operavano in un continuum con quelle dei suoi predecessori.

Sayyid Abu Sa'id Hasani

Un'altra figura degna di spicco nella genealogia dello Shaykh Nadwi è Sayyid Abu Sa'id Hasani (1193 *hijri*). Come Shah 'Alamullah, osservò scrupolosamente la sunna nella sua vita privata. Contemporaneo di Shah Waliyullah, Shah Abu Sa'id ha seguito gli insegnamenti spirituali di costui. Il genere delle *Maktubāt* (lettere), che era ben consolidato nel subcontinente indiano, rappresenta uno scrigno di *ruhāniyat* (spiritualità) e riflette la sublimità degli insegnamenti islamici espressi in uno stile letterario elegante. Shah Waliyullah nelle sue *Maktubāt* lodò ampiamente Shah Abu Sa'id e la sua adesione alla *shari'ah*. Il *tawhīd* ed il rigoroso rispetto verso la *shari'ah* erano i tratti distintivi della genealogia di Hasan. Muhammad Ghazi ha citato lo Shah come uno dei discepoli più importanti di Shah Waliyullah. Il suo il temperamento vicino al sufismo completava poi il suo interesse verso lo studio del *tafsir*, degli *hadith* e del *fiqh*[19].

Sayyid Ahmad Shahid

Nella sua completezza e universalità, nonché per la metodologia che segue da vicino il modello profetico, nessun movimento revivalista contemporaneo è paragonabile al potente movimento di rinascita islamica guidato da Sayyid Ahmad Shahid nel diciannovesimo secolo[20].

L'impegno di Sayyid Ahmad ha esercitato un forte impatto sulla formazione dell'Islam odierno nell'Asia meridionale. Rampollo dell'illustre famiglia Hasani di Rae Bareli, Sayyid Ahmad ha fondato un movimento riformista (*Tariqah i-Muhammadi*) basato su di una metodologia radicata nella *shari'ah*. Di conseguenza, il suo assetto dottrinale era libero dalle pratiche sincretiche accumulate sia dai rituali indù che dall'eclettismo deviante di alcuni ordini sufi. La sua intenzione era quella di ripristinare la Shari'ah nella società musulmana "sia dal lato pratico che concettuale della struttura dell'Islam". Allo stesso modo, Sayyid era critico nei confronti di studiosi e governanti che hanno reso la *shari'ah* asservita ai loro interessi personali ed alle ambizioni politiche.

I contributi di Sayyid alla ricostruzione del pensiero islamico sono stati molteplici. In qualità di *murid* (seguace spirituale) dello Shah 'Abdul Aziz Dihlawi, Sayyid è stato in grado di attirare dalla sua parte eminenti studiosi del calibro di Shah Ismā'il Shahid, il nipote di Shah Waliyullah, per mettere in atto il suo visionario programma di azione, ossia la fondazione di uno stato islamico sul modello dei *Khulafā al-Rāshidin*. Sayyid ha lavorato in modo indefesso per la

---

[19] Nadwi, *Saviours of Islamic Spirit*, vol. 3, 280-2.
[20] Nadwi, *A Misunderstood Reformer* (Lucknow, 1979), 9.

rifondazione dell'*Imāmat* (la leadership centrale) che, oltre alla sua natura obbligatoria, opera come una forza coesiva per mantenere viva l'unità della *ummah*[21]. Il risveglio religioso, sociale e politico dei musulmani nel subcontinente è stato il risultato diretto del movimento di Sayyid. La sua chiamata all'impegno strenuo sulla via di Dio costituiva l'espressione tangibile della sua convinzione, secondo cui quest' obbligo sarebbe stato in grado di liberare i musulmani sia dal governo dei Sikh che dall'imperialismo inglese[22]. Il suo martirio presso Balakot nel 1831 non ha fermato i *mujāhidin* dal loro impegno al combattere i nemici dell'Islam. All'indomani di Balakot, costoro hanno mostrato l'incrollabile spirito della fede "rinforzato dall'abnegazione ed il coraggio, la disponibilità a morire sulla via di Dio e lo zelo per l'Islam e l'unità dei musulmani"[23].

Il movimento del Sayyid fondato sul *tawhīd*, sull'adesione non ostentata al modello profetico ed al *tasawwuf*, che era libero da qualsiasi forma di tecnicismo. Non è quindi esagerato affermare che questo movimento ha avuto come risultato la diffusione della conoscenza islamica tra il popolo, grazie anche ad una capillare opera di traduzione. A questo proposito, bisogna sottolineare che l'utilizzo dell'urdu inteso come medium dell'istruzione costituisce un esempio atto ad illustrare il semplice e diretto approccio di Sayyid finalizzato alla riforma delle masse musulmane. Tra quelle pubblicazioni, il *Taqwiyat al-Imān* di Isma'il Shahid è considerato un'opera importante che riflette la sua visione riformista. L'opera è stata tradotta in arabo dallo Shaykh Nadwi con il titolo di *Risālat al-Tawhīd*. Il testo contiene anche delle importanti note del traduttore. Il *Taqwiyat* è stato ampiamente diffuso e positivamente ricevuto dal mondo arabo per la sua robusta

---

[21] Nadwi, *Tārikh Da'wat wa 'Azimat*, vol. 6 (Karachi, n.d.), 518-20.
[22] *Ibid.*, 358-94.
[23] Nadwi, *A Misunderstood Reformer*, 19.

presentazione del *tawhīd* contro il background di un Islam sincretista praticato da ampi segmenti della comunità musulmana nel sub-continente. Quest'opera rappresenta anche un testo iconico per l'interpretazione riformista dell'Islam[24]. Da un punto di vista più ampio, rimuove dall'Islam tutte quelle credenze contaminate dallo *shirk* che purtroppo sono state costruite intorno ai monumenti di eminenti sufi.

La ricostruzione della società musulmana immaginata da Sayyid Ahmad è stata realizzata con successo dai suoi seguaci. Alcuni esempi sono stati menzionati per mostrare gli effetti a lungo termine dell'opera di riforma di Sayyid. A questo proposito Shaykh Nadwi ha osservato:

>> <<Mentre Sayyid si trovava a Calcutta in viaggio per il pellegrinaggio, la vendita del vino diminuì. I musulmani sia delle città che delle zone rurali giurarono alla sua presenza che si sarebbero astenuti dal consumo di liquori e dal compiere altre azioni riprovevoli con il risultato che i negozi che vendevano alcolici apparivano deserti. Le donne musulmane cominciarono ad osservare il *purdah*, vennero abbandonate delle pratiche non islamiche e vennero adottate tutte le prescrizioni e gli insegnamenti islamici>>[25].

Questi cambiamenti salutari non avvennero solo a Calcutta, ma si ripeterono in diverse parti del paese.

---

[24] Muhammad Ismā'il Shahid, *Taqwiyat al-Imān*, (Lucknow, 1991). I primi testi stampati negli anni venti e trenta del diciannovesimo secolo furono *Taqwiyat al-Imān* e *Sirāt i-Mustaqim*. Relativamente all'impatto della stampa nell'Asia meridionale: Francis Robinson, *Islam and Muslim History in South Asia* (New Delhi, 2001).

[25] Nadwi, *A Misunderstood Reformer* (Lucknow, 1979), 33.

Il Mawlana Mawdudi (d. 1979), studioso eminente e contemporaneo dello Shaykh Nadwi, si riferisce al movimento di Sayyid come "ad un fenomeno raro nella nostra storia recente". Sayyid ed i suoi seguaci hanno rispecchiato le vite dei *Sahābah* nel primo periodo dell'Islam attraverso l'invito al ritorno ad un passato ideale con il suo approccio puritano ed un'interpretazione diretta dell'impegno strenuo sulla via di Dio. Allo stesso modo, il suo movimento relativo all'impegno strenuo sulla via di Dio intendeva mostrare una certa vicinanza al periodo dei califfi ben guidati, conferendogli indirettamente una legittimità religiosa. Anche lo Shaykh Nadwi ha lodato ampiamente il movimento con le seguenti parole:

<<Attraverso la magnetica personalità di Sayyid i fondatori della scuola di Deoband da una parte, ed un gruppo di persone che si impegnarono con grande altruismo sotto la guida dei leader di Sadiqpur dall'altro, vennero ammessi all'interno dell'ordine sufi Mujaddidi-Naqshbandi. Questo primo gruppo si è impegnato nella fondazione di istituzioni educative per la riforma religiosa mentre il secondo ha operato per eliminare gli influssi estranei allo spirito ed agli insegnamenti dell'Islam. Questo rappresenta uno straordinario successo del movimento di Sayyid nella storia del sufismo e delle riforme religiose. Protegge inoltre l'ampia comunità musulmana di questo subcontinente dal ritornare a credenze false e a pratiche politeiste. Questi successi assegnano di fatto un luogo onorevole a Sayyid tra la galassia dei *mujāhidin*, che in diversi momenti della nostra storia hanno rivolto una chiamata ai credenti>>[26].

---

[26] Nadwi, *Saviours of Islamic Spirit*, vol. 4, 333-4.

I voluminosi resoconti di contributi dell'opera revivalista dell'opera di Sayyid possono essere analizzati a due livelli: 1-Lo sviluppo del *tasawwuf* in un contesto storico, 2-L'emergere di un attivismo politico inteso come uno sviluppo del *tasawwuf.*

Relativamente ai contributi originali di Sayyid sono state espresse delle opinioni divergenti. A questo proposito è interessante esaminare la monografia dello Shaykh Nadwi intitolata *A Misunderstood Reformer* per esplorare i punti di vista contrastanti relativamente a Sayyid Ahmad. Il rapporto con il Wahhabismo, un termine spregiativo applicato ai movimenti puritani nel sub-continente, ha sollevato una serie di reazioni ostili verso il movimento da parte di gruppi con obiettivi differenti. Anche se si afferma che fosse stato influenzato dal movimento Wahabita nel corso del suo pellegrinaggio, Sayyid aveva formulato già in precedenza un piano per la rinascita sociale, morale e spirituale dei musulmani così come era stata progettata ed immaginata nel suo *Sirāt i-Mustaqim.* I suoi discorsi vennero riportati nelle sue opere e facevano chiaramente riferimento alle riforme spirituali, tra le altre questioni, che aveva immaginato per arrestare la marea della deviazione religiosa. Nello stesso tempo, costui ha elaborato il suo programma per la rigenerazione spirituale sulla base della sua comprensione del Corano e della Sunna. Quindi, non è implausibile che l'Islam popolare abbia definito le sue riforme come eretiche. L'attitudine degli scrittori occidentali non era diversa. Costoro, che infatti operavano nel subcontinente all'epoca del colonialismo britannico, denigrarono il movimento per ragioni politiche. Questo atteggiamento era percepibile persino tra alcuni studiosi arabi, i cui scritti riflettevano il sapere moderno. In altri termini, nessuna valutazione critica derivata dalle originali fonti storiche venne impiegata per fornire una presentazione ben strutturata dei contributi significativi dell'opera di Sayyid Ahmad sia al livello sociale che spirituale.

L'obiettivo della riforma di Sayyid era ripristinare una corretta comprensione dal *tawhīd*. Tuttavia, nell'evoluzione della cultura indo-islamica, la centralità del *tawhīd* venne compromessa all'altare delle pratiche religiose sincretiche. Secondo Shaykh Nadwi, i musulmani nel subcontinente praticavano una versione smorzata dell'Islam nel corso dei secoli che non aveva alcuna somiglianza o affinità con gli insegnamenti del Corano e della sunna. Era, quindi, naturale che le riforme avviate da Sayyid e decenni dopo dai movimenti riformisti sarebbero state aspramente criticate da quanti aderivano e praticavano queste innovazioni. In questo ceppo, questo termine ha molteplici significati ed è applicato vigorosamente dai riformatori per sradicare rituali e pratiche devozionali non islamiche.

Nadwi deplorava le deprecabili tradizioni della *bid'ah* nel paese generalmente associato all'Induismo. Era quasi una sorta di religione parallela con norme e standard religiosi peculiari che promosse tra i musulmani il ruolo degli *Awliyā* (santi) intesi come intermediari per le loro suppliche. È un'ironia che i *mazār* esercitato un fascino enorme sia presso la gente comune che le classi colte. Maggiori preoccupazioni desta l'atmosfera quasi carnevalesca di questi siti - un triste memento di queste fuorvianti espressioni dell'Islam[27].

Conclusione

L'emergere dell'ordine riformista di Sayyid Ahmad ha consolidato i movimenti *tajdīdī* nel subcontinente con un riferimento particolare alla tradizione di Waliyullah. Lo stesso Shaykh Nadwi si è impegnato per sostenere i contenuti di questi movimenti e dare loro un impeto attraverso i suoi

---

[27] Nadwi, *A Misunderstood Reformer*.

scritti e progetti di riforma per la loro attuazione. Ed è proprio in questo contesto che debbono essere esaminati i contributi intellettuali dello Shaykh Nadwi.

Capitolo II

Le influenze nell'ambito dell'educazione

Gli anni formativi

Lo Shaykh Nadwi nacque il 15 dicembre del 1913 a Takya Kalān[1] (Rae Bareli) in una famiglia[2] distintasi per l'orgogliosa tradizione di servizio altruista per i musulmani nel subcontinente. La città di Lucknow, la sede della cultura e del sapere islamico[3], ha avuto un tremendo impatto sulla sua vita. Le impressioni di Lucknow dello Shaykh Nadwi gettano luce sull'influenza esercitata da questa città sulla sua carriera educativa e forniscono uno spaccato della sua vita famigliare:

<<Il Bazar Jhaw Lal, uno dei sobborghi di Lucknow, era il nucleo delle attività della nostra famiglia. La pratica medica[4] di mio padre veniva condotta qui, dove si trovava anche la nostra modesta abitazione (nella quale rimanemmo per diversi decenni). La nostra famiglia si componeva dei miei genitori e di quattro fratelli: il dottor Hakim Sayyid 'Abdul 'Ali -successivamente divenuto rettore di Nadwah- Amat al-'Aziz ed Amatullah Tasnim. Io ero il più piccolo della famiglia. Nella nostra casa arrivava un regolare flusso di

---

[1] Conosciuto anche come Dā'ira Shah 'Alam-ullah.

[2] Cfr. Nadwi, *Kārwān* (vol. 1) e *Hayāt i-Abdul Hayy* relativamente alle figure di Sayyid Fakhruddin Khayali e Sayyid Diyā al-Nabi, rispettivamente nonno paterno e materno dello Shaykh Nadwi, entrambi insigni studiosi e figure altamente spirituali.

[3] Francis Robinson, *The 'Ulama of Farangi Mahal and Islamic Culture in South Asia* (Lucknow, 2001); Barbara Daly Metcalf, *Islamic Revival in British India Deoband, 1860-1900* (Princeton, 1982).

[4] Cfr. Rashid Bhikha, *Tibb: Traditional Roots of Medicine in Modern Routes to Health* (South Africa, 2001); Sadia Rashid (ed.), *Hakim Mohammed Said: Collection of Essays* (1973-1979), vols. 1-4 (Karachi, 1999).

visitatori ed era sempre piena di un certo lustro. Molti dei nostri parenti da Rae Bareli infatti venivano spesso a farci visita. Tra le famiglie aristocratiche che vivevano a Lucknow, devo menzionare Nawāb Sayyid Nur al-Hasan Khan Bahādur[5] con il quale ho intrattenuto dei rapporti eccellenti. Mio padre era occupato con i suoi scritti, la sua pratica medica ed i suoi doveri come Nāzim di Nadwah. Costui era per natura incline ad una vita calma, e concentrava le sue energie nella ricerca e negli altri impegni di studioso. Era sempre ospitale e modesto, in modo particolare nei confronti di eminenti studiosi. Questo infatti era un tratto ereditario che ha plasmato il temperamento di studiosi della nostra famiglia, e spiega anche il nostro profondo attaccamento alla letteratura islamica e la passione verso l'acquisto degli ultimi titoli disponibili sul mercato. Tutto il denaro che ricevevamo dalla nostra famiglia veniva speso per comperare nuovi testi>>[6].

Influenze formative

Hakim Sayyid 'Abdul Hayy Hasani: un esempio di erudizione

Nella biografia di suo padre, intitolata *Hayāt-i-'Abdul Hayy*, lo Shaykh Nadwi descrive le qualità eccellenti di questo

---

[5] Sayyid Nur al-Hasan era il figlio di Sayyid Siddiq Hasan Khan, Nawāb di Bhopal e prominente studioso. Scrisse delle opere in arabo e si dedicò allo studio delle Tradizioni del Profeta (pbsl). Il Nawāb è considerato un pioniere del movimento dell'Ahl-i-Hadith in India. Cfr. 'Abdul Hayy Hasani, *Nuzhat al-Khawātir*, vol. 8, 202-8.

[6] Nadwi, *Kārwān*, vol.1, 54-57. Amatullah Tasnim tradusse in urdu sotto il titolo di *Zad-i-Safar* l'opera dell'Imam Nawawi intitolata *Riyād al-Sālihin*. Nadwi, *Purāne Charāgh*, vol. 2, 340-69.

eminente studioso. Dopo aver studiato presso la Nadwah, Sayyid 'Abdul Hayy ha continuato le sue ricerche nell'ambito degli *hadith* e del *fiqh* con illustri *'ulama*. Ha acquisito una conoscenza approfondita delle tradizioni del Profeta (pbsl) sotto la guida del rinomato *muhaddith*, lo Shaykh Husayn bin Muhsin Yemeni[7] che attrasse molti studiosi in Bhopal. La versatilità di Sayyid 'Abdul Hayy è evidente nei suoi contributi nell'ambito sia storico che letterario. Per esempio, *Nuzhat al-Khawātir*[8] segna il suo contributo pioneristico come eccellente storico dell'India musulmana. Scritto il arabo, il *Nuzhat* rappresenta un'interessante dimostrazione della continuità della tradizione islamica. Dal primo secolo dell'Islam fino all'inizio del XIX, studiosi e santi hanno portato avanti simili progetti in diverse parti dell'India, insegnando e trasmettendo le scienze islamiche da una generazione (*tabaqah*)[9] ad un'altra. Le note biografiche in otto volumi rappresentano un'erudizione di calibro superiore. Hakim Sayyid morì nel 1923 quando lo Shaykh Nadwi aveva nove anni.

Maktūbāt: Ritratto di Khairun Nisā'

Vale la pena di commentare brevemente il genere relativo alla scrittura delle lettere (*Maktūbāt*) con un riferimento speciale a sua madre Khairun Nisā' (d. 1968). Sayyid Wāzih Rashid Nadwi spiega:

---

[7] Cfr. *Nuzhat*, vol. 8, 121-32, relativamente al suo contributo nella ricerca sulle Tradizioni del Profeta (pbsl) in India.

[8] Nadwi, *Hayāt-i-'Abdul Hayy*, 267-82.

[9] Cfr. George Makdisi, "Tabaqat: Biography and Orthodoxy in Classical islam" in *Islamic Studies*, 1993, 32:4, 371-96.

<<Il cuore è il depositario delle vere sensazioni e dei sentimenti che si rispecchiano in modo accurato nelle lettere. A differenza di altri generi letterari, la scrittura delle lettere si focalizza sulla spontaneità e l'espressione delle emozioni e dei pensieri. Le missive dei genitori godono di una posizione distinta nell'ambito di questo genere. Le lettere scritte ai bambini contengono uno stile elegante che si addice alla loro educazione sia intellettuale che emotiva. Suggerimenti, aneddoti, storie e parabole adornano questo stile creativo e portano in vita le mutanti vicende della vita di un uomo. Gioie, dolori e questioni che concernono le nostre vite quotidiane sono registrate in modo acuto con la minima parte di formalità. I lettori possono reagire in modo differente a queste situazioni; possono avere su di loro un impatto positivo o, al contrario, produrre un sentimento di pessimismo e di disperazione. Non è fuori luogo quindi affermare che le biografie degli *'ulama*, *mashā'ikh* e dei luminari del mondo musulmano hanno come punto di partenza l'influenza della loro madre nell'ambito dell'infanzia e dello sviluppo formativo. L'affetto, l'amore e la cura di una madre hanno cresciuto grandi personaggi e li hanno resi capaci di dare il loro contributo nella società. Le sue emozioni strazianti ed espressioni piene di lacrime sono state catturate ed immortalate in missive caratterizzate da bellezza artistica ed eleganza letteraria>>[10].

Le lettere di Khairun Nisā' al suo amato figlio Shaykh Nadwi sono un tesoro di saggezza, entusiasmo sconfinato e

---

[10] Muhammad Wāzih Rashid Nadwi, "Mawlana Nadwi in the Mirror of his Mother's Supplications and Letters" in *Ta'meer i-Hayāt*, Special Issue, 2000, 282-283.

spiritualità. Sono intessute con perizia per sviluppare una vera coscienza islamica. Le sue lettere rivelano l'intimo desiderio che Shaykh Nadwi possa emulare gli illustri studiosi islamici e seguire il cammino della rettitudine nel corso della sua intera vita. In una delle sue missive, per esempio, costei si lamenta per la forte inclinazione dello Shaykh Nadwi verso l'educazione inglese, che secondo il suo punto di vista era radicata in una cultura e civiltà aliena all'ethos islamico. Il suo intuito rafforzò la concezione per cui l'entusiasmo sfrenato dello Shaykh Nadwi per la lingua inglese avrebbe esercitato un impatto negativo sulla sua carriera futura di studioso musulmano. I seguenti passaggi illustrano in modo chiaro questo tema:

<<'Alī, se le persone credono che una posizione possa essere acquisita solo attraverso un'educazione inglese e sostengono che sia importante diventare un giudice o almeno un avvocato, allora sono totalmente contraria a questa convinzione ampiamente diffusa. Considero queste persone istruite in inglese degli ignoranti e la loro conoscenza come futile e irrilevante. 'Alī, se vuoi essere degno del compiacimento divino e ottemperare ai tuoi obblighi, ti consiglio vivamente di focalizzare la tua attenzione sulle vite di quelle anime dal cuore puro che hanno trascorso tutta la loro esistenza a servizio dell'Islam. Intendo lo Shah Waliyullah ed altri celebri studiosi che sono dei modelli ed hanno lasciato sulle orme del tempo una potente influenza. Prego Dio che ti conceda la determinazione e la passione per ottemperare ai tuoi obblighi religiosi>>[11].

---

[11] Nadwi, *Kārwān,* vol. 1, 122-23.

In un'altra lettera Khairun Nisā' attira l'attenzione del figlio sull'importanza di seguire il cammino della virtù secondo l'esempio dei pii predecessori (*aslāf*):

<<Ogni volta che è possibile, sviluppa una consapevolezza della condizione superiore dei primi studiosi musulmani. Famigliarizza con la *shari'ah* e evita coloro che creano disordine screditando lo status degli *'ulama*. Desidero ardentemente che tu possa acquisire una conoscenza come quegli ulama, la cui potente personalità è stata una fonte di gioia e d'ispirazione per la *ummah*. Questo è il più grande desiderio che nutro per te>>.

I ricordi di sua madre sono splendidamente descritti dallo Shaykh Nadwi nei seguenti estratti della sua autobiografia:

<<Dopo la morte di mio padre, mia madre ha dovuto assumere un ruolo maggiore. Il suo affetto materno e la preoccupazione per il mio benessere erano esemplari. Ciononostante, ha mantenuto un codice rigoroso di condotta relativamente alla preghiera ed ai diritti di subordinati. In nessun caso avrebbe perdonato qualsiasi forma di maltrattamento verso la servitù nella nostra casa. Qualsiasi atto di trasgressione può essere perdonato solo se si domanda perdono alla persona offesa. Così, ho imparato due preziosi lezioni da tali incidenti: ammetti i tuoi errori e non umiliare mai gli altri. Mia madre era l'incarnazione della rettitudine e nella sua vita personale era l'esempio della quintessenza della preghiera>>[12].

---

[12] *Ta'meer i-Hayāt*, 284.

Lo Shaykah Nadwi interruppe lo studio dell'inglese. Comunque, in un senso più ampio, quanto appreso gli consentì di intraprendere una ricerca approfondita nell'ambito degli studi islamici, ha reso anche più semplice la sua *da'wah* in Occidente e gli ha permesso d'interagire con gli studiosi inglesi di rilevanza internazionale.

Gli studi arabi: l'influenza dello Shaykh Khalil Yemeni

L'educazione araba dello Shaikh Nadwi iniziò nell'ultima parte del 1924 sotto la guida di suo zio, Sayyid Khalil al-Din. Venne però iniziato nelle particolarità e peculiarità della lingua araba dallo Shaykh Muhammad Khalil Yemeni, un illustre studioso arabo. Il suo fratello maggiore, il Dottor Abdul Ali, supervisionava la sua educazione e si assicurava che le lezioni gli venissero impartite dai migliori insegnanti. Il Sahib Arabo -lo Shaykh Khalil era conosciuto in questo modo a livello popolare- iniziò facendo memorizzare allo Shaykh Nadwi la grammatica base [della lingua araba]. Costui era un insegnante di arabo presso l'università di Lucknow ed intuitivamente riconobbe il talento dello Shaykh Nadwi per quella lingua. Il metodo innovativo in cui insegnava l'arabo suscitò un ampio interesse tra gli studenti. Costui aveva introdotto infatti nel suo curriculum dei testi finalizzati a sviluppare negli studenti la padronanza della lingua a tutti i livelli. Era obbligatorio, nel corso della lezione, esprimersi in arabo. Qualora gli studenti si fossero espressi in urdu, avrebbero dovuto pagare una ammenda di due paisa. Questa era la fase preparatoria per consolidare le loro abilita' linguistiche. Lo Shaykh Khalil era anche scrupoloso relativamente alle regole elaborate per i suoi studenti. Inoltre, la preparazione delle lezioni in anticipo da parte degli studenti era rigidamente richiesta. Una caratteristica unica del metodo di insegnamento dello Shaykh Khalil era quella di contestualizzare le regole grammaticali. Evitava concetti complessi e opere prosaiche eccessivamente ornate che impedivano da parte di uno studente l'apprezzamento estetico dell'arabo inteso come lingua dinamica, e contemporanea[13].

Sotto questo punto di vista, lo Shaykh Nadwi trasse un enorme beneficio dalla scelta di testi dello Shaykh Khalil. In questo modo, riuscì ad imparare a leggere senza alcuna difficoltà le opere classiche:

<<Per mia fortuna, il mio primo insegnante era una persona dal cuore gentile. Desideravamo che recitasse per lungo tempo, in modo che ci fosse concesso di ascoltarlo. Costui guidava anche la preghiera del *fajr* presso la moschea nella nostra località. Raramente però riusciva a completare un'intera sura. Quando, infatti, cominciava a recitare veniva sopraffatto dalle lacrime e la sua voce s'incrinava. Questo avveniva quasi ogni giorno. Mi insegnò delle sure scelte, in modo particolare quelle che si focalizzavano sul *tawhīd*>>[14].

Lo studio dell'urdu: l'influenza letteraria

Shaykh Nadwi fortunatamente ha potuto seguire anche lo studio della lingua e della letteratura urdu insieme a quello della lingua araba. Venne introdotto infatti ad uno standard piuttosto alto della letteratura urdu e leggeva con estremo entusiasmo i libri che trattavano dei contributi degli ulama alla *da'wah*. Questi scritti ebbero un'influenza diretta sulla sua comprensione degli insegnamenti islamici e gli consentirono di sviluppare uno stile letterario appropriato per introdurre l'Islam ad una nuova generazione di musulmani educati. La

---

[13] Nadwi, *Kārwān*, vol. 1., 88-91.
[14] *Ibid.*, 94-5.

voluminosa e da più parti lodata pubblicazione del *Gul-i Ra'nā* di suo padre gli servì come punto di partenza per il suo apprezzamento della poesia in urdu.

Scritto in uno stile elegante, il *Gul-i Ra'nā* traccia lo sviluppo storico della poesia urdu e dei suoi famosi poeti[15].

L'urdu vanta una serie di scrittori affermati, i cui contributi continuano ad avere un impatto sulla scena letteraria. Shibli Nu'māni, *Hāli* ed Nazir Ahmad erano alcuni dei distinti scrittori che hanno grandemente influenzato Shaykh Nadwi, così come la rivista di Abul Kalam Azad, l'*Hilāl*. Questi scritti hanno esercitato un'influenza importante sulla sua carriera di scrittore. Shaykh Nadwi ha letto anche l'*Yād-i Ayyam*[16], un'opera storica dedicata al governo musulmano nel Gujarat. I suoi meriti letterari si trovano nel suo stile puro che non compromette l'imparzialità storica. Oltre agli studi letterari, lo Shaykh Nadwi ha perseguito con grande interesse anche quelli dedicati alla *sirah*. I seguenti passaggi rivelano la sua assoluta devozione alla personalità del Profeta (pbsl).

<<Un episodio degno di nota, che illustra la mia passione per la lettura della *sirah*, riguarda il testo intitolato *Rahmatanli al-'Ālamin* scritto da Qāzi Muhammad Sulayman Mansurpuri. Il dottor 'Abdul 'Ali[17], il mio fratello maggiore, che assunse il ruolo di mio tutore dopo la morte di mio padre quando avevo solo nove anni, prestava una grande attenzione ai libri che mi dava da leggere, e la sua scelta era sempre benedetta dalla grazia divina. Mi diede da leggere anche il *Khair al-Bashar*. (Il migliore degli uomini).

---

[15] Nadwi, *Hayāt i-'Abdul Hayy*, 309-12.

[16] Negli scritti dello Shaykh Nadwi ricorre molto spesso la figura di suo fratello considerato come mentore, supporto ed ispirazione. Cfr. *Hayāt i-'Abdul Hayy*, 344-98.

[17] Nadwi, *Guidance from the Holy Qur'an* (Leicester, 2005), 3.

Voleva infatti che mi concentrassi sulle biografie del Profeta (pbsl) perché pensava che nulla fosse più utile per formare il carattere e la fermezza delle fede di queste opere. Di conseguenza, dalla mia infanzia, ho sviluppato un amore per i libri che avevano come argomento la vita del santo Profeta (pbsl). In pochi giorni, il postino portò nel nostro piccolo villaggio il pacco contenente il libro. Quest'opera di Qazi Sulayman esercitò su di me un'impressione molto forte. Mi scosse fin nel profondo del mio essere, ma non come un uragano. Nel modo in cui mi impressionò non vi era nulla di tempestoso. Fu, invece, un'esperienza altamente calmante e fonte d'ispirazione. Il mio cuore oscillava per la gioia come il ramo di un albero carico di fiori, quando viene accarezzato dalla brezza del mattino. Questa è la differenza tra le biografie dei conquistatori e dei altri uomini celebri e le opere dedicate alla personalità del santo Profeta (pbsl). Anche se i primi stimolano il cuore, l'effetto prodotto proviene dall'esterno e lo afferra come un invasore, invece il risveglio che scaturisce dalla lettura degli episodi della vita del Profeta (pbsl) sorge dall'intimo, dai recessi più intimi del cuore del credente>>[18].

La *Tarbiyah*: L'orientamento accademico e morale dello Shaykh Nadwi

L'educazione e la crescita morale dello Shaykh Nadwi erano responsabilità sia del fratello maggiore che della madre. Shaykh Nadwi scrisse relativamente al fratello:

---

[18] Nadwi, *Pathway to Madina* (Lucknow, 1982), 9-10.

<<Un padre per suo fratello ed un figlio obbediente per sua madre, con un affetto illimitato verso di me, ha esteso la sua tutela su tutti noi come un modello>>[19].

Una commovente descrizione tratta dalla biografia dello Shaykh Nadwi sottolinea alcune questioni delicate relative alla relazione di grande affetto intrattenuta con suo fratello 'Abdul 'Ali:

<<Spesso, quando tornava dalla facoltà di medicina, si affrettava a controllare se avessi assolto alle mie preghiere nella moschea e, se avvertiva la minima discrepanza nel mio resoconto, insisteva che le ripetessi in sua presenza. Presto, iniziai a rispettare le regole che aveva formulato. Non mi venne mai concesso di leggere un romanzo, ma mio fratello mi incoraggiò a scegliere dei libri dalla nostra collezione privata di testi e manoscritti e fu d'ispirazione alla mia insaziabile dedizione alla lettura>>[20].

Ammissione all'università di Lucknow

La versatilità dello Shaykh Nadwi venne facilmente riconosciuta dal suo insegnante, lo Shaykh Khalil. I commenti dello Shaykh relativamente a questa importante fase nella sua carriera educativa sono rivelatori:

<<L'anno 1927 ha segnato una fase importante nella mia carriera accademica, quando il Sahib arabo informò mio fratello della mia ammissione all'università di Lucknow per seguire un corso in

---

[19] Nadwi, *Kārwān*, vol. 1, 78.
[20] Nadwi, *Kārwān*, vol. 1, 97.

letteratura araba. Bisogna tenere a mente che avevo appena 14 anni ed era naturale che mi sentissi particolarmente felice di aver ricevuto quest'onore. Il Sahib arabo era responsabile per le classi sia delle matricole che dei laureati presso l'università e lo staff degli insegnanti lo trattava con grande rispetto. Mi presentai all'esame nel 1928 e ritenevo che i miei risultati sarebbero stati promettenti. Però, con mio grande dispiacere, venni bocciato e questa spiacevole notizia arrivò al Sahib arabo, a mio fratello ed a mia madre che furono molto rattristati. Alla fine, vi era [in quest'esperienza] una lezione da imparare relativamente agli intoppi della vita che mi avrebbe preparato a sfide e difficoltà più grandi che mi attendevano. Non impiegai comunque molto a comprendere che quelli che appaiono come dei fallimenti possono essere trasformati in fini positivi. Ripetei l'esame nel 1929 con nuovo coraggio e determinazione. I risultati furono eccellenti: avevo raggiunto la prima posizione che mi rendeva degno di una borsa di studio. Nello stesso tempo avrei potuto ottenere anche una medaglia d'oro. Fu una sfortuna che quell'anno non fosse disponibile alcuno sponsor e quindi venni privato di quell'Award che avevo molto desiderato. Bisogna tenere a mente che la medaglia aveva il valore di 100 rupie (una somma considerevole per quel periodo). Chi avrebbe potuto predire che diversi decenni dopo (nel 1980 per essere precisi) il regno dell'Arabia Saudita mi avrebbe onorato con il prestigioso King Faisal Award, il cui valore eccedeva tutte le aspettative di natura finanziaria>>[21].

---

[21] Nadwi, *Kārwān*, vol. 1, 97.

Lahore: una visita storica

La città storica di Lahore mette insieme immagini di un centro di cultura e erudizione islamica. Era una città vivace dal punto di vista delle attività letterarie e vantava la presenza di studiosi rinomati come il poeta d'oriente, 'Allamāh Iqbal. Questa visita ha rappresentato una pietra miliare nella vita dello Shaykh Nadwi in quanto lo ha introdotto in un nuovo mondo di opportunità accademiche da cui ha potuto trarre un immenso beneficio per la sua carriera futura. Secondo la sua stessa ammissione, ha potuto godere di un duplice vantaggio. Aveva la possibilità grazie alla sua padronanza dell'arabo di interagire con i principali studiosi del tempo. Anche l'opera di suo padre, il *Gul-i Ra'nā*, ha reso più semplici i suoi contatti con il mondo accademico di Lahore. Iqbal conosceva bene suo padre attraverso il suo lavoro che era stato appena pubblicato ed era divenuto popolare nei circoli letterari di tutto il paese. Lo Shaykh Nadwi venne presentato ad Iqbal quando era un giovane di sedici anni ed un fervente ammiratore della sua poesia. Nel corso di quell'incontro, lo Shaykh ha presentato ad Iqbal una traduzione araba del suo poema *Chānd* (la luna). Iqbal si compiacque di leggerlo e poi gli rivolse alcune domande relative ad alcuni poeti arabi probabilmente per determinare l'estensione della sua erudizione. Lo Shaykh Nadwi tornò da quell'incontro estremamente impressionato dalla sua semplicità, sincerità ed umiltà[22].

Nel corso della sua visita a Lahore, lo Shaykh Nadwi fu onorato d'incontrare il famoso interprete del Corano, il Mawlana Ahmad 'Ali di Lahore. Costui possedeva una personalità carismatica e la sua devozione al Corano ed alle

---

[22] Nadwi, *Kārwān*, vol. 1, 87.

attività riformiste crearono un'impennata d'interesse religioso tra le masse. Secondo il Mawlana, la fede e la pratica erano i due pilastri gemelli su cui si sosteneva la struttura della *da'wah*. In modo simile, era spietato nella critica rivolta agli pseudo-sufi che considerava la rovina della società musulmana.

Il candore audace e l'indipendenza del Mawlana ribadivano il suo disinteresse verso il benessere terreno. Gli aristocratici musulmani e gli imprenditori influenti abbassavano il capo come segno di rispetto davanti al suo rimprovero per il loro stile di vita opulento. Allo stesso modo in cui rispondeva positivamente alla richiesta di lezioni sul Corano, così declinava gi inviti personali. Costui credeva fermamente che interagire con l'aristocrazia avrebbe indotto un *'ālim* a deviare dall'esprimere le regole della *shari'ah* per cui non vi era alcun compromesso.

È stato riportato che, dopo la sua morte, dalla sua tomba scaturiva una sorta di profumo. Questo avvenimento straordinario testimoniava la sua totale adesione e fedeltà al Corano, e ricordava la fragranza che per molti giorni venne avvertita presso la tomba dell'Imām Bukhārī.

In seguito al suo ritorno da Lahore, lo Shaykh Nadwi iniziò ufficialmente lo studio delle tradizioni del Profeta (pbsl) sotto la supervisione dello Shaykh Haydar Hasan Khan Tonki, un famoso studioso. Il biennale programma di studio lo introdusse al vasto corpus della letteratura degli *hadith* ed alla straordinaria erudizione del suo insegnante. Lo Shaykh Haydar ha adottato un approccio meticoloso all'insegnamento delle Tradizioni del Profeta (pbsl). Ha incoraggiato gli studenti a concentrare l'attenzione sulla ricerca, sugli studi comparativi e sulla valutazione critica. Questo era stato anche il metodo utilizzato dal suo stesso insegnante, lo Shaykh Husayn dello Yemen. Lo Shaykh Nadwi ha osservato il suo insegnante da vicino nel corso di questo periodo e venne impressionato dalla sua devozione allo studio degli *hadith*, all'affetto verso i suoi studenti e dal costante incoraggiamento per raggiungere l'eccellenza in questa importante fonte islamica. Nel suo *'ibādah* quotidiano costui mostrava chiarissime tracce di umiltà e di preoccupazione per l'Altra vita. Queste qualità senza dubbio esercitarono anche una profonda influenza sui suoi studenti. Il certificato (*ijāzah*) scritto da lui personalmente costituisce, secondo lo Shaykh Nadwi, una testimonianza del suo amore e della sua devozione[23].

Il Mawlana Husayn Ahmad Madani: una frequentazione duratura

La frequentazione dello Shaykh Nadwi con il Mawlana Madani ha rappresentato un memorabile periodo della sua vita. Il dottor 'Abdul 'Ali predispose tutto il necessario per portare a termine degli studi sugli *hadith* a Deoband sotto la tutela di questo prominente studioso. Il suo affetto e la sua devozione erano degli attributi che lo rendevano caro agli studenti. Lo Shaykh Nadwi fu veramente fortunato nel corso del suo breve soggiorno in Deoband perché ricevette la personale attenzione del Mawlana Madani e trasse beneficio dalla sua vasta erudizione e dalla sua esperienza nella conoscenza degli *hadith*. Venne impressionato in modo particolare dalla personalità senza pretese del Mawlana, dalla sua umiltà e dalla preoccupazione per il benessere dei musulmani nel mondo[24].

---

[23] Nadwi, *Kārwān*, vol. 1, 183-206.

[24] Relativamente al contributo del Mawlana Madani allo studio degli *hadith*, del *tasawwuf* e della politica vedi: Sayyid Muhammad Miyān, *'Asirān -Malta* (Karachi, n.d.); Bayazid Pandor, *Biography of Shaikhul Islam Hadrat Mawlana Husain Ahmad Madani* (Azaadville, 2007); D. R. Goyal, *Mawlana Husain Ahmad Madani: A Biographical Study* (Kolkata, 2004).

'Allāmah Taqi al-Din Hilālī: un'erudizione impareggiabile

L'arrivo dell' 'Allāmah Taqi al-Din Hilālī del Marocco è stata un'occasione storica per Nadwah, che fu onorata di averlo nel suo corpo insegnante. Studioso internazionale che non aveva pari nella conoscenza dell'arabo, l' 'Allāmah Hilālī attirò studenti dotati da tutto il paese e li aiutò a sviluppare le loro capacità. Il suo *sanad* (certificato) costituiva una testimonianza della familiarità del suo studente con la lingua araba. Le circostanze politiche lo costrinsero a lasciare l'Arabia Saudita durante il regno del sovrano Abdul Aziz Al-Saud. Lo Shaykh Muhammad Yemeni insieme ad altri studiosi fu fondamentale per il suo soggiorno a Lucknow. E questo gli aprì anche la strada per accettare l'offerta di insegnamento a Nadwah. Hilali era uno studioso prolifico, il cui arabo puro ed elegante fu d'ispirazione per i suoi studenti. Attraverso i suoi sforzi instancabili il corretto metodo d'insegnamento della lingua araba venne piantato sul suolo indiano. Il suo approccio era innovativo ed i suoi studenti trassero un grande beneficio dalla sua straordinaria conoscenza.

Lo Shaykh Nadwi ha avuto l'onore di essere uno dei suoi studenti per perseguire uno studio esteso dei testi classici sotto la sua supervisione. Costui ha elaborato nuovi metodi finalizzati ad una comprensione completa dell'arabo. L'influenza di Hilālī sui suoi studenti era profonda. In qualità d'insegnante devoto, era solito assicurarsi che l'ambiente fosse adatto per lo studio della lingua araba. Inoltre, il suo impegno ha avuto come risultato quello di aumentare l'apprezzamento verso questa lingua dinamica. L'anno 1931 fu memorabile per lo Shaykh Nadwi in quanto venne scelto per accompagnare Hilālī in un viaggio educativo nelle città e cittadine vicine. Dopo aver trascorso giorni e notti in sua compagnia, rimase ampiamente impressionato dalla sua vasta conoscenza e dalla sua personalità accattivante. Durante questo periodo, venne avvertito il bisogno di un giornale accademico in lingua araba ed un team di giovani studiosi venne incaricato di studiare la fattibilità di pubblicare una tale rivista. Ci si aspettava che contenesse articoli di ampio spessore. In risposta a quest'urgente bisogno, *Al-Diyā* è stato il primo di una serie di riviste accademiche dedicate allo studio dell'arabo pubblicate dalla Nadwah[25].

All'inizio della sua pubblicazione, *Al-Diyā* ha ricevuto dei riconoscimenti dai critici letterari in tutto il Medioriente. Il fatto che gli articoli venissero scritti da studiosi indiani e che in un breve periodo di tempo si ritagliò il suo personale spazio letterario, costituiva una prova silente dello standard eccellente raggiunto dalla Nadwah nell'insegnamento della lingua araba.

Non c'erano dubbi, secondo Shaykh Nadwi, che i giornali academici prodotti dalla Nadwah abbiano aperto la strada al giornalismo arabo. Inoltre, cosa ancora più importante, si è distinto rispetto alle tendenze non islamiche che stavano guadagnando slancio nel mondo arabo[26].

Shaykh Nadwi aggiunse alle sue credenziali accademiche una monografia in arabo su Sayyid Ahmad Shahid. Allo stesso modo, ha contribuito con articoli, durante questa importante fase della sua carriera, alla discussione delle questioni contemporanee che riguardano i musulmani nel mondo. Il fatto che studiosi attivisti, come Sayyid Rashid Ridā, fossero degli avidi lettori di questa pubblicazione sottolinea il carattere transnazionale dei movimenti di rinascita islamica.

È stato ipotizzato che l'esposizione iniziale dello Shaykh Nadwi alla *Salafiyyah* avvenne ampiamente per conto della popolarità dell'*Al-Diyā'* e del suo ampio riconoscimento nel mondo arabo. Questo punto di vista è insostenibile alla luce dei successivi sviluppi che hanno chiaramente descritto lo

---

[25] Nadwi, *Kārwān*, vol. 1,115-117.
[26] Shams Tabriz Khan, *Tārikh Nadwat al-'Ulama*, vol. 2 (Lucknow, 1984), 423-4.

Shaykh Nadwi come studioso indipendente che aveva una missione chiaramente definita e che con forza difendeva la *wasatiyyah* (la corrente principale dell'Islam) nella sua presentazione del rinnovamento islamico. La sua opera principale, *Rise and Fall of Muslims* spiega nel dettaglio la sua definizione di *wasatiyyah*.

La *Salafiyyah* ed Hilālī

Uno studio recente dedicato all'eredità di 'Allāmah Hilālī documenta il suo cangiante orientamento verso la *Salafiyyah*. Durante il periodo del suo insegnamento alla Nadwah, ha focalizzato la sua attenzione sul rafforzamento della letteratura araba. I suoi due studenti, Mas'ud 'Ālam e Shaykh Nadwi, rappresentavano lo stile emergente dell'erudizione araba nel paese. Comunque, la sua successiva adesione alla *Salafiyyah* condusse Mas'ud 'Ālam più vicino alla sua visione del mondo. La sua opera dedicata a Muhammad ibn 'Abdul Wahhāb, il fondatore del movimento Wahhabita, reca delle chiare tracce dell'influenza del suo maestro. Se Mas'ud 'Ālam ha assorbito i tratti della *Salafiyyah* sotto l'insegnamento di Hilālī, lo Shaykh Nadwi si è invece mostrato molto meno entusiasta dell'approccio di quest'ultimo all'*islāh*. L'esclusiva e rigida interpretazione delle questioni sia dottrinali che teologiche non lo entusiasmavano. Inoltre, l'interesse dello Shaykh Nadwi lo mise in contatto con intellettuali di spicco e *mashā'ikh* che promuovevano l'*islāh*. Diversi decenni dopo l'approccio salafita di Hilālī si è fossilizzato sulla sua critica delle questioni teologiche, che percepiva essere una deviazione dall'Islam nella sua forma originaria. Implicito nella sua critica tagliente di queste interpretazioni "devianti" era la vicinanza dello Shaykh Nadwi al movimento *tabligh* ed al *tasawwuf*. Nonostante queste nette differenze, lo Shaykh

Nadwi ha mantenuto una relazione cordiale con il suo insegnante[27].

Conclusione

Le influenze formative sulla carriera accademica dello Shaykh Nadwi hanno contribuito negli anni successivi alla sua formulazione della rinascita islamica. Importanti studiosi, quali Mawlana Madani, hanno plasmato la sua comprensione dell'identità collettiva islamica (*tashakhkhus*), un tema ricorrente negli scritti dello Shaykh Nadwi sull'ordine islamico in India.

---

[27] Henri Lauziere, *The Making of Salafism: Islamic Reform in the Twentieth Century* (New York, 2015).

Capitolo III

Alla ricerca dell'eccellenza accademica

L'ambiente della Nadwah fu fondamentale per lo sviluppo intellettuale dello Shaykh Nadwi. In questa istituzione ebbe infatti inizio la sua carriera di insegnante e scrittore. Durante questa fase altamente significativa, le sue opere in arabo riflettono i generi che cercò alacremente di sviluppare nella propria concezione della *da'wah*. Il tema dell'autenticità islamica ha poi assunto maggiore importanza nel definire le attività multiformi dello Shaykh.

Fin dalla sua fondazione, il destino della Nadwah è stato caratterizzato da due impulsi distinti: sfide e cambiamenti. La crescita e lo sviluppo delle madaris (intese come istituti islamici d'insegnamento superiore) come la Dār al-'Ulum Deoband hanno avuto un ruolo fondamentale nella diffusione delle scienze islamiche, diffondendone i principi e difendendo la fede contro le tendenze eterodosse[1]. Sebbene il curriculum adottato da Deoband sia generalmente chiamato *Dars i-Nizāmi*, la sua enfasi maggiore è sul Corano, gli *hadith* ed il *fiqh*[2] elaborato dalla scuola di pensiero hanafita.

Il Dars i-Nizāmī

Il Mulla Nizāmuddin (d. 1748) viene ritenuto da più parti colui che ha plasmato il *Dars-i Nizāmī* nel subcontinente. Studioso esperto con un'eccezionale competenza nelle scienze razionali e la tradizione classica, Nizāmuddin era un gigante intellettuale che ha lasciato un curriculum che ha

---

[1] Barbara Daly Metcalf, *Islamic Revival in British India: Deoband, 1860-1900* (Karachi, 1982), 235.

[2] Cfr. Francis Robinson, *The 'Ulama of Farangi-Mahal* per una discussione dettagliata sul Dars-i Nizāmī.

prodotto "studiosi altamente qualificati, burocrati, scrittori e intellettuali del suo tempo". Il suo obiettivo era quello di consentire ai laureati di pensare in modo logico, acquisire abilità linguistiche e di scrittura eccellenti e sviluppare una padronanza della tradizione classica islamica per affrontare questioni che vanno oltre la pratica religiosa.

Il *Dars-i Nizāmī* godette di una popolarità senza rivali nel subcontinente ed oltre per più di un secolo. Tuttavia, è andato incontro a drastici cambiamenti in seguito all'istituzione del Deoband. L'istituzione ha posto l'accento sullo studio degli *hadith*. In effetti, notevoli cambiamenti al curriculum esistente sono divenuti il tratto distintivo delle *madāris* che promuovevano una riforma. Questo non vuol dire che il curriculum sia diventato obsoleto. Al contrario, recenti sforzi sono stati intrapresi per elevare il suo status a quello di un intensivo progetto post-laurea.

Lo Shaykh Nadwi ha spiegato lo scopo e la funzione della madrasa con le seguenti parole:

<<È un'istituzione per l'educazione dell'uomo e per incanalare i suoi talenti. È un luogo in cui vengono preparati quanti invitano all'Islam e difendono la loro fede. Una *madrasa* può essere paragonata, per modo di dire, alla centrale elettrica del mondo islamico, che fornisce energia non solo al mondo islamico, ma anche al resto dell'umanità. È un centro in cui il cuore e l'anima vengono purificati, e la mente e l'intelletto vengono nutriti. Una madrasa è un luogo in cui una visione del mondo viene coltivata, e l'umanità viene sostenuta: conduce ma non viene condotta. Una madrasa non è specifica di nessuna nazione in particolare, di nessuna civiltà, cultura, epoca, lingua o letteratura. Viene invece nutrita e sostenuta direttamente dal messaggio del Profeta Muhammad (pbsl), che è universale e senza tempo. Questo

messaggio è legato in maniera inestricabile con la forza vitale dell'umanità e con la vita nella sua varietà e dinamicità. È poi indipendente rispetto al dibattito tra classico e moderno perché' è caratterizzato dal messaggio eterno e vivificante del Profeta (pbsl)>>[3].

La storia della Nadwah, sia nello scopo che nel contenuto, sarà esaminata criticamente nelle pagine successive. Dall' inizio della sua fondazione l'attenzione era principalmente rivolta alla sintesi tra la classica educazione islamica e le scienze moderne, ossia ad un'integrazione tra i fondamenti eterni della fede ed i valori in continua evoluzione della vita umana.

Il *Fiqh* in un mondo che cambia

La Nadwah rappresenta un cambiamento ed un allontanamento da una rigida e statica interpretazione dell'Islam. Quest'approccio era particolarmente evidente nell'ambito del *fiqh*, che nella sua evoluzione nel subcontinente indiano ha ricevuto un'attenzione esagerata.

La scuola di pensiero hanafita era profondamente radicata nelle *madāris* e gli ulama hanno resistito a qualsiasi tentativo di cambiamento trincerandosi dietro la loro interpretazione della legge islamica. Il Deoband rappresenta questa tendenza. La Nadwah, invece, ha cercato di mediare tra gli elementi conservatori e modernisti elaborando una posizione equilibrata, ossia una sinergia della giurisprudenza in un ambiente contemporaneo. I contributi degli ulama della Nadwah sono stati analizzati in molteplici studi sul *fiqh*. L'enfasi sull'unità della *ummah* musulmana (*ittihād bayna al-Muslimīn*) era di cruciale importanza per la Nadwah, ed i suoi studiosi hanno rivestito un ruolo determinante nello sviluppo

---

[3] Mohammad Akram Nadwi, *Madrasah Life* (London, 2007), 3.

di questo tema. Il punto di partenza dello Shaykh Nadwi relativamente alle questioni del *fiqh* era equilibrato e nasceva da anni d' interazioni con studiosi di diverso orientamento nel mondo islamico. Il pregiudizio settario era a lui avverso dal momento che cercava di promuovere un approccio di mediazione che, secondo il suo punto di vista, costituiva la pietra angolare dell'unità della *ummah* musulmana[4]. Nello stesso tempo, la Nadwah non si distaccò dai contributi classici dei *fuqahā* ma, nello stesso tempo, si è concentrata sulla rivalutazione dell'interpretazione del *fiqh* in una società in cambiamento. L'istituzione ha assunto un ruolo leader nel ridefinire i parametri del *fiqh* ed i suoi membri[5] fondatori avevano previsto questo cambiamento diversi decenni prima. Secondo Al-Hasani, il mondo che cambia nel ventesimo secolo ha portato una moltitudine di problemi che affliggono i musulmani a livello sociopolitico. Queste sfide richiedono soluzioni realistiche:

<<Nuovi metodi e approcci debbono essere introdotti nella forma di libri e monografie il cui carattere sia compatibile con l'assetto psicologico delle giovani generazioni di musulmani>>[6].

---

[4] Munawwar Sultan Nadwi, *Nadwat al 'Ulama kā Fiqhi Mizāj* (Hyderabad, 2004), 282-5.

[5] Sayyid Muhammad 'Ali Monghīri (m. 1927), il fondatore carismatico della Nadwah, possedeva una prospettiva illuminata ed era interessato al ruolo del *fiqh* nei mutamenti della società. Cfr. Muhammad Al-Hasani, *Payām-i Nadwat al-'Ulama* (Karachi, n.d.), 64-67; Sayyid Muhammad al-Hasani, *Sirat Mawlana Muhammad Ali Monghīri: Bānī Nadwat al 'Ulama* (Karachi, 1980).

[6] Al-Hasani, *Payām-i Nadwat al-'Ulama*, 121.

La Nadwah ed il mondo arabo

Sayyid Abdul Hayy Nadwi, rettore della Nadwah, ha compiuto degli sforzi pionieristici per promuovere la causa di quest'istituzione nascente. Comunque, nel corso del rettorato del Dottor 'Abdul 'Ali (1931-61) la Nadwah ha fatto esperienza di una rapida crescita ed ha stabilito contatti internazionali con istituzioni islamiche di spicco nel mondo arabo[7].

È interessante esaminare l'enfasi posta dalla Nadwah sulla lingua araba in relazione ai contributi dello Shaykh Nadwi in ambito letterario. L'approccio istituzionale costituiva una dichiarazione potente del suo orientamento culturale ed un segno distintivo rispetto alle altre *madāris* nel subcontinente indiano[8].

Lo Shaykh Nadwi ha menzionato diversi quotidiani arabi e pubblicazioni accademiche[9] che lesse in gioventù e che lo influenzarono relativamente al suo pensiero relativo all'identità araba ed islamica, al nazionalismo ed al secolarismo. Lui ed i suoi colleghi hanno acquisito una conoscenza approfondita delle tendenze intellettuali nel mondo arabo, che ha poi affinato le loro capacità letterarie per le loro attività dedicate alla *da'wah*[10].

Le attività accademiche

I soggetti principali della carriera d'insegnamento dello Shaikh Nadwi erano il *tafsīr*, la letteratura araba (*adab*), e gli studi dedicati agli *hadith*. Il *tafsīr* era il suo soggetto preferito e lui consultò le opere sia classiche che moderne dedicate a quest'argomento, per sviluppare un'intuizione profonda relativamente al significato ed al messaggio del Corano. Oltre

---

[7] *Tārikh Nadwat al- 'Ulama*, vol. 2, 418-21.
[8] Ibid., vol. 1, 150-52.
[9] Nadwi, *Kārwān*, vol. 1, 126-7.
[10] Nadwi, *Kārwān*, vol. 1, 126-7.

a consultare i commentari classici come il *Kashshāf*[11], ha beneficato enormemente dal *Tarjumān al-Quran*[12] del Mawlana Azad. Nell'ambito delle letture interpretative, il *Rūh al-Ma'ānī*[13] dell'Allāmah Ālūsī è stato poi di grande aiuto. Invece, relativamente alle questioni contemporanee ed agli studi comparati, lo Shaykh Nadwi ha cercato l'assistenza da parte del Mawlana Abdul Majid Daryabadi[14] sia attraverso la corrispondenza che gli incontri personali[15].

Gli anni formativi della Nadwah furono ampiamente plasmati dai contributi intellettuali dell'Allāmah Shibli Nu'mānī. La sua statura come storico e critico letterario non ha rivali. La sua opera principale la *Sirat al-Nabi*[16] (una pubblicazione postuma in collaborazione con il suo studente, Sayyid Sulayman Nadwi) ed i lavori sui primi musulmani[17] divennero un modello per gli studenti della Nadwah. Infatti,

---

[11] Cfr. Thameem Uthama, *Methodologies of the Qur 'anic Exegesis* (Kuala Lumpur, 1995), 85-106.

[12] 'Abdur Rahmān Doi, *The Sciences of the Qur'ān* (Pretoria, 1997), 284-85.

[13] Uthama, *Methodologies*, 85-106.

[14] Eminente commentatore del Corano in lingua inglese (*Tafsir-ul-Quran*).

[15] Nadwi, *Kārwān*, vol. 1. 147.

[16] Shibli Nu'māni (1857-1914) era uno studioso illustre, la cui erudizione conservava tracce della gloria musulmana e del suo impatto sulla civiltà combinata con lo spirito razionale che ha visto l'emergere di una tradizione islamica intrisa di fonti greche, indiane ed elleniste. Shibli Nu'māni ha inaugurato una nuova *Kalām* (teologica scolastica), capace di rapportarsi alle sfide contemporanee. Shibli però, nonostante i suoi ampi contributi al pensiero ed alla cultura islamica, rimane una figura controversia, forse in ragione della sua complessa personalità. Cfr. Murad, *Intellectual Modernism of Shibli Nu 'māni*, 1976. Sayyid Sabāhuddin 'Abdur Rahmān, seguendo l'opinione del suo maestro, Sayyid Sulaymān Nadwi, ritiene che Shibli rappresenti una sintesi tra la tradizione classica islamica e le scienze moderne.

[17] Per una biografia di Sayyid Sulaymān Nadwi vedi Muhammad Na'im Siddiqui, 'Allāma Sayyid Sulayman Nadwi: Shakhsiyyat wa Adabi Khidmāt (Lucknow, 1985);'Abdur Rahmān, *Mawlana Sayyid Sulaymān Nadwi ki Tasānif* (Azamgarh, 1988).

Shibli era considerato un'icona ed una fonte d'ispirazione degna di essere emulata[18].

La devozione personale dello Shaykh Nadwi alle sue ricerche accademiche viene descritta brevemente in uno studio rielaborato[19] relativamente alle impressioni dei suoi contemporanei in merito ai libri ed agli scritti che li hanno influenzati[20]. Un altro utile studio è il *Meri 'Ilmi wa Mutāla'āti Zindagi*[21], una compilazione degli articoli scritti dallo Shaykh Nadwi che getta luce su questa fase importante della sua carriera di educatore. L'influenza dell'arabo è accompagnata ad un riferimento speciale al suo insegnante, Hilālī, illustre studioso che ha dato dei contributi significativi alla crescita ed allo sviluppo della lingua araba presso Nadwah[22]. Riferendosi alla lingua araba, lo Shaykh Nadwi ha osservato:

<<In compagnia di Hilālī, due realtà si sono aperte per la prima volta davanti a me: la differenza tra linguaggio e letteratura (*adab*). Il linguaggio costituisce il fondamento dell'*adab*, che è la galleria del primo ed adorna le sue mura con dei ritratti. L'*adab* rappresenta la forza suprema dell'espressione letteraria di cui i pensieri sono un veicolo. La cultura e gli ideali sono sostenuti (da questo genere)>>[23].

La lingua è indissolubilmente legata alla letteratura ed entrambe sono entità non mutuamente esclusive. Lo Shaykh Nadwi ha fornito una breve indagine sulla situazione anomala

---

[18] Cfr, Nadwi, *Western Civilisation, Islam and Muslims* (1974), 64-65; Sulaymān Nadwi, *Hayāt i-Shibli* (Azamgarh, n.d.).

[19] Muhammad 'Imrān Khan Nadwi, *Mashāhīr-I Ahl-I 'Ilm kī Muhsin Kitāb*, nuova edizione a cura di Faysal Ahmad Bhatkali Nadwi (Lucknow, 2004).

[20] Ibid., 191-98.

[21] Nadwi, *Meri 'Ilmi wa Mutāla 'āti Zindagī* (Rae Bareli, n.d.).

[22] Nadwi, *Kārwān*, vol. 1, 119-26.

[23] Nadwi, *Meri 'Ilmi wa Mutāla 'āti Zindagī*, 16.

in India dove l'arabo era regolarmente insegnato nelle *madāris*. Secondo lui, l'arabo come linguaggio dinamico è emarginato in queste istituzioni e viene data eccessiva enfasi alla grammatica e ad alcune opere classiche. Questo approccio non può promuovere nello studente alcuna sicurezza. Al contrario, l'approccio della Nadwah all'insegnamento dell'arabo è stato progressista[24].

La scelta di aggiungere Hilālī allo staff della Nadwah ha migliorato notevolmente lo standard della lingua araba ed ha attratto un numero considerevole di studenti, il cui contributo al linguaggio ha lasciato un impatto sia a livello locale che internazionale. Può essere fatta, a questo proposito, una menzione speciale del Mawlana Mas'ud 'Ālam[25], un collega dello Shaikh Nadwi, che ha collaborato con lui in maniera indefessa nella produzione di giornali accademici per la Nadwah. Lo scambio di periodici tra la Nadwah ed istituzioni prestigiose nel mondo arabo ha destato un ampio interesse verso il giornalismo arabo. Lo stesso *Al-Diyā*[26]' è stato utilizzato come forum per questo scopo ed ha aperto nuove opportunità per lo Shaykh Nadwi ed i suoi colleghi.

Come ha notato lo Shaykh Nadwi:

<<Durante questo periodo la nostra piccola stanza ed ambiente angusto è stato una sorta di avamposto arabo nel mondo indiano>>[27].

Molte delle attività presso la Nadwah riflettono l'influenza del giornalismo arabo nel 1930. L'*Anjuman al-Islāh*, la società letteraria della Nadwah, si rapportava a questioni

---

[24] Cfr. Nadwi, *Western Civilisation, Islam and Muslims*, 63-66.
[25] Relativamente ai ricordi personali di questo studioso da parte dello Shaikh Nadwi vedi *Purāne Charāgh*, vol. 1, 317-57.
[26] Ibid., 321-322, relativamente all'accoglienza entusiasta di questa pubblicazione da parte di Amir Nasiruddin, studioso libanese.
[27] Nadwi, *Kārwān*, vol. 1, 148.

contemporanee nel mondo mediorientale. Un dibattito, che venne tenuto nel 1930, su "Chi è la più grande personalità nel mondo islamico" ha generato un grande entusiasmo. È significativo che venne insignito di quest'onore[28] proprio Amir Shakib Arsalān, un panislamista, di cui Shaykh Nadwi ed i suoi colleghi leggevano con grande interesse sia i libri che gli articoli.

L'esposizione al mondo islamico nei termini dei suoi stili letterari e del pensiero contemporaneo ha esercitato un impatto definitivo sugli scritti dello Shaykh Nadwi. La sua conoscenza degli studiosi e dei letterati arabi ha ampliato la sua comprensione delle correnti trasversali nel mondo arabo e gli hanno dato un'esperienza di prima mano per fare una valutazione critica dei loro contributi all'Islam. Lo Shaikh Nadwi ha notato:

<<Nel corso della mia prima visita in Egitto nel 1951 non sono stato intimorito da nessuna personalità e non vi è stato nemmeno lo svelamento di nuove realtà. Comunque, è importante per qualcuno che si dedica alla da'wah essere a conoscenza delle tendenze critiche nell'ambito della letteratura al fine di dare un contributo reale>>[29].

Nel corso della sua carriera accademica, lo Shaykh Nadwi ha insegnato per un breve periodo l'*Hujjat-Allah al-Bālighah*, un'opera celebrata dello Shah Waliyullah. L'influenza dello Hujjat sugli scritti dello Shaikh Nadwi è espressa brevemente da Muhammad Ghazali:

<<Non abbiamo trovato alcuna spiegazione filosofica dell'intero sistema giurisprudenziale dell'Islam prima

---

[28] *Ibid.*, 149.
[29] *Ibid.*, 148-149.

dello Shah Wali-Allah. Quindi, secondo la nostra conoscenza l'*Hujjat-Allah al-Bālighah* rappresenta la prima opera che tratta di questo soggetto in modo così esteso e comprensivo>>[30].

L'insegnamento dell'arabo: un nuovo approccio

L'approccio innovativo all'insegnamento dell'arabo costituiva una preoccupazione centrale per lo Shaykh Nadwi ed i suoi colleghi. Il metodo diretto dell'insegnamento dell'arabo, un'iniziativa pioneristica, ha prodotto dei risultati positivi. Gli studenti hanno mostrato una grande attitudine per questo approccio. Il loro stile espressivo e l'abilità nell'eloquio hanno rafforzato il suo successo. Durante la sua carriera di insegnante, lo Shaykh Nadwi ha tenuto per molti anni un corso di logica, uno di storia della letteratura araba a studenti di grado avanzato ed un altro dedicato a porzioni del Sahīh Bukhārī. Nel 1934 contrasse matrimonio con sua cugina, Tayyibah al-Nisā'[31]. Questo fu un periodo preparatorio in vista delle sue diverse attività.

Gli studi coranici

L'esteso studio del Corano da parte dello Shaykh Nadwi si rifletteva ampiamente nei suoi scritti, in cui mostrava di possedere delle solide fondamenta nell'ambito dell'erudizione islamica. Infatti, la sua padronanza della lingua araba gli fornì la capacità di esprimere l'eleganza ed i significati più sottili del Corano. I seguenti passi descrivono il periodo formativo del suo ruolo di studioso del Corano:

---

[30] Muhammad Ghazali, *The Socio-Political Thought of Shah Wali Allah* (Islamabad, 2001), 133-34.

[31] Costei era la nipote di Sayyid 'Abdur Razzāq Kalāmi, eminente studioso ed autore del poema in urdu *Samsām al-Islam* (History of the Conquest of Syria). Cfr. *Kārwān*, vol. 1, 150.

<<Dopo aver completato la mia educazione, ho volto di nuovo la mia attenzione allo studio del Corano. Mi sono dedicato anche allo studio di altre opere di riferimento oltre ai testi prescritti nelle *madāris*. Nella ricerca di questo obiettivo, mi sono recato a Lahore ed ho studiato l'intero Corano ai piedi del Mawlana Ahmad 'Ali. La sua devozione totale al Corano mi impressionò enormemente. Tutto quello che diceva e faceva aveva una sua giustificazione nel Corano. Questo incantò il mio cuore: la sua pietà, il distacco dal mondo ed il meticoloso rispetto della Sunna mi impressionarono molto. Trascorsi quindi del tempo presso la Dār al-'Ulūm Deoband. Durante il mio soggiorno, ho cercato di incontrare il Mawlana Husayn Ahmad Madani in modo da trarre beneficio dalla sua spiegazione di alcuni difficili passi del Corano. Queste questioni erano infatti lasciate in sospeso nei testi standard dedicati al *tafsir*. Il Mawlana Madani era uno degli ulema più importanti dell'epoca. Oltre alla sua perizia nell'ambito dello studio degli *hadith* e di altre discipline, si è dedicato ad un intenso studio del Corano. Il suo stile di vita ha riflettuto i frutti della sua ricerca. Sono stato fortunato perché mi ha concesso del tempo di venerdì per discutere con lui quei versetti coranici che trovavo di difficile interpretazione. Il Mawlana amava viaggiare frequentemente e questo era un periodo di frenetica attività politica. Eppure sono riuscito a tranne beneficio dalla sua erudizione>>[32].

L'iniziale esposizione dello Shaykh Nadwi, sotto diversi punti di vista, ai molteplici approcci delle ricerche dedicate al *tafsir* gli hanno consentito d'intraprendere uno studio

---

[32] Nadwi, *Guidance from the Holy Qur'ān* (Leicester, 2005), 2-3.

indipendente di questo ricco genere. Il dinamismo del Corano -secondo le sue stesse parole- era perenne e serviva come "uno specchio veritiero della natura umana ed un libro vivente"[33].

Nel 1934 lo Shaykh Nadwi venne scelto come insegnante presso la Nadwah e gli vennero assegnate due materie: la letteratura araba ed il *tafsir*. I libri classici del *tafsir* (come il *Jalālayn*, il *Baydāwi* ed il *Kashshāf*) erano già stati inclusi nel curriculum. Inoltre, agli studenti venne data una visione d'insieme del Corano. In questo modo il curriculum venne organizzato secondo gli standard e le abilita' degli studenti in modo che nessuna parte fosse tralasciata. Questo sistema era una specialità della Nadwah a paragone delle altre istituzioni. L'approvazione dello Shaykh Nadwi relativamente a questo approccio è abbastanza significativa:

<<Nel corso di questo periodo, ho sentito che era necessario introdurre il Corano agli studenti, per renderli edotti del vero fine e del tema centrale per prepararli a trarre beneficio da questo grande Libro. Era anche importante avvertirli relativamente alle imperfezioni ed alle debolezze che qualche volta impediscono di trarre pienamente beneficio dagli utili effetti e dalle benedizioni che il Corano stesso ha evidenziato. Questi elementi comprendono i principi per apprezzare e comprendere il glorioso Corano>>[34].

---

[33] Nadwi, *Studying the Glorious Qur'ān: Principles and Methodology* (Leicester, 2003), 14.
[34] *Ibid.*, vii.

Da'wah: contenuto e contesto

Il Dottor 'Abdul 'Ali aveva molto a cuore la *da'wah*. Il declino del dominio musulmano culminato nella partizione dell'India nel 1947 rappresentava un periodo traumatico per i musulmani. In vista dell'emergere di tensioni comunitarie, il bisogno di delineare un'identità islamica per la minoranza musulmana rispetto alla dominanza indù era una dura realtà. Lo scenario politico infatti portava i semi della divisione religiosa tra i musulmani e gli indù. Inoltre, la gerarchia sociale radicata rimase intatta tra gli indù. Un esempio era rappresentato dalla comunità dei Dalit (conosciuti anche come intoccabili) che continuava a soffrire sotto il giogo della dominazione dei Brahmani. Questa polarizzazione ha destato una protesta di massa sotto la leadership del Dottor Bhim Rao Ambedkar, un rinomato giurista che aveva annunciato la ricerca di una religione alternativa da parte della sua comunità. I Dalit avevano rinunciato all'Induismo in massa ed erano pronti ad abbracciare una fede che li avrebbe emancipati dai ciechi pregiudizi religiosi. Questo annuncio epocale risale al 1935.

Il Dottor 'Abdul 'Ali e lo Shaykh Husayn interpretarono quest'ambivalenza come un'opportunità per diffondere l'Islam presso di loro. Questo compito venne assegnato allo Shaykh Nadwi, che aveva appena vent'anni. Intraprese quindi un viaggio di portata storica a Mumbai che gli diede l'opportunità di fare esperienza a livello pratico della *da'wah* e del *tabligh*. Il dottor Ambedkar aveva familiarità con le dottrine islamiche come dimostra il suo studio della traduzione di Pickhtall del Corano. Lo Shaykh Nadwi gli parlò apertamente dell'Islam come unica alternativa possibile per la sua comunità. Successivamente, l'annuncio da parte di Ambedkar secondo cui i Dalit avrebbero abbracciato il Buddismo si rivelò una decisione erronea. Infatti, non ha apportato il minimo cambiamento negli anni seguenti per questa comunità marginalizzata. Questa delusione è stata espressa da V. T. Rajshekar nell'opera *Ambedkar and His Conversion*[35].

La conversione al Buddismo di Ambedkar e dei suoi seguaci venne dettata dai mutamenti politici successivi alla Partizione del 1947. L'emancipazione della comunità dei Dalit e la liberazione dall'oppressione degli Indù di alta casta, così come era stata immaginata da Ambedkar, sarebbe stata possibile solo nell'Islam, dal momento che avrebbe permesso ai Dalit di entrare a far parte della comunità musulmana globale. Anche se il volgersi degli eventi in India dopo il 1947 non fornì un felice auspicio per la decisione di Ambedkar, la conversione al Buddismo non rimosse le catene dell'oppressione sociale perpetuata dalla classe dominante dei Brahamini[36].

Il profilo accademico

La maturità dell'esperienza d'insegnamento dello Shaykh Nadwi è stata un precursore della sua crescita intellettuale. Nell'arco di un breve periodo emerse pienamente come studioso internazionale, storico e *dā'i* (promotore della *da'wah*). Ad esempio, le opere prendono in considerazione gli elementi intellettuali che costituiscono uno studio ben formulato. Quindi, è appropriato valutare le tendenze dell'oggettività storica impiegate dallo Shaykh Nadwi. Oltre al *Kārwān*, l'opera biografica Mir Karwan scritto dal Dottor 'Abdullāh 'Abbās Nadwi contiene delle informazioni apprezzabili sulla vita ed il pensiero dello Shaykh Nadwi. I

---

[35] Nadwi, *Kārwān*, vol. 1, 156-160.

[36] Relativamente alla conversione dei Dalit al Buddismo vedi Yoginder Sikand, *Muslims in India since 1947: Islamic Perspectives on Inter-Faith Relations* (London, 2004); "Islamic perspectives on liberation and dialogue: Muslim writings" in *Dalit Voice*, 93-108.

suoi commenti sul *Kārwān* sono illuminanti a questo proposito:

<<Per 53 anni ho avuto modo di frequentare lo Shaykh Nadwi e sono stato nella condizione di osservarlo da vicino in diverse circostanze: i suoi viaggi, sia pubblici che privati, ed i momenti sia di avversità che di prosperità. Ho avuto anche l'onore di essere suo studente per tre anni. Quindi, non mi è stato difficile ricordare e trascrivere metaforicamente dal mio cuore delle pagine "custodite" (sulla sua persona).

Le opere biografiche relative agli *'ulama* ed ai *mashā'ikh* sono generalmente di due tipologie. Un genere tende alla glorificazione e la venerazione esagerata verso la loro personalità dà l'impressione che il loro status possa essere paragonato a quello di un profeta. Questa tendenza identifica delle qualità e degli attributi che suggeriscono implicitamente la loro *'ismāt* (infallibilità). L'altro genere adottato invece dai ricercatori moderni è più scientifico. La dissertazione o il campo di studi rappresenta un resoconto oggettivo della personalità esaminata. Inoltre, la fonte materiale serve anche come quadro di riferimento e si distingue per il suo approccio contemporaneo. Inoltre, la bibliografia riflette gli studi critici moderni. Per coincidenza conosco entrambe le tendenze. Appartenendo ad una famiglia con una catena ininterrotta di *mashā'ikh* per oltre 300 anni, queste biografie rispecchiano delle narrazioni abbellite...Gli appellativi ed i titoli onorifici che vengono attribuiti al nome dello Shaykh qualche volta superano le due righe (per dare un'idea di questa venerazione esagerata). Relativamente alle università moderne sono stato associato ad un importante istituzione in Europa e nel corso degli anni ho avuto la possibilità di fare da supervisore a delle ricerche superiori. Quindi, i metodi moderni non mi sono estranei>>[37].

Il Dottor Nadwi è una rappresentante eminente della filosofia educativa della Nadwah: una sintesi tra educazione tradizionale e conoscenza moderna[38]. Lo Shaykh Nadwi ha tradotto questa filosofia nei suoi numerosi scritti per dirigere il destino della Nadwah verso più ampi orizzonti educativi. Secondo Habibul Haq Nadvi, i riformatori della Nadwah che considera "positivisti politico-religiosi"[39] (o *'ālim*-attivisti) "hanno promosso la contemporanea rinascita islamica" e sono emersi "trionfanti nella ricostruzione della educazione islamica" attraverso un'opera di revisione periodica[40] dei curricula.

Il concetto di curriculum dinamico viene correntemente valutato da Nadwi nella sua ben-documentata opera[41]. Questa versione è stata brevemente approvato da 'Allāmah Yūsuf Qardāwī, un eminente studioso che risiedeva in Qatar e membro dell'Oxford Centre for Islamic Studies in una commemorazione funebre per lo Shaykh Nadwi:

<<Lo Shaykh Nadwi è stato a capo di una scuola di pensiero e di educazione che crede nella determinazione nei propri scopi, nel progresso nei suoi metodi e si serve di tutto quello che appartenente al passato apporta benefici, e dà il benvenuto a tutto il nuovo che è valido, ed adotta dalla tradizione tutto

---

[37] 'Abdullāh 'Abbās Nadwi, *Mir Kārwān* (New Delhi, 1999), 16-17.
[38] *Ibid.*, 18.
[39] Syed Habibul Haq Nadwi, *Islamic Resurgent Movements in the Indo-Pak Subcontinent* (Durban, 1987), 65.
[40] *Ibid.*, 72.
[41] *Ibid.*, 74-76.

quello che è sincero e respinge quanto è invece dubbio>>[42].

I commenti dello Shaykh Nadwi sulle riforme educative inaugurate dalla Nadwah devono essere compresi nel suo contesto storico:

<<Dopo aver completato i miei studi accademici, era ora tempo di prendere delle decisioni serie. All'inizio ero incline a dedicare le mie energie alla ricerca presso il prestigioso Dār al-Musannifin in Azamgarh. Comunque, l'illustre studioso, Sayyid Sulayman Nadwi, mi ha sollecitato ad accettare un posto d'insegnante presso Nadwah. Il suo consiglio era un riflesso veritiero della sua intuizione. Compresi presto che, se avessi optato solo per la ricerca, avrebbe soffocato le mie abilita' creative e mi avrebbe confinato in un'ambiente chiuso senza alcuna promessa per il futuro. Inoltre, l'approccio progressista della Nadwah era in armonia con la mia attitudine intellettuale ed il mio temperamento. Quando entrai a far parte della Nadwah, non avrei potuto trovare un luogo migliore per dedicarmi alla ricerca, per lo studio, per la da'wah e per la scrittura. Mi venne affidata la responsabilità dell'insegnamento del *tafsir*. Questa è stata una vera sfida in quanto dovevo studiare, parola per parola, i commentari sia classici che moderni sul Corano. Allo stesso modo, l'insegnamento della letteratura araba ha affilato le mie abilità di scrittore ed ha accresciuto il mio apprezzamento verso questo linguaggio dinamico. Nel corso di questo periodo, la Nadwah riceveva la maggior parte delle più importanti riviste e giornali accademici in arabo, un privilegio che raramente era

---

[42] *OCIS News*, Special Issue, January 2000, 4.

possibile per altre istituzioni islamiche. Questa era un'opportunità ideale per entrare in confidenza con gli scritti degli eminenti studiosi ed acquisire una conoscenza di prima mano relativamente agli eventi contemporanei nel mondo arabo. Fortunatamente, questa esposizione ha prodotto dei risultati nel corso del mio primo viaggio in Egitto, dal momento che mi ha dato l'opportunità d'interagire con fiducia con le élite sia letterarie che intellettuali del paese. L'ambiente generale dell'educazione, dell'erudizione e della pietà religiosa insieme alla presenza di rinomati studiosi ed insegnanti costituiva una motivazione per lavorare per la causa dell'Islam>>[43].

Il debutto letterario

Lo Shaykh Nadwi come storico

Lo Shaykh Nadwi ha fatto il suo debutto come storico attraverso i suoi scritti biografici[44]. Si è rapportato alle tematiche sotto lo studio delle loro prospettive storiche. Nello stesso tempo, i suoi scritti sono arricchiti con degli aneddoti interessanti e delle narrazioni tratte dal mondo e dalla storia islamica. Per esempio, questi elementi sono presenti nella sua biografia di Sayyid Ahmad Shahid, scritta inizialmente come una monografia, e poi ampliata in un'opera di due volumi[45] per la serie *Saviours of Islamic Spirit*.

Scritto originariamente in arabo, e poi in urdu, il Sayyid Ahmad Shahid è stato acclamato dalla critica sia in India che all'estero. Venne pubblicato in un periodo (1939), in cui tra i

---

[43] Nadwi, *Kārwān*, vol. 1, 140-47.

[44] Le considerazioni critiche dello Shaikh Nadwi relativamente alle tecniche ed alle ragioni della storiografia sono contenute nel volume *Saviours of Islamic Spirit*, vol.1.

[45] Cfr. Nadwi, *Saiyid Ahmad Shahid* (1975).

musulmani indiani stava avvenendo una rivoluzione intellettuale. In senso specifico, incarna la lotta per l'indipendenza, e la ricerca per una identità normativa islamica. Questo libro incarna attraverso il suo approccio oggettivo e una ricerca scrupolosa la vita e l'epoca del Sayyid. L'analisi storica dello Shaykh Nadwi relativa alle qualità di leader del Sayyid combinate con la sua realizzazione spirituale ne fa una lettura accattivante. Le narrazioni degli aneddoti si concentrano sullo zelo fiero e lo spirito di sacrificio sia del Sayyid che dei suoi seguaci, che ricordano i primi musulmani[46]. L'opera venne ricevuta calorosamente sia dagli *'ulama* che dai *mashā'ikh*. Il Mawlana Ashrāf 'Ali Thānawi, uno studioso, scrisse in termini brillanti relativamente al potente movimento ed ha osservato che sia lui che i suoi seguaci erano "i nostri precursori degni di essere emulati"[47].

Lo Shaykh Nadwi come letterato

La produzione letteraria era caratterizzata da uno stile originale e dall'assenza di orpelli. All'inizio del 1930, questa sua versatilità cominciò ad emergere e la sua vicinanza al poeta d'Oriente, 'Allāmah Iqbal, ne è un tale esempio. Nelle parole dello Shaykh Nadwi:

<<Iqbal era un poeta che Dio ha ispirato affinché articolasse determinate verità e dottrine in relazione ai tempi correnti, che non erano mai state espresse da nessun poeta o pensatore contemporaneo. Costui era un leale credente nella permanenza della chiamata del Profeta Muhammad (pbsl) nella forza inerente e nella capacità di leadership della comunità islamica e

---

[46] Nadwi, *Kārwān*, vol. 1, 186-89; "Mawlana Abul Hasan Ali as an Historian" in *The Fragrance of East*, Special Issue (Lucknow, 2000).
[47] Nadwi, *Kārwān*, vol. 1, 190.

nell'inadeguatezza delle ideologie moderne e dei sistemi politici, sociali ed economici. Questa visione del mondo ha dato lucidità e maturità al suo pensiero ed ha condotto alla crescita ed al suo sviluppo della sua individualità. Sotto questo punto di vista, costui era migliore degli ulama che non avevano alcuna conoscenza del pensiero e della cultura occidentale e possedevano una scarsa consapevolezza dei suoi scopi reali. Debbo ammettere di aver trovato Iqbal un poeta di fede, amore e profonda sensibilità. Ogni volta che leggo le sue opere, sono commosso fin dalle profondità del mio essere. La sua poesia apre una nuova finestra alla mia immaginazione e mi riempie di un ardore intenso e di entusiasmo per l'Islam. Questo, penso, è il vero merito ed il significato della poesia di Iqbal>>[48].

I contributi letterari in arabo

Lo Shaykh Nadwi era uno scrittore prolifico in lingua araba. La sua preparazione dei testi d'insegnamento, anche se mancava il materiale, per gli studenti delle *madāris* nel subcontinente rappresenta un lodevole contributo. Shukri ha notato che lo Shaykh Nadwi può essere considerato uno dei più importanti pionieri nel campo della teoria letteraria islamica, ed ha elaborato il suo punto di vista nel *Mukhtārāt min Adab al-'Arab*[49]. Le seguenti tre pubblicazioni verranno analizzate brevemente per dare una stima dei contributi letterari dello Shaykh Nadwi.

---

[48] Nadwi, *Glory of Iqbal*, 19.
[49] M.A.M. Shukri, "Towards an Islamic Theory in Literature" in *Islamic Studies* (Islamabad, 1992), 411-12.

Mukhtārāt Min Adab al-'Arab

Questo testo in due volumi viene considerato uno dei migliori testi d'insegnamento della lingua araba non solo nelle *madāris* dell'India, ma anche a livello di scuola superiore ed universitario nel mondo musulmano. Il testo contiene i migliori esempi ed i tesori della prosa araba selezionati con cura dall'ampio corpus della letteratura araba che va dal primo secolo dell'era islamica ai tempi moderni. Quest'impressione è stata espressa con eloquenza dal rinomato studioso arabo, lo Shaykh 'Ali al-Tantāwī, nella sua prefazione al primo volume del testo:

><<È chiaro da quanto precedentemente affermato che questo libro non rappresenta unicamente una ricca fonte di una vasta varietà di modelli eccellenti di espressioni in una lingua araba semplice e spontanea, ma testimonia anche il fine gusto letterario del suo autore>>[50].

Bisogna ricordare che il *Mukhtārāt* venne pubblicato nel 1942 ed aveva come entroterra il nazionalismo arabo. Riuscì quindi a rappresentare una lettura alternativa dell'ideologia e delle opere non-islamiche prodotte dai liberali e dai secolaristi nel mondo arabo. Vi erano, comunque, delle reazioni diverse rispetto all'inclusione del *Mukhtārāt* nella *madāris* del subcontinente. I meriti di quest'opera vennero ampiamente marginalizzati in ragione del suo approccio non conformista. La retorica delle inclinazioni moderniste della Nadwah ha costituito un fattore che ha contribuito alla sua disapprovazione. Le *madāris* hanno comunque impiegato diversi decenni per riconoscere la sua importanza letteraria di testo adatto all'insegnamento della lingua araba.

---

[50] Nadwi, *Mukhtārāt*, vol. 1, 5; *Kārwān*, vol. 1, 205-212.

Al-Qirā'at al-Rāshidah

Il successivo testo preparato dallo Shaykh Nadwi per l'insegnamento della lingua araba è intitolato *Al-Qirā'at al-Rāshidah*. Quest'opera in tre volumi si basa su materiale preso da diversi testi standard di lingua araba incluso il *Maqāmāt* di Al-Hariri. I precedenti sforzi per preparare dei libri di testo non hanno condotto ai risultati sperati. Però, come affermato dallo stesso autore, è stato presto scoperto che questi testi non erano congeniali al gusto ed al temperamento degli studenti di questo paese. Era ovvio che i giovani studenti indiani non nutrissero alcun interesse verso questi lavori. Per esempio, il popolare libro *Al-Qirā'at al-Rāshidah* dell'Egitto, che è stato introdotto presso alcune istituzioni arabe in India, contiene delle informazioni su questioni che per gli studenti indiani erano di scarso interesse.

Iqbal Hussein ritiene comunque che l' *Al-Qirā'at* scritto dallo Shaykh Nadwi enfatizzi l'ideale di una personalità completa basata su corretti principi psicologici. La virtù, la giustizia e la bellezza sono intrinseche alla ricerca di un mondo perfetto da parte del bambino. Un'ideale società islamica è intessuta dei grandi personaggi della storia islamica. Quindi, secondo lo Shaykh Nadwi, i bambini sono dotati di menti precoci adatte per assimilare dei valori positivi. Quest'opera quindi ha come scopo quello di promuovere lo sviluppo della personalità tra i giovani musulmani.

I commenti perspicaci del professor 'Abdul 'Ali sul *Al-Qirā'at* rafforzano l'importanza delle opere in arabo dello Shaykh Nadwi:

<<L'autore ritiene giustamente che gli studenti indiani del primo e del secondo livello non debbano essere oberati con tematiche a loro estranee e noiose. Quindi, lo Shaykh Nadwi ha avvertito la necessità di preparare delle semplici lezioni sulla letteratura

dedicata alla *sirah*, alla storia dell'Islam ed alle eminenti personalità islamiche. Il merito principale di questo testo è stato quello di contenere materiale su una vasta varietà di soggetti nella lingua e nella letteratura araba, che mantiene intatto l'interesse degli studenti fino alla fine del testo. Un altro importante merito dell'opera è l'essere stato scritto in un arabo semplice e standard ed in uno stile gradualmente sviluppato, che è piuttosto congeniale al gusto ed al livello di comprensione dei giovani studenti di arabo in India>>[51].

Qasas al-Nabiyyīn

Appartenente all'ambito della letteratura per bambini, il Qasas al-Nabiyyīn ha goduto di una enorme popolarità nel mondo musulmano. Come è stato menzionato altrove nel presente capitolo, la Nadwah s'impegnava in modo costruttivo nella produzione di testi standard che riflettevano l'ethos islamico. Chiaramente, gli standard accademici non dovevano essere compromessi dal momento che una serie di libri di testo in arabo, scritti dallo Shaykh Nadwi, vennero prescritti nella Nadwah. Poi vennero inclusi anche nel syllabus delle altre *madāris*. In assenza di un effettivo materiale per l'insegnamento della lingua araba per gli studenti di primo livello, vennero utilizzare le "Storie per bambini" (Hikāyat lil-Atfāl) di Kamal Kilānī. L'orientamento secolare era comunque visibile: le storie accompagnate da ampie illustrazioni avevano la tendenza a focalizzarsi su questioni relative o al linguaggio o trattavano di eventi soprannaturali. Secondo il noto letterato Abdul Majid Daryabadi non vi era "alcun riferimento a Dio ed al Suo

---

[51] Relativamente all'analisi dello Shaikh Nadwi sul fenomeno della crescita della letteratura araba di orientamento laico vedi *The Muslim World League Journal*, May 2000, 43.

Profeta dall'inizio alla fine" ed ha affermato senza mezzi termini che i libri di testo egiziani erano incompatibili con i bisogni degli studenti della Nadwah[52].

Tra il 1943-44, lo Shaykh Nadwi ha cominciato con la serie del *Qasas*. Le vite dei profeti più importanti erano il tema principale e veniva anche fatto un breve riferimento ai loro contributi nell'ambito della civiltà e della cultura[53].

Le caratteristiche principali del *Qasas al-Nabiyyīn*

- L'utilizzo oculato del vocabolario di cui si aveva bisogno per la ripetizione ed il rafforzamento.
- Veniva impiegato lo stile ed il linguaggio del Corano
- Il sistema di credenze islamiche costituiva l'essenza del contenuto del libro. Il *tawhīd* veniva poi messo in evidenza in contrasto con il *kufr* e lo *shirk*[54].

L'opera venne completata nel 1977 con la vita del Profeta Muhammad (pbsl). Il rinomato studioso egiziano, Sayyid Qutb, ha commentato l'opera nel modo seguente:

<<Ho letto molti libri per bambini inclusi quelli che avevano come argomento le storie dei profeti. Inoltre, sono stato interessato ad una serie di libri che avevano come fonte il Sacro Corano. Ciononostante, posso asserire senza riserve che la presente opera di Abul Hasan supera tutti gli altri testi. La sua eccellenza si trova nella spiegazione dei più minuti insegnamenti del Corano, di spiegazioni che illuminano e rafforzano il

---

[52] Nadwi, *Kārwān*, vol. 1. 216.
[53] Cfr., Mawlana Hifzur Rahmān Seoharwī, *Qasas al-Qur'ān*.
[54] Nadwi, *Kārwān*, vol. 1, 216-17.

messaggio coranico attraverso i suoi commenti intessuti nella narrazione della storia>>[55].

Il *Qasas* è stato tradotto nelle più importanti lingue e continua ad essere un testo centrale nelle più importanti madaris e nelle istituzioni di insegnamento islamico superiore. Di grande interesse è la traduzione russa, che venne completata pochi mesi prima della morte dello Shaykh Nadwi, nel 1999.

Conclusione

I contributi letterari dello Shaykh Nadwi hanno aperto la strada ad un'elaborazione dell'autenticità islamica. Nei suoi testi sono impliciti la critica degli scrittori arabi con una vena secolare che hanno influenzato una generazione di lettori arabi con tematiche non islamiche. Secondo lo Shaykh Nadwi, il *turāth* (eredità) si trova incorporato nel paradigma del Salaf e dell'Adab, specchio degli ideali del pensiero islamico.

---

[55] Nadwi, *Stories of the Prophets*, 7-8.

Capitolo IV

I movimenti islamici contemporanei

Il profilo accademico dello Shaykh Nadwi ha cominciato ad emergere più chiaramente negli anni 40. I suoi commenti analitici relativi alla generale apatia degli studenti verso il miglioramento del loro piano studi[1] costituivano la ragione che lo spinse a ricercare uno stile letterario che ebbe un impatto durevole sulla sua carriera di studioso. Nel corso di questo periodo, l'India si trovava sulla soglia dell'indipendenza e molti movimenti islamici e politici si stavano interessando in modo piuttosto attivo ad un discorso che portava con sé dei chiari segni di cambiamento. Secondo lo Shaykh Nadwi, questa era un'epoca cruciale che ha avuto un'influenza decisiva su tutti gli ambiti della vita musulmana[2].

La ricerca accademica: Nuove opportunità

L'approccio multi-stratificato della carriera accademica dello Shaykh Nadwi è evidente nel suo studio delle opere che vanno al di là delle fonti tradizionali. Tra i diversi lavori, i seguenti libri hanno esercitato un'influenza significativa sui suoi prolifici scritti, specialmente le sue importanti pubblicazioni che trattavano di questioni islamiche contemporanee ed erano redatte in uno stile chiaro ed elegante[3].

---

[1] Nadwi, *Kārwān*, vol. 1, 227-28.

[2] *Ibid.*, 229.

[3] Molti autori egiziani hanno mostrato apprezzamento verso i suoi scritti come, ad esempio, Sayyid Qutb Shahid.

- L'opera monumentale di Draper intitolata *Conflict between East and West*.
- La *History of European Morals* di Lecky
- Il *Decline and Fall of the Roman Empire* di Gibbon.

Questi testi si rapportavano in modo critico con la civiltà occidentale e vennero ampiamente utilizzati dallo Shaikh Nadwi nel corso della scrittura del suo *Rise and Fall of the Muslims*. Al medesimo genere appartiene l'opera di Muhammad Asad (d. 1992) intitolata *Islam at the Crossroads*. Quest'opera non rappresenta unicamente una critica della civiltà occidentale, ma fornisce anche una forte difesa della Sunna intesa come fonte primaria della civiltà islamica[4].

Abul Kalam Azad (d. 1958), un brillante intellettuale, ha pubblicato la rivista *Al-Balāgh* per promuovere il risveglio dei musulmani al livello sia politico che intellettuale. Il suo fervore rivoluzionario[5] ha esercitato un'influenza definitiva sugli scritti dello Shaykh Nadwi. La rivista *Tarjumān* del Mawlana Mawdudi, il fondatore della Jama'at-i Islami, ha aperto nuovi scenari relativamente alla sua critica della civiltà occidentale e alla giustificazione della superiorità dell'Islam. Opere quali *Purdah* e *Tanqihāt* definiscono in modo chiaro la sua interpretazione dell'Islam intesa come un completo stile di vita (*dīn*). Questi primi scritti non riflettono l'influenza politica sulla carriera intellettuale di Mawdudi. Questo periodo getta anche una luce sulla relazione simbiotica tra lui e lo Shaykh Nadwi. Oltre al *Kārwān*, due opere importanti dello Shaykh Nadwi, *Purāne Charāgh* (2 volumi), e *Appreciation and Interpretation of Religion in Modern*

---

[4] Cfr. Abroo Aman Andrabi, *Muhammad Asad and His Contribution to Islamic Learning* (New Delhi, 2007).

[5] Per una valutazione critica del periodico al-Hilāl cfr. Nadwi, *Purāne Charāg*, vol. 2; I. H. Douglas, *Abul Kalam Azad, An Intellectual and Religious Biography* (Chapter 2); S. S. Hameed, *Islamic Seal and Indian Independence* (Chapter 3).

Age ci forniscono una più chiara immagine della sua relazione con la Jamā'at-i Islami.

Il Mawlana Mawdudi e lo Shaykh Nadwi, Una relazione conflittuale

Mawdudi (1903-79) è da più parti considerato uno dei più influenti pensatori islamici del ventesimo secolo, le cui idee hanno ampiamente influenzato i movimenti islamici di tutto il mondo. La sua voluminosa traduzione ed interpretazione del Corano rappresenta senza dubbio un capolavoro della letteratura in urdu. Autore di numerose opere e raffinato traduttore, ha articolato le sue concezioni sui quattro principali aspetti della vita: la religione, la politica, l'economia e la società. Considerati insieme, i suoi scritti rappresentano una definizione chiara e coerente, anche se a volte controversa, dell'Islam[6].

Questo breve commento scritto da un critico del Mawlana Mawdudi illustra le sfide della rinascita islamica. Inoltre, offre anche uno spaccato sulla relazione tra lo Shaykh Nadwi e Mawdudi. Dopo la formazione della Jamā'at-i Islami nel 1941, lo Shaykh Nadwi attraverso una serie di incontri a Lucknow fu impressionato dalla sua visione dell'Islam. Il bisogno espresso di una comunità santificata[7] incarnata nella formale promozione delle politiche della Jamā'at non rimase comunque senza critiche[8]. Il voto dello Shaykh Nadwi a

---

[6] Seyyed Vali Reza Nasr, *The Vanguard of the Islamic Revolution: The Jamā'at-I Islamā of Pakistan* (Berkeley, 1995).

[7] *Ibid.*, 23.

[8] *Ibid.*, 24-29, dove si discute dell'opinione negativa di Shibli Nu'māni rispetto all'elezione di Mawdudi come Amir della Jamā'at.

supporto di Mawdudi ha rivelato anche la crisi di fiducia nel corso degli anni preparatori della Jamā'at[9].

La produzione di una robusta letteratura da parte di Mawdudi ha attratto l'attenzione di eminenti studiosi. Mas'ud 'Ālam Nadwi, uno studioso distinto in lingua araba, venne incoraggiato dallo Shaykh Nadwi a tradurre le opere della Jamā'at che erano state acclamate dalla critica nel mondo arabo[10]. L'associazione dello Shaykh Nadwi con la Jama'at in questa fase iniziale si è in seguito trasformata in scetticismo e la sua disillusione verso il movimento è divenuta più pronunciata. Le ragioni di questo mutamento sono molteplici, ed in nessun modo suggeriscono la presenza di una rottura insanabile o di una reciproca ostilità tra i due. Tenendo in mente il temperamento intellettuale dello Shaykh Nadwi, il suo distacco da Mawdudi e dalla Jamā'at era comprensibile. Secondo lo Shaykh Nadwi, l'impatto della personalità di Mawdudi aveva iniziato a raggiungere dei livelli esagerati ed i membri della Jamā'at e le classi educate lo consideravano l'unico studioso, la cui interpretazione dell'Islam era da considerarsi definitiva. Costoro sostennero che l'intero pensiero islamico potesse essere compreso unicamente attraverso i suoi scritti. I tentativi degli *'ulama* e dei *mashā'ikh* nell'ambito del *tajdīd* erano considerati irrilevanti[11]. Un altro segno allarmante della sua "prospettiva liberale" era la sua critica tagliente e spesso ostile verso gli ulama e le istituzioni islamiche[12].

Secondo lo Shaykh Nadwi, l'assenza di spiritualità era evidente negli scritti di Mawdudi e questa caratteristica si poneva in contrasto con le opere precedenti che invece erano centrate sul *tasawwuf*. Tenendo a mente la brillante esposizione dell'Islam nei primi scritti di Mawdudi, il suo

---

[9] Nadwi, *Kārwān*, vol. 1, 242.

[10] Nadwi, *Purāne Charāgh*, vol. 2, 309-11.

[11] Nadwi, *Kārwān*, vol. 1, 244.

[12] Cfr. Mawdudi, *A Short Story of the Revivalist Movement in Islam* (1972).

approccio razionale in molti casi era considerato eretico dal consesso degli *'ulama*. Comunque, Mawdudi non ha deviato dall'Islam tradizionale come viene sostenuto erroneamente dai suoi detrattori. Piuttosto, costui ha infuso un nuovo spirito di ricerca ed un rinnovato impegno verso l'Islam inteso come una forza civilizzatrice[13].

Questo fu un periodo di crisi intellettuale per lo Shaykh Nadwi e le crepe del distacco sempre più ampio tra lui e Mawdudi erano chiaramente visibili. Inoltre, nel corso di questo periodo, l'emergere del Tabligh Jamā'at ha iniziato ad esercitare un impatto sia sugli ulama che le masse. Lo Shaykh Nadwi fu molto influenzato dal suo fondatore, il Mawlana Muhammad Ilyās, la cui spiritualità era un esempio "della *sirah* del Profeta (pbsl) e del vero contenuto e dello spirito della *da'wah*"[14]. Quest'associazione era significativa per due ragioni:

- Fornì l'impeto allo Shaikh Nadwi per promuovere nel mondo arabo la Tablighi Jamā'at.
- Lo Shaykh Nadwi diede quindi le dimissioni dalla Jamā'at -i Islami anche se non venne fatto alcun annuncio pubblico[15].

La rottura finale con la Jama'at avvenne quando lo Shaykh Nadwi pubblicò l'opera intitolata *Asr-i Hādir men Dīn kī Tafhīm wa Tashrīh* (Apprezzamento ed interpretazione della religione nell'epoca moderna) nel 1978, che deve essere considerata come una confutazione del popolare e famoso libro *Qur'ān kī Bunyādi Istilāhāt* (I quattro basilari termini coranici). Secondo lo Shaykh Nadwi, quest'opera costituiva un nuovo tipo di *tafsir* (esegesi) del Corano che aveva una sfumatura politica e ruotava intorno alla concezione della *hākimiyyah* (sovranità)[16]

---

[13] Cfr. Nadwi, *Saviours of Islamic Spirit*.

[14] Nadwi, *Kārwān*, vol. 1, 245.

[15] *Ibid*.

[16] Mawdudi, *The Four Basic Qur'ānic Terms* (New Delhi, 1982), 21.

in Islam. Non vi era alcun dubbio che Mawdudi promuovesse una lettura interpretativa dell'Islam "che cerca di mobilitare la pietà e la fede per fini legati all'attivismo politico"[17].

Relativamente al rifiuto del libro di Mawdudi, 'Abdur Rahmān Doi fa riferimento a quest'importante opera dello Shaykh Nadwi[18]. La sua analisi dell'opera controversa di Mawdudi può essere riassunta nel modo seguente:

<<Il Mawlana Mawdudi non ha supportato i suoi punti di vista con fonti adeguate. La diminuzione del rispetto per il *turāth* (eredità islamica) è divenuta più evidente. Inoltre, si è sviluppato un nuovo *taqlīd* che gli attribuisce uno status iconico. Quindi, a qualsiasi critica del suo punto di vista si risponde con scetticismo e forme di opposizione da parte dei seguaci della Jamā'at -i Islami>>[19].

Poco dopo la pubblicazione del libro, lo Shaykh Nadwi ne inviò una copia a Mawdudi insieme ad una lettera personale. Costui rispose affermando tra le altre cose: <<Non mi sono mai considerato al di sopra di nessuna forma di critica e non la intendo in modo negativo". Poi invitò lo Shaykh Nadwi ad analizzare e valutare le sue altre opere in modo dettagliato e per comunicargli la sua "reazione ed i suoi dubbi"[20]. È significativo osservare che l'associazione dello Shaykh Nadwi con la Jamā'at non ha promosso alcun scritto contro Mawdudi. Piuttosto, lo Shaykh Nadwi ha mantenuto una relazione cordiale con lui e lo ha incontrato in diverse

---

[17] Ali Rahnema, *Pioneers of Islamic Revival* (London, 1994), 104.

[18] Nadwi, *Appreciation and Interpretation of Religion in the Modern Age* (New Delhi, 1982).

[19] 'Abdur Rahmān Doi, *'Ulum al-Qur'ān, Sciences of the Qur 'ān: A Study of the Methodology and Approach* (Pretoria, 1997), 332-38.

[20] Nadwi, *Purāne Charāg*, vol. 2, 309.

occasioni presso delle conferenze organizzate da istituzioni di cui entrambi erano membri[21].

La morte di Mawdudi nel 1979 venne pianta dallo Shaykh Nadwi, che ha reso un caloroso tributo ai suoi contributi accademici.

La critica dello Shaykh Nadwi del *The Four Basic Qur'anic Terms* ha dato vita ad un vigoroso scambio di vedute. Lo Shaykh Qardawi, per esempio, non concordava pienamente con le argomentazioni dello Shaikh Nadwi. L'etica del disaccordo era evidente. Allo stesso modo, altri *'ulama* hanno aspramente criticato il contenuto del libro ed hanno lanciato un'invettiva contro gli scritti "eretici" di Mawdudi. La retorica anti-Mawdudi è riuscita a creare un'accoglienza ostile tra le masse. Il termine *Mawdūdiyat* iniziò a riassumere l'immagine di un movimento scismatico che minava la turath islamica. Non deve essere dimenticato che la politica identitaria ha giocato un ruolo importante nel denigrare la personalità di Mawdudi. Non è quindi sorprendente che la percepita mancanza di istruzione formale come alim venne utilizzata dai suoi detrattori per marchiarlo come un non-conformista. Alla luce dei documenti disponibili, i suoi titoli accademici come *'ālim* tradizionale sono stati verificati. Inoltre, costui vanta a suo credito diversi testi di storia islamica classica e filosofia tradotti in urdu. Queste opere sono state commissionate del prestigioso dipartimento dedicato alle traduzioni dell'università di Osmania in Hyderabad nel 1930. Come altri prominenti studiosi, anche Mawdudi ha contribuito in modo apprezzabile al progetto di traduzione in lingua urdu. La sua traduzione dell'opera filosofica del Mulla Sadruddin, *Asfār*, dall'arabo all'urdu rappresenta un esempio della sua padronanza dell'arabo.

---

[21] Entrambi gli studiosi erano membri fondatori della Shurā della Jāmi'ah Madinah.

Nonostante queste differenze, i commenti perspicaci relativamente al ruolo della Jamā'at nel rifiuto dei valori occidentali sono istruttivi:

<<Anche se possiamo differire in alcune delle interpretazioni delle questioni religiose o dei concetti espressi dal Mawlana Abul A'la Mawdudi ed altri leader della Jamā'at -i-Islami, è impossibile negare il ruolo importante che hanno avuto nella critica della cultura, dei valori e delle ideologie occidentali. La letteratura prodotta dalla Jamā'at ha reso dei servizi indiscutibili nel contrastare la travolgente influenza della civiltà occidentale sulle classi moderne ed educate e nel rinnovare la loro fede nella solidità, efficacia e praticabilità della filosofia di vita islamica. Il Mawlana Mawdudi non ha seguito lo stile apologetico e difensivo di Sayyid Ahmad Khan e dei suoi colleghi quali Maulwi Chiragh Ali e Syed Ameer Ali in India o del Mufti Muhammad Abduh ed i suoi discepoli in Egitto. Invece, ha coraggiosamente attaccato le fondamenta dell'edificio culturale ed intellettuale occidentale come ha fatto Muhammad Asad e gli altri scrittori del medesimo gruppo, ed ha introdotto gli insegnamenti dell'Islam con una sicurezza maggiore ed in uno stile preciso e convincente>>[22].

Nuovi orizzonti

Nuove opportunità si presentarono allo Shaykh Nadwi e quindi ampliarono il suo orizzonte intellettuale. Venne infatti invitato nel 1942 dalla Jamia Millia Islamia, la prestigiosa università di Delhi, per tenere una serie di lezioni. L'opera *Religion and Civilisation* pubblicata originariamente in Urdu

---

[22] Nadwi, *Western Civilisation, Islam and Muslims* (1974), 90-91.

dalla Jamia con il titolo *Madhhab wa Tamaddun* rappresenta un'opera di grande erudizione. Ha ricevuto delle recensioni positive da illustri studiosi quali il Dottor Zakir Hussain (ex presidente dell'India) e dal famoso storico, il Professor Muhammad Mujib. Questo volumetto mostra in che modo la rivelazione (*wahy*) possa offrire una perenne fonte di pace e successo all'umanità in contrasto con sistemi formulati dagli esseri umani che si basano sulla fallibilità della ragione e sull'intuizione mistica[23]. Questo libro si situa tra i primi scritti dello Shaykh Nadwi che hanno attratto l'interesse delle istituzioni accademiche nel subcontinente.

Nell'ambito politico le crescenti tensioni tra i musulmani e gli indù furono l'anticamera dei conflitti intercomunitari, un fenomeno orchestrato dalla politica britannica del "dividi e comanda". Negli anni successivi (dopo il 1947), questo fu uno spettro che ha infestato l'identità condivisa dell'India dopo che si era liberata dal giogo del governo britannico[24]. Secondo Azad, la risoluzione "Quit India" significava che "la libertà dell'India deve rappresentare un simbolo ed un preludio alla libertà di tutte le nazioni asiatiche poste sotto la dominazione straniera"[25]. Le considerazioni personali dello Shaykh Nadwi relativamente a questi eventi sono rimarchevoli nella storia indiana. Egli ha criticato l'apatia dei musulmani relativamente agli sviluppi politici nel paese[26], e ha sostenuto che il governo britannico aveva promosso una prospettiva non religiosa ed aveva auspicato un sistema di vita diametralmente opposto ai valori islamici. Inoltre, l'imperialismo britannico era responsabile dello smembramento del Califfato Ottomano e la sottomissione dei paesi arabi e musulmani. Alla luce di queste circostanze i

---

[23] Relativamente alle fonti della civiltà occidentale si veda la nota del traduttore di *Religion and Civilisation* (1975).

[24] Cfr. Ishtiaq Husain Qureshi, *Ulema in Politics* (Karachi, 1974).

[25] Abul Kalam Azad, *India Wins Freedom* (Calcutta, 1962), 240.

[26] Nadwi, *Kārwān*, vol. 1, 250.

musulmani debbono assumere un ruolo leader nel rapportarsi e nello sfidare il governo britannico[27].

Vi era una sorta d'impressione -del tutto inadeguata-che i musulmani non parteciparono attivamente nella lotta per l'indipendenza indiana. Questa prospettiva è ingiustificabile perché un ampio numero di musulmani sotto la leadership degli *ulama* hanno dato pieno supporto e cooperazione alle attività nazionali ed al Congresso. La Jamā'at al-'Ulama (Hind) e la Majilis-i Ahrār erano due potenti organizzazioni che mobilitarono la partecipazione dei musulmani nelle principali attività politiche[28]. Lo Shaykh Nadwi ha fatto un'osservazione interessante relativamente alle somiglianze in questo ambito tra gli *ulama* dell'India e dell'Algeria. Entrambi erano negli avamposti della lotta per l'indipendenza e fecero degli enormi sacrifici per liberare i loro rispettivi paesi dalla dominazione straniera[29]. Lo Shaykh Abdul Hamid ibn Bādis (d. 1940) era un riformatore islamico e leader nazione che insieme agli ulema algerini ha gettato le fondamenta dell'identità nazionale del popolo algerino[30]. Come gli ulama dell'India, lo Shaykh Bādis ha sottolineato il bisogno di un'educazione islamica per purificare l'Islam delle sedimentazioni popolari e migliorare la vita individuale musulmana come primo passo verso la ricostruzione della società musulmana.

In questo periodo lo Shaykh Nadwi si è dedicato anche alla produzione di opere in lingua araba che avevano come soggetto la *da'wah*. La *Da'watān-i Mutanāfisatān* -un'opera

---

[27] Nadwi, *Kārwān*, vol. 1, 250-51.

[28] Nadwi, *Muslims in India* (1976), 114-23.

[29] *Ibid.*, 251-52.

[30] Nadwi, *Kārwān*, vol. 1, 252-53. Cfr. William Shepard, "Sayyid Qutb's doctrine of Jāhiliyyah" in *International Journal of Middle Eastern Studies* (2003), 521-45. Shaykh Nadwi ritiene che la *Jāhiliyyah* della civiltà Greco-romana sia riemersa nell'Europa moderna ed i musulmani, pur non essendovi del tutto immersi, hanno introdotto nelle loro società degli elementi della *Jāhiliyyah*.

monografica- costituisce un'elaborazione della *da'wah* intesa come modello di eccellenza. La sfida musulmana all'imperialismo britannico ed alle caratteristiche della società della *Jāhiliyyah* era divenuta particolarmente impellente. Lo Shaykh Nadwi ha ritenuto che l'accettazione tacita dei musulmani di questa forma di *Jāhiliyyah* ha implicato il trionfo di una civiltà priva di Dio. Le conseguenze di tale condiscendenza li avrebbe inevitabilmente condotti al limite del disastro[31].

Alcune delle importanti opere dello Shaykh Nadwi vennero scritte nel corso dei suoi viaggi, sia locali che all'estero. L'autodisciplina, l'amministrazione oculata del tempo e la coerenza erano le caratteristiche personali che ha mantenuto in modo ininterrotto nel corso della sua lunga carriera accademica. Lo stesso Shaykh Nadwi ha raccontato di aver scritto molteplici monografie in un compartimento di terza classe brulicante di persone[32]. La presenza degli altri passeggeri, il rumore ed il disturbo associato al viaggio non hanno minimamente influenzato il ritmo dei suoi scritti. Allo stesso modo, la routine quotidiana dello Shaykh Nadwi ha seguito uno schema preciso: poco dopo la colazione s'immergeva nel lavoro di ricerca e nella scrittura. Per circa quaranta anni ha dettato delle note ad un gruppo di studiosi a causa della sua flebile vista. Questa routine durava fino a mezzogiorno, dopo il quale veniva fatto un breve intervallo per la preghiera del *Dhor*.

---

[31] Nadwi, *Meri 'Ilm wa Mutāla'āti Zindagi* (Rae Bareli, n.d.), 49.
[32] Emad Eldin Shahin, "Ibn Bādis, Abdul Hamid" in *The Oxford Encyclopaedia of the Modern Islamic World*, ed. John Esposito (OUP, 1995), vol. 2, 161-62.

Rise and Fall of Muslims: una valutazione

Rise and Fall of Muslims è la traduzione inglese dell'acclamata opera dello Shaikh Nadwi scritta in lingua araba ed intitolata *Mādhā Khasir al-'Ālam bi Inhitāt al-Muslimīn.*

L'autore ha identificato i fattori di questo declino sia spirituale che materiale ed ha attirato l'attenzione sulla perdita che i musulmani stessi debbono sopportare e che deve essere interpretata come la conseguenza di aver deviato dalla loro fede e di aver trascurato i loro doveri. Poi viene descritto un mondo, in cui i musulmani non sono più leader, e che quindi è ritornato alla sua *Jāhiliyyah* originaria. L'autore ha fatto riferimento all'abissale profondità della degenerazione in cui l'umanità era caduta. Purtroppo, questo periodo di decadenza sia spirituale che morale venne combinata ad un'epoca di nuove conoscenze e capacità. L'umanità ha fatto molti progressi nel dominio materiale. Nel descrivere questa degenerazione, l'autore non ha fatto ricorso al puro sensazionalismo o alla sobillazione, ma ha presentato delle argomentazioni probanti e dei fatti. I dati da lui citati sono liberi da esagerazioni e pregiudizi[33].

Il precedente commento descrive brevemente lo scopo e l'ambizione dell'opera maggiore dello Shaykh Nadwi. Infatti, le recensioni critiche[34] negli ultimi settant'anni hanno rafforzato la popolarità dell'opera, in modo particolare nel mondo arabo.

Sarebbe utile fare una breve rassegna dello sviluppo intellettuale nel mondo arabo per determinare la statura

---

[33] Nadwi, *Islam and the World* (1973), 8.
[34] Nadwi, *Mir Kārwān*, 381-82.

letteraria dello Shaykh Nadwi in questa lingua. Questo periodo ha visto l'emergere di critici letterari come Taha Husayn[35], `Abbās 'Aqqād[36] ed il dottor Ahmad Amin che hanno sviluppato le loro distinte scuole di critica letteraria. I loro rispettivi orientamenti verso il discorso islamico hanno fornito risposte ambivalenti che hanno dato origine ad una nuova generazione di studiosi e intellettuali che ha plasmato il panorama religioso del mondo arabo[37].

Come è stato descritto altrove, gli scritti in arabo dello Shaykh Nadwi dedicati alla *da'wah* furono ampiamente apprezzati e, in un contesto più ampio, l'opera *Rise and Fall of Muslims* ha stabilito la sua fama di eminente studioso di lingua araba. Come lui stesso ha spiegato, venne ispirato a scrivere quest'opera all'inizio del 1943-44, quando ha raccolto delle informazioni ed ha pubblicato delle monografie che poi ha introdotto come capitoli nel testo[38]. Sfortunatamente, i postumi della seconda guerra mondiale (1939-45) hanno provocato una interruzione della comunicazione con il mondo arabo ed hanno esercitato un impatto negativo anche sullo scambio di libri e periodici. Questa pausa ha ostacolato il progresso dello Shaykh Nadwi nella sua opera, ma non gli ha impedito di andare avanti con la sua ricerca: è rimasto risoluto anche sotto queste circostanze avverse. Lo Shaykh Nadwi ha fatto un interessante osservazione relativamente all' "aiuto invisibile"[39] ricevuto nella raccolta di materiale di studio che ha determinato il successo dell'opera.

I viaggi dello Shaykh Nadwi intrapresi nel 1947 nell'Hijaz lo hanno assistito nella pubblicazione dell'opere. I commenti

---

[35] Albert Hourani, *Arabic Thought in the Liberal Age 1798-1939* (Cambridge, 1983), 325.

[36] *Ibid.*, 334-38.

[37] Cfr. Nadwi, *Western Civilisation, Islam and Muslims*, per una critica degli intellettuali arabi.

[38] Nadwi, *Kārwān*, vol. 1, 257.

[39] Nadwi, *Kārwān*, vol. 1, 259.

positivi ricevuti dall'Imām dell'*Haram*, lo Shaykh Muhammad 'Abdul Razzāq Hamza, dopo aver esaminato il manoscritto, e l'accettazione della sua dua nei precinti dell'*Haram*[40] sono stati da lui sottolineati per descrivere le circostanze e le difficoltà in cui venne scritto.

Rise and Fall of Muslims venne pubblicato nel 1950 dal Dottor Ahmad Amin nel Cairo, in Egitto. La popolarità goduta dello Shaikh Nadwi nel paese era travolgente. Osserva:

<<Quando viaggiai in Egitto nel 1951, il libro era ampiamente letto nei circoli religiosi ed accademici. Il movimento dell'Ikhwan in questo periodo cruciale era stato bandito (dallo stato). Dopo l'assassinio del suo leader, Hasan al-Banna (1949), la disillusione entrò nei cuori dei membri del movimento. [In molti modi] questo libro manifesta uno spirito affine ai pensieri ed agli obiettivi del suo fondatore. Instilla la fiducia in se stessi ed il coraggio per i *du'āt* e quanti desiderano vedere il trionfo dell'Islam. Venne studiato nelle *halaqah* (circoli letterari) e fu inserito nei loro programmi di ricerca e venne letto con entusiasmo da migliaia di membri dell'Ikhwan che si trovavano in prigione>>[41].

Solo nel 1951 lo Shaykh Nadwi fu nella condizione di ottenere una copia del suo libro. La sua reazione personale suggerisce che era stato travolto dalla sua popolarità e dall'accettazione nel mondo arabo sia da parte degli *ulema* che degli accademici. Comunque, la prefazione scritta dal Dottor Ahmad Amin, critico letterario ed editore del testo, non si dimostrò all'altezza delle aspettative dello Shaykh Nadwi. Infatti, questa preoccupazione venne condivisa da

---

[40] *Ibid.*, 264-65.
[41] *Ibid.*, 266-67.

molti studiosi[42] che hanno affermano che la Prefazione abbia di fatto sottovalutato il merito di *Rise and Fall of Muslims*. Amin ha osservato: <<Se il lettore nota qualche *ghumūd* (indeterminatezza) nel testo, deve essere ricordato che l'autore è di origine indiana>>[43]. Questa ingiusta affermazione riflette il punto di vista stereotipato relativamente agli studiosi indiani e non vi sono dubbi che l'opera celebrata dallo Shaykh Nadwi abbia mutato questa percezione.

Nonostante i seri difetti messi in luce dal Dottor Amin, il testo venne ampiamente letto da lettori di diversa estrazione in tutto il mondo arabo. Fortunatamente, un'altra recensione venne scritta da Sayyid Qutb (d. 1966), un pioniere del momento di rinascita islamica. Costui ha commentato l'opera dello Shaykh Nadwi nel modo seguente:

<<Quest'opera presuppone un punto di vista potente su tutti i fattori che esercitano un'influenza sulla vita. In questa prospettiva, l'autore ha analizzato la storia del mondo. Inoltre in quest'opera abbondano consigli equilibrati e sensati per la comunità musulmana. In vista di queste caratteristiche, questo libro può essere acclamato come un capolavoro di storiografia ed illustra in che modo un musulmano debba studiare la storia respingendo il punto di vista europeo che manca di equilibrio, obiettività ed integrità accademica>>[44].

---

[42] Molti studiosi di Al-Azhar hanno difeso il testo dai suoi critici. Il Dottor Shukri Faisal, uno studente del Dottor Ahmad Amin, ha scritto una recensione dettagliata dell'opera criticando il parere del Dottor Amin. Cfr. Nadwi, *Mir Kārwān*, 387-94.

[43] Nadwi, *Kārwān*, vol. 1, 268.

[44] Nadwi, *Islam and the World*, 6-7.

Le caratteristiche principali di *Rise and Fall of Muslims*

Habibul Haq Nadwi nel suo *The Dynamics of Islam* ha formulato una sinossi di *Rise and Fall of Muslims*.

<<L'opera, composta da otto capitoli, rappresenta un'ingegnosa analisi comparata del fato e del destino dell'uomo prima e dopo l'avvento del Profeta Muhammad (pbsl). Il politeismo rampante dell'era pre-islamica, l'anarchia spirituale, il conflitto religioso, il caos sociale ed economico, l'orgoglio razziale e di casta, la promiscuità sessuale, i pregiudizi tribali, la guerra e le stragi, l'enorme divario tra ricchi e poveri, la condizione femminile, il buio diffuso in tutto il mondo è stato esaminato nella piena luce della storia, nelle fonti primarie e nei documenti ed è stato paragonato con l'improvviso cambiamento, ossia lo sviluppo spirituale dell'uomo e della sua cultura nel periodo successivo all'apostolato del Profeta Muhammad (pbsl). La benedizione dell'avvento del Profeta dell'Islam per il destino dell'uomo è stata elaborata dall'autore che sulla scia dei suoi predecessori, relativamente all'introduzione della monarchia nel sistema islamico intesa come una delle ragioni della decadenza dei musulmani. Le sue principali critiche verso la cultura scientifica occidentale sono radicate nell'accusa di aver reciso la relazione dell'uomo con il suo Creatore e di aver seppellito la coscienza spirituale e religiosa, elementi essenziali per lo sviluppo e la crescita della personalità e della cultura degli esseri umani. L'autore non ha un approccio negativo verso il progresso della conoscenza umana sia in Occidente che in Oriente, ma promuove la speranza nel futuro ed invita l'essere umano alla rinascita della vita spirituale attraverso quella della fede nella guida divina e nella leadership

del Profeta dell'Islam. Discutendo del benessere spirituale degli esseri umani, l'autore non ignora i progressi compiuti in ambito materiale. Per questa ragione, sostiene enfaticamente l'autosufficienza industriale e militare dei musulmani insieme alla riorganizzazione dell'educazione. La fede però, essendo la vera forza del mondo islamico, gode della priorità sul rigido materialismo>>[45].

La pubblicazione del *Rise and Fall of Muslims*

La seguente informazione mostra la popolarità di quest'opera nel mondo arabo. Dal primo anno della sua pubblicazione (1950) fino alla sua ultima edizione (2020) ha goduto di un successo senza precedenti ed è considerato un bestseller con circa 170 edizioni ufficiali in lingua araba. Questo numero non tiene conto delle edizioni non-ufficiali che hanno visto innumerevoli ristampe. Oltre all'arabo, il libro è stato tradotto nelle maggiori lingue europee ed indiane[46] ed è stato utilizzato come lettura obbligatoria in alcune università arabe. In molti casi, una tiratura di 100000 copie è stata distribuita gratuitamente dalle organizzazioni presenti in tutto il mondo.

È stato suggerito che Rise and Fall of Muslims è divenuto un classico islamico moderno ed ha introdotto un nuovo contesto di riferimento al termine *Jāhiliyyah*. Questo assunto è fuorviante in questo tende ad ignorare la motivazione che ha spinto lo Shaykh Nadwi a scrivere questo libro. Sebbene sia stato scritto originariamente in arabo, descrive in modo dettagliato gli effetti del declino musulmano all'interno del contesto della civiltà mondiale.

---

[45] Syed Habibul Haq Nadwi, *The Dynamics of Islam* (Durban, 1982), 61.
[46] *Ta'meer-I Hayāt, Mufakkir i-Islam*, Special Issue, 2000, 133.

Le risposte occidentali al libro riaffermano la sua impronta duratura nel quadro più ampio della rinascita islamica. Ha poi causato un'agitazione nei circoli orientalisti ed era considerato una minaccia alla cultura occidentale. Anche la think tank degli studi mediorientali fondati dai paesi occidentali si è opposta veementemente alla sua pubblicazione. Il Professor R. B. Serjeant che ha rivestito il ruolo di direttore del Middle East Centre presso l'università di Cambridge, ha fatto la seguente osservazione: <<Se ci fosse stato in Gran Bretagna il costume di bandire i libri, avrei raccomandato di bandire proprio questo>>[47]. Secondo molti orientalisti, i contenuti di questo libro aprono un forum per un pensiero islamico contemporaneo.

Il successo di *Rise and Fall* può essere compreso dal seguente aneddoto. L'Imām dell'*Haram*, lo Shaykh 'Abdullāh Khayyāt, ammirava molto gli scritti dello Shaykh Nadwi. Nei suoi sermoni del venerdì, l'Imām ha fatto dei riferimenti importanti alla celebrata opera dello Shaykh Nadwi per articolare gli elementi fondamentali dell'islah. Il discorso salafita venne esemplificato in modo prominente nella sua *Khutba*, che includeva studiosi come Hasan Basri, considerato come l'archetipo della riforma islamica. Quindi, era una questione d'orgoglio per lo Shaykh Nadwi essere incluso nella gerarchia dei riformatori con degli antecedenti salafiti. Bisogna inoltre ricordare che le *Khutba* venivano trasmesse a livello globale attraverso i canali televisivi e le trasmissioni radio[48].

La letteratura della *Dawah*: Verso un nuovo orizzonte

La crescita costante della letteratura dedicata alla *da'wah* in arabo dallo Shaykh Nadwi deve essere contestualizzata alla

---

[47] Nadwi, *The Dynamics of Islam*, 60-1.
[48] *Ilyās Bhatkali, Ta'meer-I Hayāt* (September, 2000), 15-6.

luce del mutamento degli scenari politici che stavano rapidamente avvenendo nel mondo musulmano. Deve essere fatta una menzione speciale dei paesi arabi, bastioni della cultura e della civiltà islamica[49], che sono stati gradualmente esposti alla dannosa influenza della civiltà occidentale. L'Egitto, in ragione della sua situazione geopolitica, era il protagonista di un "passaggio culturale": l'adozione acritica dei valori e della cultura occidentale. La critica dell'occidente da parte dello Shaykh Nadwi si basa sulla sua esperienza personale ed è libera nello stesso tempo delle polemiche degli scrittori che adottano un totale rifiuto dell'Occidente. Questo approccio si riflette con forza nei suoi scritti.

Allo stesso modo, la monografia *Ilā Mumatthilī al-Bilād al-Islāmiyyah* (Una esposizione per i paesi musulmani) descrive nel dettaglio i difetti dei paesi musulmani e li invita a riflettere sui sacrifici del Profeta (pbsl) e dei *Sahābah* per la propagazione dell'Islam. Venne letta nel corso di una conferenza internazionale tenutasi nel 1947, cui parteciparono distinti studiosi, *'ulama* e leader da paesi lontani del mondo musulmano[50].

L'Idārah Ta'limāt-i Islam

Un illustre studioso della Nadwah, il Mawlana 'Abdus Salām Nadwi, era coinvolto attivamente nella fondazione di questo istituto. Il suo scopo principale era quello d'impartire delle lezioni di Corano a degli ufficiali e professionisti con un interesse negli studi islamici. Lo Shaykh Nadwi con i suoi anni d'esperienza nel *tafsir* ha rivestito un ruolo fondamentale nella formulazione di programmi per gli studenti. Le lezioni

---

[49] Relativamente ai mutamenti politici cfr. Nadwi, *Western Civilisation, Islam and Muslims*.
[50] Per una valutazione critica della società musulmana indiana si consideri l'articolo intitolato "Our National Character, Weakness and Shortcomings: An Appraisal" tratto da *Ta'meer-i Hayāt*.

di Corano basate sull'approccio del suo mentore (Mawlana Ahmad Ali Lahori) trattavano dei temi della *da'wah* e dell'*islāhi* per la ricostruzione della società musulmana. Durante questo periodo, la Nadwah ha iniziato la pubblicazione dell'opera in urdu intitolata *Ta'meer-i Hayāt*. Lo Shaykh Nadwi ne era il co-editore ed il suo contributo sia relativamente agli articoli della rivista che alla prospettiva ha accresciuto la sua statura tra i lettori musulmani. Ciononostante, sia il *Ta'meer* che l'*Idārah*, negli anni iniziali della loro pubblicazione, hanno dovuto affrontare delle difficoltà finanziarie e, per questa ragione, le riviste vennero pubblicate ad intervalli irregolari. Sfortunatamente, anche l'*Idārah* ha dovuto affrontare una crisi simile quando 'Abdul Salām Nadwi venne nominato Decano della facoltà di studi islamici presso la Jamia Millia Islami a Nuova Delhi. Questo problema venne comunque superato attraverso l'impegno individuale di quanti avevano un forte interesse verso l'Islam. L'*Idārah* ha così continuato a rivestire un ruolo importante per la comunità musulmana a Lucknow[51].

Conclusione

Due distinti fili di *da'wah* hanno aperto delle possibilità per lo Shaykh Nadwi per raggiungere un pubblico più ampio sia in India che nel mondo arabo. La sua concezione della *da'wah* ha affinato la concentrazione sull'*islāh* e sul *tajdīd*, concetti gemelli con delle importanti ramificazioni per la sua visione della rinascita islamica.

---

[51] Nadwi, *Kārwān*, vol. 1, 276-77.

Capitolo V

Da'wah: contenuto e contesto

Prima di discutere la relazione ed il contributo dello Shaykh Nadwi alla Tablighi Jamā'at, alcuni commenti relativi a questo movimento spiegheranno il suo carattere transnazionale e la sua crescita.

Il centro della Taglighi Jamā'at si trova a Nuova Delhi ed il movimento opera correntemente in più di ottanta paesi. I suoi raduni annuali (*ijtimā'*) in India, Pakistan e Bangladesh e le riunioni tenute in Europa e Stati Uniti hanno contribuito al suo alto profilo in ambito mondiale. Inoltre, la sua diffusione mondiale e l'alto numero dei suoi partecipanti conferma la Jamā'at come un fenomeno della *da'wah*. Per oltre settant'anni, è riuscito con successo ad imporsi come un movimento dedicato al *tajdīd* (rinnovamento), ed all'*islāh* (riforma)[1], due concetti derivati ampiamente dalla Sunna.

La Tablighi Jamā'at: Il Mawlana Muhammad Ilyās

Il fondatore della Tablighi Jamā'at, il Mawlana Ilyās Kandhlawi, ha iniziato le sue attività legate alla *da'wah* a Mewāt[2] intorno al 1927. Dopo la sua fondazione, ha raggiunto le *madāris*, il Dār al-Ulūms, l'élite intellettuale e la fraternità degli *'ulama*[3].

Uno studio del movimento condotto da Sikand esamina la Tablighi Jamā'at in tre diversi ambienti: a Mewāt (India), in Bangladesh ed in Inghilterra. Dai suoi umili inizi alla sua trasformazione in un movimento globale, Sikand cerca di descrivere la crescente rilevanza di questo movimento. Le

---

[1] Muhammad Khalid Masud (ed.), *Travellers in Faith* (Leiden, 2000), xix.
[2] *Ibid.*, xxx-xxxix.
[3] Nadwi, *Life and Mission of Mawlana Mohammad Ilyās* (Lucknow, 1979), 47-65.

tendenze riformiste della Jamā'at in relazione ad altre organizzazioni islamiche sono discusse al fine di valutare il suo notevole successo in molte parti del mondo[4].

I ricordi personali dello Shaykh Nadwi

L'incontro dello Shaykh Nadwi con il Mawlana Ilyās a Nizamuddin venne preceduto dalla sua associazione con il Mawlana Manzur Nu'māni (m. 1997) che lo aveva sollecitato ad accompagnarlo a Mewāt, il centro dell'attività tabligh. Come ha osservato[5] il Mawlana Nu'māni, lui e lo Shaykh Nadwi sono stati influenzati dall'articolo relativo alla Jamā'at scritto da Mawdudi nel suo periodico, il *Tarjumān al-Qur'ān*. I suoi resoconti personali hanno espresso un'opinione positiva[6] sul movimento.

La personalità imponente del Mawlana Ilyās ha lasciato un'impressione duratura sullo Shaykh Nadwi che era molto commosso per l'affetto dimostrategli. Ilyās infatti aveva apprezzato la sua opera propedeutica su Sayyid Ahmad Shahid ed aveva riconosciuto ampiamente il contributo di questo illustre riformatore. Secondo la stima dello Shaykh Nadwi, Ilyas incarna nella sua vita personale[7] la condotta del Profeta (pbsl). Allo stesso modo, la Nadwah ha assunto un ruolo leader nel promuovere la missione del movimento. Come risultato di questo rapporto con la Tablighi Jamā'at molti malintesi relativi alle "sue inclinazioni ed al carattere moderno" vennero dissipate. In un senso specifico, il prestigio

---

[4] Yoginder Sikand, *The Origins and Developments of the Tabligh Jamā'at (1920-2000)*, (New Delhi, 2002).

[5] Nadwi, *Life and Mission of Mawlana Mohammad Ilyās*, v-vi. Cfr. Nu'māni, *Tahdith al-Ni'mat*, 187-190.

[6] Quest'opinione cambiò dopo che il Mawlana Mawdudi fondò la Jamā'at-i Islami. Cfr. Nasr, *Vanguard of Islamic Revolution*, 16.

[7] Nadwi, *Kārwān*, 280-81.

della Nadwah come sede di apprendimento venne accresciuto[8].

Il ruolo attivo dello Shaykh Nadwi nel Tablighi Jamā'at lo ha introdotto a due illustri studiosi, il Mawlana Muhammad Yusuf (m. 1966)[9], figlio del Mawlana Ilyās e lo Shaykh Muhammad Zakariyyah, il famoso studioso di *hadith* ed autore della serie *Fadā'il*[10]. Questi testi vennero scelti come materiale di lettura nel programma della Tablighi Jamā'at. L'impatto di entrambi questi studiosi sulla visione della *da'wah* dello Shaykh Nadwi venne illuminato nel corso del suo tour con la Jamā'at nel mondo arabo[11].

L'affetto che lo Shaykh Zakariyyah nutriva verso lo Shaykh Nadwi illustra il profilo spirituale di quest'ultimo. Il suo ruolo di mentore ed il rispetto per lo Shaykh Nadwi divennero evidenti nella loro decennale frequentazione. Lo Shaykh Nadwi ha scritto infatti le introduzioni (*muqaddimāt*) ai commentari in arabo sugli *hadith* dello Shaykh Zakariyyah, il che reca ancora una volta testimonianza alla sua competenza relativamente a questa fonte islamica[12]. Il rapporto di amicizia con lo Shaykh Zakariyyah costituiva un legame inseparabile in tempo di gioia e di difficoltà, di sfide e successi. In breve, era un legame fortificato dall'iman e dalla taqwa. Le *Maktubāt* (lettere) scritte dallo Shaykh Nadwi mostrano il grande rispetto per lo Shaykh Zakariyyah. Il seguente passo di una

---

[8] Masud, *Travellers in Faith*, 123-24.

[9] Cfr. Azizur Rahmān Bijnori, *Tadhkirah Mawlana Muhammad Yusuf, Amir i-Tabligh* (Bijnor, 1966) relativamente ai suoi contributi alla Jamā'at. Il quinto capitolo è dedicato interamente alla diffusione dell'Islam al di fuori dell'India.

[10] Cfr. Masud, *Travellers in Faith*, 82-85, per una valutazione critica della Tablighi Nisāb.

[11] Nadwi, *Kārwān*, vol. 1, 312-313.

[12] Muhammad Umayr al-Siddiqi, "Shaykh al-Hadith Hadhrat Mawlana Muhammad Zakariyyah awr Hadhrat Mawlana Sayyid Abul Hasan Ali Nadwi" in *Ta'meer-i Hayāt* (Lucknow, 2000), 13-17.

missiva scritta dallo Shaykh Nadwi testimonia la loro relazione:

<<Ogni giorno sono nel pieno di una crisi di speranza e sconforto. Qualche volta questa crisi evoca una risposta dalla mia mente e dalla mia anima. La salute mentale e la sicurezza della fede vengono solo da Dio. È importante godere della tua compagnia ma la distanza, gli impegni impellenti e le spese di viaggio purtroppo non lo consentono. In questa situazione cerco la tua du'a ed affetto>>[13].

La dimensione spirituale delle Maktubāt costituisce un elemento integrale dell'islāh e del tajdīd. In questa prospettiva, il subcontinente indiano ha inaugurato e sviluppato questo genere ed ha prodotto una sostanziale compilazione di Maktubāt che non ha rivali nel mondo musulmano. Le Maktubāt[14] dello Shaykh Ahmad Sirhind e di Yahyā Maneri sono rappresentative di questa serie.

La corrispondenza dello Shaykh Nadwi con il Mawlana Ilyās costituisce un sommario dell'impegno totale del suo fondatore per la propagazione di questo nascente movimento. Il suo grande rispetto per l'erudizione dello Shaykh Nadwi ed il suo contributo alla diffusione delle attività del Tablighi Jamā'at sono discusse a lungo nelle Maktubāt[15]. Allo stesso modo, la seguente missiva scritta dal Mawlana Yusuf allo Shaykh Nadwi illustra questo ruolo importante nel Tablighi Jamā'at.

---

[13] Sayyid Muhammad Hamza Nadwi, *Maktūbāt i-Hadhrat Mawlana Sayyid Abul Hasan Ali Nadwi* vol. 2 (Rae Bareli, 2004), 111.

[14] Sharafudeen Maneri, *The Hundred Letters* (New York, 1980), xv-xix.

[15] Nadwi, *Hadhrat Mawlana Shah Muhammad Ilyās* (Karachi, 1993.

Egregio Shaykh Sayyid Abul Hasan Ali Nadwi

<<Con grande ammirazione affermo che siete tenuto in grande stima dal Mawlana Ilyās. Siete stato in prima linea nel movimento tabligh e avete dedicato tutte le vostre energie per assicurarvi che nelle fasi iniziali si assicurasse un forte punto di appoggio. Il vostro impegno è esemplare ed il successo guadagnato tra i circoli intellettuali è riconducibile ai vostri continui sforzi. L'impegno degli ulama nell'opera della Jamā'at è indicativo del vostro contributo. Inoltre, i malintesi iniziali nutriti dagli intellettuali relativamente a questo movimento sono stati dissipati dalla sua personalità carismatica. Dio vi ha dotato di qualità degne di essere emulate e personalmente desidero che Egli ci benedica con queste nobili qualità che possono essere sfruttate per il beneficio dell'impegno teso verso la *da'wah*. Però, anche se vi è un interesse crescente verso l'opera *tabligh* come si evince dai molti membri che operano fino a Peshawar (Pakistan), le forze della corruzione hanno fatto avvertire la loro presenza. Comunque, l'effetto salutare della da'wah può essere sentito dappertutto, quando i musulmani ripristinano la loro fiducia nell'Islam e s'impegnano nella visione del movimento tabligh. Il lavoro è stato ricevuto con entusiasmo nei luoghi visitati e questo è di buon augurio per il futuro della *da'wah*>>.

Fraternamente,
Muhammad Yusuf Kandhlawi[16]

La *Vita e Missione del Mawlana Muhammad Ilyās*, pubblicata originariamente in urdu nel 1944, è un resoconto comprensivo della vita e del carattere di questo eminente studioso, delle sue straordinarie qualità e dello sviluppo del

---

[16] *Al-Ahsan*, vol. 3, 20.

movimento tabligh. Il coinvolgimento attivo dello Shaykh Nadwi nella missione tabligh ha condotto anche ad una lunga relazione con il Mawlana Manāzir Ahsan Gilāni[17] (d. 1956), professore di studi islamici presso l'Università di Osmania in Hyderabad. L'opera intitolata *Nabiyy al-Khātim* (L'ultimo messaggero) di Gilāni ha esercitato un profondo impatto sullo Shaikh Nadwi, che ha compiuto diverse visite ad Hyderabad per partecipare alle sessioni di Gilāni[18]. Durante questo periodo il suo incontro con il Mawlana 'Abdul Qadir Rāipūrī ha segnato l'inizio di un legame che si sarebbe divenuto più profondo[19] negli anni successivi.

Il Mawlana Ahmad Ali Lahori, stimato *'ālim* e *mufassir*, la cui mecenatismo verso lo Shaykh Nadwi è stato proverbiale, lo ha iniziato all'ordine sufi della *Qādiriyyah* e gli ha conferito il mantello della *khilāfah* (delegazione spirituale). Inoltre, le sue lettere allo Shaykh Nadwi riaffermano la stima in cui teneva la sua persona[20].

Lo Shaykh Nadwi ha definito la Tablighi Jamā'at come "un movimento di rinascita della fede" che consapevolmente ha evitato le attività politiche, astenendosi dalle controversie e dai conflitti in ambito comunitario. Si è poi radicato tra i musulmani poveri e della classe media, emergendo come un movimento di massa con il suo semplice messaggio di fede in Dio, e promuovendo la conoscenza ed il compimento dei basilari rituali islamici e l'abbandono dei costumi non islamici. Il movimento probabilmente venne considerato dallo Shaykh Nadwi come la strategia più pragmatica per i musulmani in India, che vivevano come una comunità marginalizzata[21].

---

[17] Muhammad Zafiruddin Miftāhi, *Hayāt i-Mawlana Gilāni* (Karachi, 1994).

[18] Nadwi, *Purāne Charāgh*, vol. 1, 332.

[19] Nadwi, *Kārwān*, vol.1, 321.

[20] Nadwi, *Purāne Gharāgh*, vol. 1, 160-161.

[21] Nadwi, *Kārwān*, vol. 1, 342-347.

Nonostante la sua ammirazione per le attività del movimento relativamente alla *da'wah*, lo Shaikh Nadwi si è espresso con franchezza relativamente alla sua visione limitativa. Una preoccupazione particolare derivava dalla fissazione con i sei punti formulati dal suo fondatore. Secondo lo Shaykh Nadwi, la Tabligh Jamā'at non prende in considerazione le sfide che i musulmani sono chiamati ad affrontare nei loro rispettivi ambiti sociali e quindi ignora il bisogno di adattare di conseguenza le strategie legate alla *da'wah*. Lo Shaykh Nadwi ritiene che la Tabligh Jamā'at "abbia bisogno di un'apertura e famigliarità con il temperamento della moderna gioventù educata, relativamente al loro modo di pensare, ai valori ed alle prospettive". La sua lettera ai membri più anziani della Tabligh Jamā'at intendeva sottolineare i dilemmi che i musulmani erano chiamati ad affrontare ed il ruolo costruttivo che avrebbero potuto avere nella loro risoluzione. La risposta non arrivò e quindi non fu possibile alcuno scambio positivo di idee. Lo Shaykh Nadwi, comunque, continuò a supportare la Tabligh Jamā'at e non ha espresso pubblicamente il suo punto di vista su questa questione cruciale.

Le caratteristiche della *da'wah*

Durante il suo periodo formativo, il programma di azione previsto dalla Tabligh Jamā'at non ha ostacolato la *da'wah* dello Shaykh Nadwi. I suoi viaggi in Hijaz ed in altri paesi arabi hanno affilato la sua visione intellettuale ed hanno amplificato il suo orizzonte relativo alla *da'wah*. In questa prospettiva, ha utilizzato il paradigma coranico, la *sirah* del Profeta (pbsl), la critica del materialismo e della civiltà occidentale, la ricostruzione della società musulmana ed infine le sue linee guida[22] nell'ambito dell'*islāhi*. Questi strumenti critici lo hanno reso capace di interagire con i movimenti islamici di diverse affiliazioni, con gli studiosi musulmani, gli *'ulama*, i membri della famiglia reale e l'élite[23].

La *da'wah* nell'Hijaz

I viaggi dello Shaykh Nadwi nel mondo arabo hanno avuto luogo nel 1947 e possono essere considerati un'importante pietra miliare nella sua missione dedicata alla da'wah. Le sue pubblicazioni in arabo, sebbene non fossero ancora lette ampiamente, lo indicarono come uno studioso con un immenso potenziale. Il Mawlana Muhammad Yusuf, allora Amir della Tabligh Jamā'at, riconoscendo il suo talento nella lingua araba, ha rivesto un ruolo fondamentale nell'organizzazione dei suoi viaggi nell'Hijaz. Costui era impaziente di vedere i Tabligh penetrare nell'Hijaz considerata la "sorgente del suo lavoro"[24]. Per favorire il successo della *da'wah*, uno studioso organizzato doveva stringere dei legami con gli altri studiosi, gli ulema e le classi educate. Lo Shaykh Nadwi si è rivelato la scelta perfetta per questa missione dal momento che possedeva le conoscenze necessarie. Inoltre, le sue abilità oratorie[25] furono ampiamente riconosciute. Dal momento che non aveva compiuto precedentemente il pellegrinaggio, venne deciso che sarebbe stato accompagnato anche dai membri della sua famiglia.

La profonda influenza esercitata dalla Mecca e da Medina sullo Shaykh Nadwi è descritta nel racconto della sua esperienza del pellegrinaggio. La gioia indescrivibile di cui ha

---

[22] *Al-Qāsim*, Special issue, 157-74.

[23] Nadwi, *Mir Kārwān*, 177-186.

[24] Mamshad 'Ali Qasimi, Sayyid Abul Hasan Ali Nadwi, *Akābir wa Mashāhīr Ummat ki Nazar Mein* (Phulat, 1998), 48-51.

[25] Cfr. Nadwi, *Qur'ānic Paradigm: Da'wah in the West*.

fatto esperienza quando si è avvicinato a Medina è catturata nelle seguenti parole:

<<I Durūd (saluti) al Profeta (pbsl) costantemente sulle mie labbra, il cuore che batteva di passione e l'autista arabo perplesso per la mia spontanea recitazione e le incontrollabili lacrime>>[26].

Questa succinta descrizione ha rivelato quest'esperienza che arricchisce l'anima della città santa. Secondo lo Shaykh Nadwi, questo è stato anche un momento decisivo nella sua vita.

Presso gli abitanti dell'Hijaz: un messaggio

Come è stato discusso altrove nel precedente capitolo, lo Shaykh Nadwi aveva già preparato una monografia, la *Ilā Mumatthilī* per il pubblico arabo. Il messaggio, composto in uno stile elegante, rappresenta una valutazione schietta delle questioni che riguardavano gli arabi. È interessante notare che il suo impatto è penetrato attraverso i ranghi e le fila della fraternità degli *ulama*. Lo Shaykh Ali Harakān[27], un insegnante degli *hadith* successivamente segretario generale della Rabita, ha lodato ampiamente la sua erudizione. Lo stesso ha fatto lo Shaykh Umar bin Hasan al-Shaykh che ha promosso ed aiutato il movimento tabligh a stabilirsi a Mecca e Medina[28]. Il rispetto nutrito da costui verso lo Shaykh Nadwi era proverbiale, come dimostra il ruolo chiave avuto nella promozione dei suoi scritti. Il Re Saud nutriva grande rispetto verso lo Shaykh Umar e l'orientamento islamico della

---

[26] Nadwi, *Apne Ghar se Baytullah tak* (Lucknow, 1989), 32.

[27] Nadwi, *Purāne Charāgh*, vol. 3 relativamente all'apprezzamento del contributo dello Shaykh Harakān.

[28] *Sawānih Mufakkir-i Islam*, 229.

monarchia saudita era il risultato della sua influenza. La lettera inviata dallo Shaykh Nadwi al monarca -a cui era stato introdotto dallo Shaykh Umar- espresse con schiettezza la condizione e le sfide che si ponevano davanti agli arabi e alludeva anche ai pericoli incombenti in ragione delle mutevoli fortune politiche del regno[29]. Non c'è dubbio che l'influenza della civiltà occidentale stava penetrando nel cuore dell'Islam. La sensibile personalità dello Shaykh Nadwi e la sua coscienza islamica non potevano tollerare la presenza intrusiva di una cultura aliena che cospirava per sottomettere il mondo arabo, sia politicamente che culturalmente, così come testimonia il suo appassionato messaggio relativo alla da'wah contenuto nei suoi scritti[30].

Il contatto dello Shaykh Nadwi con gli studiosi e gli eminenti ulema ha accresciuto la sua popolarità nel mondo arabo. Per questa ragione, fu nella condizione di comunicare le sue concezioni agli arabi attraverso le lezioni e gli scritti, ricordando loro delle responsabilità verso l'Islam. Le sue lezioni trasmesse dalla Radio Saudita hanno poi ribadito questo messaggio per un pubblico più ampio.

La *da'wah*: Nuove prospettive

Il secondo pellegrinaggio compiuto dallo Shaykh Nadwi nel 1950 ha aggiunto delle nuove dimensioni alla sua missione dedicata alla *da'wah*. Tra il 1948 ed il 1950 gli sviluppi politici in India gli hanno fornito una nuova prospettiva e maturità di esperienza. Gli eventi (che saranno discussi nel prossimo capitolo) hanno approfondito la sua comprensione delle questioni che riguardavano la comunità musulmana. Quindi, è importante contestualizzare il secondo pellegrinaggio in

---

[29] *Ibid.*, 230-31.
[30] L'opera dello Shaykh Nadwi intitolata *Bayn al-Jibāyt wa al-Hidāyat* rappresenta un'introduzione eccellente alla sua risposta intellettuale alla civiltà occidentale.

relazione con i suoi ampi contributi[31] nell'ambito della *da'wah*. Inoltre, la pubblicazione del *Rise and Fall of Muslims* ha delineato la sua statura di studioso rinomato nel mondo sia arabo che islamico.

Lo Shaykh Nadwi ha scritto molteplici monografie che ricordavano alle nazioni arabe la loro responsabilità verso l'Islam. Il suo secondo pellegrinaggio illustra le tristi realtà che il regno saudita era chiamato ad affrontare e in una missiva scritta a suo fratello, il Dottor 'Abdul 'Ali, descrive la situazione nel modo seguente:

<<Ho visitato l'Arabia Saudita prima nel 1947 ed ora nel 1950. Nell'arco di tre anni, riesco a vedere un mutamento marcato. L'occidentalizzazione ha fatto breccia nel mercato, nell'economia e nel modo di pensare. Tutto questo si può avvertire quando si arriva a Jeddah. Più s'impara relativamente alla vita locale, più si percepisce un'aspra realtà. È difficile dire quante persone nelle loro vesti arabe sono diventate occidentali nelle loro prospettive. L'arabo, la lingua del Corano, è divenuta ora il veicolo del pensiero occidentale e di una psiche palesemente materialista. La devozione degli arabi verso il denaro, il desiderio di acquisire una ricchezza sempre maggiore e la ricerca della gloria terrena hanno raggiunti proporzioni preoccupanti. È difficile pensare di condurre una vita prospera e di conseguire il successo senza volgersi agli Stati Uniti>>[32].

Nel dominio intellettuale le *majālis* degli studiosi hanno incarnato una caratteristica distinta ed hanno evidenziato il

---

[31] Nadwi, *Kārwān*, vol. 1, 326-29.
[32] Bilāl Hasani, *Sayyid Abul Hasan Ali Nadwi: His Thought and Mission* (Springs, 2019), 42.

movimento dell'educazione islamica. In vista degli sviluppi politici in Egitto, l'impennata del pensiero contemporaneo islamico era evidente. Non vi era dubbio che le tendenze intellettuali disegnate dagli intellettuali egiziani abbiano esercitato un forte impatto sul mondo sia arabo che islamico. Inoltre, l'avanguardia della cultura in Egitto, poco evidente in altre parti del mondo musulmano, è servita come luogo in cui convergono i maggiori punti delle discipline islamiche. Lo Shaykh Nadwi ha osservato:

<<Nel corso di questo periodo, il regime di Nasser non aveva fatto la sua piena comparsa sulla scena politica. (La sua influenza) ha seccato i rami della letteratura, della politica e della moralità privandoli della loro freschezza e vitalità. Ha travolto l'intero paese con le sue idee rivoluzionarie, lasciandosi indietro niente altro che una striscia di polvere nella vita delle persone>>[33].

Un altro importante sviluppo è costituito dal ruolo degli intellettuali nella formulazione di nuovi approcci al pensiero riformista islamico. Il pantheon degli studiosi ed intellettuali che hanno inaugurato dei sentieri innovativi di apprendimento deve essere menzionato per apprezzare il contributo letterario dello Shaykh Nadwi nel mondo arabo. L'influenza europea ha plasmato e creato nuovi impulsi per un approccio critico verso l'eredità islamica classica[34]. Questo movimento è emerso rapidamente ed era inestricabilmente collegato alla dominazione europea delle terre musulmane.

---

[33] Nadwi, *Kārwān*, vol. 1, 367. Relativamente alla critica al regime nasseriano ed al suo contenuto ideologico cfr. Nadwi, *Western Civilisation, Islam and Muslims*.

[34] Albert Hourani, *Arabic Thought in the Liberal Age, 1798-1939* (Oxford: OUP, 1983). Cfr. S. M. Yunus Gilāni, *The Socio-Political Role of 'Ulama in Egypt: 1798-1870* (New Delhi, 2007).

Comunque l'occupazione francese dell'Egitto[35] nel 1798 ha aperto la via per una graduale assimilazione dei valori stranieri nei domini sia intellettuali che culturali. Questi contorni hanno gradualmente preso forma nella società egiziana dal momento che un segmento considerevole degli intellettuali musulmani formati in Francia ha esercitato una forte influenza sul suo carattere islamico. Le tendenze francofile hanno visto il loro maggiore rappresentante in Taha Husayn[36]. Il suo impatto durevole e controverso è stato ampiamente esaminato nei maggiori studi relativi al suo contributo al pensiero islamico contemporaneo. Altri studiosi eminenti includono il critico letterario 'Abbās 'Aqqād[37], lo storico e critico, il Dottor Ahmad Amin, il Dottor Mahmud Shakir, eminente studioso di *hadith*, e l' *'ālim* di al-Azhar, lo Shaykh Mahmud Shaltut[38]. Costoro erano associati ad una distinta scuola di pensiero e sono stati ampiamente lodati per i loro pionieristici contributi letterari che hanno plasmato l'opinione pubblica. Per questa ragione, la relazione dello Shaykh Nadwi con quest'entroterra culturale e religioso deve essere esaminata.

Una breve ricerca della scuola riformista in Egitto merita una menzione speciale per valutare il ruolo del movimento dell'Ikhwān. Lo studio di Badawi[39] sul Jamāluddin Afghāni, Muhammad Abduh e Sayyid Rashid Ridā, la triade della tradizione riformista, auspica fortemente un ritorno alle

---

[35] Cfr. Nadwi, *Western Civilisation, Islam and Muslims*, 91-93 relativamente al ruolo dell'Egitto nella promozione del pensiero e della cultura occidentale.

[36] Hourani nell'opera *Arabic Thought in the Liberal Age* descrive il ruolo assunto da Taha Husayn nella modernizzazione del pensiero islamico in Egitto.

[37] Noto critico letterario ed autore di importanti testi.

[38] Zaki Badawi, *The Reformers of Egypt* (London, 1978). Cfr. Hourani, *Arabic Thought in the Liberal Age*.

[39] Ismā'il Abu Rabi, *Intellectual Origins of Islamic Resurgence in the Modern Arab World*, 62-84.

origini. La loro analisi incisiva del *tajdīd* e dell'*islāh* continua ad essere dominante nel mondo musulmano. Tutti gli schemi di revivalismo discernibili nei movimenti islamici contemporanei devono la loro fonte d'ispirazione a questi riformatori che hanno esercitato una straordinaria influenza sulla società egiziana che ha poi trasmesso queste tendenze al resto del mondo musulmano[40]. La critica dello Shaykh Nadwi di questi movimenti riformisti con un riferimento speciale all'Egitto[41] condivide una comunanza con Badawi dal momento che entrambi discutono "una forma di sintesi di tendenze all'interno della ummah"[42].

Ikhwān: Il movimento riformista islamico

Il rapporto dello Shaykh Nadwi con l'Ikhwān non essere sottovalutato. I suoi scritti[43] importanti hanno avuto un diretto impatto sulla visione dell'Islam dell'Ikhwān. Sarebbe corretto affermare che i contributi dello Shaykh Nadwi al suo vasto corpus di letteratura islamica[44] lo hanno stimolato a diventare un movimento islamico a pieno titolo. Una cosa che emerge chiaramente dal rapporto dello Shaikh Nadwi con l'Ikhwān è il suo approccio equilibrato e la comprensione del movimento nel corso della sua fase iniziale. Il suo apprezzamento dell'influenza nel mondo arabo ed i mutamenti positivi tra la generazione ostile degli arabi educati, che altrimenti sarebbero caduti nell'ateismo, sono toccanti. Secondo lo Shaykh Nadwi, il loro ritorno all'Islam deve essere considerato un risultato diretto della potente

---

[40] Cfr. Nadwi, *Western Civilisation, Islam and Muslims*, 91-122.

[41] Badawi, *The Reformers of Egypt*, 16.

[42] *Rise and Fall* era letta nelle *halaqah* dell'Ikhwān.

[43] Cfr. Muhammad Shawqi Zaki, *Tāhrik al-Ikhwān al-Muslimīn* tradotto in urdu da Sayyid Ridwān 'Ali Nadwi (Lucknow, 1999), 223-33.

[44] *Tāhrik al-Ikhwān al-Muslimīn*, 41.

personalità dell'Imām Hasan al-Banna e delle sue attività concernenti la *da'wah* in tutte le sfere della società egiziana[45].

Oltre alle sue iniziative intellettuali, devono essere prese in considerazione la crescita e lo sviluppo del movimento dell'Ikhwān come forza sia politica che sociale. Il suo fenomenale successo seguito da una fase turbolenta che si è conclusa con la morte del suo fondatore, non ha allontanato il movimento dalla sua visione dell'*islāh*[46]. Tra i suoi maggiori successi vi è la riforma della società musulmana che non solo era divenuta preda del vizio e dell'immoralità, ma aveva adottato anche diversi tratti della cultura europea. Quindi, l'Imām al-Banna ha invocato una riforma per arginare la marea crescente di quella presenza intrusiva. La sua personalità era il simbolo di "quelle straordinarie figure storiche che vengono scelte da Dio a guidare un movimento della da'wah ed a produrre una rivoluzione islamica nella sua epoca"[47]. Costui possedeva molteplici qualità: leadership, una mente illuminata, un cuore misericordioso, delle abilità oratorie ed una personalità affascinante caratterizzata da una forte fibra morale. Queste caratteristiche personali erano i segni distintivi del carattere di Al-Banna e si manifestavano nella sua *da'wah*.

Ikhwān: una critica

L'autobiografia dello Shaykh Nadwi intitolata *Kārwān* (vol. 1) deve essere letta insieme al *Mir Kārwān* per un'interpretazione contestualizzata della sua relazione con l'Ikhwān. In aggiunta a queste fonti, il suo articolo dedicato ad Al-Banna nel *Purāne Charāgh* -un'introduzione in arabo sulle

---

[45] Riforma e rinascita (*islāh* e *tajdīd*) rappresentano concetti gemelli che formano l'unità tematica presente nell'opera *Saviours of Islamic Spirit*.
[46] Nadwi, *Kārwān*, vol. 1, 377.
[47] Nadwi, *Purāne Charāgh*, vol. 3, 13-22.

memorie dell'Imām[48]- fornisce una visione d'insieme di questa carismatica personalità. La relazione dello Shaykh Nadwi con l'Ikhwān ha rappresentato un periodo produttivo della sua vita intellettuale come rivela lo spettro delle attività e della produzione letteraria. Il circolo dell'Ikhwān lo condusse alla frequentazione di eruditi quali lo Shaykh Muhammad al-Ghazali con cui ha sviluppato un'amicizia duratura. Al-Ghazali[49] ha rivestito un ruolo fondamentale nella diffusione degli scritti dello Shaykh Nadwi ed attraverso un tour di lezioni lo ha introdotto al pubblico egiziano. Similmente lo studioso riconosciuto a livello internazionale, l' 'Allāmah Yusuf Qardāwi[50], ha mantenuto una certa affinità con lo Shaykh Nadwi.

Il supporto entusiasta della *da'wah* dello Shaykh Nadwi può essere inoltre dedotto dalle monografie pensate e scritte per raggiungere un pubblico più ampio. Oltre al *Rise and Fall of Muslims*, una lettura obbligatoria per i membri dell'Ikhwān[51], la gerarchia del movimento accolse benevolmente anche le sue esortazioni (*Mawā'iz*). Inoltre, la sua onesta valutazione delle ambizioni politiche dell'Ikhwān al fine di promuovere dei mutamenti strategici nella società egiziana venne accettata dal movimento senza riluttanza per rivalutare il suo "piano di azione". L'ondata d'interesse verso gli scritti dello Shaykh Nadwi ed il rapporto che ha intrattenuto con diversi strati della società egiziana sono discussi in dettaglio nel *Kārwān*[52]. Tra i suoi altri scritti, le seguenti monografie focalizzano l'attenzione sul messaggio della *da'wah* ed un rinnovato impegno verso l'Islam:

- *Isma'i Yā Misr* (Per gli egiziani)

---

[48] Hasan Banna, *Mudhakkirāt al-Da'wat wa al-Dā'iyāt* (Beirut, 1984).

[49] Cfr. Necrologio su Ghazali in *Impact International* (1995).

[50] Qardāwi era il direttore del Sirah and Sunnah Centre, University of Qatar.

[51] Nadwi, *Kārwān*, vol. 1, 368-72.

[52] *Ibid.*

- *Bayna al 'Ālam wal Jazirat al-'Arab* (Tra il mondo e la penisola araba)
- *Al-Madd wa al-Jazr fi-Tārikh al-Islam* (Flusso e riflusso nel mondo islamico)

Questi scritti sono caratterizzati da un ammirevole scorrevolezza, spontaneità ed approccio diretto. I contenuti sono ampiamente tratti sia dal Corano che dalla sunna. Un'altra caratteristica di queste monografie è la chiara assenza di polemiche e pregiudizi settari. Sarebbe interessante riprodurre pochi passi pertinenti dagli scritti dello Shaykh Nadwi che hanno come oggetto l'Ikhwān al fine di avere una corretta valutazione delle sue attività:

<<Nonostante tutto, rimane il bisogno di uno sforzo concentrato e sostenuto verso la crescente influenza della civiltà occidentale. Venne domandato l'impegno diretto ed una semplice vicinanza emotiva all'Islam non era sufficiente. Una fede più profonda e più forte ed una convinzione può solida nei valori e negli insegnamenti islamici era reputata necessaria. Un impegno di questo tipo non può essere confinato né alla politica, come Jamaluddin Afghani ha cercato di fare, e nemmeno immaginato in modo puramente difensivo, come ha fatto Muhammad 'Abduh. Se il movimento dell'Ikhwān in Egitto si fosse sviluppato in modo costante e se i leader del pensiero islamico nei paesi del Medioriente gli avessero dato il loro supporto, avrebbe portato a termine sia la missione di Afghani che di 'Abduh producendo una rinascita islamica nell'Asia occidentale>>[53].

---

[53] Nadwi, *Western Civilisation, Islam and Muslims*, 110-11.

Ikhwān: Reminiscenze personali

In retrospettiva, la relazione tra lo Shaykh Nadwi e l'Ikhwān era basata sul rispetto reciproco. Secondo lo Shaykh Nadwi, l'Ikhwān ha esercitato un profondo influsso su di lui per le seguenti ragioni:

<<Ha instillato nella società egiziana, che era caduta preda dell'influenza della civiltà occidentale, una speranza e fede rinnovate nel messaggio dinamico dell'Islam. Questa mutata atmosfera religiosa non ha aveva paralleli nella società egiziana. Lo spirito di fratellanza dominava le vite dei membri dell'Ikhwān. La loro condotta morale era eccellente, la loro visione della da'wah era guidata dal legame di fratellanza che supera ogni forma di pregiudizio. L'Ikhwān era attivamente coinvolto negli affari della società egiziana ed ha compiuto degli sforzi realistici per porre rimedio ai mali che avevano indebolito la sua fibra morale. Nel suo impegno verso la *da'wah*, il movimento ha evitato i pregiudizi settari ed ha utilizzato la sua energia ed il suo tempo nel costruire il fondamento morale di un'ideale società musulmana>>.

<<La visione pan-islamica dell'Ikhwān ha superato le barriere territoriali. Lo scenario della società egiziana era una triste immagine della manifestazione dell'ateismo e delle tendenze francofile. Non è quindi sorprendente che la falange degli intellettuali e dei giornalisti si sia spudoratamente impegnata per indebolire l'Islam. Peggio ancora, gli scritti e le ricerche accademiche con un carattere sprezzante venivano promosse come un'alternativa alle perenni fonti dell'Islam. Persino un'istituzione rinomata come al-

Azhar non aveva alcun potere per opporsi a questi gravi pericoli. L'Ikhwān invece non ha solo sfidato la diffusione dell'ateismo, ma ha creato un gruppo di giovani orientati verso l'Islam che ne hanno riaffermato la superiorità. Infatti, l'Ikhwān ha inferto un colpo mortale gli elementi non-islamici producendo degli intellettuali la cui impressionante erudizione era un'ideale che doveva essere seguito>>[54].

Nel cuore dell'Africa: Il Sudan

Lo Shaykh Nadwi venne accompagnato dal Mawlana Ubaydullah Balyāwī, uno studioso della Nadwah residente in Egitto, che ha facilitato le attività della *da'wah* in Sudan. Importanti studiosi quali Ustādh Ismā'il Bej (successivamente Primo ministro del Sudan) e lo Shaykh Muhammad Musa Sulayman della Jami'at al-Shubbān al-Muslimīn (Muslim Youth Society) hanno sviluppato una speciale affinità verso di lui. Infatti, la presenza dello Shaykh Nadwi ha fatto eco a forti sentimenti di fratellanza nell'ambito della *da'wah*. Il dottor 'Abdul 'Ali ha coltivato un costante interesse verso gli affari della comunità islamica, in modo particolare l'Africa. In una delle sue lettere scrive:

<<Che i tuoi sforzi nell'ambito della *da'wah* siano accettati da Dio. L'Egitto è la porta dell'Africa. Se solo gli egiziani comprendessero la loro responsabilità verso i pellegrini che viaggiano attraverso il loro paese, e diffondessero gli insegnamenti dell'Islam. I loro sforzi dovrebbero raggiungere anche dei paesi non

---

[54] Nadwi, *Kārwān*, vol. 1, 378-82.

musulmani in modo che, se Dio vuole, un giorno l'intera Africa brillerà con la luce dell'Islam>>[55].

Siria, la cittadella dell'Islam: Un elogio

La Siria, terra dell'Islam, terra dei Sahabah che giacciono sepolti nel suo sacro suolo, terra d'innumerevoli studiosi e santi che hanno ritagliato per se stessi uno spazio nelle pagine della storia islamica, ha custodito i migliori tesori della cultura islamica. Secondo lo Shaykh Nadwi, la Siria nel corso dei secoli ha evocato un'aura di spiritualità ed ha preservato le splendide immagini della grandezza dell'Islam. Superando le barriere sia dello spazio che etniche, l'appassionato attaccamento alla Siria è incapsulato in un componimento poetico intitolato *Samsām al-Islam*, una traduzione dell'arabo *Futūh al-Shām*, ed è letto con grande rispetto dai membri della famiglia dello Shaykh Nadwi[56]. Il *Samsām* narra in versi magnificenti la conquista della Siria ed il valore ed il coraggio degli eroi dell'Islam. Lo scopo di quest'eulogia non era solo quello di revocare la storia della Siria. Lo Shaykh Nadwi ha spiegato:

> <<Le commoventi descrizioni delle battaglie eccitano la sensibilità e le gesta dei martiri sono così toccanti da rendere gli ascoltatori desiderosi di vivere per Dio. Inoltre, le tribolazioni dei Sahabah che si sono per primi battuti per la fede fanno sì che colui che ascolta dimentichi completamente le sue perdite personali>>[57].

---

[55] Nadwi, *Hayāt i-'Abdul Hayy*, 396-97.
[56] Quest'opera era composta da 25,000 strofe e la famiglia dello Shaykh Nadwi era solita recitarli nei periodi difficili.
[57] Nadwi, *Kārwān*, vol. 1, 82.

Questa identificazione, come è stato notato da Zaman, era necessaria per articolare l'identità culturale dei musulmani indiani in una società dominata[58] dagli indù.

Senza dubbio le attività legate alla *da'wah* dello Shaykh Nadwi in Siria sono state un'esperienza indimenticabile. Studiosi eminenti, *mashā'ikh* e professori erano i suoi più ferventi ammiratori e lui, dal canto suo, trasse dalla loro compagnia un grande beneficio. Damasco, una volta bastione della dinastia omayyade, continuava a portare avanti la sua prestigiosa tradizione di erudizione. In qualità di fonte dell'erudizione islamica, vantava un'invidiabile ed ininterrotta tradizione accademica che ha lasciato delle indelebili impronte in tutto il mondo islamico. In questa sede menzioneremo pochi nomi per illustrare la statura dello Shaykh Nadwi tra i suoi contemporanei arabi. Lo Shaykh Bahjat al-Baytar, un prominente *'ālim*[59], il Dottor Mustafa Sibā'i[60], un distinto membro dell'Ikhwān, il Dottor Umar Bahā al-Amirī[61], il famoso poeta ed il Professor Muhammad al-Mubārak, un eminente letterato e critico[62], furono improvvisamente influenzati da lui. La letteratura della *da'wah* nella forma di lezioni e di trasmissioni radio è stata una fonte d'ispirazione sia nel contenuto che nello stile. Di grande interesse furono anche le serie *ismā'i*, che hanno aggiunto una nuova dimensione alla produzione letteraria dello Shaykh Nadwi ed hanno fatto emergere la sua carismatica

---

[58] Muhammad Qasim Zaman, "Muslim Identity in Twentieth Century India" in *The Muslim World* (1997), 277-78.

[59] Cfr. Nadwi, *Kārwān*, vol. 1, 388.

[60] Stimato studioso la cui produzione letteraria è caratterizzata da grande erudizione.

[61] Cfr. necrologio apparso nel *Al-Ba'ath al-Islami Monthly* (Lucknow) in cui viene descritta la sua erudizione.

[62] *Ta'meer-i Hayāt* (2000), 19-27. Cfr. Mamshād 'Ali Qāsimi, *Sayyid Abul Hasan Ali Nadwi: Akābir wa Mashāhir Ummat ki Nazar Mein*, 129-130.

personalità. I suoi scritti erano ampiamente letti tra le acclamazioni della critica[63].

Nel corso della sua prolungata residenza a Damasco, il programma della Da'wah gli diede anche l'opportunità di viaggiare in Palestina e di constatare la difficile situazione dei Palestinesi. Le sue monografie[64] pubblicate nel corso di questo periodo importante fanno riferimento alla sua preoccupazione globale per la ummah. Nello stesso tempo, ha fatto dei seri sforzi per risvegliare la coscienza araba sulla Palestina. Il suo incontro con il re 'Abdullāh di Giordania narra l'importanza di affermare il dominio dell'Islam nel regno appena fondato. Il re nutriva verso lo Shaykh Nadwi un grande rispetto dal momento che aveva letto il *Rise and Fall of Muslims*. Rimase infatti molto impressionato dall'analisi delle problematiche che attanagliavano il mondo musulmano. L'assassinio del re 'Abdullāh nei sacri precinti della Masjid al-Aqsā ha però contrastato ogni concreto passo per rapportarsi al problema dei rifugiati in Palestina[65].

Lo Shaykh Nadwi tornò in India dopo aver compiuto per la terza volta il pellegrinaggio, nel 1951. Trascorse circa quattordici mesi all'estero che hanno rappresentato una fase produttiva relativamente alla sua carriera intellettuale ed all'impegno dedicato alla *da'wah*.

La serie dei diari di viaggio: una panoramica

È importante spiegare il genere dei "diari di viaggio" che lo Shaykh Nadwi ha impiegato come un'estensione delle sue attività legate alla *da'wah*. I suoi viaggi in Medioriente -Hijaz, Egitto, Libano e Giordania- costituiscono una traiettoria della

---

[63] 'Abdullāh Nadwi, *Mir Kārwān*, 298-99.
[64] Cfr. Muhammad Asjad Qāsimi, *Mufakkir -Islam, Mawlana Sayyid Abul Hasan Ali Nadwi* (Deoband, 2000), 219-24.
[65] Nadwi, *Mir Kārwān*, 301.

sua ampia visione legata al risveglio degli Arabi ed alla loro responsabilità verso l'Islam. In questa connessione, il suo *Middle East Travelogue*[66] illumina le sue osservazioni personali sui mutamenti dell'attivismo islamico in questi paesi. Uno sviluppo parallelo è rappresentato dall'emergere del nazionalismo e dell'ateismo attraverso cui gli sforzi concentrati a sminuire l'eredità (*turāth*) islamica in molti paesi arabi sono esaminati dall'autore con spirito critico. Nello stesso tempo, quest'opera offre ai lettori un'occhiata sugli scenari sia religiosi che politici dei singoli paesi. Le reminiscenze personali combinate con le valutazioni critiche costituiscono le caratteristiche distintive dei diari di viaggio dello Shaykh Nadwi. Come 'Abbās Nadwi ha osservato nel suo *Mir Kārwān*, lo Shaykh Nadwi coerente con la sua personalità senza pretese non ha incluso degli aneddoti personali nella sua autobiografia e nemmeno negli altri scritti[67]. Questi avvenimenti sono stati raccolti o dai suoi contemporanei o da quanti gli erano particolarmente vicini. Per questa motivazione, il *Mir Kārwān* può essere considerato un documento importante che mette in luce i momenti salienti della lunga e movimentata carriera dello Shaykh Nadwi. Infatti, questo può essere considerato un supplemento al suo multiforme *Kārwān*.

I diari di viaggio dello Shaykh Nadwi sono importanti per comprendere meglio la sua *da'wah* con un riferimento particolare al mondo arabo. Un libro scritto nel 1951, il *Mudhākarāt* rappresenta una descrizione dell'interazione dello Shaykh con degli eminenti studiosi e con autorevoli movimenti islamici nel mondo arabo. Anche se non fornisce dei dettagli dei luoghi storici visitati, tratta di questioni all'interno della cornice della *da'wah*. In breve, i suoi diari di

---

[66] La prima opera dello Shaykh Nadwi relativa ai suoi viaggi è stata scritta in arabo: *Mudhākarāt-al-āih fi-al Sharq-al-'Arabi*.
[67] 'Abbās Nadwi, *Mir Kārwān*, 295-97.

viaggio possono essere considerati un sollecito rivolto al mondo arabo per riaffermare l'impegno verso gli ideali islamici. Le impressioni dello Shaykh Nadwi delle sue visite, i suoi discorsi commoventi ed i messaggi sono temi che trattano della rivoluzione universale condotta dall'Islam[68]. Oltre a questo valore storico, i diari di viaggio rivelano la personalità dello Shaykh Nadwi incastonata attraverso le lenti delle interviste e degli avvenimenti descritti.

In questo capitolo è già stata fatta una breve menzione della serie *ismā 'i*. Oltre al suo carattere *islāhi*, il suo stile letterario è espresso in un appello appassionato rivolto alle nazioni arabe affinché non rinuncino alle loro responsabilità verso l'Islam. Queste monografie contengono la critica della civiltà occidentale che ha lasciato le sue orme sul suolo arabo. Egualmente inquietante era la proliferazione di una società consumista indifferente ai valori della compassione e della giustizia, segni distintivi della società islamica.

Riproduciamo alcuni passi scelti dalle serie *ismā'i* che mostrano l'intenzione di portare in netto rilievo la minaccia del materialismo, i suoi vizi e la soluzione islamica a questi problemi. Bisogna tenere a mente che gli sviluppi storici nel mondo arabo hanno fomentato la valutazione critica dello Shaykh Nadwi.

Kuwait: <<Avete compiuto molti passi avanti nella cultura, avete costruito grattacieli ed alti edifici. Comunque, il vostro compito è molto più nobile di questo. Dovete essere orgogliosi della vostra fede. Avete perduto la vostra identità lasciandovi assorbire da questo mondo. Vi siete allontanati dal ruolo di guida dell'umanità. Riprendetevi la posizione perduta e riacquistate la fiducia in voi stessi>>.

---

[68] Wasi Ahmad Siddiqui, "Sharq i-Awsat ki Diary" in *Kārwān i-Adab* (Lucknow, 2001), 417.

Siria: <<Quando i vostri messaggeri (du'at) sono venuti da noi, avevamo una nostra nazionalità di cui eravamo fieri. Eravamo orgogliosi della nostra lingua ed eravamo pronti a dare la vita per queste cose. Poi le abbiamo abbandonate e siamo diventati parte della più ampia comunità islamica. Abbiamo imparato la lingua araba ed abbiamo reciso qualsiasi legame con il nazionalismo ed altri concetti propri della Jahiliyyah. Voi ci avete salvato da loro e dagli stretti confini del nazionalismo. Per amore di Dio, mantenetevi lontani dal nazionalismo e non cadete nel medesimo pantano da cui ci avete liberato>>.

Egitto: <<Rappresenti una convergenza di due civiltà. Da un lato sei la sede della cultura islamica e dall'altro della civiltà occidentale. Hai quindi una responsabilità verso due continenti, Asia ed Europa, perché' rechi il messaggio ad entrambe. Devi trasmettere la conoscenza e l'esperienza dell'Europa all'Asia ed ai paesi arabi. L'altro tuo grande compito è quello di recare il messaggio della penisola araba (Islam) all'Europa>>[69].

Conclusione

Una delle caratteristiche salienti degli scritti dello Shaykh Nadwi dedicati alla *da'wah* è l'articolazione degli ideali islamici verso un obiettivo ben definito: una spiritualità cresciuta nella morale islamica. Questa linea di approccio ha di fatto plasmato la sua comprensione della rinascita islamica. I suoi incontri personali con eminenti studiosi ed ulema, insieme alla sua pubblicazione di una robusta letteratura dotata di un marcato orientamento verso la *da'wah*, ha aperto la strada per il suo pioneristico ruolo nel mondo arabo.

---

[69] Bilāl Nadwi, *Sayyid Abul Hasan Ali Nadwi*, 54-7.

Capitolo VI

Da'wah: Nuovi orizzonti

Questo capitolo cerca di esplorare i fattori significativi che hanno influenzato il coinvolgimento dello Shaykh Nadwi nelle attività indiane principali. Sono degni di nota anche i contributi dell'eminente Shaykh Mawlana Abdul Qadir Rāipūrī nella personale ricerca di spiritualità dello Shaykh Nadwi. Il pubblico arabo, centrale nella sua visione della da'wah, venne coinvolto a livello intellettuale attraverso una serie di lezioni universitarie tenute a Damasco su influenti personalità nel mondo islamico. Bisogna anche notare che la sua opera *Saviours of Islamic Spirit* in diversi volumi possiede una chiara impostazione revivalista come viene discusso altrove.

L'egemonia musulmana: una valutazione

Il governo musulmano in India, che è durato più di 800 anni, ha visto una relazione simbiotica tra i musulmani ed i membri delle altre fedi. La maggioranza indù che era stata governata in passato dalle dinastie musulmane di diverse origini etniche ha risposto in modo differenti all'insieme delle situazioni politiche nel subcontinente. Le loro lealtà conflittuali combinate con delle sporadiche rivolte contro il governo musulmano sono state oggetto di uno studio esteso[1]. Nonostante alcune difficoltà di ordine politico che hanno caratterizzato secoli di governo musulmano, era inevitabile che la sintesi della cultura indio-islamica evolvesse[2].

---

[1] Nadwi, *Muslims in India* (Lucknow, 1976), 125.
[2] *Ibid.*

Una tale cultura si è sviluppata per diversi secoli sotto la dinastia Mogul[3] ed ha iniziato a declinare dopo l'occupazione britannica dell'India. Il consolidamento del controllo britannico venne drammaticamente messo in crisi nel 1857, quando una serie di rivolte scoppiarono nell'India settentrionale[4]. I musulmani in questa regione parteciparono attivamente alla rivolta contro il governo britannico[5]. Nel 1857, dopo l'esito negativo del tentativo di liberazione dal giogo della dominazione straniera, i musulmani erano così abbattuti che non riuscirono nemmeno a pensare di pianificare una rivolta imponente contro il governo britannico. La politica repressiva contro i mujahidin da parte degli inglesi ed il piano messo in atto per allontanare ed alienare gli indù dai musulmani hanno avuto come conseguenza l'avanzamento dei primi nell'ambito dell'educazione e delle opportunità lavorative[6].

È ampiamente accettato che la risposta politica del 1857 al governo britannico segni uno spartiacque nello sviluppo delle idee e delle attitudini dei musulmani, specialmente nell'India settentrionale nel XIX secolo. La valutazione storica di Robinson relativamente al "periodo gestionale" della visione ideologica dei musulmani indiani è rivelatrice:

<<Dopo la rivolta erano sempre più preoccupati di scoprire il modo migliore di essere musulmani sotto quel nuovo ordine politico: se avrebbero dovuto costruire ponti ideologici ed istituzionali tra l'Islam e l'Occidente o sviluppare dei sistemi che li avrebbero resi capaci di ignorare la civiltà occidentale e lo stato

---

[3] Nadwi, *Reconstruction of Indian Society* (Lucknow, 1972), 10.

[4] Barbara Daly Metcalf, *Islamic Revival in British India: Deoband, 1860-1900* (Karachi, 1989), 10-11.

[5] Ishtiaq Husain Qureshi, *Ulema in Politics* (Karachi, 1974), 182.

[6] *Ibid.*, 183-185.

coloniale, o di difendere l'Islam ogni volta che era minacciato in India e nel mondo>>[7].

Inoltre, la rivolta fu il preludio alla divisione tra musulmani ed indù fomentata dalle tattiche propagandiste e manipolatorie dell'impero britannico[8].

L'egemonia musulmana rappresentata dai principati e dalle frammentate dinastie sparì presto dalla scena politica quando, nel 1947[9], si verificò la Partizione dell'India. L'onda di reciproca diffidenza tra i musulmani e gli indù crebbe a dismisura fino a provocare un genocidio e milioni di persone persero la vita in seguito alla partizione[10]. Anche sotto quelle tragiche circostanze la *da'wah* ha guadagnato slancio attraverso i giorni del declino del governo musulmano in India fino al termine di quello britannico. La politica influenzava il panorama religioso ed era inevitabile che il conflitto tra indù e musulmani esacerbasse il dinamismo della *da'wah*. Questo periodo turbolento è stato anche testimone delle attività della rinascita indù, che sotto il nome di movimento Shuddi si diffuse in tutta l'India[11]. La Tablighi Jamā'at venne fondata come reazione a questi movimenti. Di conseguenza, la *da'wah* ha dovuto affrontare una sfida formidabile in un'atmosfera di polemica e dibattito religioso, che è culminato in violenti scontri intercomunitari[12].

Lo Shaikh Nadwi non era inconsapevole dei problemi e dei mali che affliggevano i musulmani indiani. Quindi, non era impreparato a trasmettere le difficili realtà che dovevano affrontare in ambito politico. Le sfide non erano solo scatenate da interessi dell'emergente Hindutva, ma anche da

---

[7] Francis Robinson, *Islam and Muslim History in South Asia* (Delhi, 2001), 139.
[8] *Ibid.*, 11-12.
[9] Nadwi, *Muslims in India*, 128.
[10] *Ibid.*, 11-12.
[11] *Ibid.*, 119.
[12] *Ibid.*, 127.

una ben orchestrata campagna per obliterare l'identità islamica dei musulmani indiani. La sua anima afflitta è stata testimone del massacro: l'insensata perdita di vite umane ha avuto un forte impatto sulla sua sensibile personalità. Nel suo *Muslims in India* ha discusso le preoccupazioni dei musulmani indiani nei termini dei loro diritti sia religiosi che politici che erano custoditi nella Costituzione indiana. Il secolarismo, un ideale gandhiano che intendeva rimuovere il pregiudizio religioso si era trasformato in una costruzione teoretica. Infatti, la *Sindrome andalusa*[13] venne utilizzata dal noto antropologo Akbar Ahmed come metafora del declino musulmano in quei paesi che avevano precedentemente governato. Uno di questi esempi era Hyderabad, la metropoli della cultura musulmana.

I paralleli tra il governo musulmano in Andalusia (Spagna) ed Hyderabad (India) rivelano una sintesi di culture - musulmana e non- e paradossalmente evidenziano la sua fine improvvisa, lasciando la marginalizzata comunità musulmana traumatizzata e disperata. In questo contesto bisogna interpretare l'analisi che lo Shaykh Nadwi fa della situazione musulmana in India con le seguenti parole:

<<L'Islam gode di una superiorità rispetto alle altre fedi in ragione dei suoi insegnamenti razionali, il suo solido credo monoteista (*tawhīd*) ed i suoi illuminati concetti di fratellanza universale e di giustizia sociale. Non vi era spazio nel suo ordine sociale per qualcosa come la casta o l'intoccabilità. Il glorioso messaggio del Corano, lo scintillante esempio della vita del Profeta (pbsl) ed i semplici ed impeccabili insegnamenti della fede non hanno mai cessato di conquistare le nuove menti e di affascinare i cuori e, se le circostanze non

---

[13] Akbar Ahmed, *Discovering Islam: Making Sense of Muslim History and Society* (London, 1988), 158-71.

fossero state soggette ad un cambiamento, era possibile che l'Islam sarebbe emerso come la forza religiosa più forte non solo nel subcontinente ma anche nell'intera Asia. Però, sfortunatamente, si verificò uno scontro politico squallido tra gli indù ed i musulmani. Poi rapidamente assunse delle proporzioni enormi e riempì le due comunità di odio e ripugnanza reciprochi e, alla fine, ha condotto alla divisione del paese nei due stati indipendenti dell'India e del Pakistan.

La costituzione indiana ha garantito la libertà di religione e di sviluppo politico a tutti gli individui ed alle comunità e ha concesso uno status di completa eguaglianza a tutti i cittadini, indipendentemente dalle loro affiliazioni religiose. Questa costituzione è idealmente la più adatta alle condizioni del nostro paese che ha una popolazione diversa e dove un ampio numero di gruppi religiosi e linguistici vivono al fianco gli uni degli altri>>[14].

La crisi dell'identità è stata criticamente esaminata da altri scrittori. Habibul Haq Nadwi osserva che come corollario della violenza anti-musulmana e delle rivolte tra le diverse comunità, gli *'ulama* attivisti si sono impegnati per:
1-Preservare l'identità comunitaria dei musulmani
2-Stabilire un dialogo interreligioso al fine di mantenere il rispetto reciproco e l'armonia tra i musulmani e gli indù[15].

L'attivismo religioso e politico

L'attivismo politico e religioso degli *'ulama* è stato criticamente esaminato in diversi studi[16]. Il contributo dello

---

[14] Nadwi, *Muslims in India*, 127-29.
[15] Syed Habibul Haq Nadwi, *The Dynamics of Islam* (Durban, 1982), 60-64.
[16] Zaman, *The 'Ulama in Contemporary Islam* (Princeton, 2002).

Shaykh Nadwi è stato sottolineato per illustrare "la sua lunga carriera intellettuale e politica che offre uno scorcio affascinante sull'impegno teso a preservare l'identità musulmana nella cornice di una nazione secolare e nella base spesso in conflitto della leadership degli *'ulama*"[17]. Un'estensione dell'attivismo degli ulama è incarnata nella prospettiva della *da'wah* su un livello differente: un pubblico comunitario (*makhlūt*) dei musulmani e dei non-musulmani. Comunque, questa forma di *da'wah* non deve essere confusa con la Tablighi Jamā'at a cui lo Shaykh Nadwi era attivamente associato o la teoria della *wahdat al-adyān* (unità delle fedi) con la sua peculiarità sincretica[18]. Per dissipare queste false percezioni, lo Shaykh Nadwi era consapevole della delicatezza del compito che lo aspettava ed il bisogno di rivolgersi al pubblico tenendo in mente il loro temperamento e la visione del mondo. La questione più difficile ed impellente era quella di rimuovere dalla psiche induista la loro ostilità verso i musulmani e la loro cultura. Per esorcizzare il demone della distorta interpretazione della storia musulmana in India, lo Shaykh Nadwi ha partecipato a questo forum nella speranza di avvicinare queste due comunità ad inseguire i fini degli interessi nazionali[19]. Secondo lo Shaykh Nadwi, il destino dei musulmani era irrevocabilmente unito allo scenario indiano ed il loro contributo era egualmente significativo al pari di ogni altra comunità. Si propose poi di mostrare nei suoi scritti che i musulmani sono parte dell'India e sono leali verso il loro paese proprio come gli Indù.

<<La cultura musulmana, che ha impiegato secoli per evolversi, è una combinazione di influenze sia islamiche che indiane. Questo duplice aspetto l'ha

---

[17] *Ibid.*, 161.
[18] Nadwi, *Kārwān*, vol. 1, 396.
[19] *Ibid.*

dotata, da una parte, di una bellezza ed una ricchezza che sono unici. Dall'altro canto, questa consapevolezza rafforza la rassicurazione secondo cui questa cultura si esprimerà sul suolo indiano non come uno straniero o un viaggiatore, ma come un cittadino permanente che ha costruito la sua abitazione alla luce dei suoi bisogni peculiari, circostanze e tradizioni passate. Cercare di privare una persona della sua fede e per indurlo a rivoltarsi contro i valori trascendentali e gli ideali etici comuni a lui ed un'ampia porzione dell'umanità diffusa in tutto il globo, significherà tentare di ghiacciare le sue fonti spirituali e distruggere l'universalità della sua prospettiva. Allo stesso modo, sarà completamente futile ed ingiusto aspettarsi che si isoli volontariamente dal proprio ambiente e che conduca un'esistenza in cui nono subisce alcuna influenza locale>>[20].

Nel corso di un periodo di tempo piuttosto breve, le iniziative intraprese per avvicinare le due maggiori comunità hanno condotto a dei risultati positivi. Infatti, una serie di d'interventi[21] vennero accolti positivamente sia dalle persone comuni che dagli intellettuali ed alla fine sono divenuti il precursore del *Payāmi-Insāniyat* (Messaggio dell'umanità). È importante esaminare le significative tematiche contenute in questi interventi in relazione alla ricerca da parte dello Shaykh Nadwi di un nuovo ordine sociale. I seguenti punti sono degni di una menzione speciale:

- Una crescita incorreggibile dell'anarchia nel paese.
- La diffusione della corruzione e del clientelismo nella società.
- La proliferazione di interessi di parte e la disintegrazione dei valori morali.

---

[20] Nadwi, *Muslims in India*, 67-68.
[21] Nadwi, *Kārwān*, vol. 1, 397-99.

Come rimedio ai mali di cui sopra, la società dovrebbe riaffermare il suo ruolo come agente del cambiamento. Questo può essere possibile solo se il punto di partenza è connesso con il cuore, dove si trovano i valori morali e la coscienza. A meno che venga promossa una completa rigenerazione morale, nessuna società sarà libera dai vizi che rispecchiano una forma particolare di *Jāhiliyyah*. Infatti, anche i profeti si sono impegnati per rimuovere i vizi del cuore al fine di ricostruire una società ideale[22].

Una breve panoramica sulle iniziative interreligiose intende chiarire la missione del *Payām* (che sarà discussa altrove in questo volume). Inutile a dirlo, la proliferazione di gruppi distinti per fede ha indirettamente sfidato l'Islam relativamente alla dottrina del *tawhīd* ed al suo comprensivo codice di vita. In altre parole, questi gruppi cercavano di creare una sintesi delle espressioni religiose di tutte le fedi intese come verità universali. Però, ogni tentativo di riconciliare quanto non può essere riconciliato viola chiaramente la missione dell'Islam. L'Asia meridionale è stata testimone di una forma sincretica d'Islam, chiamata *Dīn-i Ilāhī*, promulgata dall'imperatore mogul Akbar che, se non fosse stata controllata, avrebbe avuto delle conseguenze gravi per i musulmani che vivevano in queste popolose regioni dell'India. Akbar ha tentato di combinare elementi di religioni e culture differenti per sviluppare un sistema eclettico dove l'Islam non gode più di un ruolo fondamentale come unica fede che conduce alla salvezza.

Lo Shaykh Nadwi ha invece proposto un modello alternativo al discorso interreligioso: il sostrato del *Payām* infatti era costituito dal suo ricorrente tema di rigenerazione morale dell'umanità. Suggerisce anche la possibilità che persone di fedi differenti possano articolare e promuovere i valori centrali che servono come filo per unire l'umanità ad

---

[22] Nadwi, *Ta'meer-I Insāniyat* (Karachi, n.d.), 19-21.

una causa comune. Lo Shaykh Nadwi non era avverso a questa forma di conversazione che rifletteva il messaggio dei profeti. L'elevazione sociale ed i mutamenti significativi nelle vite delle comunità, secondo la sua valutazione, evidenziano l'unità di scopo con fini chiaramente definiti.

Rispetto ad un ordine sociale, la sua formulazione si pone in disparte rispetto a quanto proposto da molte organizzazioni musulmane che auspicavano un utopico stato islamico nell'Asia meridionale.

Riforma della società musulmana

È un fatto innegabile che i musulmani non fossero immuni dall'influsso di pratiche sincretiche che erano considerate non-islamiche dagli *ulama*. Anche lo Shaykh Nadwi ha lamentato l'insinuarsi di pratiche politeiste nel tessuto della società musulmana. La sua critica verso queste credenze e pratiche dannose era senza compromessi. Ciononostante, ha adottato un approccio equilibrato verso questioni di secondaria importanza (*furu'*) ed ha evitato il cavillare in ambito teologico che, secondo il suo parere, era dannoso per l'unità della ummah.

Secondo la concezione dello Shaykh Nadwi, i musulmani hanno dovuto affrontare una crisi di fiducia e le sfide che si pongono davanti a loro non consentono di lasciarsi intrappolare in argomentazioni e controversie. La differenza di opinioni nell'ambito del *fiqh* ed in altre questioni si sono protratte nei secoli proprio come i dibattiti intellettuali che per la maggior parte hanno una natura marginale. Come misura pratica, i musulmani potrebbero servire l'Islam nel modo migliore possibile concentrandosi su questioni di fondamentale importanza. Lo Shaykh Nadwi ha più volte ripetuto che la decadenza morale nella società musulmana e l'adozione di pratiche non islamiche costituivano delle preoccupazioni reali per un'azione effettiva. Nel dominio degli affari pubblici lo Shaykh Nadwi ha scelto un corso che era adatto alla situazione. Il seguente passo tratto dai suoi scritti riflette la sua incisiva valutazione della società musulmana:

<<Si pone contro lo spirito della Shari'ah e rappresenta una grave violazione della moralità condonare la stravaganza nei matrimoni ed in altre funzioni sociali. La sontuosità e l'esagerazione mostrate dalle classi abbienti si pone in netto contrasto con il bisogno economico e le difficoltà che un ampio segmento della comunità musulmana è chiamato ad affrontare. I musulmani impoveriti e svantaggiati sono chiamati a guadagnarsi da vivere e non posseggono le risorse basilari per condurre un'esistenza decente. I loro figli non hanno i mezzi per acquistare i libri di testo e per pagare la retta scolastica. Le loro vita e la sicurezza restano in bilico e conducono delle esistenze squallide>>[23].

Possiamo menzionare anche le lezioni dedicate all'*islāhī* dello Shaykh Nadwi nella rivista *Ta'mir-i Insāniyat* che hanno come argomento generale i mali che affliggono la società indiana. Secondo lo Shaykh Nadwi, l'egoismo si è evoluto in un fenomeno religioso con il risultato che il successo terreno viene misurato sul soddisfacimento dei desideri carnali e gli interessi egoistici. Nessuna religione è libera dalla sua dannosa influenza. È un flagello che ha causato un'indescrivibile miseria ed afflizione all'umanità[24].

In questa ricerca di un nuovo ordine sociale sia per i musulmani che per gli indù, lo Shaykh Nadwi non ha potuto evitare la feroce critica delle voci musulmane dissenzienti. I

---

[23] *Ta'meer-i-Hayāt*, Special Number, 91-96.
[24] Nadwi, *Ta'meer-I Insāniyat*, 145-46.

loro motivi erano chiari: nessuna coesistenza era possibile con i membri delle altre fedi. Comunque, lo Shaykh è rimasto risoluto nella sua decisione ed imperterrito dai commenti ostili ed ha continuato a seguire una strada che avrebbe promosso delle relazioni migliori tra i musulmani ed altri gruppi di fede.

Nel regno della spiritualità

Come menzionato nei capitoli precedenti, lo Shaykh Nadwi ha mantenuto un'affinità spirituale con molti *mashā'ikh* che erano l'incarnazione della *shari'ah* e del *tasawwuf*. Come risultato, la fusione tra le due dimensioni dell'Islam ha prodotto un'ondata di letteratura riformista. Per esempio, il *Maktūbāt*[25] del Mujaddid così come gli scritti degli illustri studiosi sufi ha rafforzato questa fusione. Nell'ambiente dell'Asia meridionale, questa visione riformista era essenziale per la fondazione delle *madāris*[26], i cui insegnanti si distinguevano anche come guide spirituali.

All'inizio del XX secolo la crepa tra queste due dimensioni islamiche complementari ha iniziato ad alienare i *mashā'ikh* e gli intellettuali sulla base di irriconciliabili differenze ideologiche. In reazione a questo scisma, la *Salafiyyah* ha lanciato una filippica anti-*tasawwuf* in nome dell'autenticità del *salaf*. Non sorprende che la battaglia delle ideologie abbia offuscato una visione corretta del *tasawwuf*. Il *tasawwuf* a dire il vero non offre sempre una visione originaria dell'Islam. Molto spesso, la sua arbitraria interpretazione delle dottrine islamiche e concezioni contorte hanno compromesso la Shari'ah. Come risultato di questa negligenza, si è allargato il

---

[25] Cfr. Fazlur Rahman, *Selected Letters of Shaykh Ahmad Sirhind* (Lahore, 1984).
[26] Cfr. Muhammad Abdul Haq Ansari, *Sufism and Shari'ah* (Leicester, 1986); Mahmood Ahmad Ghazi, *Islamic Renaissance in South Asia 1707-1867* (Islamabad, 2002); Barbara Metcalf, *Islamic Revival in British India: Deoband 1860-1900* (Princeton, 1982).

divario tra gli islamisti rappresentati da uno spettro di studiosi ed intellettuali da una parte e gli *'ulama* che hanno esemplificato la gerarchia sufi[27].

I commenti dello Shaykh Nadwi relativamente all'utilizzo semantico del termine *tasawwuf* meritano attenzione. Secondo il suo punto di vista, i critici dei movimenti sufi lo troverebbero accettabile se cadesse sotto la rubrica della terminologia propria della *shari'ah*. Per esempio, se il termine *tasawwuf* viene sostituito dal termine coranico *tazkiyah* (autopurificazione) allora sarebbe approvato da determinati segmenti della tradizione scolastica. Comunque, sarebbe una semplificazione eccessiva suggerire che l'intera gamma della pratica e della tradizione sufi sarebbe loro gradita. In molti dei suoi racconti biografici (*tadhkirah*), lo Shaykh Nadwi è stato capace di dimostrare che la *shari'ah* ed i *tasawwuf* si sono uniti senza soluzione di continuità nel corso dei secoli e sono confluiti nella spiritualità islamica. Il suo *Rabbāniyyah lā Rahbāniyyah*[28] rappresenta un'impetuosa presentazione del tasawwuf radicata nei principi della *shari'ah*. In un altro passo, nota brevemente:

> <<La loro nozione del fine del *tasawwuf* è essenzialmente la sincerità nel desiderare il compiacimento divino. Questo implica la riforma del carattere, il comportamento onesto, lo sviluppo di una personalità equilibrata, l'autocontrollo, l'altruismo etc. Se tutti questi aspetti non sono stati raggiunti, allora tutto lo sforzo può essere paragonato a quello di una persona che s'impegna tutto il giorno cercando di muovere una montagna con un filo di paglia>>[29].

---

[27] Cfr. Zaman, *The 'Ulama in Contemporary Islam*, 23-24.

[28] Nadwi, *Rabbāniyyah lā Rahbāniyyah* (Karachi, n.d.).

[29] Muhammad Iqbal, *The Achievement of Love: The Spiritual Dimension of Islam* (Vermont, 1987), 10.

Questo punto di vista è supportato dal Professor Syed Naquid Al-Attas, un prominente intellettuale, secondo cui il *tasawwuf* è la pratica della *shari'ah* al livello di *ihsān*[30]. Lo Shaykh Zakariyyah ha osservato anche che, se il termine *tasawwuf* pone un problema ai critici, allora sarebbe ingenuo discreditarlo sulla base della semantica. Costui ritiene che le altre scienze furono sviluppate ed incorporate nelle fonti primarie dell'Islam nei primi secoli della sua storia. Ci si può riferire al vasto corpus delle scienze ausiliarie associate con l' *'ulūm al-hadīth* per apprezzare la sua formulazione sistematica. Allo stesso modo, il *tasawwuf* non ha deviato in modo essenziale dal cammino della *tazkiyah* e dell'*ihsān*[31].

Un'interpretazione alternativa del *tasawwuf* è illustrata dal termine coranico *tazkiyah*. Diversi studiosi hanno avanzato il punto di vista secondo cui questo termine rappresenta la pietra angolare del cammino islamico dell'autorealizzazione. Nella sua opera *Tazkiyah-i Nafs*, il Mawlana Amin Ahsan Islāhī ha affermato:

<<Se qualcuno non è pienamente impegnato nella realizzazione di una personale riforma, persino la guida migliore non gli sarà di aiuto alcuno. Non vi è guida migliore del Corano che però giova solo a quanti decidono di agire secondo i suoi insegnamenti. Non apporta alcun bene a coloro che lodano la sua eloquenza o un'altra eccellenza letteraria, ma non sono pronti ad agire sulla sua guida>>[32].

---

[30] Wan Mohammad Nor Wan Daud, *The Educational Philosophy and Practice of Syed Muhammad Naquib Al-Attas* (Kuala Lumpur, 1998), 394.

[31] Per una discussione sul *tasawwuf* vedi Muhammad Zakariyyah, *Aap Beti* (Autobiography), vol. 6 (Lenasia, 2007), 420-73.

[32] Citato in Abdur Rashid Siddique, *Tazkiyah: The Path to Self-Development* (Leicester, 2004), 66-67.

La *tazkiyah* ed il *tasawwuf* sono quindi dei termini intercambiabili e solo la differenza di prospettive fa sorgere una moltitudine di dubbi e di reazioni. Lo Shaykh Zakariyyah, contemporaneo dello Shaykh Nadwi e suo mentore, ha mosso alcune interessanti osservazioni relativamente alla natura del *sulūk* (viaggio spirituale). Scrive:

<<Il *murīd* (novizio) non sarà in grado d' infondere il fervore nella sua azione o purificare il suo cuore dal male spirituale a meno che non dedichi il suo tempo e l'energia alla compagnia dei maestri spirituali dell'Islam>>[33].

Lo Shaykh Nadwi ha espresso un simile punto di vista: <<Le nostre attività ed azioni -infatti la nostra routine quotidiana deve essere permeata di corretta intenzione (*niyyah*)>>[34]. Lamenta poi che una personalità spirituale come lo Shaykh Zakariyyah appartenga ad un'epoca ormai passata, di cui era "l'immagine vivente, e parlante".

Il profilo spirituale dello Shaykh Nadwi riafferma il primato dell'autentico tasawwuf. Il Mawlana 'Abdul Qādir Rāipūrī, secondo lo Shaykh Nadwi, era una personalità illuminata la cui versatilità e statura spirituale era una fonte d'ispirazione per la ummah. Queste opinioni furono ripetute dallo Shaykh Zakariyyah e dal Mawlana Nu'māni nei loro rispettivi scritti[35]. Lo Shaykh Nadwi era profondamente influenzato dal Mawlana Rāipūrī che lui considerava come il suo Rumi[36]. L'acuta descrizione dell'imponente personalità del Mawlana e

---

[33] Cfr. Nadwi, *Sawānih Hazrat Mawlana 'Abdul Qādir Rāipūrī* (Lahore, 1977).

[34] Nadwi, *Hadhrat Shaykh al-Hadith Mawlana Muhammad Zakariyyah* (Lucknow, 1982), 106.

[35] Muhammad Zakariyyah, *Aap Beti* (Karachi, 1988); Muhammad Manzur Nu'māni, *Tahdith-i Ni'mat* (Lucknow, 1997).

[36] Relativamente agli archetipi simbolici di Rumi cfr. Afzal Iqbal, *Life and Work of Rumi* (Lahore, 1978).

la sua perfezione spirituale sono raccontate nel *Kārwān*. Lo Shaykh Nadwi venne ammesso come *khalifah* in quattro ordini spirituali[37] dal Mawlana Rāipūrī nel 1948. Inoltre, la sua guida e vigilanza hanno avuto un impatto duraturo sulle sue opere.

Diversi studiosi del mondo arabo hanno reso tributi entusiastici alla personalità senza pretese dello Shaykh Nadwi ed ai suoi sforzi indefessi per impartire delle lezioni di riforma spirituale. Lo Shaykh Qardāwi, per esempio, lo ha descritto come un Rabbani che si è allontanato da qualsiasi conforto terreno e un'attivista che s'impegnava incessantemente per servire l'umanità. La sua articolazione del *tasawwuf* o della *tazkiyah* ha ricevuto una tacita approvazione anche dall'Ikhwān in Siria. Lo Shaykh Nadwi ha reputato che i tecnicismi legati a questa la disciplina non dovessero essere di ostacolo per apprezzarne gli aspetti positivi ed i contributi alla rinascita islamica. In merito a quest'argomento ha osservato:

<<Se questi sufi autentici non fossero esistiti, la società musulmana sarebbe crollata molto tempo fa. Il materialismo avrebbe sferrato un colpo fatale alla fede ed alla convinzione. I cuori sarebbero stati privati di qualsiasi legame con Dio, la vita sarebbe stata povera di spiritualità e la società di morale. Sincerità e senso di responsabilità sarebbero stati dimenticati, dando origine a numerosi mali spirituali che affliggono sia il cuore che il sé. E quel che è peggio, non vi sarebbe stata alcuna cura per questi mali. Le persone sarebbero state spinte ad agire dall'avidità e dalla concupiscenza>>.

---

[37] La rappresentazione unitaria del *tasawwuf* come pensato dagli *'ulama* nella tradizione di Wali-Allah comprendere la sintesi di quattro *silsilah*: Qādīrī, Chishti, Suhrāwardi e Naqshbandī,

Le dimensioni della spiritualità

Generalmente si è concordi sul fatto che il *tasawwuf* operi all'interno dell'ambito della *shari'ah*. Nel corso dei secoli gli ordini sufi hanno sviluppato la loro personale gerarchia al fine di guidare un murid al livello dell'*ihsān* (la perfezione spirituale). Uno studio più approfondito della *Rabbāniyyah* dello Shaykh Nadwi offre dei punti di vista interessanti relativamente all'elaborazione del *tasawwuf*. I *masha'ikh* e gli studiosi con diversi temperamenti ed affiliazioni ai loro rispettivi ordini sufi hanno fornito dei contributi importanti alla diffusione degli insegnamenti dell'Islam.

In compagnia delle guide spirituali

Negli ambiti della spiritualità lo Shaykh Abdul Qadir Rāipūrī compare in modo prominente. Lo Shaykh Nadwi ha tratto immensi benefici dalla sua compagnia e dalla personalità carismatica; raramente ha parlato nelle riunioni del suo leader spirituale e ha fatto delle osservazioni di passaggio sugli argomenti discussi solo quando era invitato a condividere i suoi pensieri. Certamente, vi fu un notevole grado di progresso spirituale per lo Shaykh Nadwi in ragione della sua totale obbedienza al suo mentore spirituale. Questo è evidente nella sua interazione con i suoi murid. Non vi era alcun cerimoniale quando gli veniva richiesto di iniziare gli aspiranti nell'ordine Naqshbandi. Lui, comunque, si è focalizzato sull'importanza del *tawhīd* e del binomio *shari'ah-tarīqah*. Nello stesso tempo, li ha anche messi in guardia contro i tecnicismi che tendono a dare una fredda risposta al caldo abbraccio del *tasawwuf*.

Nella sua vita personale lo Shaykh Nadwi era riluttante ad attribuire il suo crescente successo ai propri sforzi. Invece, il merito per il suo profilo globale veniva assegnato alla cura dei membri della sua famiglia e al ruolo di mentore della sua guida spirituale. Il suo motto era "Non sono nulla" ed era espresso in modo convincente nella sua interazione con i personaggi eminenti del suo tempo. Se qualcuno riportava un sogno o delle buone nuove che gli erano state date dal Profeta (pbsl), vi era un silenzio seguito da una pausa reverenziale. Gocce di pianto si cristallizzavano nell'estasi dello Shaykh Nadwi in risposta alle buone nuove ricevute.

L'autobiografia dello Shaykh Nadwi raramente fa riferimento a degli avvenimenti che mettono in luce la sua statura particolare. Dopo la sua dipartita nel 1999, libri e articoli vennero scritti relativamente alla sua personalità carismatica. Sebbene lo Shaykh abbia minimizzato quegli avvenimenti che avrebbero rivelato i suoi livelli di spiritualità, tuttavia informano i lettori del suo impegno nell'ambito dell'*islāh*. Il seguente episodio illustra il potere dell'energia spirituale (*tasarruf*) che per Sayyid Zahur al-Hasan fu un'esperienza che gli cambiò la vita.

Discendente di una famiglia aristocratica, Sayyid Zahur era un ufficiale governativo che prendeva delle tangenti per facilitare il lavoro degli imprenditori. Nel corso di un'assemblea annuale dei Tabligh (*ijtimā*) il suo sguardo inavvertitamente cadde sullo Shaykh Nadwi che dal canto suo era concentrato nella scrittura. Sayyid Zahur venne istintivamente attirato dalla gentile presenza dello Shaykh Nadwi. Nello stesso tempo, non riusciva a comprendere il motivo per cui la sua agitazione derivasse da quello sguardo momentaneo. Quindi, dopo essersi fatto coraggio si avvicinò allo Shaykh Nadwi e gli domandò di ammetterlo tra il suo seguito spirituale. La riluttanza dello Shaykh Nadwi era caratteristica della sua umiltà. Alla fine, in seguito all'insistenza di Sayyid Zahur, lo accettò. Contrariamente al programma di dhikr prescritto per gli aspiranti, a Sayyid Zahur venne domandato di concentrarsi sulla *duʿā*.

Sayyid Zahur venne sopraffatto dal rimorso per la vita passata che si stendeva davanti a lui. Decise di fare ammenda riconsegnando la ricchezza accumulata in modo disonesto ai suoi legittimi proprietari, anche se questo avrebbe significato viaggiare per distanze molto lunghe. La sua *taqwā* lo ha indotto a saldare anche le somme di denaro minime, nonostante la difficoltà che tutto questo avrebbe potuto causargli. Oltre alla sua impeccabile vita, le prolungate invocazioni di Sayyid Zahur erano proverbiali insieme al suo impegno per sradicare le pratiche non islamiche nella sua comunità.

Nel linguaggio sufi lo Shaykh Nadwi possedeva un'aura di grazia spirituale che ha trasmesso a Sayyid Zahur ed ha prodotto un effetto duraturo.

Verso nuovi orizzonti

Direttore dell'educazione: Nadwah

Sayyid Sulayman Nadwi, l'illustre studioso la cui fama duratura dipende dal *Sirat al-Nabi*, una completa biografia del Profeta (pbsl), era responsabile per l'espansione degli orizzonti accademici della Nadwah. Lo Shaykh Nadwi, che era stato nominato membro esecutivo nel 1948, ha ricoperto il ruolo di assistente del direttore dell'unità accademica della Nadwah. In seguito alla morte di Sayyid Sulayman Nadwi nel 1953, lo Shaykh Nadwi venne promosso alla posizione di direttore, un dovere che ha portato a termine con ammirevole efficienza[38].

Le visite alle istituzioni islamiche

L'unione degli studenti presso la Dār al-'Ulūm Deoband ha invitato lo Shaykh Nadwi nel 1954. La sua lezione, che successivamente venne pubblicata come una monografia,

---

[38] Nadwi, *Kārwān*, vol. 1, 352.

tratta della responsabilità degli studenti nelle istituzioni islamiche.

I due viaggi a Lahore in quel periodo (1955-56) hanno riconnesso lo Shaykh Nadwi ai suoi legami con la storica città[39]. Presso la Jami'ah Salafiyyah, un'istituzione superiore per lo studio degli Hadith, lo Shaykh Nadwi ricevette un certificato di merito, in cui si riconoscevano i suoi contributi alla religione. Il movimento Ahl-i-Hadīth nei suoi anni iniziali aveva esteso il loro contributo a Sayyid Ahmad Shahid. I loro contributi vennero lodati dallo Shaykh Nadwi nei suoi scritti storici[40]. Questo tributo mostra anche il punto di vista equilibrato e l'approccio imparziale che ha accomodato diversi punti di vista religiosi[41].

Invito dall'università di Damasco

La seconda visita dello Shaykh Nadwi a Damasco era importante per due ragioni:

- Ha ampliato il suo orizzonte intellettuale ed ha creato delle opportunità per interagire con gli studiosi più importanti e gli ulama.
- Ha stabilito il suo ruolo di studioso eminente i cui scritti erano apprezzati nel mondo arabo.

Quindi, l'invio del Dottor Mustafa Sibā'i[42], principale della facoltà di *shari'ah* nell'università di Damasco, a tenere una serie di conferenze come professore invitato confermarono la sua crescente popolarità. Per lo Shaykh Nadwi, quest'invito da una istituzione di tale calibro costituiva "un singolare onore accademico". In modo simile, la lettera scritta da Sayyid

---

[39] *Ibid.*, vol. 1, 407-9.
[40] Cfr. Nadwi, *Purāne Charāg*, vol. 2, 280-282.
[41] Nadwi, *Kārwān*, vol. 1, 410.
[42] A costui si deve l'opera *Al-Sunnah wa Makānatuhā fī al-Islam* (La posizione della Sunna nell'Islam).

Manazir Ahsan Gilāni[43] ha riaffermato i suoi contributi accademici:

<<Stai partendo per la terra di Ibn Taimiyyah ed Ibn Qayyim. Immagina i doni di sapienza che potresti condividere con gli ulama indiani. Nel corso degli anni, le celebrate opere sulla giurisprudenza (*fiqh*) scritta da 'Allāmah Shāmī hanno già raggiunto l'India. Ora davanti a te si trova la grande opportunità di ricambiare questa gratitudine presentando i tuoi contributi ai siriani>>[44].

La serie di conferenze tenute nell'aprile del 1956 all'università di Damasco era basata sul tema: "I movimenti revivalisti nel pensiero islamico". L'opera *Saviours of Islamic Spirit* (vol.1) aveva facilitato la preparazione per questa serie di conferenze. Relativamente al tema delle lezioni, lo spirito riformista di quei distinti studiosi era il soggetto principale trattato dallo Shaykh Nadwi. La riforma della morale prevista da Hasan al-Basri per la ricostruzione della società musulmana, sostenuta vigorosamente da Ghazali, costituiva l'ethos riformista delle lezioni dello Shaykh Nadwi. Illustri studiosi come Ustādh Muhammad al-Mubārak e Shaykh Mustafa Ahmad Zarqā' hanno preso parte a queste lezioni regolarmente ed il loro costante interesse rappresentava un tributo alla statura intellettuale dello Shaykh Nadwi. Durante la sua permanenza di tre mesi a Damasco, lo Shaykh Nadwi ha incontrato una sua vecchia conoscenza, il Dottor Sa'īd Ramadān[45], giurista ed editore del *Al-Muslimīn* in Ginevra, Svizzera.

---

[43] Cfr. Muhammad Zafiruddin Miftahi, *Hayāt i-Mawlānā Gilāni* (Karachi, 1994).
[44] Nadwi, *Kārwān*, vol. 1, 422.
[45] Cfr. Tariq Ramadān, *Islam the West and the Challenges of Modernity* (Leicester, 2001), vii-xiv.

Lo Shaykh Ahmad Harun al-Hajjār: Sufi per eccellenza

Lo Shaykh Harun al-Hajjār, un devoto shaykh che era riconosciuto come un'autorità nell'ambito delle dottrine mistiche dello Shaykh Muhyi al-Dīn ibn Arabi[46], conduceva la sua majlis nel mese del Ramadān. L'atmosfera possedeva degli eclettici elementi di spiritualità e giovialità mostrate dai partecipanti. Questo era "una chiara deviazione della *majālis* condotte dai nostri *mashā'ikh* nel subcontinente"[47]. La stima personale dello Shaykh Nadwi verso lo Shaykh al-Hajjār è rivelatoria:

<<Dopo la *majlis* lo Shaykh ha stretto con me una certa amicizia. Anche se non amava molto socializzare, mi chiamava nel mio alloggio con regolarità. In molte occasioni ha organizzato per me, i suoi discepoli e quanti gli erano vicini una visita nelle famose strutture ricreative di Damasco. Man mano che entravo in confidenza con lui, cresceva la mia consapevolezza del forte legame che intratteneva con Dio. Non vantava alcuna qualifica formale e possedeva presumibilmente un'elementare conoscenza dell'arabo, ma ciononostante con relativa facilità discuteva in merito alle dottrine più complicate, in modo particolare in riferimento all'interpretazione delle dottrine mistiche di Ibn Arabi. Anche dopo la mia partenza da Damasco, abbiamo mantenuto una corrispondenza regolare. I suoi discepoli continuavano ad inviarmi per posta le sue perle spirituali di saggezza (*malfuzāt*) selezionate dalle diverse *majālis*. La mia vicinanza allo Shaykh ha facilitato la mia relazione spirituale con molte persone

---

[46] Cfr. M. M. Sharif, *A History of Muslim Philosophy*, vol. 1 (Karachi, 1980); Claudia Addas, *Quest for the Red Sulphur* (Cambridge, 1993).
[47] Nadwi, *Kārwān*, vol. 1, 426.

illuminate. Deve essere fatta una menzione spirituale del Dottor Mustafa Sibā'i che è entrato nel suo entourage spirituale. La devozione che nutriva verso lo Shaykh è evidente dalla richiesta fatta nel suo testamento di essere seppellito accanto a lui>>[48].

Le due lezioni alla radio

Le diverse attività svolte dallo Shaykh Nadwi nel corso della sua permanenza a Damasco includevano una richiesta da parte della stazione radio di Damasco di presentare due lezioni. Ha scelto di parlare del seguente argomento: "Ai Siriani". Le questioni trattate riguardavano le sue impressioni personali ed il legame emotivo, religioso e spirituale che i musulmani intrattenevano con la Siria. Nello stesso tempo, costui fa riferimento ai suoi ricordi giovanili sulla Siria ed all'influenza formativa sulla sua vita. Venne fatto riferimento anche alle grandi personalità, tra cui si trovavano anche gli eminenti *Sahāba* ed i grandi leader dell'Islam la cui sacra presenza in Siria l'aveva resa un importante centro islamico. Questi erano i fattori che motivavano il mondo musulmano a descrivere la gloriosa eredità della Siria. Ai siriani era ricordato che la rinascita del loro passato immemore non poteva essere raggiunta dall'irrilevante enfasi posta sul nazionalismo o dall'esagerata venerazione dello sciovinismo linguistico e culturale. Invece, tutto questo poteva essere salvaguardato ponendo dei fini ed obiettivi specifici ed offrendo all'umanità dei servizi altruisti. In questo modo, la Siria avrebbe progredito cooperando con l'Occidente nel diffondere il messaggio dell'*imān* e poi assimilare la conoscenza e le scienze tecniche che l'Occidente aveva da offrire. Questa relazione di reciprocità sarebbe stata fonte di benefici sia per la Siria che per l'Occidente.

---

[48] Nadwi, *Kārwān*, vol. 1, 426.

La seconda lezione si snoda intorno al tema: "Muhammad Iqbal in Medina". Lo Shaykh Nadwi ha citato molti passi della famosa opera di Iqbal intitolata *Armaghān i-Hijāz* (Doni dall'Hijāz). Quest'estasi emozionante si adagia nei versi dell'immaginario viaggio di Iqbal a Medina, che sono anche espressione del suo amore incondizionato per Muhammad bin Qasim Thaqafī, attraverso il cui impegno l'Islam ha raggiunto l'India. Costui era un abile generale del califfo omayyade Walid bin 'Abdul Mālik, il cui governo risiedeva a Damasco. In breve, il messaggio ha messo in luce i benefici di lunga data provenienti da questa città storica per cui i musulmani possono essere giustamente orgogliosi[49].

La visita nel Libano e nella Turchia

Durante la sua breve pausa dalle conferenze pubbliche in Damasco, lo Shaykh Nadwi ha compiuto una breve visita in Libano ed in Turchia. Ha avuto l'onore di incontrare gli influenti *mashā 'ikh* e gli studiosi a Beirut, tra cui vi era anche Muhammad Asad, il famoso studioso, il cui *Road to Mecca*[50] stava per essere pubblicato. Nel corso del suo viaggio diretto in Turchia, lo Shaikh Nadwi trascorse una notte ad Aleppo e, alla richiesta dell'Ikhwān, ha pronunciato un discorso fonte di grande ispirazione. Il tema era focalizzato sulla crescente minaccia del nazionalismo arabo e le sue tragiche conseguenze per l'unità musulmana. La critica dello Shaykh Nadwi del nazionalismo arabo era messa a confronto con i contributi dei musulmani nell'ambito della da'wah in un paese dominato dallo shirk. Secondo costui, sarebbe "una delle ironie della storia che gli Arabi, che avevano consegnato

---

[49] Nadwi, *Pathway to Medina* (Lucknow, 1982).
[50] Cfr. Chughta'i Ikram, *Muhammad Asad: Europe's Gift to Islam*, 2 vols. (Lahore, 2006). Lo Shaykh Nadwi scrisse il necrologio di Asad nel *Minbar Monthly* (Lahore, 2003).

all'India il messaggio dell'Islam, ora stessero precipitando nella cultura della *Jāhiliyyah*[51].

Zaman, nella sua analisi della retorica dello Shaykh Nadwi relativa all'autonomia dell'Islam indiana, non nega il fattore arabo. Comunque, lo Shaykh fece la coraggiosa affermazione secondo cui gli arabi erano chiaramente colpevoli per la loro perdita di fede: questo aveva condotto al loro declino nel mondo. Anche se altri musulmani avrebbero continuato a perseverare nella loro devozione all'Islam, gli arabi li avevano tuttavia delusi sotto questo punto di vista[52].

Turchia: terra di contrasti

L'evocativa descrizione della Turchia da parte dello Shaykh Nadwi ed il suo glorioso passato vengono messi a confronto con la realtà politica che il paese doveva affrontare:

<<Questa era la Turchia che evocava splendide immagini della sua lunga storia: il sacro sangue che fluiva per stabilire la sua egemonia, i difensori dell'onore del mondo musulmano, i protettori contro l'assalto dei minacciosi crociati, i custodi dell'Haramayn, il bastione dei paesi islamici, protettori di tutti i sacri precinti. In breve, tutti questi attributi erano rappresentativi della magnificenza dei Turchi. Abbiamo visto anche i maestosi castelli e gli armamentari regali di questo splendido paese. In contrasto, vi era ovunque segni della campagna di modernizzazione di Ataturk attraverso i suoi implacabili sforzi per cancellare tutte le tracce di influenza arabo-islamica che erano fermamente radicate nella cultura della nazione turca. Inoltre, la sua

---

[51] Nadwi, *Kārwān*, vol. 1. 432.
[52] Muhammad Qasim Zaman, *The 'Ulama in Contemporary Islam*, 165.

vergognosa riforma dell'alfabeto ha aperto la via per alienare i Turchi dalla corrente principale della civiltà islamica, privandoli conseguentemente dei ricchi tesori dell'erudizione islamica>>[53].

Lo splendido passato cui si riferisce lo Shaykh Nadwi è il califfato ottomano. Fu Muhammad il conquistatore che ebbe l'onore di conquistare Costantinopoli alla giovane età di 24 anni. Le sue imprese militari hanno visto la penetrazione dell'Islam nel cuore dell'Europa. Il califfato è stato anche testimone di periodi difficili e turbolenti nel suo prolungato governo sui paesi sia musulmani che non musulmani. Comunque, ha sempre ampiamente apprezzato l'indipendenza della Palestina, dal momento che Al-Quds era considerato il terzo sito più sacro nell'Islam. Anche nel corso del suo declino politico il califfato sotto Abdul Hamid Khan II non si è piegato alla notoria campagna sionista della lotta per il controllo della Palestina.

Per dimostrare la totale devozione alla causa palestinese, lo Shaykh Nadwi fa riferimento al seguente avvenimento:

<<Il Mufti Amin al-Husayni ha menzionato allo Shaykh Nadwi che una delegazione sionista si è rivolta ad Abdul Hamid Khan con l'unica intenzione di persuaderlo ad abbandonare la causa palestinese. A quel tempo, la Turchia si trovava nel mezzo di una crisi finanziaria dovuta a diversi fattori politici. La delegazione si è offerta di alleviare la sua difficile situazione economica a condizione che la Palestina diventasse uno stato sionista. Il Sultano adiratosi rispose: "Non darò via un centimetro di terra" e poi

---

[53] Nadwi, *Do Hafte Turkey Men* (Karachi, 1992).

rimproverò i suoi consiglieri per aver fatto entrare quella miserabile delegazione>>.

La critica rivolta dallo Shaykh Nadwi alle politiche di Ataturk sollevò una reazione ambivalente quando tornò in India. I sentimenti musulmani in supporto delle politiche di Ataturk, particolarmente da parte di molti intellettuali ed organizzazioni, erano motivate dalla presenza del colonialismo. Sotto questo punto di vista, costoro consideravano Ataturk come il salvatore della nazione turca ed il difensore dell'Islam. Al contrario, lo Shaykh Nadwi era capace di mostrare che le politiche perseguite da Ataturk rappresentavano dei segni di genocidio intellettuale e spirituale. Costui si riferiva alla pertinente osservazione di Arnold Toynbee, storico e filosofo, relativamente al mutamento di alfabeto in riferimento alla nazione turca:

<<Oggigiorno non vi è alcun bisogno di bruciare dei libri o ampie librerie. Il mutamento di alfabeto di una nazione è sufficiente per porre il magazzino della conoscenza fuori valuta>>[54].

Il congresso musulmano mondiale

La fondazione del *Mu'tamar al-Ālam al-Islāmī* (World Muslim Congress)[55] nel 1956 ha proposto la mobilitazione di un fronte musulmano unito per affrontare in modo collettivo le difficoltà e le questioni della comunità musulmana. Importanti studiosi quali lo Shaykh Nadwi, il Mufti Muhammad Shafi (Pakistan), il Dottor Muhammad Natsir (Indonesia), il Mufti Muhammad Amin al-Husayni (Palestina)

---

[54] Cfr. Nadwi, *Western Civilisation, Islam and Muslims*, 49-60.
[55] Il Dottor Inamullah Khan (Pakistan) è stata una figura di spicco nell'impegno per la mobilitazione dei musulmani relativamente alle questioni che riguardavano la comunità nella sua totalità.

erano delegati alla conferenza. Lo Shaykh Nadwi ha tenuto una lezione stimolante sulla questione palestinese. Secondo lo Shaykh Nadwi "vi è bisogno di una nuova rivalutazione dell'indifferenza musulmana e della risposta letargica alla difficoltà dei Palestinesi. Ora vi era un bisogno maggiore di spingere i musulmani a mostrare una preoccupazione genuina, che rappresenta l'unica soluzione a questo problema crescente[56].

Uno sviluppo positivo durante il soggiorno dello Shaykh Nadwi in Damasco fu la pubblicazione dell'opera in arabo di suo padre, intitolata *Al-Thaqāfat al-Islāmiyyah fi al-Hind*[57] da parte dell'istituzione accademica *Lajnat al-Ilmi*. La sua membership era limitata esclusivamente a personalità con delle eccezionali credenziali intellettuali.

Lo Shaykh Nadwi venne scelto come membro esecutivo in riconoscimento del suo impressionante contributo letterario.

Baghdad: Il paradiso degli studiosi

L'itinerario dello Shaykh Nadwi nel corso della sua visita a Baghdad includeva il primo viaggio spirituale al mausoleo dello Shaykh 'Abdul Qādir Jilānī, il fondatore dell'ordine della Qādiriyyah. I mausolei degli altri eminenti musulmani presso cui rese omaggio erano quello di Ma'rūf Karkhi, il famoso santo, dell'Imām Abu Hanifa e di Salmān al-Farisī, il famoso compagno del Profeta (pbsl). Questo viaggio ha consentito anche allo Shaykh Nadwi d'incontrare il suo insegnante, l'"Allāmah al-Hilālī, dopo una prolungata assenza di 23 anni.

---

[56] Cfr. Nadwi, *Al-Muslimūn wa Qadiyat al-Filistin* (Lucknow, n.d.), 158-94.
[57] Quest'opera venne tradotta in inglese con il titolo di *India during Muslim Rule* (Lucknow, 1977).

Conclusione

Il concetto di *islāhī* è evidente nell'analisi dello Shaykh Nadwi relativo alle problematiche che affliggono il mondo musulmano. Infatti, la serie di conferenze nell'università di Damasco gli hanno consentito di dare una piena espressione alla sua presentazione della rinascita islamica e di sviluppare il suo stile proprio di scrittura per un pubblico più ampio di diverso entroterra culturale.

Capitolo VII

Autenticità islamica: sfide ed opportunità

La pausa nel periodo d'insegnamento dello Shaykh Nadwi alla Nadwah in seguito alla sua prolungata attività di *da'wah* in Medioriente fu una fase temporanea. Ritornò infatti ai suoi impegni accademici -ossia l'insegnamento- e riprese le sue lezioni dedicate al *Sahīh Bukhārī*[1]. L'insegnamento degli *hadīth* fu per lui una sfida formidabile specialmente quando doveva consultare i commentari sul *Sahīh Bukhārī*. La traduzione interlineare (dall'arabo all'urdu/persiano) seguita da uno *sharh* (commentario) o *hāshiyah* (note) erano gli strumenti e le fonti principali per lo studio degli *hadīth*[2]. Però, i caratteri di stampa creavano una seria difficoltà per lo Shaykh Nadwi a causa del deterioramento della sua vista[3] e quindi diventava sempre più difficile per lui avere un accesso diretto alla lettura ed alla ricerca. Per questa ragione, la dettatura era l'unica alternativa nell'ambito della scrittura. Infatti, tutte le maggiori opere dello Shaykh Nadwi sono state scritte sotto dettatura (*imlā*)[4]. Sebbene non abbia mai scritto dei testi sugli *hadīth*, il suo attaccamento al *Sahīh Bukhārī* è evidente dalla sua abitudine quotidiana di ascoltare almeno tre pagine[5] di questa famosa raccolta di tradizioni del Profeta (pbsl). Abu Subhan Nadwi ha osservato correttamente che le

---

[1] Cfr. M. M. Azami, *Studies in Hadith Methodology and Literature* (Indiana, 1977), 87-93.

[2] Cfr. Francis Robinson, *Islam and Muslim History in South Asia* (New Delhi, 2001), 66-103.

[3] Nel volume primo e secondo del *Kārwān* si fa spesso riferimento alle preoccupazioni della famiglia dello Shaykh Nadwi relativamente alla sua salute.

[4] Nadwi, *Kārwān*, vol. 1, 518.

[5] Bilāl 'Abdul Hayy Hasani, *Sawānih Mufakkir-i-Islam*, 503-4.

Introduzioni (*muqaddimāt*) in arabo dello Shaykh Nadwi sono illustrative della sua padronanza di questa disciplina[6].

Gli specialisti in *hadīth* hanno dedicato le loro vite alla meticolosa conservazione della vita e delle azioni del Profeta (pbsl). L'evoluzione di questa disciplina dimostra chiaramente che non era stata sviluppata in un vacuum, anche se la sua analisi strutturata e rigorosa era un'impresa senza precedenti. Al centro degli studi dedicati agli *hadīth* si trova l'impegno incondizionato verso i musulmani per modellare le loro vita secondo la condotta esemplare del Profeta (pbsl). La seguente valutazione dello Shaykh Nadwi del ruolo degli *hadīth* è indicativa del profondo studio dedicato a questa risorsa fondativa dell'Islam:

> <<Gli *hadīth* del Profeta (pbsl) rappresentano una fonte di forza piena di vita, di riforma e di rinnovo. Hanno sempre esortato alla lotta contro la corruzione e la deviazione, fornendo una sorta di controllo ed equilibrio a tutte le generazioni e comunità musulmane. Questo costituisce lo standard attraverso cui la deviazione, la superstizione ed i costumi non islamici vengono respinti. Mostra la via per mantenere il vero cammino dell'Islam. Di conseguenza, gli *hadīth* del Profeta (pbsl) rappresentano un bisogno basilare della comunità musulmana e debbono essere verificati, annotati e pubblicati>>[7].

Lo Shaykh Nadwi ha poi rivolto ai critici degli *hadīth* un'osservazione pertinente:

---

[6] Abu Suhbān Rūh al-Quds Nadwi, "Mawlana Shaykh Nadwi aur 'Ilm-I Hadith", in *Al-Qāsim*, 327-46.

[7] Nadwi, *Hadith Studies and Role: An Introduction* (London, 2005), 64-65.

<<Coloro che continuano a sollevare dei dubbi sull'autenticità degli *hadīth* e respingono la sunna assomigliano ad un cervo che cerca di rimuovere una pietra pesante colpendola ripetutamente con le sue corna, secondo l'immagine contenuta nei versi di un vecchio poeta arabo. La roccia rimane solida al suo posto, e tutto quello che il cervo ottiene è di ferirsi>>[8].

In modo simile, l'eminenza spirituale (*rūhāni*)[9] dello Shaykh Nadwi non è stata apprezzata in modo corretto, prevalentemente a causa della sua preoccupazione accademica. La sua associazione con eminenti *mashā'ikh* quali lo Shaykh Zakariyyah ed il Mawlana Rāipūrī sono stati discussi nei capitoli precedenti.

Ora focalizziamo l'attenzione su due eminenti personalità spirituali che hanno lasciato delle impressioni durature sulla crescita spirituale dello Shaykh Nadwi. Il Mawlana Wasiyullah Fatehpuri[10], un *'ālim* carismatico, era uno Shaykh famoso le cui lettere allo Shaykh Nadwi dimostrano la riverenza che nutriva verso di lui. Similmente, lo Shaykh Muhammad Ya'qub Mujaddidi di Bhopal nutriva grande stima ed affetto verso lo Shaykh Nadwi. Un'opera importante intitolata *Suhbate bā Ahl-i Dil* appartenente al genere del *malfūzāt* è contrassegnata dalla sua "semplicità ed informalità, affetto e corretta diagnosi della malattia generale [delle masse] ed il

---

[8] *Ibid.*, 77.

[9] Il Mawlana Muhammad Ahmad Phulpuri, contemporaneo dello Shaykh Nadwi, relativamente a quest'ultimo ha osservato: <<Lo Shaykh Nadwi è amato da Dio, che ha nascosto le sue conquiste spirituali sotto il manto dell'erudizione accademica>>.

[10] Nadwi, *Purāne Charāgh*, vol. 1, 164-81. Cfr. *Qāsīmī*, 219, in cui lo Shah Wasiyullah ha affermato: <<Volgete lo sguardo al cuore di ognuno. Volgetelo poi al cuore puro dello Shaykh Nadwi. Il suo è un cuore che non ho mai visto in nessun altro>>.

suo appropriato rimedio amministrato dai *mashā'ikh*[11]. In larga misura la letteratura *malfūzāt* ha giocato un ruolo fondamentale nelle tradizioni *islāhi* ed i loro scritti riflettono questo spirito riformista. Schimmel nota che attraverso il *malfūzāt*:

<<I sufi indiani hanno raccolto con cura i detti dei loro maestri di giorno in giorno. Questi "diari" rappresentano una fonte preziosa per la nostra conoscenza della vita al di fuori dei circoli di corte>>[12].

Secondo Khaliq Ahmad Nizami (d. 1997), la prima opera su questa forma letteraria fu il *Fawā 'id al-Fu'ād* di Nizāmuddin Awliyā', che "ha fatto epoca in quanto ha gettato le fondamenta per un nuovo genere di letteratura mistica"[13].

Lo Shaykh Nadwi ha cercato di ridefinire il *tasawwuf* come un'esperienza di vita piuttosto che una collezione eterogenea di concetti astratti che hanno creato una barriera davanti all'essenziale messaggio dell'Islam. Un esempio a questo proposito è costituito dall'enfasi posta sul concetto duplice di corretta intenzione ed introspezione incarnata nell'*ihsān*. Secondo lo Shaykh Nadwi, il *tasawwuf* privo di moralità offusca i termini coranici quali *tazkiyah* e lascia spazio alle sette devianti. Le conseguenze sono piuttosto chiare dal momento che siamo testimoni della proliferazione degli pseudo-sufi che presentano un'immagine distorta ed una descrizione inverosimile delle sue dimensioni intime della spiritualità islamica.

---

[11] Nadwi, *Suhbate ba-Ahl-i-Dil* (Karachi, 1982), 54; *Saviours of Islamic Spirit*, vol. 3.

[12] Annemarie Schimmel, *Mystical Dimensions of Islam* (Chapel Hill, 1975), 356.

[13] Cfr. Bruce Lawrence, *Nizam Ad-Din Awliya: Morals for the Heart* (New York, 1992), 3-60.

Nella vita personale dello Shaykh Nadwi, venne data priorità all'interazione sociale ed alla retta condotta. Anche in questioni in cui il disaccordo era inevitabile, si è sempre adoperato affinché' i legami sia famigliari che di amicizia non venissero compromessi. A questo proposito è bene ricordare la proverbiale busta che conteneva del contante che lo Shaykh Nadwi presentava come gesto di benevolenza e cameratismo. Secondo la sua prospettiva, l'inimicizia promuoveva dei tratti che alienavano il credente dalla valutazione delle proprie azioni. Nella gerarchia delle priorità dello Shaykh Nadwi, conquistare il compiacimento divino costituiva il cammino della perfezione.

Il Qadianismo

Un breve esame degli scritti (1939-58) dello Shaykh Nadwi rivela un legame forte ed inseparabile con la *da'wah* e l'*islāh*. Gli scritti polemici (*munāzarah*)[14] erano assenti nelle sue opere letterarie, ma ha intrapreso degli studi comparati relativi alle sette non-islamiche utilizzando degli strumenti di critica obiettiva.

Qadiansim: A Critical Study[15] è stato il primo scritto critico relativamente un movimento religioso deviante. Lo stesso Shaykh Nadwi ha spiegato il motivo per cui si è dedicato alla scrittura di quest'opera che, contrariamente alle precedenti, non enfatizzava il ruolo della *da'wah*:

<<Verso la fine del dicembre del 1957, ed all'inizio del gennaio del 1958, venne tenuta a Lahore una conferenza internazionale islamica sotto gli auspici

---

[14] Cfr. Zaman, "Refashioning Identies", The *'Ulama in Contemporary Islam*, 111-43.
[15] Cfr. Zafar Ishaq Ansari (trans. By), *Qadianism: A Critical Study* (Lucknow, 1974).

dell'università del Punjab. Un ampio numero di studiosi distinti e noti del mondo musulmano e dei paesi occidentali vi presero parte. Gli studiosi venuti dall'Egitto, dalla Siria e dall'Iraq per partecipare alla conferenza hanno mostrato un considerevole entusiasmo per raccogliere delle informazioni corrette relativamente alle credenze fondamentali ed alle dottrine del Qadianismo, il ben noto movimento religioso dell'India e del Pakistan. Dal momento che la cornice intellettuale dell'autore era quella di uno studente di storia, ha intrapreso questo viaggio intellettuale per studiare meticolosamente l'evoluzione del movimento. Le sue osservazioni, quindi, si muovevano lungo le linee attraverso cui il Qadianismo è passato nel corso del suo sviluppo. Questo approccio lo ha aiutato a comprendere la reale natura del movimento dei Qadiani, la sua crescita graduale ed i suoi fattori motivazionali. Costui si è immerso negli scritti del fondatore di questo movimento, Mirza Ghulam Ahmad Qadiani. Attraverso le fonti primarie ha cercato di pervenire a delle conclusioni senza pregiudizi rispetto al messaggio, al movimento ed ai successi pratici del qadianismo. Il risultato di questo studio è stato pubblicato in arabo nell'opera *Al-Qādiyānī wa al-Qādiyāniyat*>>[16].

Oltre alle credenze eterodosse, il Qadianismo impiega dei termini ambigui per ridefinire la finalità della profezia, che è la pietra angolare della fede islamica (*'aqīdah*). Il suo motivo era privo di ambiguità: rivestire il suo fondatore, Mirza Ghulam Ahmad, con il mantello della profezia. Iqbal, che era un poeta di rara intuizione ed aveva studiato il movimento dei

---

[16] Nadwi, *Qadianism: A Critical Study* (Lucknow, 1974), iii-iv; Abul A'la Mawdudi, *The Qadiani Problem* (Lahore, n.d.).

qadiani ha fatto delle osservazioni sulle sue credenze devianti, che sono state poi riprese dallo Shaykh Nadwi:

<<Considero la difesa dell'Islam da parte di Iqbal come una grazia di Dio -una manifestazione del versetto coranico: "A Dio appartengono le schiere dei cieli e della terra". Se a quel tempo Iqbal ci avesse ripensato o avesse esitato a controbattere al Qadianismo, sarebbe divenuto estremamente difficile salvare le giovani generazioni dalle sue spire. È stata una benedizione divina che Iqbal avesse chiaro il pericolo e che abbia dato un contributo prezioso per combatterlo a livello spirituale>>[17].

In un'altra opera Iqbal ha descritto i motivi degli impostori come il fondatore di questo movimento nei termini seguenti:

<<Una classe di "apostoli", il cui unico ministero è quello di glorificare attraverso un linguaggio seduttivo, tutto quello che è ignobile e ripugnante nella vita del loro popolo. Questi "apostoli" rivestono la disperazione nelle vesti abbaglianti della speranza, sottovalutano i valori tradizionali di condotta e così distruggono la virilità spirituale di coloro che per caso divengono le loro vittime>>[18].

Un mese dopo la pubblicazione del *Qadianism*, la leadership del movimento reagì in modo veemente contro i suoi contenuti. Il tono polemico e le osservazioni sprezzanti contro lo Shaykh Nadwi presero la forma di una propaganda

---

[17] Muhammad Iqbal, *Six Lectures on the Reconstruction of Religious Thought in Islam* (Lahore, 1978), 176-77; Nadwi, *Islamic Concept of Prophethood* (Lucknow, 1976), 151-88.
[18] Nadwi, *The Final Prophet and the Perfect Religion* (Lucknow, n.d.), 21.

finalizzata a sminuire la sua critica di questo deviante movimento. Ciononostante, il libro incontrò un'ampia diffusione nel mondo arabo e nell'arco di pochi anni venne tradotto in diverse lingue. Non vi è dubbio che il Qadianismo abbia ricevuto un'enorme battuta d'arresto nel suo dubbio progetto di diffondere la sua missione in Medioriente ed in altri paesi musulmani. La sua base rimane in Pakistan anche se continua ad operare in alcuni paesi sotto il patrocinio di governi che promuovono delle agende islamofobiche[19].

Una descrizione satirica del credo di Mirza ed i suoi sinistri piani vengono esaminati nel *The Disciple of Dajjāl*. L'autore descrive i Qadiani come astuti venditori che subdolamente offrono delle spiegazioni ridicole alla pretesa del loro capo di essere un profeta. Le variazioni della profezia rappresentano un futile tentativo da parte dei suoi seguaci di investirlo di un'aura di divinità. Inoltre, i discepoli più fedeli quali Hakim Nuruddin e Khwājah Kamāluddīn hanno supportato senza alcuna riserva il suo "sublime" status. In risposta ai gravi pericoli posti dalla setta alla finalità della profezia, i paesi musulmani li hanno dichiarati come non-musulmani.

L'accademia della ricerca islamica e le pubblicazioni

La mancanza di una robusta letteratura islamica scritta in un idioma letterario e compatibile con i bisogni e le aspirazioni del mondo moderno ha rappresentato un problema pressante per lo Shaykh Nadwi. All'inizio del 1958 costui aveva lavorato come editor della stimata rivista araba *Al-Muslimīn*, quando Sa'īd Ramadān si era recato in Germania per completare il suo dottorato in legge islamica[20]. Un importante monografia intitolata *The New Menace and its*

---

[19] Nasrullah Khan, *Qādianiyat: Mutāla'āt wa Jā'izāt* (Islamabad, 2002), 156-60.
[20] La dissertazione di dottorato venne pubblicata come *Islamic Law: Its Scope and Equity* (1970).

Answer[21] venne serializzata nella rivista e fu ampiamento distribuita nel mondo arabo. Nel 1959 venne fondata L'Academy of Islamic Research and Publications.

Scopi ed obiettivi:

- Produrre una letteratura adeguata e robusta che sia capace di esprimere in maniera appropriata il messaggio dell'Islam.
- Rafforzare le radici della fede nelle menti e nei cuori dei musulmani.
- Fornire una risposta adeguata al disordine morale, alla frustrazione spirituale ed allo scetticismo che stavano invadendo il mondo come conseguenza naturale del pensiero materialista e della civiltà occidentale.
- Arginare la marea dell'apostasia e dell'ateismo che costituisce una minaccia alla fede, all'ideologia ed allo stile di vita islamico[22].

Dal tempo della sua fondazione la letteratura dell'Academy ha mantenuto un alto standard intellettuale ed ha pubblicato le opere dello Shaykh Nadwi in arabo, urdu, inglese ed indi.

Aligarh Muslim University

La storia dell'Aligarh Muslim University (AMU) è stata ampiamente esaminata nel contesto della sua posizione di primo istituto di educazione musulmana. Il governo britannico aveva commesso delle atrocità verso i musulmani

---

[21] La monografia venne scritta originariamente in arabo sotto il titolo di *Riddatu'n wa lā Abā Bakr lahā* (Lucknow, 1959).

[22] www.nadwatululama.org (ultimo accesso 4 luglio 2017).

in quanto li aveva considerati i principali cospiratori della fallita rivolta del 1857. Sayyid Ahmad Khan, fondatore dell'AMU e testimone della tragica svolta degli eventi contro i musulmani, credeva che l'educazione avesse un ruolo redentore nel liberare la comunità islamica dalle difficoltà a livello socio-economico da cui erano attanagliati. Per questo scopo venne fondata l'AMU, precedentemente nota come Oriental Anglo College.

Secondo Sayyid Ahmad, la crescita morale e sociale dei musulmani sarebbe stata possibile solo se l'ignoranza fosse stata rimossa attraverso un sistema educativo strutturato e pragmatico. La sua visione delle riforme in ambito educativo venne inizialmente accolta con scetticismo dalle istituzioni islamiche a causa di quelle che venivano percepite come propensioni moderniste. Tra la tempesta del criticismo e le accuse di *kufr*, andò comunque avanti con vigore con la sua politica educativa ed ha dovuto anche affrontare difficoltà finanziarie e vincoli di bilancio. Certamente, vi era sempre un coro di voci critiche che si opponevano alle sue sincere intenzioni di liberare la comunità musulmana dal peso delle loro vite tristi e squallide sotto il colonialismo britannico.

L'evoluzione dell'AMU fu sinonimo dello spirito di sacrificio di Sayyid Ahmad. Secondo il Nawab Muhsin al-Mulk che ha collaborato con Syed Ahmad nel raccogliere dei fondi per l'istituzione nascente, quest'ultimo ha dedicato la sua vita a servire la causa dei musulmani indiani per promuovere la loro distinta identità islamica. L'istituzione era, quindi, il simbolo del suo impegno incrollabile per le future generazioni[23].

Lo Shaykh Nadwi rappresentando il punto di vista della Nadwah sull'AMU ha mantenuto in modo consistente una prospettiva equilibrata verso questa istituzione, di cui ha

---

[23] Cfr. Khaliq Ahmad Nizami, *Secular Tradition at Aligarh Muslim University* (Delhi, 1991); J. M. Baljon, *The Reform and Religious Ideas of Sir Sayyid Ahmad Khan* (Lahore, 1970).

considerato l'impegno nel mantenere il suo carattere islamico. A questo proposito ha notato.

<<Il grande movimento di Aligarh, il cui destino è stato guidato da Sir Syed con evidente sincerità ed abilità per circa mezzo secolo, ha avuto successo nel riempire il vuoto educativo ed economico creatosi nella società indiana musulmana con il collasso dell'Impero Mogul e l'istituzione del governo britannico....Il movimento ha dato alla comunità un giusto numero di giovani altamente qualificati, scrittori, pensatori, giornalisti e politici che hanno guidato il movimento del *Khilafat* ed hanno rivestito un ruolo degno del loro glorioso passato nella lotta nazionale per l'indipendenza>>[24].

In seguito alla partizione del 1947 ed in un periodo relativamente breve, l'AMU è stato relegato ad una condizione minoritaria. Questa mossa arbitraria ha messo in pericolo gli stessi ideali per cui era stato fondato. In conseguenza di questa trasformazione, l'AMU è divenuto vulnerabile verso influenze secolariste che hanno minacciato di minare i suoi obiettivi. Per questa ragione, il ruolo partecipativo dello Shaykh Nadwi e le sue lezioni pubbliche per proteggere la sua identità e promuovere la sua causa devono essere esaminati nel loro contesto storico.

I viaggi per la *da'wah*: nuovi orizzonti

Ora volgiamo l'attenzione verso le attività dello Shaykh Nadwi dedicate alla *da'wah* in due paesi: Burma e Kuwait. La

---

[24] Nadwi, *Western Civilization, Islam and Muslims*, 74-75.

maturità della sua esperienza intellettuale e l'intuizione (*basīrat*) sono venute alla ribalta in questa serie di lezioni.

Burma: predizione della condanna

La Nadwah come nascente istituzione aveva fatto esperienza di diverse difficoltà finanziarie e così cominciò a rivolgersi all'estero per domandare un aiuto economico. Burma (Myanmar) nei decenni aveva attratto molteplici mercanti musulmani provenienti dal Gujarat. In quanto prospera classe mercantile, costoro supportavano finanziariamente le istituzioni musulmane in India. L'itinerario dello Shaykh Nadwi era basato principalmente sulla Dawah. Le sue lezioni trattavano delle responsabilità musulmane verso la *da'wah* e la trasmissione del messaggio dell'Islam nella lingua burmese. Una delle preoccupazioni maggiori era il clima politico volubile del paese. Lo Shaykh Nadwi avvisò i musulmani di Burma delle conseguenze derivanti dalla negligenza verso la *da'wah* tra la maggioranza della popolazione che professava il Buddismo:

<<Nell'epoca presente il dovere principale e più importante è quello di impegnarsi nel din. Questa è la grande saggezza e strategia di questa epoca. Decidete in modo risoluto di diffondere il messaggio dell'Islam per i prossimi 10, 20 anni e di salvaguardare le credenze dei musulmani. Se questo paese dovesse cadere sotto il governo buddista, le vostre responsabilità aumenteranno. È una grazia divina che questo paese non sia ancora uno stato buddista. Però -che Dio non voglia- se questo paese dovesse trasformarsi in uno stato buddista e voi non vi preoccuperete del benessere del vostro credo, nessuno verrà a salvarvi. Sarete lasciati in un limbo. Ora, il governo non si mostra né

incline e nemmeno favorisce il Buddismo. Quindi, acquisire la conoscenza della religione rimane un vostro dovere. L'obbligo di quest'epoca – se Dio vi ha donato l'intelligenza, anche nella forma più esigua- è aprire gli occhi, comprendere e capire che non potete sopravvivere in questo paese senza l'Islam>>[25].

Gli eventi accaduti a Burma dopo il 1960 hanno visto la realizzazione delle cupe prospettive che lo Shaykh Nadwi aveva messo in luce nelle sue lezioni. Una rivoluzione militare ed una svolta comunista hanno inferto un duro colpo sulla minoranza musulmana. Più allarmante fu l'intolleranza dello stato verso la vitale presenza religiosa. Non fece alcuna differenza tra musulmani e buddisti e ha compiuto qualsiasi sforzo per cancellare tutto quello che era associato con l'Islam. Un altro elemento inquietante era l'opulento stile di vita della minoranza musulmana. La loro indifferenza verso gli insegnamenti del Corano ha avuto un ruolo diretto negli episodi traumatici avvenuti a Burma.
In breve, lo Shaykh Nadwi era solito mettere in atto uno schema preciso di *da'wah* in quei paesi in cui i musulmani rappresentavano una minoranza. I musulmani di Burma vennero invitati a ricordare che il loro più grande bene era l'*imān*, senza il quale la loro presenza nel paese non avrebbe avuto alcun impatto. L'acquisizione della ricchezza e la costruzione di dimore lussuose non erano il segno di una vibrante comunità musulmana. Rivolgendosi ai musulmani di Burma in merito ai vizi che si erano insinuati nelle loro vite, il messaggio dello Shaykh Nadwi aveva una rilevanza che andava al di là del suo tempo. Se i musulmani non avessero investito le loro energie nella costruzione di solide fondamenta di educazione islamica allora la prospettiva che

---

[25] Cfr. *Sayyid Abul Hasan Ali Nadwi in Burma* (Azadville, 2009), 24.

le giovani generazioni si sarebbero mantenute perseveranti nella fede sarebbero state desolanti. Inoltre, se non vi era alcuna inclinazione verso l'erudizione e la formazione di *'ulama* ed *imām*, allora le conseguenze per i musulmani nell'ambito della loro vita come comunità minoritaria sarebbero state estremamente gravi.

Lo Shaykh Nadwi ripeteva la tragica storia dell'Andalusia che è applicabile anche ai paesi musulmani. Il governo musulmano in Spagna aveva inaugurato un periodo di conquiste senza precedenti. La presenza imponente dei punti di riferimento islamici erano espressi nella bellezza architettonica, nei meravigliosi giardini, nelle magnifiche città e nelle istituzioni islamiche, che simboleggiavano anche il progresso senza uguali dei musulmani nelle arti e nella cultura. Nonostante i loro contributi, questo non ha dissuaso la maggioranza cristiana dall'espellerli dalla Spagna. I musulmani dovettero abbandonare il loro Paradiso e fuggire dalla persecuzione cristiana nella forma dell'Inquisizione. Il loro desiderio di ritornare è svanito come nuvole mosse dal vento. Questo capitolo traumatico della storia musulmana fu causato da un solido motivo: i musulmani avevano rinunciato al loro dovere di comunicare il messaggio dell'Islam ai non musulmani. In una nota cupa, lo Shaykh Nadwi ha espresso il presentimento che i musulmani di Burma avrebbero condiviso il destino degli Andalusi se la *da'wah* non fosse stata condotta con sincerità.

Kuwait

Anche se la *da'wah* condotta dallo Shaykh Nadwi in Kuwait non segue rigorosamente la sequenza cronologia della sua vita avventurosa, mostra comunque il suo significato tematico complessivo. Prima di tutto, bisogna notare che venne intrapresa dopo la dipartita di suo fratello, il Dottor

'Abdul 'Ali nel 1961, in seguito alla quale lo Shaykh Nadwi venne nominato rettore della Nadwah. Nel corso del suo mandato, la Nadwah ha stretto delle relazioni accademiche con istituzioni islamiche internazionali che testimoniavano la sua immagine di alto profilo.

Nel corso della sua *da'wah* in Kuwait, lo Shaykh Nadwi ha concentrato l'attenzione sull'obbligo della nazione di diffondere il messaggio dell'Islam. Il suo spirito indipendente e l'indifferenza verso le formalità lo resero caro a molti eminenti studiosi del paese. In diverse occasioni le sue lezioni hanno riscosso un frenetico applauso da parte del pubblico. Il messaggio coranico era sempre sotteso alle sue parole:

> <<Se i Quraysh miscredenti osservassero le condizioni dei musulmani dei nostri giorni, si lamenterebbero del fatto che i musulmani sono caduti preda delle trappole del mondo. Noi (Quraysh) abbiamo combattuto contro i musulmani che manifestavano un'unica *da'wah*, una fede ed uno stile di vita. Se avessimo conosciuto i loro più intimi desideri, lo avremmo offerto loro>>[26].

La sincera valutazione nei discorsi e negli scritti dello Shaykh Nadwi manifesta anche la natura dei suoi rapporti con i reali. In una lettera allo Shaykh 'Abdul Salām al-Sālim, l'Emiro del Kuwait, discute delle questioni del progresso, della leadership e dell'unità degli arabi e del mondo musulmano. Le lettere dei leader arabi rappresentano una fonte indispensabile di informazioni per analizzare gli sforzi dello Shaykh Nadwi nell'ambito dell'*islāhī*.

---

[26] Nadwi, *Kārwān*, vol. 1, 470-71.

La morte del Dottor 'Abdul 'Ali Hasani

Nell'ambito degli sforzi indefessi dello Shaykh Nadwi dedicati alla *da'wah* è necessario menzionare la sua tragedia personale. I dettagli commoventi della dipartita del Dottor 'Abdul 'Ali rivelano la sua perdita personale ed il suo indescrivibile dolore. "Fu un evento tragico che ebbe un profondo impatto sulla mia vita...La tragedia venne aumentata dal fatto che ero stato a Raipur e Saharanpur. In conseguenza della mia assenza da casa, non ero presente quando morì e non ho potuto partecipare al suo funerale (*janāzah*)"[27]. La sua morte venne pianta sia nell'Asia meridionale che nel mondo arabo. Habibul Haq Nadwi ha brevemente presentato i contributi del Dottor 'Abdul 'Ali alla crescita ed allo sviluppo della Nadwah con le seguenti parole:

<<Egli [il Dottor Ali] era stato eletto all'unanimità quinto rettore della Nadwah, il 9 giugno del 1931. Ha servito l'istituzione per circa trent'anni fino alla sua morte avvenuta il 7 maggio del 1961. Alcuni degli avvenimenti che si prospettarono nel corso del suo periodo in ambito accademico meritano una breve menzione. Una nuova rivista araba mensile, l'*Al-Diyā*, sotto la direzione del Mawlana Mas'ud 'Ālam Nadwi, venne pubblicata nel 1932; nel 1940 l'*Al-Nadwah* venne pubblicata per la terza volta dall'Allama Sulayman Nadwi. Il livello della lingua e della letteratura araba si è alzato notevolmente quando al-Hilāli si è unito allo staff didattico della Nadwah. Durante lo splendido periodo del Dottor Abdul Ali la Nadwah ha preparato il suo programma indipendente ed i suoi libri di testo su quasi tutte le materie. Molti di questi testi vengono

---

[27] Cfr. Shams-I Tabriz Khan, *Tārikh Nadwat al-'Ulama*, vol. 2, 454-55.

utilizzati nelle università sia arabe che occidentali. Si è inaugurata una nuova era nella storia del giornalismo arabo, quando è stato pubblicato il mensile intitolato Al-Ba'th ed il bisettimanale, sempre in lingua araba, intitolato Al-Ra'id, oltre al Ta'mir-i Hayat, un quindicinale in urdu>>[28].

Secondo lo Shaykh Nadwi suo fratello rappresentava una sintesi tra l'educazione islamica e quella moderna. Di professione medico, il Dottor 'Abdul 'Ali possedeva le caratteristiche di un *'ālim* illuminato con un forte interesse verso la *da'wah* nel mondo musulmano. Sotto la sua guida, lo Shaykh Nadwi ha sviluppato le sue capacità nell'ambito della *da'wah* che gli hanno permesso d' interagire con confidenza con i musulmani di diversi temperamenti intellettuali. Inoltre, il Dottor 'Abdul 'Ali lo ha incoraggiato a leggere le opere di Ibn Taimiyyah ed i suoi contributi eruditi nell'ambito del *tajdīd*.

Il Dottor 'Abdul 'Ali possedeva una personalità modesta e semplice. Seguiva un programma rigoroso nell'ambito della sua posizione di rettore della Nadwah mentre si occupava anche della sua pratica medica. Il suo studio della letteratura araba era ampio e si assicurò che lo Shaykh Nadwi ricevesse un eccellente educazione per quel che concerne questa lingua. Esente da compromessi relativamente agli elementi essenziali della fede, il Dottor Abdul Ali ha mantenuto un approccio equilibrato verso il *tasawwuf*, l'educazione moderna e la civiltà occidentale. Lo Shaykh Nadwi venne inoltre psicologicamente preparato dal proprio fratello ad ampliare gli orizzonti della *da'wah*[29].

---

[28] Habibul Haq Nadwi, *Dynamics of Islam* (Durban, 1982), 68-69.
[29] Nadwi, *Hayāt i-'Abdul Hayy*, 387-95.

Il sistema educativo: la risposta musulmana

La Costituzione Indiana nel suo forzo di promuovere l'armonia tra le diverse comunità ha interpretato il laicismo come un'influenza neutrale sulla sua multiforme popolazione. Anche se il sistema educativo doveva riflettere quest'orientamento laico, non rispose alle aspettative della minoranza musulmana, dal momento che il curriculum era stato chiaramente formulato per articolare l'ethos induista. Quindi, non era una sorpresa che la rapida crescita di un aggressivo revivalismo induista ha avuto delle ripercussioni sul curriculum scolastico che finì per esprimere dei forti pregiudizi comunitari[30]. Lo Shaykh Nadwi ha affermato:

<<Il lettore comune acquisiva del materiale inondato di mitologia indù e di storie incentrate sul politeismo. Questo stile, qualora si fosse diffuso, avrebbe esercitato un impatto negativo sulla fede, la pratica ed il *tawhīd* dell'identità islamica della nuova generazione musulmana. L'ignoranza e la mancanza di familiarità della loro stessa fede islamica li avrebbe resi vulnerabili alle pratiche politeiste e sincretiche dell'Induismo>>[31].

Il clima dell'incertezza nella scuola ha provocato una risposta definitiva dai singoli musulmani al fine di risolvere questa discrepanza e disequilibrio. Sotto queste circostanze, alle *makātib* (le scuole primarie musulmane) veniva richiesto di introdurre soggetti laici nel loro programma. Questo scenario di richieste statali ha assunto delle proporzioni allarmanti in Uttar Pradesh e per questa ragione le riforme in ambito educativo sono iniziate proprio in questo stato.

---

[30] Cfr. Barbara Metcalf, "Madrasas in Secular India", in Hefner (ed.), *Schooling Islam*, 87-106.
[31] Nadwi, *Kārwān*, vol. 1, 460.

Il Dīnī Taʻlīmī Council (Il concilio religioso educativo)

Al fine di raccogliere le sfide di questo nuovo pericolo, nel 1959 venne fondato il Concilio religioso educativo. Membri influenti, come il Qāzi Muhammad 'Adil Abbāsī[32], un visionario di questo movimento, il Mawlana Manzur Nu'māni e lo Shaykh Nadwi che venne eletto presidente rivestirono un ruolo centrale nel Concilio. La sua funzione era quella di mettere in risalto e di rifiutare l'impatto dannoso delle politiche educative dello stato. Per i successivi 40 anni, sotto la leadership ispirata dello Shaykh Nadwi, il Concilio ha perseverato nel guidare il destino delle necessità educative dei musulmani, in modo particolare nelle regioni dell'Uttar Pradesh. L'essenza del Concilio si riassume nel discorso presidenziale pronunciato dallo Shaykh Nadwi. L'educazione religiosa, secondo lo Shaykh, ha un fine specifico ed un nobile scopo che gli conferisce una direzione. In altri termini, la coscienza islamica deriva a livello collettivo dalle fonti primarie del Corano e della Sunna. La comunità musulmana in India deve la sua esistenza all'eredità durevole del profeta Ibrahim che è stata perpetuata dal messaggio eterno del Profeta (pbsl). Di conseguenza, gli insegnamenti islamici sono caratterizzati da uno spirito chiaramente definito che filtra attraverso le vite quotidiane dei musulmani.

Lo Shaykh Nadwi ha chiarito meglio punto, affermando che il Concilio può raggiungere i suoi obiettivi solo se le parti interessate dirigono la missione della *daʻwah* allo sviluppo del carattere. Un movimento che possiede degli impulsi conflittuali nelle parole e nelle azioni non può avere successo nel conseguire i suoi nobili fini. In modo simile, il Concilio non può sopravvivere sull'idealismo. Le misure pratiche e le

---

[32] Cfr. Masud al-Hasan ʻUthmāni, *Takbir-i Musalsal* (Lucknow, 2002), 17-54.

strategie sono necessarie per correggere le politiche educative imposte dalle strutture governative che discriminano contro la storia musulmana e la lingua urdu. Rispetto agli obiettivi del Concilio, lo Shaykh Nadwi osserva:

<<Consideriamo il movimento (Dini Council) come un mezzo per la rinascita dell'Islam ed il risveglio della coscienza islamica nelle circostanze peculiari dell'India>>.

L'articolazione di un'autoespressione religiosa e culturale era un progetto a lungo termine intrapreso dallo Shaykh Nadwi e da altre figure di spicco associate con il Concilio. Questo periodo era contrassegnato da instabilità politica e religiosa. Quindi, non sorprende che la promozione d'insegnamenti ideologici era radicata nelle politiche statali. Come risultato, le famiglie musulmane erano esposte a pratiche non islamiche che si trovavano al limite dello *shirk* (politeismo). Di conseguenza, l'organizzazione degli *ulama* ed i movimenti della *da'wah* furono allarmati dagli effetti tossici che seguirono l'implementazione del sistema educativo statale. Lo Shaykh Nadwi ha notato:

<<Il timore dei musulmani che il nuovo sistema educativo stesse rapidamente gettando i bambini musulmani nel grembo dell'apostasia sia religiosa che intellettuale non è immaginario. La scrittura è già apparsa sul muro. Gli effetti letali del sistema possono essere visti nelle famiglie musulmane che, per una ragione o un'altra, non hanno potuto dedicare una cura speciale per tenere vivi gli ideali basilari della civiltà islamica. I bambini di queste famiglie stanno progressivamente accettando l'influenza degli insegnamenti e delle pratiche non islamiche e

politeiste. Questa ovviamente rappresenta per i musulmani una situazione altamente desolante>>.

La preoccupazione principale dello Shaykh Nadwi era legata alla mancanza d'impegno dei musulmani verso l'educazione islamica. Qāzi 'Abbāsī ha condiviso le sue impressioni relativamente al discorso presidenziale dello Shaykh Nadwi nel corso di una delle conferenze annuali dedicate al tema dell'educazione:

<<Lo Shaykh Nadwi ha pronunciato il suo discorso ed ogni sua parola ha colpito una corda nei cuori degli ascoltatori. Costui ha esaminato criticamente la situazione prevalente relativa all'educazione delle persone comuni e dell'élite'. Inoltre, ha enfatizzato l'importanza d'impartire l'educazione sia ai ragazzi che alle ragazze. Quando ha terminato il suo discorso, le sue parole hanno avuto l'effetto di un incantesimo sugli ascoltatori. Tutti compresero di aver sprecato una preziosa opportunità per non aver impartito ai loro figli un'educazione religiosa. Costoro decisero quindi si prendere delle misure per rimediare sotto questo punto di vista>>[33].

L'università islamica di Medina

La fondazione dell'università islamica di Medina nel 1961 ha rappresentato uno spartiacque nella visione islamica transnazionale di cui lo Shaykh Nadwi era sostenitore. Nel 1962 lo Shaykh Nadwi venne eletto membro del Supremo

---

[33] Cfr. *Takbir-I Musalsal* relativamente al discorso di apertura tenuto dallo Shaykh Nadwi.

concilio esecutivo, una posizione che mantenne fino al 1997[34]. Lo Shaykh 'Abdullāh bin Bāz, vice cancelliere dell'università[35], ha esteso un invito allo Shaykh Nadwi per tenere una serie di lezioni in qualità di professore inviato. Una collezione di 8 lezioni sul tema "La profezia ed i profeti alla luce del Corano" venne successivamente pubblicata in inglese con il titolo *Islamic Concept of Prophethood*. Secondo lo Shaykh Nadwi l'educazione occidentale non è riuscita ad insegnare ai giovani "a comprendere il vero significato della profezia" insieme all'ignoranza "delle benedizioni divine conferite dai messaggeri di Dio all'uomo, nell'ambito della sua esistenza, dell'intelletto, della cultura e della civiltà"[36].

Gli incentivi finanziari associati alla posizione accademica detenuta dallo Shaykh Nadwi erano allettanti, eppure lo Shaykh non ha valutato alcuna considerazione di ordine finanziario per preservare il suo spirito indipendente e la sua semplice personalità. Non c'è bisogno di ricordare che il mecenatismo saudita ha nel corso degli anni plasmato l'orientamento di molti leader religiosi ed organizzazioni che promuovevano la sua visione dell'Islam. In altri termini, gli incentivi finanziari implicavano una promozione incondizionata dell'agenda saudita. Vi sono state alcune insinuazioni o palesi accuse che la nomina dello Shaykh Nadwi in diverse organizzazioni islamiche fosse finalizzata alla salvaguardia degli interessi della monarchia[37]. Quest'impressione difficilmente può essere giustificata da

---

[34] Secondo 'Abbās Nadwi, lo Shaykh era un membro permanente del Consiglio esecutivo. Solo dopo il 1997, quando il comitato cessò di esistere, decadde anche la sua carica. Cfr. Nadwi, *Mir Kārwān*, 334.

[35] Studioso saudita che assunse la carica di Gran Mufti. Lo Shaykh Nadwi scrisse il suo necrologio nel *Al-Ahsan* (Springs, 2000), 1:2.

[36] Nadwi, *Islamic Concept of the Prophethood* (Lucknow, 1996).

[37] L'Arabia Saudita ed altri paesi arabi hanno mutato l'ambiente religioso nel mondo musulmano attraverso la promozione dell'interpretazione wahabita.

una serie di lezioni tenute dallo Shaykh Nadwi nel corso del periodo cruciale della trasformazione dell'Arabia Saudita. La critica[38] mossa dallo Shaikh Nadwi verso gli arabi per aver abbandonato i loro doveri religiosi, il loro asservimento all'influenza pervasiva dell'occidentalizzazione ed il loro fallimento nel risolvere la questione palestinesi hanno rafforzato la sua abilità di esprimere i suoi punti di vista indipendenti.

In molte occasioni, una borsa contenente delle monete d'oro venne inviata allo Shaykh Nadwi dall'aristocrazia araba, ma lui educatamente rinviò il dono al mittente. Solo per rispetto verso la sunna, accettava una moneta d'oro come simbolo di apprezzamento verso il donatore o il benefattore.

Nel corso dei suoi viaggi nei paesi arabi per la *da'wah*, venivano offerte allo Shaykh Nadwi delle donazioni per la Nadwah, ma lui educatamente le rifiutava e domandava di trasferire la cifra sul conto bancario dell'istituzione. Lo Shaykh Nadwi era contrario a ricevere degli emolumenti in denaro perché riteneva che svalutassero l'importanza della *da'wah*. Molto spesso le visite dei membri dell'aristocrazia araba alla sua guest house presso la Nadwah sembravano suggerire l'offerta segreta di doni. Al contrario, lo Shaykh Nadwi rispettava il protocollo e li accoglieva con le seguenti parole: "È una benedizione per l'*amīr* raggiungere la porta del *faqīr*".

Quest'attitudine non era confinata solo all'élite araba, ma a tutti i benefattori. Il suo senso d'indipendenza permeava la sua concezione della ricchezza. Per citare un esempio: gli venne data una automobile per il suo utilizzo personale. Dopo molte insistenze, lo Shaykh Nadwi accettò il dono con riluttanza a condizione che avrebbe potuto utilizzarlo a sua discrezione.

---

[38] Cfr. Nadwi, *Mir Kārwān*, 320-25.

Il benefattore si disse d'accordo e lo Shaykh Nadwi donò l'automobile alla Nadwah. Nella sua interazione con i membri dell'aristocrazia e con i laici, lo Shaykh Nadwi seguiva l'esemplare condotta dei compagni del Profeta (pbsl).

Oltre a questi scritti, lo Shaykh Nadwi ha tenuto molteplici lezioni sulla complessa personalità del Profeta (pbsl) ed il suo messaggio al mondo arabo. Lo Shaykh Nadwi ha osservato che "l'attaccamento di un ampio numero di persone che appartenevano alle classi educate nei paesi arabi, in modo particolare di coloro che erano caduti sotto l'influenza del nazionalismo arabo, al Profeta (pbsl) si stava indebolendo e si stava riducendo ad una formalità priva di anima"[39]. In modo simile, lo Shaykh Nadwi espresse il suo dispiacere verso l'inconcludente leadership del mondo arabo che non solo aveva sofferto una cocente sconfitta dal regime sionista nel 1967, ma non possedeva alcuna qualità adatta a guidare il mondo musulmano nei periodi di crisi. A questo proposito ha affermato:

<<La comunità delle nazioni arabo-islamiche non ha bisogno di una nuova chiamata, di una religione, o filosofia di vita per riempirsi dello zelo ardente e del coraggio. Non vi è stato infatti alcun impoverimento dello spirito e la ummah è preparata, come sempre, ad affrontare i più grandi sacrifici per la sua fede. Sfortunatamente, la sua leadership assomiglia ad un'onda di marea che spesso si solleva alta verso il cielo solo affinché tutti la vedano. Qualche volta sommerge una nave che s'immerge nel mare, e poi perde il suo ormeggio nel mare in tempesta che rimase immutato ed imperturbabile>>.

---

[39] Cfr. Nadwi, *'Alam-i 'Arabi ka Almiyah* (Karachi, 1980); *Al-Arab wa al-Islam; Rise and Fall of Muslims*.

Lo Shaykh 'Ali Tantāwi, un eminente letterato arabo, era critico verso l'attitudine polarizzata degli arabi intellettuali verso la personalità del Profeta (pbsl). Persino la loro produzione letteraria era insignificante in ragione della mancanza di contenuti. Al contrario, *The Pathway to Medina* può essere considerato un lavoro originale di ineguagliabile merito ed una raccolta di episodi ispiranti relativamente alla vita ed alla missione del Profeta (pbsl). Queste lezioni sono permeate da un appassionato appello rivolto ai musulmani affinché riallineino le loro vite in accordo con l'ideale profetico. Infatti, l'umanità deve un debito permanente per il messaggio rivoluzionario portato dal Profeta (pbsl). Lo Shaykh Nadwi ha affermato:

<<Era stata annunciava una nuova alba. Una nuova alba era stata inaugurata. Man mano che l'uomo è cambiato, anche il mondo è cambiato con lui. La terra e il cielo cambiarono. La famiglia di Adamo non è in debito con nessuno più di lui. È il più grande benefattore di umanità. L'orologio della civiltà verrebbe messo indietro di migliaia di anni se ciò che il Profeta (pbsl) ha dato al mondo venisse tolto>>[40].

Il rapporto con i monarchi: Il re Faisal bin 'Abdul 'Aziz

Il ruolo del re Faisal bin Abdul Aziz (d. 1975) nella promozione di una visione islamica transazionale è stato esaminato dai suoi biografi[41]. Faisal ha tentato anche di

---

[40] Nadwi, *Pathway to Medina* (Lucknow, 1982), 1. Questo testo, il cui titolo originale è *Tarīqa ilā al-Madinah*, consiste in una raccolta di lezioni tenute in diversi periodi.
[41] Cfr. Willard Beling (ed.), *King Faisal and the Modernisation of Saudi Arabia* (Boulder, 1980); Gerald De Gaury, *Faisal, King of Saudi Arabia* (New York, 1967).

controllare l'influenza delle politiche socialiste di Nasser[42] nel mondo arabo ed oltre enfatizzando l'elemento religioso nella fondazione del regno dell'Arabia Saudita.

L'influenza wahhabita[43], che ha creato un forte legame tra il potere saudita e l'interpretazione dello Abdul Wahhāb dell'Islam, serviva come un nesso per definire i contorni della *da'wah*. Inoltre, l'ambiente in cui questi sviluppi ebbero luogo esercitò degli effetti a lungo termine nel mondo musulmano. Inoltre, il mecenatismo saudita ha incluso la promozione di una rigida e severa interpretazione dell'Islam così come era concepita dagli *"ulama* wahabiti. L'alleanza, in un certo senso, ha compromesso l'autonomia e l'autorità degli studiosi che erano considerati alla stregua di "funzionari religiosi". Anche costoro però furono esposti all'onda della modernità che attraversò in modo impetuoso il regno ed esercitò delle influenze dirette sull'inveterata eredità islamica. Lo Shaykh Nadwi ha osservato correttamente che solo i *Sahābah* erano immuni dalle trappole della ricchezza e del potere, che invece esercitano una potente influenza sulla civiltà odierna.

Durante questo cruciale periodo il nazionalismo stava guadagnando slancio nel mondo arabo. Gli accademici ed i media promuovevano in modo vigoroso il nazionalismo ed il socialismo intesi come un'alternativa all'Islam. Eminenti studiosi cedettero al carisma dell'ideologia di Nasser ed utilizzavano continuamente degli slogan politici per diffondere la sua visione del socialismo. La versione araba del comunismo promossa dallo status iconico del presidente Nasser in Egitto non ha risparmiato alcuno sforzo per svalutare lo status del Profeta (pbsl). Le forze dell'ateismo si erano infatti schierate contro l'immutabile messaggio

---

[42] Cfr. R. Schulze, *A Modern History of the Islamic World*, 148-52.

[43] Cfr. Ahmad Abdul Ghafur Attar, *Muhammad ibn Abdel Wahhab* (Makkah, 1982); Jamal al-din Zarabozo, *The Life, Teachings and Influence of Muhammad ibn Abdul Wahhab* (Madinah, 2003).

dell'Islam. Nel contesto di quest'epoca lo Shaykh Nadwi ha lanciato una vigorosa campagna contro Nasser e la sua politica.

Il re Faisal si opponeva con veemenza agli ambiziosi piani di Nasser di rappresentare la voce collettiva del mondo arabo. Uno sviluppo allarmante era l'erosione dei valori islamici che erano sotto minaccia come risultato delle nuove interpretazioni di alcuni studiosi ed *'ulama* nel mondo arabo.

Il ruolo dello Shaykh Nadwi era finalizzato ad arginare la marea dell'ateismo. Il suo incontro con il re Faisal (allora primo ministro) nel 1963 era incentrato sulle tendenze di modernizzazione che riguardavano Mecca e Medina. Lo Shaykh Nadwi espresse le sue preoccupazioni relativamente agli effetti negativi della mappatura di nuove griglie di pianificazione per la *Haramayn*, in quanto erano incompatibili con la sua eredità sacra. I suoi successivi incontri e la corrispondenza con il re Faisal hanno ripetuto il suo appello a conservare il carattere unico e la santità dell'Hijāz. La diffusione della ricchezza nel regno, secondo lo Shaykh Nadwi, aveva generato uno stile di vita indolente e l'eccessiva indulgenza verso i comfort materiali, che avevano come conseguenza la distruzione lenta della fabbrica sociale della nazione araba. Dal canto suo il re Faisal promise allo Shaykh Nadwi il suo impegno nella conservazione dell'eredità del regno. Ciononostante, le circostanze politiche mutarono la loro direzione e crearono un complesso set di problematiche che continuano ad affliggere il regno.

Il re Faisal era un netto oppositore del comunismo e del sionismo e considerava queste ideologie come fonti di pericoli per l'Islam. Inoltre, si opponeva a tutte le tendenze radicali ed irreligiose nel mondo arabo, come il nazionalismo ed il socialismo arabo. In queste tendenze costui ha visto un pericolo non solo per il regno che governava, ma anche per l'eterno messaggio dell'Islam. Il suo patrocinio di un'alleanza islamica è stata probabilmente l'arma più potente utilizzata per combattere il radicalismo e il secolarismo nel mondo arabo[44].

Nella sua valutazione del programma di riforma del re Faisal, Al-Osaimi ha osservato:

<<Costui era un riformatore che stava attento a non minare i fondamenti tradizionali della sua società, in quanto la sua legittimità come sovrano dipendeva direttamente dal rispetto di questi valori tradizionali. In questo modo, ha spinto gradualmente il paese verso la modernizzazione senza recidere i legami con il passato, in modo particolare islamico>>[45].

Il seguente episodio rivela il profondo rispetto che il re Faisal nutriva verso lo Shaykh Nadwi. Quando venne invitato dal re Faisal nel palazzo reale, le guardie fecero accedere lo Shaykh Nadwi che entrò nella zona riservata del palazzo per incontrare il re. Lo Shaykh Nadwi si guardò intorno non in modo superficiale ma come se fosse sorpreso. Il re allora gli domandò per quale ragione si guardava intorno con tale sorpresa. Lo Shaykh Nadwi rispose:

<<Anche noi una volta avevamo un re che governava sull'India, il Pakistan, lo Sri Lanka, Burma, il Nepal ed altre regioni, e di 52 anni di regno ne trascorse 20 sulla sella di un cavallo. A quel tempo i musulmani godevano della libertà e del benessere. La vita per loro era semplice. Eppure, il loro re vestiva con abiti rammendati. Ricopiava il Corano e faceva dei cappelli per guadagnarsi da vivere e, nelle notti di veglia

---

[44] Nadwi, *Mir Kārwān*, 336-50.
[45] Mohammed al-Osaimi, *The Politics of Persuasion: The Islamic Oratory of King Faisal ibn 'Abdul Aziz* (Riyadh, 2000), 39.

(*tahajjud*) piangeva davanti al suo Signore. Questi erano tempi in cui la semplicità e la povertà caratterizzavano la vita dei potenti, e la soddisfazione e l'appagamento erano condivisi dalle masse. Oggi, vedendo il tuo palazzo, mi meraviglio di quanto i tempi siano cambiati. Oggi, voi re e potenti godete delle ricchezze di questo mondo, quando i musulmani in Palestina sono rimasti privi della loro casa, hanno perduto tutto il loro sangue in Kashmir, e sono privati della loro identità in Medioriente. Oggi, quando sono entrato in questo palazzo, sono stato impressionato dal paragone>>.

Lo Shaykh Nadwi rimase in silenzio, mentre delle lacrime scendevano sul volto di Faisal. Ora era il suo turno. Presto le lacrime si trasformarono in un pianto dirotto. Le guardie furono colte dalla preoccupazione e si affrettarono a vedere che cosa fosse successo, ma il re Faisal fece loro segno di allontanarsi. Poi si rivolse allo Shaykh Nadwi con le seguenti parole: <<Questi monarchi erano tali perché avevano dei consiglieri come te. Spero che tu continui a venire qui e a darci dei consigli, a noi che siamo più deboli!"[46].

Rābitā al-'Ālama al-Islāmī: La lega musulmana mondiale

Dopo la fondazione dell'università islamica di Medina, la crisi politica nel mondo arabo ebbe delle ripercussioni sull'unità del mondo musulmano. Il parrocchialismo e la faziosità erano generati dal nazionalismo, una neo-*jāhiliyyah* che ha indebolito le arterie vitali della ummah musulmana. In risposta a questi allarmanti sviluppi venne fondata nel 1962 la Rabita per mobilitare il supporto musulmano globale e stabilire un legame vitale con le questioni che riguardavano i

---

[46] *Kārwān-i Adab*, 174-75.

musulmani. Il suo primo segretario generale, lo Shaykh Muhammad Sarwar al-Sabban, ha interpretato l'organizzazione come un forum per raccogliere l'opinione collettiva musulmana contro i Nasserismo.

La natura e lo scopo delle attività della Rābitā sono state successivamente estese nel corso del mandato del suo secondo segretario generale, lo Shaykh Muhammad Sālih al-Qazzāz. Prominenti leader vennero reclutati dal mondo musulmano come membri del comitato esecutivo della Rabita. La posizione di alto profilo e la crescente popolarità nel mondo arabo fecero di lui una scelta naturale. Il portfolio che gli venne assegnato testimonia il rispetto di cui godeva. Lo Shaykh Nadwi ricopriva il ruolo di presidente delle sessioni della Rabita e guidava le sue politiche nell'ambito della *islāh*.

Una valutazione critica della relazione dello Shaykh Nadwi con la *Salafiyyah* nel mondo arabo fornisce degli spunti interessanti in merito ai suoi punti di vista sul movimento. La monarchia saudita, per esempio, promuoveva un'interpretazione severa e letterale della *shari'ah* in linea con la missione della Salafiyyah, e non vi era alcuno spazio per il *tasawwuf* che invece veniva considerato una deviazione (*bid'ah*). Lo Shaykh Nadwi invece, non condividendo questo punto di vista, supportava il *tasawwuf* inteso come un'espressione autentica della tradizione islamica, anche se nello stesso tempo ha rifiutato delle pratiche derivanti dal costume e l'esagerata venerazione dei santi che venivano investiti di un alone di divinità. Le masse inconsapevoli venivano esposte ad una versione distorta dell'Islam, in cui la superstizione e le credenze assurde soppiantavano gli insegnamenti originali del Corano. Lo Shaykh Nadwi si mostrò sempre critico verso le credenze sincretiche ed i loro effetti corrosivi sul *tawhīd*. Al contrario, nel suo progetto di riforma un ampio spazio era riservato all'esposizione delle dimensioni interiori dell'*islāh*.

Lo Shaykh Qardawi ha ritenuto che lo Shaykh Nadwi rispecchiasse la vera essenza dell'*ihsān* (eccellenza spirituale) e che si distaccasse in modo chiaro da qualsiasi parvenza associata con le innovazioni condonate da determinati *mashā'ikh* degli ordini spirituali.

Recenti studi relativi alle specifiche sfaccettature del pensiero salafita sottolineano le sue complessità e concezioni. Il termine *kufr* (miscredenza) viene utilizzato in senso lato contro i musulmani che cercano di mantenere delle relazioni sociali con i non-musulmani. Citando i versetti coranici in supporto delle loro *fatwā*, l'istituzione salafita non ha risparmiato i non-salafiti nella loro condanna per la pacifica coesistenza con i non-musulmani. Questa concezione ha finito per giustificare la violenza contro individui ed organizzazioni che promuovevano il dialogo in un mondo multireligioso. I salafiti hanno esteso la loro presenza in paesi in cui le minoranze musulmane sono esposte a grandi problematiche che hanno un impatto sulla loro identità islamica. Però, la loro interpretazione estremista delle dottrine islamiche ha accresciuto le difficoltà dei musulmani che cercano nuovi percorsi della *da'wah*.

Lo Shaykh Nadwi era consapevole dei furiosi dibattiti relativi al takfir (la scomunica dei musulmani) nel mondo arabo e la sua crescente influenza in Europa. Secondo lo Shaykh Nadwi, una cultura d' iniziative legate alla *da'wah* era l'alternativa per salvare le minoranze musulmane dall'isolamento e dal sospetto verso la cultura dominante dei loro rispettivi paesi. Le osservazioni penetranti dello Shaykh Nadwi relativamente ai dilemmi dei musulmani in Occidente ci ricordano che la *da'wah* è un ideale ispirato dal Corano che tiene in considerazione fattori quali il temperamento individuale, le aspirazioni sociali e le circostanze. Secondo l'opinione dello Shaykh 'Ali Tantawi, lo Shaykh Nadwi ha costruito dei forti nei cuori degli studenti. Come la roccia proverbiale, la sua fede ferma e la convinzione hanno avuto un solido impatto sugli studenti che cercavano di servire l'Islam con abnegazione in tutte le sfumature della *da'wah*. In questo sforzo, la *tarbiyyah* o l'insegnamento morale erano parte integrante di un sistema educativo sano ed efficiente. Secondo lo Shaykh Nadwi, il suo fine era quello di promuovere una cultura della consapevolezza e di servire come una zona cuscinetto contro la corruzione e la deviazione morale. Poi ha ripetuto la concezione secondo cui le politiche governative non possono invertire la rotta della riforma positiva ancorata alla *tarbiyyah*[47].

Verso la rinascita islamica

Gli sviluppi geopolitici del ventesimo secolo nel mondo musulmano hanno visto l'emergere di movimenti che promuovevano elementi chiave quali il risveglio (*sahwah*) e la rinascita (*nahdah*). In senso positivo, il progetto di rinnovamento islamico è stato testimone di un nuovo discorso relativo alla riforma intellettuale ed ha sostenuto una robusta tradizione accademica. Secondo lo Shaykh Nadwi, la rinascita islamica esprime un approccio paradigmatico che opera all'interno dell'ambito delle norme e degli standard coranici, che includono i seguenti punti:

- Il sistema di fede islamica (*'aqīdah*) non era compromesso per opportunità politica
- Una profonda conoscenza del Corano e della sunna era richiesta per comprendere le tendenze ed i movimenti contemporanei.
- Il confronto deve essere condotto con saggezza (*hikmah*) ed attraverso l'esortazione (*maw'izah*).

---

[47] Cfr. Nadwi, *Tarshīd al-Sahwah al-Islāmiyyah* (2004).

- Quanti si dedicheranno all'opera di rinascita islamica dovranno tenersi a debita distanza dai corridoi del potere.
- La rinascita islamica deve essere impregnata dello spirito di sacrificio, coraggio e fede in Dio (*tawakkul*)[48].

Europa: un nuovo orizzonte

Prima di tentare di discutere le attività in Europa legate alla *da'wah* dello Shaykh Nadwi, alcune osservazioni preliminari relative alla sua conoscenza dell'Occidente chiariscono i suoi contributi alla questione relativa all'Islam ed Occidente.

Due figure eminenti, quali il Mawlana Daryabadi ed il Mawlana Mawdudi, hanno esercitato un'influenza formativa sulla sua comprensione della civiltà occidentale. L'opera di Muhammad Asad, *Islam at the Crossoroad* ha reso più profonda la sua critica dell'Occidente. Allo stesso modo, lo Shaykh Nadwi ha avuto accesso alle fonti primarie che ha consultato nella preparazione del suo *Rise and Fall of Muslims*. In questo contesto, le attività dello Shaykh Nadwi legate alla *da'wah* in Europa nel 1963 e 1964 hanno migliorato la sua comprensione della psiche e dello spirito che hanno plasmato il carattere della cultura e della civiltà occidentale. Da Londra a Lausanne, Berlino e Parigi, il messaggio dello Shaykh Nadwi era coerente con la sua visione della *da'wah*: l'Occidente ha bisogno di rivalutare la sua ossessione con la sua cultura materialista. Per il medesimo motivo, i valori dell'Islam promuovono lo sviluppo di una personalità completa ed integrata. Lo Shaykh ha tenuto una lezione nella London University sul tema "Tra Oriente ed Occidente", ha dato delle interviste alla BBC, ha incontrato eminenti studiosi come il Professor Arberry della

---

[48] *Ibid.*, 35.

Cambridge University ed il Professor Hamidullah di Parigi. La raccolta di lezioni include il messaggio rivolto alla nazione tedesca a Monaco tradotto in inglese con il titolo *Speaking Plainly to the West*[49]. Lo Shaykh Nadwi ha visitato anche la prestigiosa biblioteca del British Museum e quella dell'Indian office per raccogliere del materiale per scrivere *Western Civilisation, Islam and Muslims*.

Rabey Nadwi, che accompagnava lo Shaykh Nadwi nel corso dei suoi viaggi in Europa, ha fatto eco ad un sentimento simile. Il messaggio dello Shaykh Nadwi era chiaro:

<<Non abbandonate i vostri valori islamici e culturali. Non lasciatevi influenzare dalla debolezza morale e religiosa della popolazione locale. Educate e crescete i vostri figli in modo che il loro legame con l'Islam non venga compromesso. Imparate la lingua del posto al meglio delle vostre possibilità in modo che la vostra opera relativa alla *da'wah* sia efficace. Vivete un'esistenza che possa essere un mezzo per introdurre l'Islam ai non musulmani. Guadatevi intorno e chiamate il male con il suo nome. Ma se trovate qualcosa di buono, allora apprezzatene il valore perché il Profeta (pbsl) ha affermato: <<La saggezza è il tesoro perduto di un credente che, quando viene trovato, vanta un maggiore diritto a possederlo>>.

L'interesse principale dello Shaykh Nadwi era relativo all'identità collettiva islamica in Europa. I musulmani hanno dovuto affrontare molteplici sfide, in cui l'assimilazione e l'integrazione erano sostenute come politiche statali. I musulmani, che si rifiutavano di essere governati da queste politiche, non erano trattati come cittadini eguali del paese e

---

[49] Queste lettere sono contenute nelle *Maktūbāt* dello Shaykh Nadwi.

venivano etichettati come elementi avversi al progresso. In altri termini, la diversità intesa come espressione di pluralismo culturale era accettabile se i musulmani s'integravano all'interno degli ideali e dell'ethos prevalenti nella nazione.

Mohiuddin Ahmad, traduttore in inglese delle opere dello Shaykh Nadwi, ha fatto alcuni commenti ponderati relativamente alla sua valutazione dell'Occidente:

<<Lo Shaykh Nadwi riesamina la situazione in termini globali nella sua reale prospettiva e ritiene che la vitalità e la capacità dell'Occidente debbano essere fatti propri invece che accettati. In altri termini, desidera che l'Oriente venga illuminato dall'Occidente piuttosto che intossicato. Nello stesso tempo, esorta l'Oriente musulmano a mantenere la sua distintiva individualità, la sua fede, la sua integrità morale ed il fervore del cuore e dello spirito. Allo stesso modo vuole che l'Oriente comprenda la causa reale della prosperità materiale ed il successo dell'Occidente, accettando quanto è utile e, di rimando, aiutare l'Occidente a superare le sue follie, i suoi difetti, le aberrazioni e gli eccessi per il loro beneficio reciproco. Domanda poi all'Oriente di custodire e conservare le energie latenti della fede e della rettitudine, dell'integrità intellettuale e della forza morale, e costruire un nuovo ponte attraverso cui l'umanità possa camminare verso la comprensione reciproca, il progresso, la prosperità, e l'arricchimento materiale per creare un nuovo mondo, in cui vale la pena di vivere, sia per i bianchi che per i neri, per i grandi e per i piccoli, per i potenti e per i deboli>>[50].

---

[50] Cfr. Nadwi, *Muslims in the West*.

Oriente ed Occidente: Incontri culturali

Nel 1950 lo Shaykh Nadwi ha dato dei contributi importanti alla questione relativa al rapporto tra Islam ed Occidente. La sua opera iconica *Rise and Fall of Muslims* è stata ricevuta positivamente nel mondo arabo e dalle organizzazioni musulmane in Europa. Una critica della civiltà occidentale era uno dei temi esplorati nel periodo formativo (1950-53) della sua carriera accademica. La sua associazione con Sa'īd Ramadān, l'illustre membro dell'Ikhwān e genero di Hasan al-Banna, ha aperto i suoi orizzonti relativamente all'evoluzione del pensiero e della cultura occidentale. Come membro esecutivo dell'Islamic Centre in Ginevra (Svizzera), lo Shaykh ha avuto la possibilità d'interagire con altri intellettuali musulmani che risiedevano in Europa. Ha poi contribuito ad una serie di articoli per la prestigiosa rivista *Al-Muslimīn* e, nel corso del suo anno sabbatico ha ricoperto il ruolo di editore durante l'assenza di Sa'īd Ramadān, che si era recato presso l'università di Colonia in Germania per completare la sua dissertazione dottorale sulla legge islamica. Nel corso di questo periodo, lo Shaykh Nadwi ha incontrato Muhammad Hamidullah, un poliglotta i cui contributi agli studi coranici ed alle tradizioni del Profeta (pbsl) gli hanno fornito una fama internazionale nei circoli accademici. La sua ricerca sui manoscritti esistenti della letteratura degli *Hadīth* custoditi nelle biblioteche europee e di altri paesi musulmani ha provato oltre ogni dubbio la loro autenticità relativa all'appartenenza ai primi anni dell'Islam. Le lezioni dello Shaykh Nadwi dedicate alla *da'wah* in Europa sono iniziate nel 1963 e si sono sviluppate in uno studio più sistematico della visione del mondo europea. Nel mezzo della crescente presenza delle comunità musulmane, le sfide che hanno dovuto affrontare non erano limitate solo alle questioni relative all'immigrazione, alle opportunità economiche ed alla discriminazione religiosa. Era inevitabile che le linee di faglia tra Islam ed Occidente dovessero riapparire nel discorso del conflitto di civiltà. Decenni dopo lo spettro dell'Islamofobia ha confermato questa realtà storica.

Maktūbāt: Una panoramica

Prima di tentare di esplorare la formulazione della *da'wah* dello Shaykh Nadwi in Occidente, le lettere inviate ai suoi colleghi costituiscono una guida utile. Bisogna ricordare che questa era la sua prima visita nelle roccaforti della cultura cristiana ed europea. I capitoli rilevanti del *Rise and Fall* scritti alla fine degli anni 40 segnalano il suo esame critico della civiltà occidentale. Inoltre, molte monografie scritte durante questo periodo (1960) riflettono la sua visione matura rispetto all'influenza intellettuale del pensiero europeo.

Lo Shaykh Nadwi è stato tra i primi studiosi musulmani a prendere le distanze dagli scritti polemici sull'Occidente. Invece, la sua critica dell'Occidente si basava su fonti primarie. Tracciando la sua genealogia, lo Shaykh Nadwi spiega in che modo l'armeria del pensiero occidentale ha avuto il sopravvento nei paesi musulmani colonizzati. Cinquant'anni dopo, la campagna di decolonizzazione della conoscenza ha assunto una grande importanza nelle istituzioni d'insegnamento superiore. Questa mentalità si è estesa anche alla presenza crescente dei musulmani progressisti che domandavano un nuovo approccio agli studi coranici. In questo contesto esamineremo passi scelti delle *Maktūbāt* dello Shaykh Nadwi alla luce della sua esperienza in diverse città europee.

Ginevra: Centro islamico

<<Muhammad Asad è venuto ad incontrarci al Centro. La sua conversazione calda ed animata mi ha commosso. Nel corso del nostro dialogo è sorta la questione relativa alla traduzione. Asad ha fatto riferimento al progresso del suo commentario coranico in inglese. Anche Muhammad Hamidullah che era presente all'incontro, ha comunicato le sue osservazioni relativamente alle traduzioni coraniche nelle lingue europee. La competenza semantica e linguistica furono i temi chiave che dominavano la conversazione. Hamidullah aveva già tradotto il Corano in lingua francese. Zafar Ishaq Ansari ha fatto riferimento all'opera di Asad intitolata *Road to Mecca* che è stata tradotta in lingua urdu. Asad ha smentito di aver dato il permesso per la traduzione in urdu ad altri editori oltre che alla Nadwah>>.

Dalla precedente citazione emergono due punti. Primo, la famigliarità dello Shaykh Nadwi con il pensiero islamico contemporaneo. L'*Islam at the Crossroads* di Muhammad Asad ha creato lo spazio per una lettura contestualizzata della fede e della pratica islamica. Secondo, delle tendenze negli studi coranici stavano guadagnando slancio e vennero ideati dei programmi per insegnare questa disciplina presso le prestigiose università occidentali. Il contributo dello Shaykh Nadwi, anche se breve, è stato riconosciuto dagli Orientalisti.

Londra: 17 Ottobre del 1963

<<Ho incontrato il Professor A. J. Arberry, rinomato studioso del dipartimento degli studi orientali ed islamici presso l'università di Cambridge. Costui vanta a suo credito la pubblicazione di molte traduzioni dei testi classici sul *tasawwuf* e sulla poesia persiana. La sua traduzione del Corano scritta prevalentemente per un pubblico non musulmano è stata ampiamente diffusa. Secondo Arberry, le organizzazioni islamiche gli hanno domandato di lavorare al progetto di traduzione. Era difficile fare una generalizzazione relativamente alle aree di specializzazione orientaliste nel campo degli studi islamici. Non hanno lasciato alcuna profonda impressione su di me, dal momento che il loro progetto era vincolato al tempo disponibile ed in molti casi era senza alcun impegno. Deve comunque essere ricordato che Arberry ha trascorso molti anni al Cairo studiando l'arabo classico>>.

Un'interessante monografia sull'Orientalismo rivela la valutazione equilibrata e priva di pregiudizi dello Shaykh Nadwi relativamente ai suoi contributi nell'ambito degli studi islamici. Le opere sugli *Hadīth*, per esempio, dispiegano <<una genuina erudizione ed una ricerca che dimostra uno studio esaustivo ed un impegno instancabile>>. Senza considerare tutti gli scritti orientalisti come ostili verso la cultura islamica, Shaykh Nadwi fa un'osservazione schietta per quanto riguarda la maggioranza degli orientalisti che hanno adottato invece atteggiamento censorio: <<Costoro non sono diversi dall'ispettore di scarico che vede solo fogne e cumuli di spazzatura in un paesaggio squisito e bellissimo>>.

Parigi: Ottobre del 1963

Abbiamo visitato l'università della Sorbona che vanta una storia interessante. Al pari dell'università di al-Azhar, venne fondata da figure e fondazioni religiose. La religione ha avuto un ruolo centrale nella fondazione di istituzioni educative sia in Europa che nel mondo musulmano. Il principale mecenate dell'educazione islamica, Fatima al-Fihri, ha fondato l'università del Qarawiyyin nel 859 d.C. a Fez, in Marocco.

La biblioteca nazionale è un fenomeno raro, possiede sette milioni di libri e 4000 riviste e giornali. Una sezione della biblioteca è dedicata a tutte le opere pubblicate in lingua francese e contiene sei milioni di testi. La nazione francese è un insieme di attributi contrastanti. Appassionati della loro lingua, sono amichevoli e di buon carattere. In realtà, la loro disposizione naturale tradisce il loro lassismo verso questioni importanti come la purezza rituale (*tahārat*). Costoro sembra che abbiano ereditato questa caratteristica dai sacerdoti della chiesa di Roma che in generale non sembrano promuovere la pulizia. L'eguaglianza di genere non ha migliorato il destino delle donne, che continuano a svolgere lavori umili mentre la loro femminilità è sacrificata all'altare della dominazione maschile>>.

Lo Shaykh Nadwi attira l'attenzione del lettore relativamente all'attitudine europea verso la vita. A differenza dell'Islam che possiede una shari'ah che detta le norme e gli standard per una vita appagante, l'Europa promuove una cultura priva di valori spirituali. Pur riconoscendo i grandi passi fatti dalla nazione francese nell'ambito della conoscenza superiore, le loro vite sono prese nel mezzo di conflitti che sono intessuti nella vita quotidiana e nell'orientamento culturale. Quindi, un'accettazione volontaria del codice di vita islamico per la nazione francese rappresenta una sfida formidabile considerate le loro prospettive.

Lo Shaykh Nadwi è stato intervistato anche dalla British Broadcasting Corporation in cui ha reso pubbliche le sue impressioni della sua visita a Londra. Inoltre, la sua lezione in arabo nella London University Hall sul tema "Tra Oriente ed Occidente" ha ricevuto un apprezzabile interesse dagli studenti arabi che risiedevano a Londra. La lezione è stata tradotta in inglese da Zafar Ishaq Ansari, un eminente studioso nell'ambito degli Studi Islamici e traduttore in inglese dell'opera di Mawdudi intitolata *Tahfim al-Qur'ān*. Costui ha tradotto anche molti libri dello Shaykh Nadwi come per esempio *Qadianism: A Critical Study* che viene lodato per la sua scorrevolezza, l'obiettività ed una chiara presentazione di questa setta deviante.

Lo Shaykh Nadwi è stato in grado di accedere alle informazioni presenti nel British Museum e le biblioteche dell'Indian Office nell'ambito dell'opera di ricerca per il testo *Western Civilisation, Islam and Muslims*. L'Introduzione è stata completata a Londra. Questo libro che originariamente era stato scritto in arabo (1963) focalizza l'attenzione sull'attitudine del mondo islamico verso la civiltà occidentale. Successivamente è stato ampliato nella traduzione inglese in vista delle mutate situazioni socio-politiche nei paesi musulmani.

Spagna: La sindrome dell'Andalusia

L'impronta islamica in Europa era discernibile in quella parte della Spagna conosciuta come Andalusia, e nel potente califfato ottomano. Lo sviluppo della civiltà islamica ha costituito un notevole traguardo in Spagna. Città quali Cordova e Granada sintetizzano il glorioso passato del governo musulmano che ha raggiunto un successo senza precedenti in diversi ambiti del sapere. Tragicamente, i fattori politici hanno poi condotto al suo declino finale. L'Inquisizione nel 1492 ha suggellato il destino del governo musulmano e della popolazione che venne perseguitata. Alcuni fuggirono dal paese ed altri invece furono costretti ad abbracciare il cristianesimo.

La visita all'eredità immortale della storia islamica destò nello Sheikh Nadwi un penoso ricordo del passato della Spagna. Granada, una città modello di bellezza architettonica, in cui il tempo sembra essersi fermato. In modo simile, il Palazzo di Alhambra ha perduto la sua anima e caratterizza la sindrome del "Paradiso perduto". Il profondo effetto di un'irrimediabile perdita viene meglio espresso dalle parole dello Shaykh Nadwi:

<<Siamo saliti su di un autobus che ci ha condotto in questi siti storici. Ai turisti che parlavano inglese è stata assegnata una guida che, ogni volta che indicava i monumenti osservata: "Quando abbiamo espulso gli arabi" ...Non potevo più sopportarlo e gentilmente domandai di evitare di fare quest'osservazione e lui lo fece...>>.

Un nuovo mondo fu creato in Europa non solo dallo splendore della storia islamica, ma anche dall'incontro tra Islam e Occidente. Paradossalmente, i segni del declino del mondo musulmano erano interconnessi alla *da'wah*. Il governo musulmano che si è esteso per otto secoli non è riuscito ad attrarre il cuore della popolazione locale verso l'Islam e non vi era nemmeno un'espressione tangibile e strutturata di attività legate alla *da'wah*. Nel corso del tempo questa negligenza ha ribaltato la situazione dei musulmani con gravi conseguenze. Inoltre, questo triste ricordo dell'indifferenza musulmana verso la *da'wah* è riflesso nella visione riformista dello Shaykh Nadwi. Le sue lezioni rivolte ad un pubblico occidentale hanno un tema ricorrente: solo l'Islam può ridisegnare le linee tra i guadagni materiali ed il successo eterno.

Per tornare a Cordova, il tempo si era fermato davanti alla magnificente bellezza del paesaggio mozzafiato. Era comunque la moschea di Cordova che attraeva l'attenzione dei grandi studiosi e dei poeti. Lo stesso Shaykh Nadwi non fece eccezione. Lo stesso Iqbal scrisse un poema in cui immortalava la magnificenza della moschea, che è considerato un capolavoro di ispirazione poetica e espressione artistica. Secondo Iqbal, l'amore trascende il tempo e lo spazio ed in modo simile la stessa moschea rappresenta le universali qualità dell'amore. L'arte, la bellezza e l'architettura sono i motivi che riportano alla mente l'impareggiabile passato islamico. Iqbal ritiene che l'adhan sia il simbolo della missione eterna dell'Islam. Secondo lo Shaykh Nadwi, la rigenerazione dell'Islam ha mostrato i suoi segni nella Spagna musulmana e questo fa ben promettere per il suo futuro.

Comunque, l'incontro tra la Spagna e l'Islam, i cui legami sono stati recisi all'indomani della Reconquista nel 1492, ha ora assunto delle dimensioni differenti. Anche se le famiglie musulmane tengono le chiavi delle loro abitazioni ancestrali, la loro espropriazione rimane sentimentale. Secondo una nota positiva, i modelli d'immigrazione degli insediamenti musulmani nei decenni recenti illustrano il potenziale dell'Islam che ha stabilito le sue orme in Spagna ancora una volta. Questo sviluppo sottolinea l'importanza della *da'wah*. Per lo stesso motivo, la prospettiva di un "Paradiso ritrovato" per i musulmani nel paese è illusoria[51].

---

[51] Nadwi, *Maktūbāt*.

L'incontro tra Oriente ed Occidente

I primi decenni del diciannovesimo secolo hanno visto la generale presenza dell'Occidente nei paesi musulmani come conseguenza dell'espansionismo coloniale. La prima ragione del successo occidentale nei paesi musulmani non sta solo nella potenza militare, ma nel fatto che la sua superiorità intellettuale ha creato una resistenza passiva in modo particolare da parte degli *ulama*. L'invasione occidentale ha prodotto due risposte opposte rispettivamente dai *ulama* e dagli intellettuali. Gli *ulama* in particolare interpretavano l'Occidente come qualcosa che deve essere rifiutato e protestavano contro la sua influenza corrompente sui paesi musulmani conquistati. Quest'attitudine di condanna presupponeva che l'Occidente fosse immerso nel male in ogni aspetto dell'esistenza. I paesi musulmani avevano perso la fiducia in sé stessi e, come tale, avevano costruito un muro d'insularità contro la rapida incursione dell'Occidente. Quest'attitudine non ha preso in considerazione l'interna decadenza che si era impostata non solo nella sfera politica, ma anche in altri ambiti quali economia, letteratura, scienza, politica e cultura.

L'emergere dei musulmani modernisti fu un fenomeno generato dalla superiorità intellettuale dell'Occidente. Costoro attribuivano la decadenza dei musulmani alla loro struttura interna che non riusciva ad affrontare le sfide che provenivano dall'Occidente. Allo stesso modo, costoro cercarono di creare un'armonia tra Oriente islamico ed Occidente. Questo implicava che il successo musulmano richiedeva l'abbandono della *shari'ah* e l'accettazione dei valori occidentali intesi come ideali di progresso. Senza dubbio, questa era un'attitudine apologetica adottata dall'emergente gruppo intellettuale per reinterpretare gli insegnamenti e le tradizioni islamiche. Costoro erano supportati dalle istituzioni statali che a comando dell'Occidente consolidavano il progetto modernista nei loro rispettivi paesi.

L'analisi dello Shaykh Nadwi relativamente alle due risposte testimonia il suo approccio privo di pregiudizi ed equilibrato. Ha offerto infatti una terza via che, secondo la sua opinione, potrebbe riconciliare le strategie conflittuali che hanno esercitato un impatto negativo nell'ambito della comprensione delle dinamiche dell'Occidente. Secondo Habibul Haq Nadwi:

<<Lo Shaykh Nadwi osserva la situazione nella sua vera prospettiva e ritiene che la vitalità e la capacità dell'Occidente debbano essere fatte proprie più che accettate. Lo Shaykh desidera infatti che i musulmani vengano illuminati più che intossicati dall'Occidente. Nello stesso tempo, invita l'Oriente musulmano a mantenere la sua distinta identità, la sua fede, e la sua integrità morale che avrà un ruolo per se stesso, l'Occidente ed il resto dell'umanità>>.

Anche se lo Shaykh Nadwi critica l'Occidente per aver fatto derivare le sue fonti dall'antica civiltà greca, adotta un approccio positivo libero dalle tendenze polemiche e distruttive.

La *da'wah* verso l'Occidente: Gli anni formativi

In questa sede presentiamo un'esposizione tematica delle conferenze tenute dallo Shaykh Nadwi a Londra ed a Berlino. Lo Shaykh Nadwi deplora il conflitto che ha tenuto separati l'Islam e l'Occidente. Il divario si è poi ampliato nel corso degli anni ed ha contrastato dei seri tentativi di riconciliare le due civiltà. Il termine "Oriente" viene applicato all'Islam e possiede un completo codice di condotta e valori plasmati dall'esempio del Profeta (pbsl). L'Occidente invece è legato in modo inestricabile con la mentalità delle crociate, con il colonialismo e l'Orientalismo che hanno devastato tutti gli sconvolgimenti socio-politici ed intellettuali nei paesi musulmani. Nonostante ciò, lo Shaykh Nadwi avanza le seguenti osservazioni:

<<È chiaro che l'Oriente e l'Occidente rimangono isolati uno dall'altro. Ogni volta che si sono avvicinati, quest'avvicinamento è avvenuto in un'atmosfera di reciproco sospetto, persino di odio. Raramente hanno congiunto le mani per il bene dell'umanità e per costruire una civiltà ideale. Una prontezza a scambiarsi le capacità innate e la conoscenza acquisita attraverso i secoli è sempre stata assente. Se vi è stato qualche scambio, si è verificato in una zona molto limitata>>.

Conferenza all'università di Londra

Dal momento che la sua conferenza venne tenuta all'università di Londra, lo Shaykh Nadwi fece riferimento ai notevoli risultati di quest'istituzione nell'ambito della scienza e della tecnologia. Ha poi asserito che quei passi sono una benedizione divina, che non deve essere sottovalutata. Comunque, lo Shaykh Nadwi ha colpito una nota dolente quando ha affermato che la separazione della fede e della scienza ha avuto degli esiti disastrosi per l'umanità. La prospettiva è desolante dal momento che "la fede continua ad attendere la compagnia della scienza, mentre la scienza rimane nel bisogno della guida e della fede. Quindi, l'umanità sta attendendo che fede e scienza si uniscano in modo tale che possa essere conseguita la pace e la vera felicità".

La fede, secondo lo Shaykh Nadwi, è la chiave speciale per apire i segreti del cuore e guidare l'umanità. Per questo fine, l'Occidente ha bisogno di rimuovere la crosta di materialismo in modo che la chiave regalata dai profeti possa aprire i suoi innati potenziali e quindi ripristinare i veri contenuti della fede.

Messaggio all'umanità: Germania

Lo Shaykh Nadwi si è rivolto in Germania agli studenti, al corpo insegnante ed a persone di diverso entroterra sociale e culturale. Originariamente tenuta in arabo nell'università di Berlino, il testo della conferenza è stato tradotto successivamente in tedesco. Come il suo titolo suggerisce, lo Shaykh Nadwi ha ricordato alla nazione tedesca che occupava un posto speciale tra le nazioni in ragione delle sue eccezionali qualità e contributi intellettuali alla civiltà europea. Le sue idee rivoluzionarie hanno portato in Europa i venti del cambiamento ed hanno dato una nuova forma all'identità intellettuale del continente a cui l'Occidente deve molto.

Lo Shaykh Nadwi si lamenta per il fatto che le innate capacità della Germania non hanno adottato un approccio costruttivo alla civiltà che ha ridotto l'essere umano ad un'entità priva di anima. Come risultato, la civiltà era rimasta priva di nobili caratteristiche, quali la fede, la sincerità, la purezza del pensiero e l'amore per l'umanità. La Germania aveva l'opportunità, data la sua storia, di produrre dei leader rivoluzionari, di aprire dei nuovi capitoli nella storia mondiale adattando i progressi fatti nella scienza e nella tecnologia a servizio dell'umanità. Purtroppo, il corso d'azione intrapreso dalla Germania non ha mutato il destino d'Europa. In modo simile, la chiesa non ha tentato una riconciliazione tra la fede e la scienza, ma li ha allontanati uno dall'altra in modo tale che la contraddizione rimane la caratteristica essenziale del pensiero europeo nelle questioni religiose.

In retrospettiva, lo Shaykh Nadwi ha chiaramente affermato che l'Europa non è stata abbastanza fortunata da abbracciare il messaggio dell'Islam. Anche se il califfato ottomano ha in molti modi infuso una nuova vita ed impulso alla decadente Europa, il suo successo fu limitato a causa di molteplici fattori storici. Anche sotto queste circostanze, la Germania avrebbe potuto assumere la leadership in virtù del suo fervore rivoluzionario per promuovere una trasformazione in Europa. L'idealismo ci cui lo Shaikh Nadwi parlò relativamente alla nazione tedesca però non si è realizzato.

Valutazione

Lo Shaykh Nadwi porta alla luce il conflitto tra il materialismo incarnato nell'attitudine dell'Occidente verso le dimensioni spirituali della civiltà islamica. Ha poi sostenuto che il progresso tecnologico non garantisce alcuna misura di reale successo. Ironicamente, sviluppa un desiderio insaziabile per una prosperità materiale e stabilità illusorie. I piaceri edonisti o la gratificazione istantanea sono interpretabile come esiti del materialismo. Gli Stati Uniti, l'Europa e la Russia sono di fatto "in guerra con la spiritualità, l'etica religiosa e la responsabilità verso Dio". Secondo lo Shaykh Nadwi, il logico climax di questa mentalità è il preludio dell'apparizione del Dajjal così come viene descritto nella letteratura delle tradizioni. È anche "il punto culminante di questa civiltà priva di Dio che sta per essere preparata nel crogiolo dell'Europa negli ultimi secoli>>.

Lo Shaykh Nadwi avverte il mondo musulmano a non cadere nelle trappole del materialismo che ha portato con sé indicibili miserie e sofferenze a milioni di persone che languiscono in una opprimente miseria e conducono un'esistenza prima di significato. Per esempio, le promesse di successo in una società consumista sono elusive, perché il capitalismo serve gli interessi di grandi multinazionali. Allo stesso modo, milioni di persone sono vittime di politici che li considerano al tempo delle elezioni come banche di voi. Quindi, non sorprende che i valori intrinsechi come la giustizia sociale, l'uguaglianza e la fraternità non esistano nel lessico del materialismo.

Gli scontri intracomunitari

Gli scontri intercomunitari tra musulmani ed indù erano un fenomeno che si verificava anche prima della partizione dell'India nel 1947. La persecuzione dei musulmani è stata portata avanti dagli Hindutva, un movimento ideologico che si nutriva di una retorica anti-musulmana e che vedeva la comunità musulmana come periferica rispetto alla maggioranza indù e, quindi, ha lanciato un'implacabile campagna per destabilizzare i musulmani a livello sia economico che religioso. Inoltre, le ambizioni dei politici per sollecitare il loro bacino di voti hanno attizzato il fuoco della violenza intercomunitaria.

Il ritorno dello Shaykh Nadwi in India nel 1964, dopo un'estesa visita in Europa, lo ha collocato nella fase critica della crisi musulmana. Lo scoppio delle violenze in Kolkata, Jamshedpur, Ranchi ed altre città ha avuto un effetto devastante sulla visione dell'armonia intercomunitaria dello Shaykh Nadwi. Inoltre, quello scontro gli ricordò i giorni della partizione: macchie di sangue sui muri e teschi umani sparsi nei capi. Una terribile immagine era palpabile. La litania delle calamità e del trauma era insopportabile per lo Shaykh Nadwi. Insieme con i suoi colleghi ha mobilitato il supporto musulmano per riportare alle autorità statali le loro difficoltà. Lo Shaykh non era inconsapevole del bisogno di una ricostruzione nazionale ed ha articolato questo messaggio sia davanti ad un pubblico musulmano che non. Il suo famoso discorso presso il Tata Steel Company ha riflesso la sua preoccupazione per l'armonia tra le comunità:

<<Se l'acciaio potesse parlare direbbe: "Non sono stato creato affinché gli esseri umani si taglino la gola a vicenda. Se questo accade, allora non sono io, l'acciaio, a dover essere rimproverato. Il rimprovero è per quelle persone educate che non m'impiegano per un utilizzo costruttivo, ma solo per fini distruttivi">>.

La Majlis i-Mushāwarat

La crescente polarizzazione tra le comunità mise all'ordine del giorno il bisogno della rappresentanza pubblica degli interessi musulmani. All'inizio del 1964, quando le violenze intercomunitarie in West Bengala ed Uttar Pradesh resero necessaria una rappresentazione politica su larga scala, venne fondato a Lucknow l'All-India Majlis i-Mushāwarat (AIMM). I suoi principali collegi elettorali erano formati da prominenti organizzazioni musulmane e distinti individui. Lo Shaykh Nadwi era la forza trainante dietro la costituzione del AIMM. Il Dottor Sayyid Mahmud (d.1972) elaborò l'idea di riempire il vacuum della leadership morale. L'AIMM ha poi tracciato i suoi scopi: superare l'esperienza traumatica della Partizione nel 1947 ed integrare tutte le parti della società nell'Unione indiana. In modo simile, la branca dell'organizzazione sita in Uttar Pradesh si è trasformata sotto la leadership carismatica del Dottor 'Abdul Jalil Faridi (d. 1974) in un partito politico che è riuscito a candidarsi per le elezioni del 1969. Dopo questa divisione, l'AIMM sotto la leadership del Mufti Atiq al-Rahmān 'Uthmāni (d. 1984) ha adottato nuovi statuti, che lo hanno trasformato in una fusione di diverse organizzazioni musulmane senza alcuna intenzione di partecipare alle politiche parlamentari.

Nell'onda dell'aumento delle tensioni intercomunitarie l'All-India Muslim Personal Law Board (AIMPLB) venne fondata nel dicembre del 1972 a Mumbai. Quest'organizzazione ha guadagnato slancio in risposta alla radicalizzazione del gruppo di estremisti indù (Hindutva) e di determinate forze laiche che domandavano l'abolizione del diritto personale religioso e l'adozione incondizionata dell'Uniform Civil Code. Questi sviluppi sono stati percepiti sia dagli intellettuali musulmani che dagli *ulama* come una minaccia all'identità indo-musulmana ed una violazione dell'articolo costituzionale della libertà di professare qualsivoglia credo religioso.

Comunque, gli elementi disparati che componevano l'AIMPLB non hanno preso delle decisioni unilaterali relativamente a questioni di cruciale importanza per i musulmani. Il periodo di conflitto ha avuto un impatto negativo sull'effettiva gestione di quest'importante organizzazione come hanno confermato successivamente i problemi che i musulmani hanno dovuto affrontare.

Conclusione

Il carattere transnazionale della *da'wah* dello Shaykh Nadwi faceva riferimento alle sfide prevalenti che i musulmani erano chiamati ad affrontare sia a livello locale che nel mondo arabo. L'attivismo politico su questioni che interessavano i musulmani indiani divenne più pronunciato insieme alla sua partecipazione con importanti parti interessate, i cui sforzi per mantenere una coesa identità islamica hanno fornito una comunanza di preoccupazioni su cui lo Shaykh Nadwi ha focalizzato la sua attenzione.

Capitolo VIII

Il pensiero riformista islamico negli scritti dello Shaykh Nadwi

Questo capitolo esamina alcuni degli importanti scritti dello Shaykh Nadwi che sono legati ai specifici sviluppi storici sia a livello locale che all'estero. Viene esplorato anche l'entroterra sociale nell'ambito dell'interpretazione del suo crescente coinvolgimento nella politica. Durante questo cruciale periodo venne inoltre fondato il *Payām-i Insāniyat*. Deve essere poi notato (come è stato discusso nel capitolo precedente) che la sua critica del nazionalismo arabo associato al regime di Nasser viene qui discussa per mostrare le sue ramificazioni nel mondo musulmano.

Iniziative letterarie: Una panoramica

La diminuzione della vista ha creato dei problemi alla routine di scrittura dello Shaykh Nadwi. Per questa ragione si mostrò propenso ad utilizzare sempre di più il dettato. Nonostante quest'impedimento, questo periodo ha rappresentato una fase produttiva della sua carriera letteraria. I suoi diversi scritti che coprivano una gamma di tematiche islamiche ed erano ampiamente apprezzati nel mondo musulmano, erano stati redatti sotto diverse circostanze. L'operazione agli occhi dello Shaykh Nadwi in Sitapur (1966) e Londra (1969) gli diede solo un sollievo temporaneo. Il dolore e l'angoscia di cui ha fatto esperienza era come essere in bilico tra la vita e morte[1], sia in termini della salute che per la prospettiva squallida di vivere una vita non autonoma. Successivamente, nel 1978, la sua visita negli

---

[1] Nadwi, *Kārwān*, vol. 1, 516-18.

Stati Uniti[2] per la *da'wah* gli diede una rinnovata speranza di guarigione dalla sua vista deteriorata. In quel periodo non vi era la tecnologia dell'impianto laser per alleviare la sua malattia ricorrente.

I quattro pilastri dell'Islam[3] [*Arkān-i Arba'ab*]

Vennero scritti una serie di articoli per il giornale arabo *al-Muslimīn* in Ginevra. Lo stile ad effetto utilizzato dallo Shaykh Nadwi era finalizzato a dissipare le concezioni errate secondo cui l'*hajj*, il quinto pilastro dell'Islam, avesse delle connotazioni politiche. Per esempio, individui ed organizzazioni con tendenze moderniste affermavano che l'*hajj* fosse una sorta di conferenza politica internazionale ignorando del tutto i suoi scopi, gli obiettivi e la dimensione spirituale.

Nel corso della scrittura di questo volume, lo Shaykh Nadwi ha studiato di nuovo il Corano e la letteratura degli *hadith* e di altre fonti rilevanti, sia classiche che contemporanee. Inoltre, lo studio comparato delle altre fedi venne condotto per presentare in modo imparziale le loro forme di adorazione. L'interpretazione razionale nel Four Pillars of Islam era stata precedentemente chiarita dallo Shah Waliyullah (d. 1762) nell'opera famosa *Hujjay Allah al-Bāligha*. Quest'opera, considerata un capolavoro, aiuta a comprendere la concezione islamica delle aspirazioni materiali, morali e spirituali dell'essere umano[4].

Un'altra considerazione che lo spinse a scrivere questo volume fu una certa confusione e caparbietà che aveva notato nella presentazione di questi pilastri dell'Islam. Infatti, se questi approcci non fossero stati controllati, avrebbero

---

[2] *Ibid.*
[3] Nadwi, *The Four Pillars* (Lucknow, 1976).
[4] Marcia K. Hermansen, *The Conclusive Argument of God* (Islamabad, 2003).

potuto porre "una grave minaccia alla *millat*" ed avrebbero potuto essere "il preludio alla perversione della comprensione delle verità basilari e della realtà della fede, degli scopi e degli obiettivi della *shari'ah*"[5].

I *Four Pillars of Islam* erano basati su un'ammirabile erudizione rispetto all'importanza della *shari'ah*, anche se in molti circoli intellettuali venne notato che il *tawhīd*[6], un pilastro (*rukn*) fondamentale dell'Islam non era stato discusso. Nel 1982 venne scritto *A Guidebook for Muslims*[7] per concludere la precedente pubblicazione. Questo testo contiene una panoramica sinottica delle credenze e delle pratiche degli *Ahl al-Sunnah* ed era un seguito dei manuali[8] e dei compendi che erano stati scritti precedentemente e che trattavano di temi simili. Un altro testo intitolato *Islam: Three Core Beliefs* (pubblicato nel 2016) fornisce una spiegazione dettagliata del *tawhīd*.

Hayāt-i Abdul Hayy

Prima di cercare di discutere il coinvolgimento editoriale dello Shaykh Nadwi nella pubblicazione degli scritti di suo padre, il suo Hayāt-i Abdul Hayy rappresenta un punto di riferimento per valutare i traguardi accademici di quest'ultimo. Scritto con uno stile lucido ed obiettivo, in questo testo lo Shaykh Nadwi evita il sentiero battuto dello stile *manqabah* (elogio), che presenta un resoconto abbellito

---

[5] Nadwi, *The Four Pillars of Islam*, x-xi.

[6] Lo Shaykh di al-Azhar, Abdul Halim Mahmud, domandò allo Shaykh Nadwi di scrivere insieme a lui un testo sul *tawhīd* al fine di completare l'opera *The Four Pillars of Islam*. Cfr. Nadwi, *Kārwān*, vol. 2, 20-21; *A Guidebook for Muslims*, 10-11.

[7] Opera scritta originariamente in arabo sotto il titolo *Al-'Aqidah wa-al 'Ibādah wa-al Suluk*.

[8] Al genere riformista (*islāhī*) appartengono i seguenti testi: Imām Ghazali, *Ihyā 'Ulūm al-Dīn*; Sayyid Ahmad Shahid, *Sirāt al-Mustaqīm*; Ashraf 'Ali Thānawi, *Ta'lim al-Dīn*.

del suo argomento e formula delle affermazioni iperboliche relativamente alle personalità religiose discusse che in molti casi vengono rivestite di un alone di spiritualità. Secondo lo Shaykh Nadwi, la ragione per cui scrisse la biografia di suo padre fu per preservare i suoi contributi in qualità di storico eminente ed autorevole che ha reso un importante contributo nel preservare la "vita e l'opera di migliaia di studiosi nel subcontinente"[9].

Nuzhat al-Khawātir

Un'altra forma di biografia era quella del dizionario biografico (*tabaqah*), una disciplina ampiamente sviluppata che forniva un'immagine completa dei traguardi sia letterari che intellettuali dei musulmani che vivevano in una determinata zona ed entroterra sociale. Attraverso le lenti di questo genere può essere illustrata l'eredità culturale dei musulmani. la *tabaqah* è emersa come genere letterario all'inizio dell'era islamica[10] ed ha conservato come una sorta di memoria collettiva i traguardi degli *ulama*, dei *mashā'ikh* e degli studiosi che rappresentavano il pensiero islamico. La *Nuzhat al-Khawātir*[11], un'opera pubblicata in sette volumi, non poté essere completata in ragione della morte del suo autore (Sayyid Abdul Hayy), morto nel 1923. Di conseguenza, l'ottavo volume era conservato nella forma di manoscritto e non copriva uno spettro completo di studiosi che erano o suoi contemporanei o nei decenni successivi diedero dei contributi duraturi al pensiero islamico.

---

[9] Nadwi, *Kārwān*, vol. 2, 42-43.

[10] L'opera di Ibn Khalliqān intitolata *Wafayāt al-A'yān* consiste in un dizionario biografico relativo ai primi studiosi musulmani.

[11] L'opera *Nuzhat al-Khawātir* -opera enciclopedica che copre quattordici secoli di storia islamica- venne ripubblicata con il titolo di *Al-I'lām dalla Dār al-Arafat* (Rae Bareli, 1991).

In seguito all'insistenza dei suoi sostenitori lo Shaykh Nadwi si è assunto la responsabilità di completare l'ottavo volume del *Nuzhat*, un'impresa che si rivelò per lui una sfida ardua. La semplicità dello stile e la sobrietà storica erano i segni distintivi di questo volume e lui dovette seguire da vicino il suo stile tenendo in mente la distinzione utilizzata da suo padre[12]. Il *Nuzhat* venne poi pubblicato dalla Dā'irat al-Ma'ārif Uthmāniya in Hyderabad.

Nei termini della sua eccellenza accademica, il *Nuzhat* rappresentava un contributo originale che corrispondeva ai *tabaqah* scritti in diversi periodi nella storia islamica nel mondo musulmano. Lo Shaykh Nadwi ha notato:

<<L'India aveva bisogno di un biografo come Ibn Khallikān, di un analista come Haji Khalifa e di uno storico come Al-Maqrizi che ha descritto i grandi traguardi culturali di questa terra antica, una fonte perenne di civiltà, in colori vividi e veritieri. Abdul Hayy ha avuto il dono di tutte queste qualità e, essendo uno storico, un biografo ed uno scrittore avrebbe potuto rappresentare in modo adeguato tutti e tre gli scrittori passati precedentemente menzionati. Il suo talento non era per nulla inusuale dal momento che molti enciclopedisti vantano a loro credito una produzione prolifica che poteva essere pubblicata solo da un'accademia letteraria>>[13].

---

[12] Nadwi, *Kārwān*, vol. 2, 24-25.
[13] Syed 'Abdul Hayy, *India during Muslim Rule* (Lucknow, 1977), 15-6.

L'India durante il dominio musulmano[14]

Quest'eccellente opera ha preservato l'eredità culturale del dominio musulmano in India. Esamina infatti non solo le diverse dinastie che si sono succedute nel governo dell'India, ma offre anche una panoramica delle maggiori città, dei centri educativi e delle caratteristiche delle infrastrutture del paese. Lo spirito medievale si fonde con l'inizio del ventesimo secolo e si possono discernere i traguardi delle dinastie musulmane nonostante il periodo sporadico e tumultuoso che ha segnato il loro rispettivo governo. Visto da un'altra angolazione, questo lavoro intende mostrare le influenze positive delle diverse dinastie in India. In questo paese il valore dei Turchi, la perseveranza dei Moghul e l'orgoglio degli Afgani si è mescolato con gli ideali islamici di giustizia e compassione. La cultura emersa da questa fusione di idee ed ideali può essere a ragione definita indo-islamica. Il suo assetto amministrativo era un amalgama di sistemi turchi, indiani e islamici, generalmente conosciuti come il sistema amministrativo moghul ed il suo stile architettonico come architettura indo-islamica[15].

La civiltà occidentale, l'Islam ed i musulmani[16]

L'approccio adottato dallo Shaykh Nadwi verso la civiltà occidentale ha bisogno di un'elaborazione. Costui ritiene che una fusione delle scienze moderne con gli insegnamenti fondamentali dell'Islam sia possibile. Il suo impatto può essere rivoluzionario per l'umanità che è beneficiaria dell'integrazione della conoscenza. Questo piano di azioni,

---

[14] La versione araba e' stata pubblicata dalla prestigiosa Arab Academy in Damasco.

[15] Syed 'Abdul Hayy, *India during Muslim Rule*, 7.

[16] Nadwi, *Western Civilisation, Islam and Muslims* (Lucknow, 1974).

nelle parole dello Shaykh Nadwi, può essere implementato se i musulmani assumono un ruolo di leader nel portare ad una genuina trasformazione nei loro rispettivi paesi. Secondo costui, il processo d'integrazione o la fusione di conoscenza e fede risiedono solo nell'Islam che ha un messaggio universale:

> <<L'Islam rappresenta una fede, una *shari'ah* ed una legge per cui il termine "antico" e "moderno" non ha alcun significato. Si tratta di una civiltà le cui radici sono impiantate in verità imperiture. Come un albero sempreverde, è sempre giovane e pronto a far sbocciare nuovi boccioli>>[17].

La critica dello Shaykh Nadwi della civiltà occidentale deve essere contestualizzata per esaminare i suoi maggiori contributi in questo caso. Infatti, il suo approccio bilanciato, libero dalle polemiche sia dell'estremismo che del modernismo, lo ha collocato in un ruolo d'intellettuale indipendente che ha aperto nuovi sentieri per comprendere la mente occidentale. Il suo capolavoro, *Rise and Fall of Muslims* ha delineato le tendenze della occidentalizzazione ed il loro impatto negativo sui paesi musulmani. Lo Shaykh Nadwi ha esaminato diversi paesi musulmani che erano stati colonizzati dall'imperialismo occidentale o paesi rimasti indipendenti, ma che in ragione di determinate circostante politiche peculiari avevano ceduto all'arsenale del pensiero e delle idee occidentali. Come risultato della polarizzazione il suo effetto dannoso fu inevitabile. Tragicamente, l'identità ed il carattere islamico vennero perduti e sostituiti da un sistema alieno incompatibile con gli ideali musulmani[18].

Nello stesso tempo, in quest'opera lo Shaykh Nadwi fa riferimento anche ai mutati scenari politici e propone una

---

[17] Nadwi, *Western Civilisation, Islam and Muslims*, 213.
[18] *Ibid.*, 10-14.

soluzione pragmatica: solo l'Islam offre una prospettiva equilibrata per il progresso dell'umanità. Lo stesso Shaykh Nadwi afferma inoltre che i musulmani sono chiamati anche ad utilizzare le scienze fisiche e la tecnologia dell'Occidente, che debbono però essere adattati ai fini superiori che il Profeta (pbsl) ha lasciato in eredità ai musulmani.

La concezione che lo Shaykh Nadwi aveva dell'Occidente può essere riassunta nel modo seguente:

> <<La civiltà occidentale deriva le sue fonti dalla cultura greca e romana. La dipendenza eccessiva dal pensiero razionale con un'ossessione per il materialismo ha forgiato il suo carattere di sistema "orientato verso il mondo". Privo di risorse spirituali, l'Occidente ha prodotto una cultura che cerca conforto nel piacere materiale ed una gamma di istituzioni religiose che forniscono solo una temporanea, se non illusoria, pace spirituale>>[19].

Verso un'educazione islamica indipendente[20]

I mutamenti epocali che erano visibili nel mondo arabo in ragione del nazionalismo e del socialismo hanno avuto una diretta influenza sul sistema educativo. Con l'erosione di credenze fermamente stabilite (*'aqā'id*), la confusione intellettuale ed il declino morale sono state innestate nella cultura arabo-islamica. Non vi era alcuna valutazione critica della compatibilità del sistema educativo con lo spirito e la mente musulmana. Come risultato, venne posta un'enfasi maggiore sull'opportunità politica piuttosto che sulle sue

---

[19] Cfr. Nadwi, *Rise and Fall of Muslims*, 113-56.
[20] Una serie di lezioni tenute in Riyadh, Kuwait ed altri paesi arabi sono state raccolte e pubblicate sotto il titolo di *Nahw al-Tarbiyyat al-Islāmiyyat al-Hirrat* (Riyadh, 1976).

specifiche conseguenze. Quest'anomalia ha avuto un impatto diretto sulle nuove generazioni dei musulmani relativamente al loro rapporto sia con la prospettiva islamica che con i valori occidentali. In questo background lo Shaykh Nadwi ha tenuto una serie di conferenze in cui incoraggiava gli intellettuali musulmani a ripristinare il sistema educativo esistente. Li ha avvertiti rispetto al pericolo insito nell'indossare "gli abiti presi in prestito" da un sistema alieno[21], dal momento che questo li avrebbe privati della loro identità islamica e culturale. Inoltre, il tema di queste conferenze ricorda al mondo arabo che la loro fonte d'ispirazione era perenne ed infallibile. Dal momento che la *sirah* del Profeta (pbsl) è servita da modello di eccellenza per l'umanità, il messaggio che ha recato ha bisogno di essere tradotto in forme tangibili nella sfera educativa. Nessuna dicotomia, secondo la concezione dello Shaykh Nadwi, esisteva tra la ricerca della conoscenza pratica e quella religiosa. Questa prospettiva

è stata successivamente elaborata in un scritto letto in occasione dell'International Muslim Educational Conference (Lucknow)[22] nel 1975. Il conflitto tra la leadership intellettuale e le masse nei paesi musulmani ha creato, secondo lo Shaykh Nadwi, un disequilibrio nel sistema educativo che era privo di ideali islamici. Studi approfonditi portati avanti da eminenti esperti[23] in materia di educazione sono stati condotti in Occidente e le loro scoperte hanno una certa rilevanza anche per i paesi musulmani. Per illustrare la mentalità servile dei musulmani verso i sistemi educativi prevalenti, lo Shaykh Nadwi ha formulato la seguente metafora:

<<Vi è una vecchia storia orientale che illustra in modo accurato le trappole di un sistema educativo

---

[21] Nadwi, *Kārwān*, vol. 2.

[22] Nadwi, "System of Education in Muslim Countries" in *Al-Furqan English Digest* (1976).

[23] Don Adams, *Educational Patterns in Contemporary Societies* (London, n.d.).

straniero accolto in modo imprudente. Una volta vi fu un grande alluvione, in cui vennero coinvolte due creature, una scimmia ed un pesce. La scimmia, essendo abile ed avendo una certa esperienza riuscì fortunatamente a salire su un albero e a scampare dalla furia delle acque. Mentre volgeva lo sguardo dal suo rifugio, vide un povero pesce che lottava contro la corrente. Con la migliore delle intenzioni, si abbassò e sollevò il pesce dall'acqua. Quanto successe dopo fu inevitabile>>[24].

Lo Shaykh Rabey Nadwi fa un'osservazione pertinente relativamente alla valutazione dello Shaykh Nadwi del sistema educativo occidentale:

<<Lo Shaykh Nadwi era convinto che le nazioni occidentali progredivano non in ragione della loro innata superiorità rispetto alle altre nazioni. Il loro progresso era invece interpretabile come il risultato del loro impegno e dell'avanzamento dell'educazione. Lo Shaykh Nadwi era pienamente convinto che l'Islam fosse la religione rivelata da Dio e che le pratiche del Profeta (pbsl) fossero le più adatte all'umanità. Credeva che i musulmani potessero raggiungere livelli superiori di successo rispetto alle nazioni non-musulmane qualora avessero combinato i principi islamici con le conoscenze tecniche dell'Occidente>>[25].

La conoscenza promossa dai superiori obiettivi islamici può salvare l'umanità dai pericoli della rovina morale e spirituale. Per lo stesso motivo, valori chiave come la *taqwa* e l'amore per l'umanità incanaleranno i nostri pensieri e le azioni in una

---

[24] Nadwi, *System of Education*, 62.
[25] Rabey Nadwi, *An Eminent Scholar*, 108.

strategia costruttiva. Uno spirito ribelle che cerca di indebolire la visione del mondo islamica deve essere esorcizzato in modo che la ummah possa redimersi dai fallimenti passati. I musulmani hanno bisogno di rivalutare la civiltà musulmana da una prospettiva diversa. Le sfide poste dalla civiltà occidentale non debbono essere gettate in stampe di ferro. Dall'altro canto la ummah può riformulare il proprio destino traendo beneficio dai vantaggi tecnologici dell'Occidente senza per questo compromettere i suoi nobili fini.

La strada verso Medina[26]

In questo contesto viene riprodotto il seguente passo dal *Pathway to Medina* per fornire ai lettori una panoramica del profondo affetto che lo Shaykh Nadwi nutriva verso il Profeta (pbsl).

Nello stesso tempo, la sua *da'wah* intesa per un pubblico arabo rappresentava un coraggioso promemoria del loro ruolo di ambasciatori dell'Islam, grazie al quale il mondo è stato illuminato dall'insegnamento esemplare del Profeta (pbsl). Nei nostri giorni, lamenta lo Shaykh Nadwi, l'élite araba e le classi educate hanno ridotto il loro attaccamento al Profeta (pbsl) ad una formalità senza anima:

<<Il calore e la serietà dell'amore si sono spenti, anche se era piuttosto chiaro che l'amore per il Profeta (pbsl) avrebbe dovuto essere più forte di quello provato verso i famigliari o i beni terreni. Tenendo in mente queste considerazioni, ho deciso di pubblicare una raccolta di interventi e di scritti che sono stati di beneficio e sono

---

[26] Titolo originale arabo *Al-Tariqa ilā al-Madinah* e tradotta in inglese come *Pathway to Medina* (Lucknow, 1982).

stati ampiamente acclamati nei circoli letterari del mondo arabo. A questo proposito sono stato incoraggiato dalla speranza che potrebbero essere utili nel riaccendere il fuoco dell'amore nei cuori ghiacciati e per mitigare gli effetti allarmanti di un nazionalismo esagerato. Questo è quanto un non-arabo ed un musulmano che vive in un luogo geograficamente distante ha potuto fare>>[27].

Medina vanta una storia gloriosa e le sue pietre miliari sono testimoni di eventi epocali che lo Shaykh Nadwi ha immortalato nelle seguenti parole:

<<Oggi visiti Uhud che si trova a soli tre kilometri da Medina. Questo luogo ha raccolto il più prezioso sangue dell'Islam e qui furono compiute gesta d'amore e di lealtà. Qui le membra di Hamza sono state recise ed il suo fegato esportato e mangiato. Qui 'Ammār bin Ziyād ha esalato il suo ultimo respiro sfregando i suoi occhi sul volto del Profeta (pbsl). Da questo lato della montagna Anas bin al-Nadr ha avvertito la dolce fragranza del Paradiso ed è morto con 80 ferite inferte sul suo corpo. Qui il benedetto dente del Profeta (pbsl) si ruppe e lui ricevette una ferita sul capo. I suoi devoti compagni (*Sahābah*) hanno utilizzato le loro braccia e le loro schiene come uno scudo per proteggere il suo corpo...I leoni di Dio rimangono svegli. Tutta questa terra è coperta con le ceneri delle falene della candela della *Nubuwwat*. Questa è la dimora dell'ardente amore del sacro Profeta (pbsl) e dei valenti figli dell'Islam>>.

---

[27] *Ibid.*, 1-3.

Una perdita personale

L'ascesa fulminea alla fama dello Shaykh Nadwi può essere ricondotta anche all'influenza che sua madre ha avuto sulla sua vita. La sua morte avvenuta il 14 settembre del 1968 ha condotto ad una fine triste un rapporto che era durato 47 anni. Khairun-Nisā' Bahtar personificava una figura santa immersa nell'amore di Dio, un paragone di virtù ed una studiosa affermata[28].

Khairun-Nisā' era un eccellente poetessa che ha descritto in versi intensi i suoi più reconditi pensieri relativamente al significato ed al messaggio dell'Islam. Rimasta vedova per più di 40 anni, ha mantenuto un alto standard di decoro e si assicurò che i membri della sua famiglia rispettassero un codice di condotta da lei impostato. Il suo amore per lo Shaykh Nadwi era profondo e le sue invocazioni quotidiane per il suo successo erano un'indicazione della sua statura spirituale. Khairun-Nisā' visse fino all'età di 93 anni. Secondo lo Shaykh Nadwi, la sua sensibilità non riusciva a riconciliarsi con la realtà che anche sua madre potesse essere affetta dalle malattie croniche solitamente associate all'età avanzata. In lui vi era una paura lancinante che la sua morte lo avrebbe reso orfano. Questa sensazione lasciò un'impressione indelebile sulla sua personalità e spesso gli appariva il vuoto della sua vita qualora l'inevitabile fosse accaduto.

Khairun-Nisā' soffrì di una frattura al bacino nel 1968 e rimase confinata al letto per diversi giorni. La sua anima inquieta attendeva il ritorno dello Shaykh Nadwi che si era recato a Bhopal per questioni legate alla *da'wah*. La sua presenza in casa era di sollievo al suo estenuante dolore.

---

[28] La sua raccolta di poesie devozionali intitolata *Kalīd-i Bāb i-Rahmat* (Chiave per la porta della misericordia) è stata pubblicata a Lucknow.

Comunque, vi era anche una sorta di doloroso presentimento che lo Shaikh Nadwi temesse l'avvicinarsi della morte[29].

Lo sciopero: una valutazione

Il crescente carico di lavoro come rettore della Nadwah combinato con i suoi lunghi viaggi per la *da'wah* ebbero delle ripercussioni sulla fragile salute dello Shaykh Nadwi. La sua vista deteriorata mise a dura prova le energie impiegate nella produzione letteraria. Nell'ambito della descrizione delle sue multiformi attività, sarebbe utile tenere a mente i due temi che gli stavano particolarmente a cuore: la *da'wah* ed il dialogo. Durante questo periodo cruciale (1969) lo Shaykh Nadwi presentò le sue dimissioni al comitato esecutivo della Nadwah. Le sue ragioni si basavano sulla sua agenda fitta d'impegni relativi alla *da'wah* che non gli lasciavano il tempo necessario per portare a termine i suoi doveri di rettore. La sua associazione con le istituzioni prestigiose aveva consolidato la sua popolarità sia a livello locale che all'estero. Comunque, il comitato esecutivo si rifiutò di accettare le sue dimissioni e lo invitò a riconsiderare la sua decisione. Circa dieci mesi dopo dovette affrontare un'altra crisi alla Nadwah: lo sciopero degli studenti. Lo Shaykh Nadwi era devastato; lo sciopero pareva averlo paralizzato.

Fortunatamente, i suoi più stretti collaboratori si raccolsero intorno a lui durante questo periodo di prova. Vennero presi dei provvedimenti per impedire che lo sciopero si diffondesse in altre sedi. Il fenomeno degli scioperi nelle *madāris* non è stato studiato in maniera obiettiva. *Madāris* eminenti come il Dār al-'Ulūm (Deoband) ed il Mazāhir al-'Ulūm (Saharapur) erano state coinvolte negli scioperi degli studenti. Questi scioperi alcune volte erano sobillati da professori con

---

[29] Nadwi, *Kārwān*, vol. 1, 47-50.

interessi legati a pretese ereditarie, fedeltà al proprio clan o questioni legate alla lealtà famigliare[30].

Turbolenza nel mondo arabo (1967-1971)

La guerra arabo-israeliana del 1967 fu una sconfitta umiliante per il mondo arabo ed in modo particolare per gli egiziani che avevano assunto un ruolo di leadership nel tentativo di cancellare l'occupazione illegale delle terre palestinesi da parte del governo israeliano. Gli slogan del nazionalismo comunque hanno prodotto il risultato opposto: la perdita di territorio, l'umiliazione ed i mutamenti instabili nel Medioriente. Israele occupò Gaza, la Cisgiordania ed al-Quds. I palestinesi invece furono condannati ad una vita di miseria e di sofferenza. Durante questo periodo dell'agitazione politica palestinese, la guerra di logoramento contro i rifugiati si era intensificata così come è stato mostrato dal trattamento preferenziale verso Israele da parte degli Stati Uniti e dell'Inghilterra. Il loro supporto e la loro collaborazione con Israele erano incrollabili allo stesso modo in cui la loro critica contenuta verso la sua politica era del tutto inconcludente.

La sconfitta degli arabi sotto la leadership di Nasser non era differente e diede un'immagine inappropriata della guerra. Secondo lo Shaykh Nadwi gli sforzi degli arabi erano mal indirizzati. Sotto il rivestimento del nazionalismo arabo, costoro trascurarono la causa islamica e sciuparono le loro energie per supportare una neo-*jāhiliyyah*. Paradossalmente, la loro superiorità numerica non eguagliava il potere delle armi dell'esercito israeliano. Mentre si verificava il tragico volgersi degli eventi, il potere e la capacità del mondo arabo diminuì rapidamente rendendoli delle semplici pedine

---

[30] Masih-Allah Khan, *Strike* (Port Elizabeth, n.d.).

vulnerabili a un nuovo ordine mondiale guidato dagli Stati Uniti e dai suoi alleati.

Relativamente alla politica estera americana, lo Shaykh Nadwi ha affermato:

<<La politica tragicamente immobile e piuttosto irresponsabile degli Stati Uniti relativamente agli arabi viene dettata dalla tradizionale avversione verso gli arabi e l'Islam da parte dell'Occidente e difficilmente ha qualcosa a che vedere con una valutazione intelligente della situazione. La formulazione di una politica estera realistica richiede saggezza, coraggio morale ed abilità al fine di prendere delle decisioni corrette. Priva dei valori della giustizia e dell'eguaglianza dell'umanità, la diplomazia americana è controllata dai sionisti e da una burocratizzazione che è del tutto cieca relativamente alle posizioni di fatto. Una tale politica rinforza la bancarotta mentale di una nazione esposta ad una decadenza morale>>[31].

Allo stesso modo, lo Shaykh Nadwi evitava qualsiasi tendenza apologetica verso la prevalente leadership araba. Costui ha affermato:

<<È una sfortuna per gli arabi che la loro leadership si sia mostrata incapace di rendere giustizia a loro ed alla loro storia. I loro leader li hanno spinti tra il demone ed il profondo oceano, ed ora non possono né andare avanti e nemmeno ritirarsi>>[32].

---

[31] Nadwi, *The Arabs must win* (Lucknow, n.d.), 24.
[32] *Ibid.*, 25.

La pulizia etnica dei Palestinesi è continuata senza sosta nonostante il consiglio di sicurezza delle Nazioni Unite ha approvato il 22 Novembre del 1967 la risoluzione 242 in cui ordinava ad Israele di ritirarsi dai territori occupati.

Il terrorismo sionista ha provocato il dislocamento degli abitanti dei villaggi arabi seguito dagli insediamenti illegali delle famiglie ebree provenienti da diverse parti del mondo. La politica aggressiva del sionismo ha visto la deturpazione della collettiva identità araba nel suo stesso suolo[33].

La crisi palestinese ha messo a fuoco il ruolo dell'Organizzazione della liberazione della Palestina (OLP) nella lotta di liberazione dal regime sionista. Sotto la leadership carismatica di Yasser Arafat, la richiesta di uno stato palestinese è mutata da uno scontro armato ad una politica strategica. La pressione politica da parte di paesi occupati nella questione spinosa dell'indipendenza ha limitato il suo futuro come problema arabo. Nel 1973, lo Shaykh Nadwi ebbe l'opportunità di rivolgersi ai leader arabi in un incontro organizzato dalla Rabita, in cui era presente anche 'Arafat. Il messaggio dello Shaykh Nadwi relativamente alla questione palestinese era chiaro: era una questione musulmana che domandava il supporto morale del mondo musulmano. Inoltre, doveva essere affrontata con lo spirito islamico che era stato dispiegato in passato dai predecessori. Lo Shaykh Nadwi ha notato:

<<Se si sceglie quest'approccio, sarete ricordati allo stesso modo in cui viene ricordato Salāhuddin Ayyubi (d. 1193). Altrimenti, diventerete preda dei poteri imperialisti e molte vite innocenti andranno perdute senza alcuna ragione valida. Così, trattate [la questione

---

[33] Sraya Dadoo, Firoz Osman, *Why Israel?* (Melville, 2013), 37-42.

palestinese] come una questione islamica e cercate di risolverla alla luce dei principi islamici>>.

Nei suoi stimolanti articoli sulla questione palestinese, lo Shaykh Nadwi ha sottolineato le conseguenze tragiche dell'ideologia nasseriana responsabile dell'instabilità del mondo arabo. Nasser ha portato avanti la causa del socialismo arabo inteso come una versione modificata del comunismo e l'ha promossa in modo veemente per indebolire gli eterni valori islamici. In molti casi, le imprudenti masse musulmane nel mondo arabo e gli ulama nel subcontinente non hanno compreso la minaccia esistenziale che rappresentava per l'Islam.

Lo Shaykh Nadwi riconoscendo le tendenze pericolose che sono emerse dal Nasserismo ha fatto dei passi coraggiosi per denunciare le sue rivendicazioni di liberare il mondo arabo dal conservatorismo islamico. L'Egitto era l'epicentro dell'importazione dell'apostasia intellettuale al mondo arabo ed ha lanciato "una campagna intensiva di dubbio e miscredenza contro i principi islamici ed i suoi ideali e pratiche sia culturali che sociali". Per questo fine, le istituzioni islamiche come le moschee erano tenute a dare alle pratiche ed agli ideali islamici un taglio socialista. Allo stesso modo, la nazionalizzazione della prestigiosa università di al-Azhar era una copertura per smantellare il suo carattere di autonomia. In altri termini, l'Islam era sotto assedio da parte del nazionalismo arabo sotto la notoria leadership di Nasser[34].

Il nazionalismo arabo: una rivalutazione

Retrospettivamente, il nazionalismo arabo rappresentava una vigorosa campagna per indebolire il messaggio

---

[34] Cfr. Nadwi, *'Ālam-I Arabi ka Almiya* (Karachi, 1980), 147-68.

universale dell'Islam. Il suo protagonista che dominava la scena politica era il presidente Jamal Nasser, il cui carisma e governo autoritario ha sviluppato un'ideologia socialista. Una tendenza allarmante era rappresentata dal supporto indiscutibile dato dai media per conferire legittimità alla visione nasseriana. Tre passi tratti da quotidiani e riviste rivelano l'aura di santità (*taqaddus*) che è stata costruita intorno alla personalità di Nasser:

<<Abdul Nasser non è morto, ma ha compiuto un viaggio nelle regioni celesti così come hanno fatto i profeti e gli uomini santi. Jamal Abdul Nasser, profeta di patriottismo, messaggero di libertà, il tuo nome ed il tuo corpo sono ascesi ai cieli nel corso della tua notte della *mi'rāj*...La visione nasseriana è ancorata a tre principi: socialismo, libertà di espressione e democrazia. Questi tre elementi hanno perpetuato l'unità espressa da Nasser....>>[35].

Non vi è dubbio che alle descrizioni della *mi'rāj* associate esclusivamente con il Profeta (pbsl) venne data carta bianca. Quindi, la santità di Nasser venne elevata da una figura politica ad uno status profetico. Per contrastare queste affermazioni esagerate, la critica incisiva dello Shaykh Nadwi verso Nasser ha sollevato una serie di dibattiti sia in India che in Egitto. Sayyid Muhammad al-Hasani, editore del *al-Ba'th al-Islami*, la rivista della Nadwah in lingua araba, ha collaborato con lo Shaykh Nadwi per esporre l'ideologia nasseriana. I forti legami diplomatici tra l'India e l'Egitto sono stati utilizzati per costringere lo Shaykh Nadwi a cessare le sue critiche verso il nazionalismo arabo, chiamato eufemisticamente ideologia

---

[35] Cfr. Nadwi, *Purāne Charāgh*, vol. 2, 391-95; *Kārwān*, vol. 2, 67-69.

nasseriana[36]. Comunque, lo Shaykh Nadwi si mostrò inflessibile e continuò con la sua missione di allertare il mondo musulmano della minaccia nasseriana.

Le complessità e le realtà che il mondo arabo era chiamato ad affrontare erano seguite da vicino dallo Shaykh Nadwi. Per lui la personalità del Profeta (pbsl) sintetizzava il successo del mondo arabo nel corso dei secoli. In molte occasioni ha ripetuto il messaggio eterno contenuto nel seguente verso poetico:

<<La loro esistenza non riposa affatto: su lunghi confini e vasti deserti il mondo arabo esiste a causa di Muhammad (pbsl)>>.

Questi versi immortali di Iqbal servivano come una cornice di riferimento per la visione dell'Islam dello Shaykh Nadwi che era inequivocabile nel legare il destino del mondo arabo all'Islam:

<<Non sono un estraneo nel mondo arabo e la mia conoscenza della lingua araba non deriva da fonti di seconda mano. Non ho iniziato la mia critica della leadership araba o dei difetti e le crisi che il mondo arabo è chiamato ad affrontare dopo il conflitto arabo-israeliano. La mia presenza nella scena araba non è stata né improvvisa e nemmeno arbitraria. Piuttosto, mi considero un membro di questa grande famiglia che si stende dal Marocco a Baghdad sulla base della mia identità islamica ed il legame culturale. Prendo parte al loro dolore e considero il mio destino legato al loro in

---

[36] Le autorità indiane confiscarono nel 1969 il passaporto dello Shaykh Nadwi come misura coercitiva per la sua critica indefessa verso il regime di Nasser.

maniera inestricabile...Non mi considero inferiore alle imponenti figure di Taha Husayn e Mahmūd 'Aqqād nell'appropriarmi dell'eredità culturale dell'Egitto (e di altre parti del mondo arabo)>>[37].

Valutazione

Una caratteristica interessante degli scritti dello Shaykh Nadwi è rappresentata dall'assenza di sconforto e pessimismo relativamente ai difetti della ummah musulmana. È un fatto incontrovertibile che la sindrome "del vedere tutto nero" tende ad indebolire l'inerente dinamismo dell'Islam. Invece, la critica dello Shaykh Nadwi era moderata da una visione positiva dal momento che credeva che le assediate nazioni musulmane (in questo caso, il mondo arabo) potevano sorgere dalle ceneri dell'umiliazione e librarsi al di sopra della situazione attuale. Nello stesso tempo, costui ha ricordato ai musulmani che il successo si fondava sul seguire il messaggio universale dell'Islam. A questo fine, *The Arabs must Win*[38] rappresenta una monografia stimolante che evoca la potente immagine del futuro degli arabi nel mondo islamico.

Lo scenario indiano: gli sviluppi politico-religiosi

Il coinvolgimento molteplice dello Shaykh Nadwi in diverse attività transnazionali ha dato ai suoi detrattori l'opportunità d' insinuare che non avesse concentrato pienamente la sua attenzione alle questioni riguardanti i musulmani indiani. Comunque, lo Shaykh Nadwi ha dissipato questi giudizi erronei citando l'impegno indefesso di uno dei suoi antenati, Sayyid Ahmad Shahid, nell'edificazione di una società

---

[37] Nadwi, *Kārwān*, vol. 2, 73.
[38] La versione araba intitolata *Al-Fath al-'Arab al-Muslimīn* era letta ampiamente nel mondo arabo.

musulmana. Lo spirito riformista dello Shaykh Nadwi era di nuovo articolato relativamente alle sfide che si ponevano davanti alla ummah musulmana sia nel suolo indiano che intorno al mondo musulmano.

Payām-i Insaniyat (Messaggio all'umanità)

Le circostanze ed il fondamento logico della fondazione del *Payām-i Insāniyat* sono state precedentemente discusse nel Capitolo VI. Nel contesto di questo capitolo si cerca di stimare la sua importanza storica e la sua politica di riavvicinamento tra indù e musulmani. Deve essere inoltre notato che il *Payām* non era un'estensione del movimento tabligh e non prevedeva nemmeno l'unità sincretica delle religioni. La ricostruzione della società basata sulla tolleranza, sull'armonia e sulla moralità erano parole d'ordine per un'India stabile. Nelle sue conferenze pubbliche, lo Shaykh Nadwi ha fatto riferimento all'analogia della nave che affonda utilizzata dal Profeta (pbsl) per illustrare il destino sia dei musulmani che degli Indù:

<<Nu'mān ibn Bashīr ha riportato che il Profeta di Dio (pbsl) ha affermato: "Vi sono persone che non oltrepassano i limiti posti da Dio ed altri che invece lo fanno. Costoro assomigliano a due gruppi di salgono su di una nave, di cui uno si stabilisce sul ponte superiore e l'altro sottocoperta. Quando le persone che stavano sottocoperta ebbero bisogno di acqua, dissero: "Perché' dovremmo causare fastidio a quanti si trovano sul ponte, quando potremmo invece avere una grande abbondanza di acqua facendo un foro qui sotto coperta?" Ora, se quanti si trovano sul ponte superiore

non impedissero a questo gruppo di commettere una tale follia, tutti loro saranno destinati a perire">>[39].

Le origini del *Payām* risalgono all'inizio degli anni 50 quando, nell'onda dei crescenti attacchi sui musulmani da parte dei gruppi estremisti indù, lo Shaykh Nadwi ha cominciato a parlare nel corso di manifestazioni pubbliche cui partecipavano sia indù che musulmani, domandando pace ed armonia tra le due comunità[40]. Nel corso della sua interazione con gli indù in diverse parti dell'India ha scoperto che molti di loro nutrivano dubbi e avevano delle concezioni errate sull'Islam, che -riconobbe- ampliavano il divario tra le due comunità. Questo stato di cose lo condusse nel 1974 a fondare formalmente la *Payām-i Insāniyat*.

Le attività della *Payām* consistevano nell'organizzazione di manifestazioni pubbliche in cui tenevano dei discorsi pubblici lo Shaykh Nadwi, il suo vice Mawlana Abdul Karim Parekh di Nagpur, ed altri leader sia musulmani che indù. La *Payām* ha intrapreso anche la pubblicazione di opere in diverse lingue sull'armonia tra le comunità, per la maggior parte desunte dagli scritti dello Shaykh Nadwi. I suoi discorsi generalmente focalizzavano l'attenzione sui valori morali, sull'odio tra le comunità, sulla violenza e sull'oppressione dei gruppi marginalizzati, sui vizi sociali e la corruzione nella vita pubblica. Costui, comunque, credeva fermamente che l'India avrebbe potuto progredire solo in un clima di pace, libero dalle violenze intercomunitarie. Per i musulmani il messaggio era chiaro: l'Islam comandava loro di costruire delle relazioni amichevoli con le comunità religiose diverse dalla propria invece di recidere qualsiasi rapporto con loro alienandoli.

Secondo lo Shaykh Nadwi, l'essenza del *Payām* era quella di esemplificare gli insegnamenti dell'Islam attraverso

---

[39] Gli *hadih* relativi sono presenti nel *Sahīh Bukhārī* e nel *Sahīh Sunan Tirmidhi*.
[40] Muhammad Rabey Nadwi, "The Philosopher of Islam: A Close Up" in *The Fragrance of the East*, 2000, 17-20.

l'interazione dei musulmani con i membri delle altre comunità[41].

Questo non era solo il loro dovere religioso, ma era strettamente necessario se volevano vivere in pace e sicurezza come gruppo minoritario. Nel promuovere la pace con le altre comunità, i musulmani non avrebbero tradito la loro religione. Piuttosto, sottolinea lo Shaykh Nadwi, l'Islam è chiaro nell'affermare che gli esseri umani, a prescindere dalla religione, dal gruppo etnico di appartenenza, dalla casta e dalla classe sono la parte più preziosa della creazione ed un'espressione della "misericordia divina". I musulmani devono quindi impegnarsi per la pace e devono levare la loro voce contro tutte le forme di oppressione. In questo modo, avrebbero mostrato agli altri di essere una parte integrante del paese piuttosto che un peso. La pace però, osserva, non può essere conseguita se una comunità cerca d'imporre le proprie credenze o la propria cultura sugli altri.

Dal momento che la tolleranza religiosa ha il potere di promuovere l'armonia intercomunitaria, lo Shaykh Nadwi reputava anche che la democrazia ed il secolarismo fossero dei meccanismi attraverso cui il *Payām* poteva raggiungere i suoi obiettivi[42].

Il nucleo del messaggio si basava sull'amore incondizionato per l'umanità. A questo proposito lo Shaykh Nadwi ha osservato:

<<L'eccellenza dell'uomo riposa nel suo amore e misericordia verso gli altri: una persona viene punta da una spina, ma un altro sente il dolore. L'uomo ha il dono delle lacrime che cadono dai suoi occhi quando vede il capo di una vedova scoperto per la disperazione, la

---

[41] Nadwi, *Kārwān*, vol. 4, 55-57.
[42] Nadwi, *Kārwān*, vol. 2, 109-127.

cucina di un povero spenta ed un uomo malato nell'afflizione>>[43].

Secondo lo Shaykh Nadwi, la religione promuove la pace e l'amore per il Creatore nei cuori e rimuove l'inganno dagli occhi. I profeti hanno avuto il compito di rimuovere i veli delle tenebre dagli occhi degli esseri umani e di portare pace e tranquillità nei cuori. A questo proposito lo Shaykh Nadwi ha osservato:

<<Diciamo che i voi musulmani avete svalutato il messaggio e l'opera dei profeti. Siete colpevoli di negligenza. Avete abbandonato un tesoro e siete divenuti gli agenti degli avidi di questo mondo. Siete divenuti dei semplici contraenti e avete sviluppato una mentalità di un egoista uomo d'affari. Non siete stati pensati per essere commercianti. Siete stati inviati come messaggeri dell'Islam, ma avete dimenticato il vostro ruolo e lo scopo per cui siete giunti. I partiti politici e gli altri movimenti, invece di combattere per il potere, dovrebbero impegnarsi per riparare la struttura dell'umanità. Allo stesso modo, dovrebbero astenersi dall'impegnarsi solo per i loro interessi e quelli dei loro amici e parenti. Costoro dovrebbero poi operare per il benessere di tutta l'umanità. Senza questa riforma, nessuno può raggiunge né pace né successo>>[44].

Riflessioni sul *Payām*

Il subcontinente è stato testimone nel corso dei secoli di una vasta gamma di attività religiose che si sono concentrate sulla santità della vita umana, sulla ricerca di una vita virtuosa,

---

[43] Nadwi, *Islam: An Introduction* (Lucknow, 1979), 152.
[44] Cfr. Nadwi, *Message of Humanity* (Springs, 2019).

sull'elevazione sociale e sull'interiorizzazione della spiritualità. Insieme all'evoluzione della cultura indo-islamica, vi era un'unione di tratti mistico-religiosi che emergevano dalla convergenza delle fedi nel subcontinente. Inquadrata all'interno della cornice cosmopolita, la ricca compagine della nazione nella sua evoluzione intessuta nell'espressione universale dell'amore, della compassione e della fratellanza è divenuta più pronunciata. Queste forme possono aver differito in una nazione multiculturale, ma l'impronta era permanente e significativa. Nel subcontinente il tema dell'*insāniyat* (umanità) è stato sollevato e si è nutrito nel suolo indigeno.

La coesistenza tra indù e musulmani è esistita dai primi anni del governo musulmano. Le politiche imperialiste britanniche hanno però promosso e provocato una spaccatura tra le due comunità. Era evidente che le tensioni che emersero alla fine del XIX secolo erano motivate politicamente. In risposta a queste tensioni crescenti, i principi del secolarismo e della non-violenza vennero collocati nella Costituzione dopo la Partizione del 1947 per salvaguardare i diritti dei cittadini. Queste misure protettive a livello costituzionale comunque non impedirono agli estremisti indù di accusare i musulmani di supportare la nascente causa pakistana. Negli anni che seguirono le tensioni intercomunitarie divamparono. I musulmani divennero vittime di una campagna deliberata condotta dagli Hindutva per cancellare la loro collettiva identità islamica. Nel corso delle violenze morirono migliaia di persone e successivamente lo slogan di una pace universale si trasformò in una fragile tregua negoziata dai leader influenti di entrambe le comunità.

Il movimento *Payām* deve essere compreso nel contesto della precaria situazione del paese. L'invito dello Shaykh Nadwi aveva un duplice fine: prima, creare un clima di armonia reciproca sulla base della lealtà patriottica. A questo proposito, i musulmani erano divenuti oggetto delle ostilità in conseguenza dell'ignoranza delle altre comunità. Costoro vennero ritenuti colpevoli per quelli che venivano interpretati come eccessi contro la maggioranza indiana nel passato governo musulmano. Ancora più inquietante era la nozione secondo cui i musulmani indiani supportavano lo stato del Pakistan.

Inoltre, lo Shaykh Nadwi credeva che la ricostruzione della società indiana fosse possibile solo se fosse iniziato il processo della rigenerazione morale. Questo approccio veniva assunto in risposta al flagello della corruzione, del clientelismo, del nepotismo e di altri vizi che avevano indebolito il dinamismo di un grande paese. Invece, i partiti politici ed il sistema burocratico operavano in combutta per rendere più profonda l'ineguaglianza sociale che divenne rampante nel corso dei decenni. Il *Payām* dello Shaykh Nadwi era inequivocabile: se le comunità fossero vissute in isolamento, avrebbero reciso il tessuto di una società stabile. Inutile aggiungere che l'anarchia morale, l'avidità sociale e l'instabilità politica allontanavano i cittadini da ideali costruttivi. Come risultato, il rispetto reciproco, l'empatia e le iniziative umanitarie divennero espressioni vuote, che impedivano la promozione di valori universali.

In pieno accordo con la tradizione di Nizāmuddin Awliyā, il grande santo di Delhi, lo Shaykh Nadwi ha fatto eco ad un sentimento simile:

<<Le spine sparse sulla via renderanno il cammino spinoso. Piantate fuori in modo che il cammino sia lussureggiante di fiori e solo di fiori>>.

Al contrario, se i vizi morali consumano la vita collettiva e la prospettiva di una società allora la punizione divina diviene inevitabile. A questo proposito lo Shaykh Nadwi è stato franco:

<<Sono un uomo di convinzioni religiose. Il mio studio della storia mi insegna che i peccati e le azioni ingiuste attirano l'ira di Dio nella forma di calamità naturali. Dio ci avverte attraverso questi disastri. Ci dice che possiede un grande potere di distruggerci rispetto a quello che noi stessi possediamo. Quando vengo a sapere di una qualche crudeltà o oppressione, tremo al pensiero della punizione divina che si è abbattuta sulle persone. Non faccio alcuna eccezione per nessuno sotto questo punto di vista. Ogni volta che si verificano degli atti barbari e brutali, è sicuro che la punizione si abbatterà sui colpevoli in un modo inimmaginabile e imprevedibile dall'astrologo più capace. I problemi relativi alla ricostruzione economica e sociale diventano più complicati, la situazione legata alla legge ed all'ordine si deteriora, l'apparato amministrativo diviene lento ed inefficace. La leadership politica diviene incapace di risolvere una miriade di questioni che il paese è chiamato ad affrontare, e quest'ultimo di diviene debole internamente e perde il suo prestigio nei forum internazionali>>[45].

Lo Shaykh Nadwi ha sottolineato il risveglio dello spirito umano, come è evidente dal discorso da lui tenuto il 2 Dicembre del 1990:

<<Quello che ha sostenuto l'essere umano, dalle prime fasi della storia è che le persone buone non hanno mai perduto la fede negli altri esseri umani. Costoro non ritengono che gli altri esseri umani siano come degli animali che non possono essere addestrati o come dei malati terminali. Non nutrono alcuna forma

---

[45] Nadwi, *For Every Patriot to Read* (Rae Bareli, n.d.), 12-3.

di repulsione verso di loro e non negano nemmeno il loro diritto ad esistere. La luce dell'umanità può sempre essere accesa e sopravvive anche sotto le condizioni più ostili. La storia testimonia che il Profeta di Dio (pbsl) ha sempre protetto quella luce. Costoro sopportano difficoltà personali, la fame, vagano in foreste e deserti nel tempo inclemente per servire l'umanità. Nessun malessere li demoralizza o li dissuade dalla loro nobile missione. Quello che giace sotto la loro inesauribile energia ed i loro continui sforzi era la loro credenza secondo cui l'essere umano è il capolavoro della natura>>[46].

Il bisogno della guida divina viene articolato dallo Shaykh Nadwi nel modo seguente:

<<I profeti di Dio hanno posto un freno sui desideri ed hanno esortato l'essere umano ad essere moderato nel gratificarli. Lontano dall'alimentare i bassi istinti, costoro hanno infuso negli uomini un forte desiderio di compiacere Dio sviluppando una simpatia per gli altri esseri. Siamo entusiasti di promuovere la ricerca della verità. La vita non implica solo magiare e bere e l'essere umano non è chiamato a vivere un'esistenza materiale o bestiale. Desideriamo instillare una sete che potrebbe sembrare nuova. Comunque, il nostro messaggio equivale a quello che i profeti hanno portato alle loro comunità. Lo stesso messaggio è stato presentato con forza e con chiarezza dal Profeta Muhammad (pbsl) nella sua forma finale. Questa verità deve essere ripetuta in ogni luogo. Se l'uomo è attratto solo dai suoi istinti animali, ignorando il suo vero se, allora L'umanità si trova in una seria perdita. Solleviamo la chiamata alla verità con cui il mondo potrebbe non

---

[46] Hasani, *Nadwi: Though and Mission*, 180.

avere famigliarità, eppure non disperiamo. L'uomo è dotato di una coscienza che non è morta, ma solo offuscata. Una volta liberata da qualsiasi forma di contaminazione, è probabile che l'essere umano accolga la verità e sviluppi la fede>>[47].

Al fine di evitare le sottili trappole dell'approccio relativo all'unità delle religioni, lo Shaykh Nadwi ricorda al suo pubblico che la guida divina può essere considerata una piattaforma comune per articolare le necessità della società indiana. Il Payama era un movimento pionieristico privo di strutture formali che ebbe sulla società un impatto che induce alla riflessione. Lo Shaykh Nadwi nel corso di questi incontri parlò per assicurarsi che non vi fosse alcuna parvenza di sincretismo religioso. Molto spesso gli oratori erano inclini ad oltrepassare i limiti del Payama e questo provocava inavvertitamente un clima di dibattito religioso. Secondo lo Shaykh Nadwi, questi atteggiamenti erano controproducenti rispetto ai fini da lui pensati nel fondare questo movimento.

La guerra tra India e Pakistan: 1971

La tensione tra India e Pakistan non era intrinsecamente religiosa. Comunque, il clima politico ostile nel subcontinente dopo la Partizione del 1947 non ha mostrato alcun segno di diminuzione. Piuttosto, le prospettive di un'escalation incombevano all'orizzonte. In risposta a questo clima, la marginalizzata comunità musulmana in India doveva essere cauta nell'esprimere i propri sentimenti sulla guerra imminente. Lo Shaykh Nadwi ha ricordato l'altalena degli avvenimenti politici "come un periodo critico della sua

---

[47] *Ibid.*, 175-6.

vita"[48]. Aveva sperato che gli individui maturi e coscienti di entrambi i paesi avrebbero compiuto degli sforzi per conseguire la pace e la sicurezza. Questo approccio reciproco dovrebbe consentire ad entrambi i paesi di compiere dei progressi in ambito tecnologico e creare un'economia praticabile a beneficio dei loro rispettivi cittadini. I leader musulmani quali Mawlana Azad, che si era opposto a gran voce alla Partizione, avevano rivalutato la loro precedente posizione ed avevano supportato il Pakistan. La visione di Azad relativa ad un'India indivisa venne utilizzata come strumento di propaganda per diffamare il suo status di studioso a tal punto che vennero sollevati dei dubbi anche relativamente alle sue credenziali religiose. La sua argomentazione si basava sulla premessa secondo cui l'affinità religiosa non può unire delle zone che sono differenti da un punto di vista geografico, economico, linguistico e culturale. La sua allusione era diretta all'East Pakistan (Bangladesh). Comunque, dopo la partizione, Azad è stato abbastanza pragmatico da accettare la creazione del Pakistan:

<<Nell'interesse dell'India e del Pakistan costoro dovrebbero sviluppare delle relazioni amichevoli ed agire in cooperazioni gli uni con gli altri. Ogni altro corso d'azione può condurre ad una difficoltà maggiore, sofferenze e disgrazie>>[49].

L'opportunismo politico è stato responsabile del corso sanguinoso degli eventi del 1971 ed ha portato nella sua onda un profondo senso d'insicurezza tra i musulmani indiani. Ancora più inquietanti furono le implicazioni politiche per i

---

[48] Nadwi, *Kārwān*, vol. 2, 128.
[49] Abul Kalam Azad, *India Wins Freedom* (Calcutta, 1964), 227.

musulmani che cominciarono ad essere guardati con sospetto ed il loro patriottismo era messo in dubbio dai gruppi di militanti indù. La guerra del 1971 ha condotto anche allo smembramento del Pakistan. L'East Pakistan che era separato dal West Pakistan sia geograficamente che culturalmente, si trovava negli spasmi di una sollevazione nazionale. Inoltre, la supremazia politica del West Pakistan, la distribuzione iniqua delle risorse statali e le politiche discriminatorie si sono rivelate dai fattori che hanno contribuito alla spaccatura del paese. Tra le due ali del Pakistan esisteva un debole collegamento e le aspirazioni nazionaliste e culturali iniziarono a dominare il discorso d'indipendenza. L'occupazione pakistana dell'East Pakistan ha avuto delle conseguenze terribili ed ha condotto alla fondazione del Bangladesh. Non era comunque sorprendente vedere che il nazionalismo radicato in una cultura aliena ai valori islamici aveva preso slancio. Per lo Shaykh Nadwi queste tendenze allarmanti ricordavano la *Jāhiliyyah* e ponevano una sfida allo spirito di fraternità promosso dall'Islam. La sua monografia *Calamity of Linguistic and Cultural Chauvinism* era una risposta diretta a questa crescente minaccia, che violava gli insegnamenti universali del Profeta (pbsl).

I seguenti passi rivelano l'analisi incisiva dello Shaykh Nadwi relativamente ai vizi radicati nella società del Bangladesh e le loro gravi implicazioni per la più ampia comunità islamica:

<<Quando le lingue sono eccessivamente lodate ed assurgono al livello di divinità, divengono una maledizione invece che una benedizione e funzionano come mezzi di distruzione invece che di armonia e benevolenza. Gli esseri umani sono sacrificati agli altari

come i sacrifici viventi offerti alle divinità. Le lingue sono intese per unire piuttosto che per dividere: debbono essere utilizzate per comunicare piuttosto che per separare. Allo stesso modo, le lingue uniscono le persone insieme, fanno sì che possano condividere le preoccupazioni e le attenzioni ed agire come mentori. È un pericoloso precedente tenere un linguaggio privato del pensiero e dello spirito islamico ed un vocabolario connesso con la fede. Le lingue sono in contatto con i recessi più intimi del cuore e della mente. Se la lingua di un popolo è marchiata con le sue tradizioni e modi di pensare pagani (*Jāhiliyyah*), bisogna stare attenti perché quella nazione è sempre suscettibile di apostasia intellettuale e culturale>>[50].

La valutazione dello Shaykh Nadwi

La valutazione della tolleranza culturale e linguistica dello Shaykh Nadwi ha avuto delle implicazioni di vasta portata per i musulmani nell'Asia meridionale. Per i musulmani indiani, questo approccio non promuove solo l'insegnamento profetico relativo alla dignità umana, ma colpisce le radici stesse della *Jāhiliyyah*. Lo Shaykh Nadwi si riferisce al periodo dei salaf dove il merito aveva la precedenza rispetto all'affiliazione etnica e culturale. Ogni deviazione da questo percorso resuscitava il passato della *Jāhiliyyah* che promuoveva lo sciovinismo nelle sue diverse forme. Il modello profetico era un criterio per la presentazione di un ordine islamico da parte dello Shaykh Nadwi. Al contrario, era critico delle società musulmane in Pakistan e Bangladesh, che non avevano rimosso le catene dello sciovinismo culturale e

---

[50] Nadwi, *Calamity of Linguistic and Cultural Chauvinism* (Lucknow, n.d.), 14-21.

linguistico e, dopo una sanguinosa guerra civile, si erano separate. La causa del conflitto era attribuita in parte al pregiudizio linguistico e culturale. "L'idolo del linguaggio prevaleva sulla fede nell'unità divina (*tawhīd*) e sulla fratellanza universale. Il fanatismo nazionale ed etnico ruppe la fratellanza dell'Islam e la *Jāhiliyyah* ebbe la meglio sui legami unificanti della fede islamica". L'immagine della *Jāhiliyyah* che permea i paesi musulmani, il Pakistan ed il Bangladesh, viene impiegata per confrontare e controllare gli effetti positivi della tolleranza culturale e linguistica tra i musulmani indiani[51].

Viaggi

Come membro esecutivo della Rabita, lo Shaykh Nadwi ha condotto una delegazione in sei paesi musulmani in una missione conoscitiva. L'importanza culturale dei paesi era una delle ragioni della loro visita. I diari dello Shaykh Nadwi risalenti a questo periodo gettano luce sul mutamento delle situazioni geostrategiche e delle alterne vicende delle iniziative religiose. Inoltre le sue riflessioni forniscono anche una panoramica degli sviluppi politici in questi paesi. Lo Shaykh Nadwi afferma:

<<Questo libro *Min Nahr Kābul ila Nahur Yarmuk* (Da Kamul a Yarmuk) contiene i miei pensieri ed impressioni e si basa anche sulla mia ricerca ed esperienza. I punti di vista qui espressi non rappresentano comunque quelli della Rābita>>.

Quest'opera è una lente attraverso cui vennero raffigurate le attività dello Shaykh Nadwi ed i suoi perspicaci commenti

---

[51] Il libro venne pubblicato ad Ankara dalla Dār al-Hilāl.

sui seguenti paesi: Afghanistan, Iran, Libano, Siria, Iraq e Giordania. Le riflessioni dello Shaykh Nadwi e le analisi obiettive su questi paesi sono registrate accuratamente nel suo diario di viaggio. Vengono messe in luce le deficienze dell'Afghanistan che una volta portava la tradizione leggendaria di Mahmud Ghaznawi. Allo stesso modo, l'eredità culturale dell'Iran, una fonte d'ispirazione, viene descritta in termini positivi dallo Shaykh Nadwi, anche se il suo orientamento settario con riferimenti specifici al concetto di *Imāmat* viene esaminato a livello critico. Il mutamento del panorama politico iracheno risultato del colpo di stato militare viene invece discusso nel dettaglio. In altri termini, i commenti ben ponderati dello Shaykh Nadwi sono temperati da uno stile elegante e rappresentano un tentativo d'illustrare le sue reminiscenze personali di questi paesi.

Non tutti i paesi visitati dalla delegazione della Rābita hanno offerto un'accoglienza cordiale. La Siria ne è un esempio. Infatti, il corso degli eventi non si svolse senza difficoltà come la delegazione aveva immaginato. Nelle parole dello Shaykh Nadwi:

<<Il nostro breve soggiorno in Siria aveva lo scopo di interagire con personaggi religiosi e pubblici di spicco e con le organizzazioni più rilevanti. I programmi in nostro onore erano già stati organizzati. Il seguente incidente avvenuto a Damasco si è svolto in modo drammatico: venimmo espulsi senza cerimonie dalla città e condotti al confine con il Libano. Gli agenti dell'intelligence entrarono nella stanza nell'hotel dove soggiornavamo, ci ordinarono di fare i bagagli e ci fecero salire su di un'automobile. Quando la notizia della nostra improvvisa partenza da Damasco raggiunse i nostri conoscenti a Beirut, vi fu un enorme

clamore da parte dei media arabi e locali relativamente a quest'esperienza>>[52].

Relativamente alle sue impressioni dell'Iran, lo Shaykh Nadwi ha seguito un approccio equilibrato. La delegazione della Rābita nel 1973 visitò l'Iran. La visita avvenne prima della rivoluzione e non si fece riferimento al conflitto tra sunniti e sciiti. Le impressioni dello Shaykh Nadwi relativamente al glorioso passato del paese illustra il suo approccio privo di pregiudizi alle raffigurazioni conflittuali dell'Islam nel paese. Lo Shaykh ha apprezzato il temperamento degli iraniani, la loro gentile disposizione ed i loro sforzi di unire i musulmani di diversi orientamenti settari. L'amore incondizionato degli iraniani verso l'Islam e l'*Ahl al-Bayt* (la famiglia del Profeta) era proverbiale così come dimostrano i molteplici santuari a loro memoria. Anche le moschee possedevano un disegno architettonico impareggiabile ed erano pieni di fedeli. Il Corano era poi stampato in caratteri illuminati ed era considerato la migliore pubblicazione al mondo per i suoi alti standard di qualità.

Nonostante i notevoli traguardi della nazione iraniana, lo Shaykh Nadwi ha lamentato il dilemma relativo all' *ʿaqīdah* che ha separato gli iraniani dalla corrente principale dell'Islam. Sebbene l'Islam sciita fosse l'ufficiale interpretazione del paese, la natura paradossale e le complessità delle sue credenze principali hanno diluito lo spirito originale della fede e della pratica islamica. Per esempio, gli Imam il cui lignaggio risale al Profeta (pbsl) vennero elevati allo status d'infallibilità. Questa credenza si poneva contro la formulazione degli *Ahl al-Sunnah* relativa alla dottrina dell'*ismat* (ossia dell'infallibilità).

---

[52] Nadwi, *Kārwān*, vol. 1, 161-2.

Ha poi condotto un parallelismo con l'adorazione nei santuari nel sub-continente, in Egitto ed Iran ed ha espresso il suo sgomento relativamente all'atmosfera carnevalesca che contraddistingue questi eventi ed assemblee. Era deplorevole che gli insegnamenti ed i contributi degli *Imām* e dei *mashā'ikh* venissero desacralizzati all'altare di passatempi non islamici. Secondo lo Shaykh Nadwi, l'attaccamento al Corano richiede una dedizione ed una riverenza totali. L'anima del Corano è la pronuncia corretta (*tajwīd*), la memorizzazione e l'interpretazione che si fondano su fonti autorevoli. Affinché avvenga una trasformazione, lo Shaykh Nadwi ha comunicato agli ulama ed agli intellettuali che il *tawhīd* nel suo vero senso debba essere incorporato nei cuori delle persone. La rigidità delle credenze religiose fondate su delle affermazioni esagerate non possono risvegliare lo spirito creativo dell'Islam. Se i pensieri sterili conducono al declino intellettuale della società iraniana allora l'introspezione era essenziale per porre un rimedio alla situazione.

Il saggio consiglio dello Shaykh Nadwi e la rivalutazione delle condizioni prevalenti in Iran non hanno condotto ad alcun mutamento in ragione degli sconvolgimenti politici e l'ideologia radicata che forma la base dell'Islam sciita. Sei anni dopo, la rivoluzione iraniana del 1979 ha rovesciato il potere dittatoriale dello Shah, in seguito al quale scoppiò una sorta di guerra fredda tra la Repubblica islamica dell'Iran ed i vicini paesi arabi. La retorica dell'unità islamica ha assunto delle forme settarie ed ha distrutto ogni speranza di riconciliazione tra Sunniti e Sciiti tra i pericoli di guerra e rivalità politica. in breve, lo Shaykh Nadwi ha diretto le sue energie verso un impegno costruttivo con i paesi che avevano abbracciato differenze dottrinali. L'opera intitolata *Conflicting Portraits* può essere considerata una continuazione dei suoi diari di viaggio[53].

Conclusione

In risposta alle sfide che si ponevano davanti al mondo musulmano, l'auto-introspezione ed il coraggio di dare inizio a cambiamenti significativi rappresentano delle priorità. Lo Shaykh Nadwi ha affermato:

<<L'Islam può di nuovo aiutare il paese a sradicare i pregiudizi religiosi, linguistici ed etnici e le tendenze settarie. Può essere di aiuto nell'infondere tolleranza, senso di giustizia ed eguaglianza dell'umanità. Se sei un patriota, la tua preoccupazione principale dovrebbe essere quella di assicurarti che il paese rimanga unito e forte. Dovrebbe poi avere un'importanza minima chi fornisce un rimedio. Quindi, non c'è bisogno di respingere i principi che possono salvare il paese, semplicemente perché sono state delineate nel Corano o desunte dagli insegnamenti del Profeta (pbsl)>>[54].

---

[53] Relativamente alla Rābita vedi Nadwi, *Daryā Kabul*, 77-126.
[54] Nadwi, *Reconstruction of Indian Society: What Muslims Can Do?* (Lucknow, n.d.), 23.

Capitolo IX

Oriente ed Occidente: incontri culturali

Uno studio della storia della Nadwah suggerisce il suo ruolo cruciale nel plasmare il futuro dell'Islam in India. Come altre *madāris*, la Nadwah ha enfatizzato il fine condiviso di diffondere gli insegnamenti islamici e di difendere l'Islam contro le sette devianti[1]. I suoi ideali progressisti sia nei termini dello sviluppo del programma che della *da'wah* vennero consolidati al tempo del rettorato dello Shaykh Nadwi (1961-99). Il riconoscimento internazionale della Nadwah era dovuto anche alla sua fama di scrittore esperto. Le convocazioni annuali mettevano in luce il profilo della Nadwah come istituzione accademica con delle credenziali degne di nota[2].

Uno sviluppo significativo ha avuto luogo quando la Nadwah ha approvato una risoluzione per celebrare nel 1975 l'ottantacinquesimo anno della sua fondazione. A detta di tutti, la convocazione venne considerata come il punto di svolta nel definire il carattere transnazionale della istituzione. I dignitari dal mondo arabo e da altri paesi hanno partecipato alla sua elaborata celebrazione. Tra costoro possiamo ricordare lo Shaykh di al-Azhar, il Dottor 'Abdul Halim Mahmud, che ha presieduto alle sessioni. A parte le sue opere letterarie, lo Shaykh era conosciuto anche per le sue eccezionali pubblicazioni sugli antichi ordini sufi, i cui contributi hanno plasmato la società musulmana in Egitto. Schleifer ha notato che gli sforzi dello Shaykh "hanno colmato il divario che si era sviluppato dal XIX secolo e separava l'*ilm* (conoscenza) dalla *ma'rifah* (cognizione), la

---

[1] Cfr. Barbara Metcalf, *Islamic Revival in British India*, 336-42.

[2] Relativamente alla storia della Nadwah cfr. *Tārikh Nadwat al-'Ulama*, vol. 2.

sobrietà dall'estasi e la *shari'ah* dalla *haqīqah* ed Azhar dalla vita e dal pensiero sufi"[3].

Dal momento che quest'occasione venne considerata una pietra miliare nella storia della Nadwah, il compito immane di pianificazione rappresenta un'espressione simbolica del suo ruolo di istituzione islamica leader nel subcontinente. Nel suo *Rudād-i Chaman*, Muhammad al-Hasani ha catturato in un linguaggio emotivo lo spirito dei provvedimenti:

> «La convocazione è stato il primo evento storico nel subcontinente dove la conoscenza, l'eccellenza, la bellezza e la perfezione sono confluiti. I rappresentanti delle università islamiche arrivarono numerosi. Questa scena travolgente non poteva essere ignorata da nessuno storico o cronista»[4].

Nel suo messaggio inaugurale lo Shaykh Nadwi ha ripetuto l'impegno verso l'Islam che era derivato dalle fonti primarie della fede:

> «Per la grazia di Dio, i musulmani indiani sono per quel che concerne l'Islam per la maggior parte dei casi autonomi. Derivano la loro guida dalle fonti più antiche ed autorevoli dell'Islam, il Corano, la Sunna e la vita dei primi musulmani...La loro fede e la loro vita sono legate allo splendore dell'Islam, e non ai luccicanti ed effimeri bagliori delle nazioni musulmane e degli stati arabi»[5].

'Abdus Salām Kidwai nel suo resoconto dei traguardi raggiunti dalla Nadwah ha pagato un tributo brillante al

---

[3] Abdullah Schleifer, "Sufism in Egypt and the Arab World" in *Islamic Spirituality*, vol. 2 (New York, 1991), 204.
[4] Muhammad al-Hasani, *Rudād-i Chaman* (Lucknow, 1976), 79-80.
[5] *Ibid.*, 117.

prestigio dell'istituzione nel mondo islamico. Costui ha osservato:

<<Per prima cosa, gli scopi e gli ideali dei primi leader della Nadwah, durante le sue prime due fasi, indicano chiaramente che non intendevano fondare unicamente una *madrasah* di arabo impartendo un'educazione religiosa con un curriculum leggermente diverso rispetto alle istituzioni tradizionali. Il suo scopo principale era salvare i diversi ambiti dell'educazione islamica dalla decadenza e dall'estinzione che pendeva sulle loro teste. Il loro secondo obiettivo era quello di redimere la comunità musulmana dalla minaccia crescente dell'irreligiosità, dello scetticismo e dell'apostasia che si stava diffondendo come un torrente con l'avanzare del materialismo occidentale>>[6].

L'autenticità islamica: una panoramica

Lo Shaykh Nadwi ha ripetuto il ruolo unico dei musulmani indiani nel preservare la loro identità islamica. Nonostante le correnti trasversali della storia dopo la prima guerra d'indipendenza nel 1857, i sacrifici degli *ulama* e degli attivisti islamici hanno contribuito immensamente allo sforzo indiano per la liberazione dal governo coloniale. Infatti, il ruolo degli *ulama* era duplice:

- Guidare la comunità (*millat*) salvaguardando la sua presenza islamica in un paese a dominanza induista.
- Rendere l'eredità islamica accessibile alle masse promuovendo la lingua urdu.

Secondo lo Shaykh Nadwi, i musulmani indiani possono essere giustamente orgogliosi della loro autosufficienza in

---

[6] 'Abdus Salām Kidwai, *85 Years of Nadwat al -'Ulama* (Lucknow, 1976).

materia di fede. Costoro desumono la loro guida dai nobili caratteri, dalle ambizioni, dalle prove e dalle sofferenze dei *salaf*. Costoro non hanno agganciato i loro ideali ed ambizioni alla stella tramontante o nascente dei paesi islamici, ma ai puri insegnamenti dell'Islam. Il loro attaccamento al Profeta (pbsl) <<li ha aiutati ad orientarsi e ad aprirsi un varco nelle acque tumultuose di molte crisi sociali e culturali, salvandoli dal perdere la loro identità come molti altri popoli che sono entrati in India per farne la loro patria>>.

L'autenticità islamica (esaminata nel Capitolo 3) viene espressa in modo cogente nelle seguenti parole:

<<I musulmani indiani in qualità di araldi della fede e della cultura islamica non intrattengono una relazione di sudditanza verso altri paesi musulmani che invece potrebbero aver abbandonato i loro ideali religiosi. Al contrario, costoro ritengono che sia improprio lasciarsi influenzare da una cultura o civiltà, il cui corso non ha nessun legame con l'Islam>>.

Lo Shaykh Nadwi categoricamente condivide la dedizione dei musulmani indiani verso un'autentica interpretazione dell'Islam. La loro visione comune con gli altri paesi e le nazioni musulmane deriva primariamente dal Corano e dalla Sunna. Inoltre, costui ha affermato a gran voce che i musulmani indiani non abbandoneranno la cultura abramitica che è stata coltivata sul suolo indiano per oltre un millennio. Lo Shaykh Nadwi spiega:

<<Crediamo che, qualora riusciamo a vivere secondo quanto abbiamo deciso, traduciamo la nostra decisione in azione con i nostri migliori talenti ed abilità e Dio non sarà dispiaciuto di noi, alla fine non saremo dei perdenti. Siamo convinti che l'intero universo insieme

alla legge fisica della causalità dipende dalla volontà divina>>[7].

Perdita personale: i membri della famiglia

Diversi mesi dopo le celebrazioni alla Nadwah, lo Shaykh Nadwi dovette affrontare la perdita di una persona cara, sua sorella Amatullah Tasnim. Ricordò gli anni di spiriti affini espressi nel reciproco affetto profondo e la gioia della lettura e della ricerca. Le eccezionali pubblicazioni di Amatullah segnavano un allontanamento dal confinato ambiente educativo delle donne musulmane. L'inizio del XX secolo ha visto l'emergere di un'educazione islamica riservata alle donne da parte di diverse fila del pensiero riformista islamico. Chiaramente, le famiglie aristocratiche ed inclini alla religione erano un'eccezione alla regola. Tutori privati o membri della famiglia offrivano un'educazione islamica tra le mura di casa. L'educazione islamica, sia classica che letteraria, era in molti modi associata alla famiglia dello Shaykh Nadwi ed Amatullah aveva tratto beneficio dalla ricchezza della conoscenza islamica presente nella sua dimora.

Studiosa di una certa fama, Amatullah ha avuto l'onore di tradurre la collezione di *hadith* dell'Imam Nawawi, *Riyād al-Sālihīn*, in urdu. Lo *Zād al-Safar* è stato ricevuto positivamente dagli 'ulama e dagli studiosi che ne hanno lodato la brevità d'espressione e la fluidità. Quest'opera è stata ristampata più volte da importanti case editrici e nel subcontinente continua ad essere considerata un classico. È stata pubblicata anche una traduzione in indi, che ha ricevuto un'accoglienza positiva sia dai musulmani che dai non musulmani. La decisione di tradurre il testo deriva da un consiglio del Dottor 'Abdul 'Ali, che disse a sua sorella d'intraprendere la traduzione come rimedio della malattia che l'affliggeva. Un'

---

[7] Nadwi, *Kārwān*, vol. 2, 192-4.

opera importante come il *Riyād* necessita di grande attenzione ed il progetto di traduzione portò alla vita di Amatullah un'indescrivibile tranquillità.

Dopo la sua pubblicazione, la sua fama raggiunse molti circoli sia religiosi che letterari. In Arabia Saudita, per esempio, l'opera venne serializzata e trasmessa in molte stazioni radio. Costei poi scrisse anche dei libri inerenti alla letteratura per bambini che goderono egualmente di un ampio riconoscimento per il loro stile innovativo.

Amatullah era l'incarnazione della perseveranza e dell'umiltà. Accompagnò lo Shaykh Nadwi nel corso del suo primo pellegrinaggio nel 1947. I suoi desideri spirituali si sono cristallizzati in una forma di supplica conosciuta come *Munājāt*. Queste suppliche agitano le emozioni e sono delle espressioni spontanee delle esperienze di un cuore palpitante[8].

Un'altra tragedia personale colse lo Shaykh Nadwi nel 1979. La morte di Muhammad al-Hasani diede un altro duro colpo alla famiglia. Costui era un raro prodigio, uno studioso eccezionale la cui padronanza dell'arabo non aveva rivali. Abile traduttore degli scritti dello Shaykh Nadwi sia in urdu che in arabo, Muhammad al-Hasani fu il fondatore e l'editore fino alla dipartita dell'*Al-Ba'th al-Islami*, la rivista accademica in lingua araba della Nadwah. La sua critica tagliente del nazionalismo arabo ed i suoi ideali riformisti erano articolati nei suoi scritti e in larga misura costui ha ripetuto lo zelo missionario dello Shaykh Nadwi. La sua triste dipartita alla giovane età di 44 anni ha privato la *ummah* di un genio versatile, di uno scrittore fecondo e di un *dā'i*[9] eccezionale.

Lo spirito visionario di Muhammad al-Hasani ha superato le barriere territoriali e, come lo Shaykh Nadwi, ha focalizzato

---

[8] Cfr. Nadwi, *Purāne Charāgh*, vol. 2, 340-69.
[9] Muhammad Thāni Hasani, *Sawānih Sayyid Muhammad Hasani* (Rae Bareli, 2013).

la sua attenzione sul rinnovamento della fede e della pratica islamica. I seguenti passaggi rivelano le sue osservazioni percettive sulle sfide che si ponevano davanti al paese:

<<Il nostro paese (India) gode di un successo senza precedenti e non vi è scarsità di risorse dal momento che Dio ci ha benedetti con molteplici favori. Prendiamo, per esempio, l'educazione che è accessibile in molti stati. Uno standard eccellente permea i nostri istituti d'educazione terziaria e questo è evidente dal crescente numero degli studenti. Il nostro paese eccelle in molti settori quali l'agricoltura e la tecnologia ed ha superato i paesi vicini in questi campi. Si è poi unito ai ranghi dei paesi in possesso di una capacità nucleare. Nonostante questi grandi passi ed il progresso fenomenale, vi è nella vita collettiva degli Indiani un penetrante declino. Quali sono i fattori che hanno contributo a questo declino? Non vi è alcuna responsabilità che non sia legata al timore di Dio (*taqwa*). Questa è l'unica chiave che ha aperto il potenziale dell'umanità. Questa è l'unica panacea per i mali che affliggono la società. Chiaramente, un ripristino dei valori etici come la responsabilità, la trasparenza e l'equità è essenziale per il progresso reale della nazione>>[10].

Muhammad al-Hasani ha avuto una distinta carriera accademica. Sebbene non abbia seguito rigorosamente il curriculum della madrasah tradizionale, venne guidato nei suoi studi di ampio respiro da suo padre, il Dottor 'Abdul 'Ali, e dallo Shaykh Nadwi. È salito alla ribalta negli scritti in arabo che mostrano uno stile maturo e riflessivo. I suoi editoriali nei

---

[10] Queste parole dimostrano la preoccupazione dello Shaykh Nadwi relativamente al miglioramento della società indiana.

giornali in arabo ed urdu erano notevoli per la loro originalità e lucidità. Sotto molti punti di vista i suoi scritti erano un'immagine speculare delle preoccupazioni della *ummah* articolate dallo Shaykh Nadwi. La sua critica del nazionalismo arabo ne è un esempio.

Le traduzioni delle opere contemporanee non erano un compito semplice dal momento che richiedevano la padronanza delle lingue combinata ad una comprensione relativa alle dinamiche della comunicazione. Per esempio, *The Road to Mecca* di Muhammad Asad è un'opera classica di merito ineguagliabile. Muhammad al-Hasni ha tradotto quest'opera in urdu consultando degli eminenti studiosi quali Daryabadi e, nello stesso tempo, sviluppando il proprio stile letterario che non compromette il fascino e la bellezza del testo inglese[11].

Nell'arena politica

Durante il periodo turbolento della lotta indiana per l'indipendenza l'*Indian National Congress* era in prima linea contro il governo britannico in India ed è riuscito ad arruolare un certo numero di leader musulmani ed indù di diverso orientamento politico, che hanno compiuto dei sacrifici straordinari nella lotta per la libertà. Sull'onda delle tensioni intercomunitarie, ha formulato tre principi che furono collocati nella Costituzione per proteggere i basilari diritti umani dei suoi cittadini: democrazia, secolarismo e non-violenza. Queste misure erano necessarie dal momento che, sotto la maschera dell'Hindutva, furono perpetrate delle spedizioni punitive contro le comunità marginalizzate, in modo particolare i musulmani che hanno sofferto molto in termini di perdita di vita e della proprietà.

---

[11] Riferimento alla traduzione in urdu intitolata *Tūfān se Sāhil tak*.

Nel Congresso esisteva un prevedibile schema di leadership, incentrato sul governo dinastico dei Nehru (ossia Jawaharlal Nehru primo ministro dell'India dopo la partizione e seguito da Indira Gandhi che infuse carisma nel partito). Senza dubbio, gli ideali della filosofia gandiana furono la pietra angolare della sua storia di successi. Un altro fattore nell'ottenere il supporto fu il bacino di voti dei musulmani. Il congresso infatti, riconoscendo il fattore musulmano, lo ha sfruttato per il loro successo politico con la promessa di stabilità sociale e protezione religiosa. Però, durante la presidenza di Indira Gandhi, l'instabilità politica divenne ancora più pronunciata. Una serie di leggi draconiane venne imposta nel 1975 durante lo stato di emergenza insieme al suo noto schema di pianificazione famigliare che consolidò il suo governo autoritario. Questo era più evidente nelle politiche repressive di suo figlio, Sanjay Gandhi, che era considerato de facto il vero governate nell'India. Le fortune politiche del Partito del Congresso nel 1977 sono cambiate drasticamente dopo la sconfitta subita dal Janata Party. Questo periodo è stato anche il punto d'inclinazione del potere indù in India[12].

In retrospettiva, il periodo di emergenza ha portato ad un rude risveglio nelle masse relativamente all'insicurezza, al nepotismo ed agli stratagemmi del governo, che consumavano il tessuto sociale dell'India. Tendenze più onnicomprensive nell'arena politica aprirono la strada al pessimismo ed allo sconforto. Il senso civico (*sha'ūr*) e l'alto profilo morale della politica indiana vennero gettati via per una forma più palese di governo compromettendo di fatto gli ideali promossi dai suoi fondatori. L'anima sensibile dello Shaykh Nadwi ha esitato davanti a quest'inquietante volgersi degli eventi. La conflagrazione provocata dallo stato di emergenza e da altre politiche incostituzionali aveva inghiottito il paese in uno stato di agitazione. In questo

---

[12] Cfr. Nadwi, *Kārwān*, vol. 2, 201-30.

entroterra, il suo importante incontro con Indira Gandhi, che poi si recò a visitarlo nella sua dimora in Rae Bareli, si focalizzò sull'interesse nazionale. Inoltre, la sua corrispondenza con Indira Gandhi ha rivelato il suo patriottismo e le aspettative nutrite verso una società morale:

>	<<L'emergenza ha prodotto un tragico aspetto che ha privato i cittadini di un senso d'indipendenza e di sicurezza...L'India è un paese libero e democratico che è sicuro da tutte le forme di aggressione e di estremismo ed il suo impegno verso gli ideali non ha alcun parallelismo in altre nazioni...È importante valutare la situazione nel paese. Se una nazione sceglie dei ruoli vili e sottomessi è naturale che dalle loro vite saranno rimosse le qualità dell'autosufficienza, del valore e della moralità>>[13].

La personalità fuori dal comune dello Shaykh Nadwi si rapportò con delle questioni che riguardavano i cittadini indiani in generale. Comunque, le problematiche specifiche che riguardavano i musulmani vennero da lui considerate di concerto con altre organizzazioni musulmane. Costui ha ribadito che la cornice dei principi costituzionali di eguaglianza e libertà di religione erano dei segni di riferimento per la salvaguardia dell'identità musulmana. In netto contrasto fu la proposta di applicazione del Uniform Civil Code, che venne interpretato come un impudente tentativo di sminuire la Muslim Personal Law ed anche i diritti inalienabili dei musulmani contenuti nella Costituzione. (Questo dibattito riemerse durante la presidenza di Rajiv Gandhi nel caso di Shah Bano). Il secondo periodo legislativo di Indira Gandhi dal 1979 al 1984, indirettamente ha scatenato

---

[13] *Ibid.*, 220.

il fuoco del comunalismo. I movimenti nazionali indù furono incoraggiati a "mettere in atto delle strategie per il genocidio politico e culturale dei musulmani in modo che non avrebbero potuto sopravvivere più a lungo come una comunità culturalmente distinta all'interno della società".

In breve, lo spirito patriottico dello Shaykh Nadwi venne illustrato in una lettera al primo ministro, Narasimha Rao (1991), in cui scrisse:

> <<Non le toglierò del tempo prezioso facendo riferimento a delle questioni marginali o solo a delle lamentele o alle richieste del più ampio gruppo di minoranza dell'India. Quello che sto per dire è unicamente nell'interesse e nella prosperità globale dell'India e riguarda delle questioni di principio>>[14].

Il resto della lettera contiene le profonde preoccupazioni relative al veloce deterioramento morale ed alla triste condizione degli abitanti del paese che stavano a cuore allo Shaykh Nadwi.

Hindutva: Una valutazione

L'ascesa dell'Hindutva durante il governo del congresso coincide con il fermento politico nel paese. I militanti delle RSS avevano un piano su due fronti per incitare alla violenza contro la minoranza musulmana: impiegare l'agitazione politica per sollevare la violenza intercomunitaria e sfidare il patriottismo musulmano nello sfondo del confitto tra India e Pakistan.

Le sue campagne, che si svolsero in molti modi, erano strutturate per incolpare i musulmani per la loro attitudine belligerante. Le *madāris* e le istituzioni islamiche vennero

---

[14] Nadwi, *Kārwān*, vol. 3, 81.

individuate come i covi del terrorismo e della diffusione del linguaggio d'odio verso gli appartenenti ad altre confessioni religiose. Queste organizzazioni estremiste hanno distorto la storia indiana per diffamare i contributi musulmani all'India multireligiosa e multiculturale. Le conquiste musulmane dell'India implicavano le conversioni forzate all'Islam e la demolizione dei templi. Secoli dopo la Partizione, la reciproca accusa delle colpe e delle responsabilità venne amplificata dall'Hindutva. Le moschee storiche come la Babri Masjid vennero demolite in nome del processo di riparazione storica. Al cuore di questa campagna vi era la cancellazione della cultura musulmana che era cresciuta sul suolo indigeno.

Hindutva: I difensori dell'estremismo indù

L'Hindutva o estremismo indù si opponeva alle riforme sociali delle organizzazioni progressiste quali l'Arya Samaj che condannava il sistema delle caste inteso come la rovina dell'induismo. Nel diciannovesimo secolo, le reazioni a queste riforme sociali hanno condotto ad una vigorosa coscienza revivalista da parte degli indù. I musulmani in particolare erano percepiti come nemici dell'Hindutva, che ne domandavano l'espulsione dall'India o la forzata conversione all'arianesimo. I leader di questi movimenti estremisti hanno adottato una politica aggressiva di rivisitazione storica per cui condottieri come Mahmud di Ghazna vennero trasformati in saccheggiatori e la loro invasione venne interpretata come una campagna calcolata per cancellare l'induismo. Di conseguenza, la retorica dell'estraneità contro i musulmani divenne un fattore chiave nei conflitti intercomunitari che peggiorarono la crisi tra musulmani ed indù. Molto spesso la lingua urdu, nonostante la sua radice indiana, venne guardata con sospetto e, per motivazioni politiche, venne ritenuta una cospirazione contro il revivalismo induista.

In breve, l'islamofobia nelle sue fasi d'incubazione si sviluppò in modo virulento nel paese.

Le conquiste musulmane: Una rivalutazione

Le rappresentazioni stereotipate delle conquiste musulmane nel subcontinente hanno ostacolato una più ampia comprensione dell'importante ruolo assunto dalla *da'wah* nel corso di questi periodi epocali. Si assume generalmente che la *da'wah* operi all'interno di un ambiente sociale distaccato dal flusso degli eventi politici. Al contrario, i governanti musulmani hanno fortificato la causa della *da'wah* ed hanno istituzionalizzato gli ideali della giustizia sociale. Molti di loro hanno lasciato un'eredità duratura per la costruzione di una società stabile e vitale libera dal bigottismo religioso e dalla piaga della discriminazione etnica.

Lo Shaykh Nadwi ha fornito delle prove storiche per dimostrare che la giustizia sociale era estesa anche alle comunità non-musulmane. I musulmani hanno diffuso il tesoro più prezioso che possedevano: la fede in Dio (*tawhid*), l'eguaglianza e la nozione di profezia. Non vi fu alcuna costrizione o massacro contro coloro che non accettavano l'Islam. Invece, i governanti musulmani hanno impartito i valori della dignità umana e dell'eguaglianza in un clima di coesistenza. Nello stesso tempo, i musulmani hanno introdotto mutamenti intellettuali, sociali e culturali aggiungendo della ricchezza alla nazione cosmopolita. Le arti e la letteratura e nuovi rami dell'apprendimento hanno creato "un rinnovato interesse ed un vigore in un mondo nuovo e più chiaro". La cultura indo-musulmana ha esemplificato la fusione senza soluzione di continuità di diverse culture e flussi di pensiero che non hanno compromesso l'essenziale sistema di fede islamica[15].

Maghreb: Marocco

La *da'wah* della Rābita era finalizzata ad avvicinare il mondo musulmano e a stabilire dei network d'interessi islamici condivisi. La partecipazione dello Shaykh Nadwi alla conferenza, organizzata dalla Rabita in Marocco nel 1976, fu un'opportunità per visitare questa ricca regione storica del mondo musulmano. La Libia, la Tunisia, l'Algeria ed il Marocco formavano la zona geografica chiamata Maghreb ed hanno avuto un ruolo fondamentale nel consolidamento della cultura e della civiltà islamica. L'università del Qarauiyyin rappresenta un esempio della classica educazione musulmana. Le conquiste (*Futūhāt*) del Maghrib, in modo particolare il Marocco, hanno rappresentato un legame integrale con il governo musulmano in Andalusia (Spagna). Ismail Faruqi ha opportunamente riassunto lo spirito islamico della conquista attraverso le parole pronunciate dal generale musulmano, 'Uqbah ibn Nafi che aveva invaso l'intero nord Africa ed aveva raggiunto le spiagge dell'Oceano Atlantico: "Se conoscessi una terra al di là di questo mare, lo attraverserei sul mio cavallo e la conquisterei per l'Islam"[16]. Come membro della Federazione delle università islamiche che aveva il suo quartier generale in Marocco, lo Shaykh Nadwi veniva regolarmente invitato da re Hasan. Comunque, le circostanze non gli consentirono di visitare il paese. Come Shaykh Nadwi ha notato nel suo diario di viaggio[17], la

---

[15] Muslims in India dello Shaykh Nadwi dscrive il mutamento del panorama religioso indiano favorito dal governo musulmano nel corso dei secoli.

[16] Cfr. Ismā'il Raji Al-Faruqi, Lois Lamya Al-Faruqi, *The Cultural Atlas of Islam*, (New York, 1986), 216.

[17] Nadwi, *Do Hafte Maghrib Men* (Lucknow, n.d.).

conferenza in Rabat era un forum appropriato per esprimere i suoi pensieri relativamente alla vera crisi che stava inghiottendo il mondo islamico. Lo Shaykh Nadwi riteneva che lo spirito dei valori islamici fosse incarnato nella condotta esemplare dei *Sahābah*. La loro fede ha tracciato una scia di spiritualità ed ha impartito un calore al mondo con le qualità della determinazione incrollabile e le caratteristiche che hanno conferito alla comunità musulmana una distinta identità islamica.

Lo Shaykh Nadwi ha visitato anche Casablanca per omaggiare 'Allāmah 'Allāl Al-Fāsi (m. 1973) l'eminente *'ālim* marocchino, leader del partito dell'*Istiqlāl* ed ammiratore dello Shah Waliyullah, lo studioso riformista dell'India la cui celebrata opera *Hujjat* era da lui letta con avidità. Inoltre, costui era tra i pochi studiosi arabi che avevano familiarità con i contributi degli *'ulama* indiani[18].

All'invito del re Hasan, lo Shaykh Nadwi ha utilizzato l'opportunità di pronunciare un discorso alla presenza di reali e dignitari nella majlis organizzata in suo onore. Lo Shaykh Nadwi, anche se ha mantenuto le regole del protocollo, non ha deviato dalla sua missione di instillare nei partecipanti il concetto dell'importanza della *da'wah*. Nelle parole di Sayyid Rabey:

<<Ero presente in quell'occasione e fui molto sorpreso nell'udire lo Shaykh Nadwi tenere un discorso così erudito ed illuminato. Sentii che era dovuto in modo particolare all'aiuto speciale ricevuto da Dio che discese in ragione della sua sincerità e della passione per la *da'wah*. Sono stato testimone della medesima cosa anche in altre occasioni. Vi erano degli esempi in cui si rivolse a persone molto potenti che avrebbero potuto offendersi e vendicarsi, ma questo non accadde mai.

---

[18] *Ibid.*, 90-1.

Invece, la sua posizione presso costoro crebbe sempre di più, così come accadde in Marocco. Il re lo accompagnò fino alla porta e si lamentò del fatto che, pur avendolo invitato molte volte a visitare il Marocco, non era mai venuto. Il sovrano gli domandò poi di recarsi più spesso in visita nel suo paese>>[19].

Una situazione simile si ripetette con il re di Giordania. Lo Shaykh Nadwi ebbe l'opportunità d'incontrare il sovrano. Mentre lo consigliava, fece riferimento alla debolezza che sembrava prevalere nel paese. Il re ascoltò pazientemente il consiglio dello Shaykh Nadwi e lo apprezzò.

Verso un nuovo mondo

All'invito della Muslim Students Association (MSA) di partecipare alla conferenza annuale a Bloomington in Indiana (USA) nell'estate del 1977, lo Shaykh Nadwi rispose con molto entusiasmo. Dopo la conferenza, vennero organizzati dei programmi da parte del MSA che condussero lo Shaykh Nadwi in città importanti e centri educativi e culturali in Nord America (USA e Canada). Le comunità musulmane che erano partite dall'India, dal Pakistan e dal mondo arabo si erano infatti stabilite nelle più importanti città del Nord America. L'ampio itinerario dello Shaykh Nadwi includeva New York, Chicago, Washington, Montreal e Toronto.

Lo Shaykh Nadwi tenne dei discorsi sia in arabo che in urdu in venti occasioni, ed ebbe anche l'opportunità di parlare presso cinque eminenti università: la Columbia University a New York, l'Harvard University a Cambridge, la Detroit University presso Ann Arbor, la South California University a Los Angeles e la Utah University a Salt Lake City. Inoltre, gli

---

[19] Sayyid Muhammad Rabey Nadwi, *Syed Abul Hasan Ali Nadwi: An Eminent Scholar, Thinker and Reformer* (New Delhi, 2014), 100.

venne domandato di tenere la *khutbah* del venerdì nella Prayer Hall del quartier generale delle Nazioni Unite e nelle moschee centrali di Toronto e Detroit. Un tema sorprendente di queste lezioni, nelle parole dello Shaykh Nadwi, era quello di parlare direttamente dal cuore, senza parole affettate ed offrire dei sinceri consigli ai fratelli ed alle sorelle musulmane che si erano trasferiti in Occidente, ed in modo particolare negli Stati Uniti[20].

Messaggio all'Occidente

Due temi distinti emergono dalle conferenze tenute dello Shaykh Nadwi negli Stati Uniti:

- La critica della civiltà occidentale in modo che l'umanità non debba cadere nei pericoli del materialismo e dell'ateismo.
- La responsabilità musulmane nei termini della *da'wah* in modo da poter diventare ambasciatori degli insegnamenti profetici.

Prima di cercare di esaminare i temi unificanti delle lezioni dello Shaykh Nadwi, bisogna notare che la recitazione coranica in una sessione o in un evento generalmente lo ispirava a comunicare un messaggio specifico. I suoi discorsi improvvisati erano precisi e rilevanti, gli aneddoti erano presentati per fare appello alle menti ed ai cuori degli ascoltatori. Questo impetuoso approccio ebbe un profondo effetto sul suo pubblico. I commenti introduttivi dello Shaykh Nadwi presso il centro islamico in Washington chiaramente rafforzano questo punto:

---

[20] Adattamento dalla Prefazione a *From the Depth of the Heart in America* (Lucknow, 1978), 2.

<<Mi domandavo in merito a cosa vi piacerebbe udire da me, quando improvvisamente la recitazione coranica è venuta come sempre in mio soccorso. Ho avvertito una meravigliosa rappresentazione dell'epoca moderna, che è giunta all'estremo picco dello sviluppo materiale, nei seguenti versetti: Racconta loro di due uomini. Ad uno concedemmo due vigneti che circondammo di palme di dattero. Tra i due ponemmo poi del grano. Ognuno di questi giardini produceva i suoi frutti e non mancava di nulla. Nel mezzo facemmo scorrere un fiume. L'uomo aveva un raccolto abbondante. Disse al suo compagno, durante una discussione: "Possiedo molta più ricchezza di te e più onore e potere"[21]>>.

Riferendosi alla parabola presente nel Corano, lo Shaykh Nadwi ritiene che il possessore dei giardini "sia un materialista, un'anima ribelle ed egoista, mentre l'altro è un vero credente anche se debole. Anche se costui non possiede alcuna vigna, è un credente e Dio lo ha benedetto con la fede"[22].

In modo simile, il discorso tenuto dallo Shaykh Nadwi presso la Harvard University ha tracciato una chiara distinzione tra la fede e il progresso materiale. Due descrizioni conflittuali della vita americana hanno avuto un impatto negativo sull'equilibrio promosso dall'Islam. Non vi è alcun dubbio che gli Stati Uniti siano fortunati dal momento che la natura li ha dotati del benessere materiale, che può essere interpretato come il risultato di un'immaginazione pragmatica e robusta e dell'ammirevole etica del popolo americano.

---

[21] Il Sacro Corano 18:32-34.
[22] Nadwi, *Muslims in the West: The Mission and Message* (Leicester, 1983), 67.

Lo Shaykh Nadwi riconosce senza alcun pregiudizio i passi compiuti dagli Stati Uniti nell'ambito della scienza e della tecnologia. Nello stesso tempo però lo Shaykh equivale gli Stati Uniti ad una terra di sfortuna perché il progresso materiale non può sostituire l'equilibrio spirituale. Gli americani non hanno rivolto lo sguardo all'interno di se stessi, ma al di fuori dei limiti dell'orizzonte ed i risultati sono stati tragici. Il vero valore dell'umanità è stato dimenticato. Come risultato, conflitti senza fine provocati dai superpoteri contro le nazioni più deboli per sfruttarne le risorse naturali o per stabilire la propria egemonia sono diventate la norma. Zone di conflitto quali la Palestina sono degenerate in uno spargimento di sangue quando gli Stati Uniti si sono mostrati complici d'Israele. Inoltre, molti paesi musulmani sono stati supportati dagli Stati Uniti nella fondazione di regimi dittatoriali.

Come è stato precedentemente discusso, la natura delle relazioni tra Oriente ed Occidente non ha mostrato alcuna parvenza di buona volontà o di dialogo genuino né da parte dell'Europa né dagli Stati Uniti. La mancanza di fiducia, secondo lo Shaykh Nadwi, ha bisogno di essere corretta. Quindi, i musulmani hanno la grande responsabilità di rapportarsi in modo costruttivo con le comunità di altre fedi per apportare dei mutamenti significativi nel panorama religioso europeo e statunitense. Il messaggio contenuto nelle conferenze pubbliche dello Shaykh Nadwi presso il Muslim Community Centre a Chicago (ed altre città) è duplice: i musulmani vengono invitati a conservare la loro eredità religiosa ed a evitare forme di distinzione all'interno delle comunità perché' sono dannose sul suolo americano ed altri paesi dove i musulmani risiedono come minoranze.

Due fattori -economico e politico- sono responsabili della migrazione musulmana in Occidente all'inizio del XX secolo.

Le opportunità economiche sono state un catalizzatore a causa del bisogno di forza lavoro in questi paesi. La situazione politica precaria nei paesi musulmani che adottavano delle politiche repressive contro la loro stessa popolazione, ha favorito l'immigrazione. Nell'onda di queste persecuzioni, l'Occidente ha offerto un paradiso sicuro per i rifugiati musulmani. Alla luce di queste circostanze, le parole dello Shaykh Nadwi rivolte alle comunità musulmane emergenti hanno un significato contemporaneo:

<<Dichiaro in modo inequivocabile che, se la vostra vita ed il vostro soggiorno in Occidente sono di beneficio all'Islam, la vostra migrazione non solo è giustificabile ma rappresenta anche un atto di adorazione. Invece, se la vostra fede e la vita religiosa dei vostri figli non è al sicuro, provo una viva preoccupazione. Rabbrividisco al pensiero in quale condizione possa sopraggiungere la morte e poi dovremmo raccontare a Dio che siamo giunti qui solo per guadagnarci da vivere. Questa motivazione non appartiene al carattere islamico e non reca alcun beneficio ad un musulmano. Se vi curate che la vostra fede rimanga senza macchia, se edificate un ambiente islamico o fondate un circolo (*halaqah*) in cui vengono promosse le attività religiose, allora vi faccio i miei auguri>>[23].

Il bisogno di un ambiente islamico

Lo Shaykh Nadwi ha fornito una cornice per stabilire e coltivare un ambiente islamico con le seguenti parole:

<<L'Islam ed il Corano richiedono che i musulmani siano i testimoni della virtù e della verità. Dovrebbero

---

[23] *Ibid.*, 129.

possedere una genuina disposizione islamica in modo che gli americani (e gli europei) possano distinguere chiaramente tra la loro stessa società che viene trascinata in modo impietoso dal materialismo ed una invece islamica che è invece pura, sana e dignitosa...Osservando questo, comprenderanno che la vera gioia di vivere si trova nella società islamica. Se ci disconnettiamo dalla sorgente dell'Islam, allora emergerà l'Islam americano, giapponese, iraniano, indiano e pakistano. Appariranno delle società islamiche le cui attitudini mentali, le inclinazioni naturali ed i valori sono ampiamente distanti>>.

Lo Shaykh Nadwi è critico verso gli accorgimenti culturali che derivano da versioni locali dell'Islam. Questo non implica che le variazioni culturali abbiano viziato il carattere composito dell'Islam. In risposta ai punto di vista sull'Islam come religione universale del noto studioso Dottor Suleyman Dunya, lo Shaykh Nadwi fa il seguente commento:

<<Concordo pienamente che l'Islam non è una fede territoriale, ma ha bisogno di un ambiente distintivo per stabilire delle istituzioni islamiche, un clima congeniale che possa trascendere gli standard culturali ed intellettuali e quindi far trasparire per così dire la fragranza dell'Islam. Ha bisogno di una patria islamica perché' non è né una dottrina mistica né una filosofia e nemmeno un insieme di credenze e rituali privi di un'anima, ma una fede reale, vivente e onnicomprensiva>>[24].

La fede onnicomprensiva, cui fa riferimento lo Shaykh Nadwi, può essere adattata a delle condizioni locali.

---

[24] *Ibid.*, 129.

Ciononostante, lo Shaykh Nadwi rivolge un appello prudente alle comunità musulmane che stabiliscono delle istituzioni islamiche su base nazionale o etnica affinché desistano da queste pratiche in quanto sono dannose per la *da'wah*. Sotto questo punto di vista, lo Shaykh fa riferimento alla gioventù che potrebbe sentirsi alienata dalla tradizionale educazione islamica a causa dei rigidi approcci e della presentazione conflittuale degli insegnamenti islamici. La prospettiva relativa alla possibilità che abbraccino l'ateismo sono le reali preoccupazioni.

Le Nazioni Unite: Forum sulle aspirazioni dei musulmani

Insieme alla sua acuta analisi della civiltà occidentale, lo Shaykh Nadwi ha ricordato ai rappresentanti dei paesi musulmani del loro ruolo fondamentale presso le Nazioni Unite. La sua Khutba del venerdì tenuta in una stanza dell'Assemblea fu un appello spassionato rivolto ai musulmani affinché riallineino la loro visione al messaggio universale dell'Islam. I seguenti passi rivelano la preoccupazione dello Shaykh Nadwi verso la *ummah*:

<<I paesi musulmani portano un peso nel mondo ed anche presso le Nazioni Unite. Se le persone che abbiamo l'onore di rappresentare possedessero una fede viva, allora i musulmani sarebbero anche ora onorevoli nel mondo ed avrebbero una posizione di forza ed importanza. Fratelli, non volgete lo sguardo verso nessuno per ricevere aiuto e supporto. Evitate di essere dipendenti dagli altri. La forza presa in prestito è effimera e non dura. Non fate che il vostro nome risplenda nella cortesia delle nazioni e poi voi, anche se siete numericamente forti nelle statistiche delle nazioni, non avete alcun peso nelle bilance di Dio.

Credenti, la scintilla della fede è presente nei nostri cuori e noi non siamo solo i portatori del messaggio dell'Islam, ma ne siamo fieri qui negli Stati Uniti, la roccaforte del potere occidentale. Non siamo né parassiti né mendicanti, ma possediamo la nostra cultura e la nostra civiltà e non intendiamo accettare alcuna forma di contaminazione>>[25].

Lezioni in Chicago

La visita dello Shaykh Nadwi a Chicago lo ha messo in contatto con un gruppo rappresentativo di leader della comunità e figure pubbliche che rappresentavano diversi orientamenti di pensiero islamico. La Nation of Islam[26] ne è un esempio. Sotto la leadership carismatica di Warith Deen Muhammad, l'organizzazione ha reciso i legami con il suo fondatore, Elijah Muhammad (m. 1975) e si è dedicata ad un'interpretazione sunnita dell'Islam. Questo è stato un mutamento sostanziale dalla retorica di Elijah Muhammad che reclamava una legittimità islamica come profeta di Dio.

La serie di conferenze tenute dallo Shaykh Nadwi si sono focalizzate sulle perenni verità dell'Islam che attraversano barriere etniche e geografiche. Il suo riferimento a Malcom X (Malik Shahbaz) che ha lasciato un racconto commovente del suo pellegrinaggio costituiva una riaffermazione del concetto islamico di fratellanza. Il pellegrinaggio per Malcom X si poneva in un assoluto contrasto con le attitudini razziste profondamente radicate che aveva sviluppato sotto l'influenza di Elijah. Lui stesso ha raccontato la sua esperienza con le seguenti parole:

---

[25] *Ibid.*, 123.
[26] Cfr. Edward Curtis, *Black Muslim Religion in the Nation of Islam, 1960-1975* (Chapel Hill, 2006).

<<Nel corso degli ultimi undici giorni nel mondo musulmano, ho mangiato nel medesimo piatto, ho bevuto dal medesimo bicchiere e ho dormito nello stesso letto (o sullo stesso tappeto) -pregando il medesimo Dio- con i miei compagni musulmani, i cui occhi erano blu, i cui capelli erano biondi e la cui pelle era estremamente chiara. Nelle parole, nelle azioni e negli atti dei musulmani "bianchi" ho colto la medesima sincerità che ho avvertito tra i musulmani della Nigeria, del Sudan e del Ghana. Da questo comprendo che, se gli americani bianchi potessero accettare l'unicità di Dio, potrebbero accettare in realtà anche l'unità dell'uomo, e smetteranno di misurare, ostacolare e danneggiare gli altri secondo le loro differenze nel colore>>[27].

Discorso di addio ai musulmani americani

Ibadur Rahman Nishat, uno stretto collaboratore dello Shaykh Nadwi e traduttore dei suoi testi in inglese, ha comunicato le sue personali impressioni relative al discorso di addio rivolto ai musulmani americani. È stata una ricapitolazione delle sue conferenze e discorsi tenuti sul suolo americano, il cui sommario è il seguente:

- Non abbandonate le fonti delle tradizioni e degli insegnamenti islamici
- Date la preferenza alla protezione dell'Iman rispetto alle considerazioni terrene
- L'introspezione può essere rafforzata attraverso l'affinità con guide spirituali

---

[27] Alex Huxley, *The Autobiography of Malcolm X as Told to Alex Huxley* (New York, 1992), 215.

- Non sottovalutate i contributi *islāhī* dei *salaf*.
- L'arroganza religiosa nasce dalla convinzione mal riposta che l'Islam possa essere compreso solo in un contesto contemporaneo[28].

Da'wah rivolta ad un pubblico occidentale

La seguente sinopsi si basa ampiamente sull'opera dello Shaykh Nadwi, *Muslims in the West*, che è chiara nella sua presentazione della *da'wah*. Secondo lo Shaykh Nadwi, la *da'wah* implica che la presenza musulmana in Occidente possa avere solo una giustificazione: comunicare il messaggio dell'Islam ai non-musulmani, sia con le parole che con le azioni. Un musulmano non può esistere come tale senza che porti avanti la missione affidatagli da Dio e dal Suo Profeta (pbsl). La visione della *da'wah* dello Shaykh Nadwi è radicata nella missione del Profeta (pbsl) sintetizzata dalla sua nobile condotta.

La missione profetica

Lo Shaykh Nadwi ripete il suo punto di vista secondo cui la missione profetica dovrebbe servire come punto di riferimento per una significativa comprensione della *da'wah*. Tutti i messaggeri che sono giunti e l'ultimo di loro, Muhammad (pbsl), hanno avuto come unica preoccupazione la creazione di un uomo nuovo. Costoro hanno aperto le forze interne all'essere umano ed hanno risvegliato le sue possibilità interiori. Hanno aperto l'occhio del cuore al fine che l'essere umano potesse vedere il Creatore di questo grande universo e ricevere i tesori della guida. Citando il seguente versetto: "Egli è il Signore dell'Oriente e dell'Occidente. Non c'è altro dio che Lui. ScegliLo quindi come

---

[28] Nadwi, *Muslims in the West*, 155-6.

Colui che dispone la tua vita"[29], lo Shaykh Nadwi afferma che i profeti hanno liberato l'essere umano da tutte le forme di idolatria e dualismo, dalla superstizione e dalla condiscendenza verso le tradizioni irrazionali e da ogni tipo di sottomissione tranne quella al Creatore dell'universo.

La metodologia profetica

Radicata nella guida divina, la metodologia profetica -spiega lo Shaykh Nadwi- non sfiora le questioni di ordine terreno, ma cerca di porre davanti all'essere umano "il giusto tipo di obiettivi, per suscitare il desiderio di un ordine e di un impegno superiori". Rivolgendosi al mondo occidentale, lo Shaykh Nadwi lancia un appello eloquente affinché si volgano alla rivelazione profetica esemplificata dall'Islam per conseguire la salvezza. Che cosa offre l'Islam alla mente occidentale? La sua risposta è duplice: gli insegnamenti coranici con la loro inesauribile ricchezza intellettuale possono ancora infondere una nuova vita nelle nazioni e sono capaci di affrontare i problemi dei tempi moderni. La vita del Profeta Muhammad (pbsl) e la saggezza dei suoi insegnamenti erano applicabili a tutti e coprivano un'ampia varietà di situazioni e problemi. Comunque, lo Shaykh Nadwi afferma che il volgersi delle nazioni occidentali verso l'Islam richiede un coraggio morale e l'ammissione del fallimento. Questo non è possibile, secondo lo Shaykh Nadwi, per le motivazioni seguenti:

<<Il potente uomo occidentale preferirebbe vedere le nazioni distrutte, i paesaggi naturali e le risorse devastati, l'intera umanità gettata nella disperazione che fare quest'ammissione. Un falso senso di prestigio

---

[29] Il Sacro Corano 73:9.

e orgoglio nel progresso scientifico e materiale, impedisce loro di volgersi verso le conquiste arricchenti di quel Profeta illetterato (pbsl) che solo offre la speranza della salvezza. Il risultato di questa presunzione è che le generazioni dell'umanità si trovano ad affrontare la possibile distruzione di tutta l'esistenza>>[30].

Contro questo triste entroterra, lo Shaykh Nadwi offre una speranza all'umanità articolando il bisogno della leadership mondiale per accedere alle risorse spirituali del messaggio del Profeta Muhammad (pbsl) che "condurrà l'umanità verso il suo giusto destino". Lo Shaykh Nadwi arditamente afferma che un tale passo richiederebbe una rivoluzione, una tremenda capacità di sacrificio per muoversi da uno stile di vita ad un altro-in breve, una profonda rivoluzione che renderebbe i leader esempio di umanità. Questa chiamata è, secondo lo Shaykh, spiegata nel seguente versetto: "Abbiamo desiderato mostrarci favorevoli verso coloro che venivano oppressi per renderli comandanti ed eredi della terra"[31].

Dopo una prolungata assenza di 16 anni, lo Shaykh Nadwi si è recato di nuovo in visita negli Stati Uniti nel 1993 per partecipare alla World Conference of Religions in Chicago. La conferenza ha attratto una moltitudine di leader e studiosi di diverse confessioni religiose in accordo con il tema "unità nella diversità".

In altri termini, era un forum per articolare valori spirituali universali. In questo contesto, veniva ritenuto opportuno che la monografia dello Shaykh Nadwi, *The Revolutionary Message of Islam* circolasse nella conferenza prima del suo intervento. Nella sessione conclusiva, venne assegnata allo Shaykh Nadwi una fascia oraria, che includeva anche le preghiere canoniche,

---

[30] *Ibid.*, 51.
[31] Il Sacro Corano 28:5.

per rivolgersi ai partecipanti relativamente all'Islam. I suoi commenti penetranti relativamente al contenuto ed alla funzione della conferenza sono rivelatori:

<<Quando sono giunto nella zona della conferenza, ho visto che i partecipanti erano occupati in quello che sembrava un dhikr in una lingua che per me era incomprensibile. Non vi era nulla per accertarsi a quella divinità si stessero rivolgendo nel corso dei loro rituali>>[32].

Soggiorno in Pakistan

La conferenza asiatica ospitata dalla Rabita islami in Pakistan nel 1978 ha dato allo Shaykh Nadwi l'opportunità di visitare questo paese. In qualità di unico paese fondato nel nome dell'Islam, ci si aspettava che il Pakistan assumesse un ruolo chiave nelle questioni riguardanti la *ummah* musulmana. Sfortunatamente, ha sofferto di una turbolenta crisi politica[33] sotto diversi regimi, i cui fini erano quelli di destabilizzare l'identità islamica del paese. Sotto il regime del generale Zia-ul-Haq venne introdotta qualche parvenza di governo islamico. La *shari'ah* venne parzialmente applicata nell'ambito delle leggi dell'*hudūd* e nell'istituzione di banche che non applicavano gli interessi sui prestiti. Per lo stesso motivo, il Consiglio dell'Ideologia Islamica operava come un *think-thank* per monitorare la graduale introduzione della Shariah ad ogni livello della società. Ci si aspettava che una situazione politica stabile in Pakistan avrebbe avuto un impatto positivo sulla comunità islamica marginalizzata in India, i cui sacrifici vennero incisi nelle pagine della storia. Allo stesso modo, lo Shaykh Nadwi sembrò apprezzare la

---

[32] Nadwi, *Kārwān*, vol. 5, 238-9.
[33] Cfr. Waheed-uz Zaman, *Islam in South Asia* (Islamabad, 1993).

politica di islamizzazione portata avanti da Zia-ul-Haqq[34]. La sua interazione con i leader musulmani, i re ed i presidenti si basava sulla concezione per cui l'Islam avrebbe dovuto raggiungere i corridoi del potere invece che allontanarli. Quest'approccio era stato adottato precedentemente dallo Shaykh Ahmad Sirhindi.

La visione della *da'wah* dello Shaykh Nadwi si rifletteva fortemente nei suoi interventi pubblici, che si focalizzazione prevalentemente sulle seguenti questioni:

- La società pakistana ha bisogno di una rivalutazione. Solo la sua adesione ai valori islamici può rimuovere i mali sociali che l'affliggono.

- La leadership islamica ha bisogno di un tremendo coraggio che può essere attinto dall'esemplare vita dei salaf. Questo tratto ha un potere trasformativo per la nazione pakistana.

- L'apostasia intellettuale può essere sradicata solo se un sistema educativo fondato nell'ethos islamico viene propriamente realizzato.

- Le sfide contemporanee possono essere affrontare positivamente se le *madāris* rivedono i loro curriculum e contestualizzano lo spirito dinamico dell'educazione e dell'insegnamento islamico[35].

La visita dello Shaykh Nadwi in Pakistan fu produttiva, specialmente nei suoi incontri con degli studiosi importanti, *'ulama*, politici, *madāris* ed università. È possibile citare due eminenti personalità con diversi orientamenti, Hakim Muhammad Said ed il Mawlana Mawdudi con cui lo Shaykh Nadwi ha mantenuto una conoscenza decennale. Inoltre, la sua connessione spirituale con il paese, nonostante un'assenza di quasi 16 anni, ha continuato a crescere in modo

---

[34] Nadwi, *Purāne Charāgh*, vol. 3, 127-38.
[35] Nadwi, *Hadith-i Pakistan* (Karachi, 1983).

considerevole. Quindi, *Hadith'i Pakistan*[36] è un dono inestimabile di esperienze condivise e consigli finalizzati alla crescita ed allo sviluppo personale. I suoi contenuti riformatori risuonano in quest'importante opera dello Shaykh Nadwi.

La serie del *Tuhfah*

Come le sue *isma'i* lectures che erano rivolte al mondo arabo, la *Tuhfah* serie è una collezione di interventi rivolti al pubblico musulmano nel subcontinente, in cui sono individuabili tutte le caratteristiche dell'*islāhī*. Lo Shaykh Nadwi ha introdotto le sue lezioni come un "dono" fatto alle comunità musulmane che aveva visitato. Costui credeva che la ricostruzione della società islamica fosse necessaria per sradicare i difetti che avevano consumato la sua vitalità ed il suo carattere dinamico. Da questo genere emerse chiaramente che i valori universali incarnati nell'Islam sono l'unica panacea per i mali che affliggono le società musulmane.

Il seguente è un sommario dei temi dominanti che sono intessuti nelle sue lezioni e negli interventi pubblici tenuti in paesi tra loro lontani come il Kashmir ed il Bangladesh. I passi rilevanti raccolti da queste opere sono finalizzati a fornire al lettore una comprensione tematica dei contributi dello Shaykh Nadwi alla ricostruzione della società musulmana. Come è stato altrove discusso, le preoccupazioni sollevate da costui sono rilevanti per le società musulmane in ogni parte del mondo. Nello stesso tempo, le soluzioni che offre sono pragmatiche e riflettono la sua visione della *ummah*.

---

[36] Questa serie è formata da una collezione di lezioni tenute nei paesi dell'Asia meridionale. L' Hadith-i Pakistan è stato ristampato in India con il titolo di *Da 'wat-i Fikr wa 'Amal* (Lucknow, 1999).

Tuhfah-i Kashmir (1981)

<<Una vita buona e dignitosa consiste primariamente nel timore di Dio, nell'altruismo, nella capacità di controllarsi e nella disposizione a subordinare il proprio vantaggio al bene comune. Queste virtu' a loro volta includono un interesse non egoista nel benessere altrui, il rispetto per l'umanità, il diritto di proteggere la vita, la proprietà e l'onore degli altri esseri umani. Similmente preferire i doveri ai diritti, difendere i deboli e gli emarginati, avere la forza di affrontare un oppressore, la fermezza nell'opporsi a coloro che non hanno nulla di cui essere orgogliosi eccetto il potere e la ricchezza e rifiutarsi di essere intimoriti da loro: queste sono le condizioni essenziali per condurre una vita buona e nobile. Questi servono come necessità fondamentali per una società sana ed una nazione forte ed onorevole>>[37].

Tuhfah-i Dakkan (1982)

<<I fattori motivanti di ogni lingua sono le sue caratteristiche religiose e spirituali. Danno peso ad una cosa e la sollevano dal basso fino a raggiungere grandi altezze...Di conseguenza, quando un discorso è impregnato di sentimenti religiosi produce un forte effetto, qualora sia sostenuto anche da una certa energia spirituale. Se uno studente del Corano desidera comprendere il suo spirito sottostante e fa uno sforzo (verso questo obiettivo), allora posso assicurarvi che supererà gli arabi di fama. La passione e l'impegno sono le caratteristiche potenziali che possono conferire potere alla comunità>>[38].

---

[37] Nadwi, *Tuhfah-i Kashmir* (Karachi, n. d.), 103-4.
[38] Nadwi, *Tuhfah-I Dakkan* (Lucknow, 2005), 20.

Tuhfah-i Malwa (1983)

<<Negli occhi degli esseri umani vi è una luce d'amore che non può essere trovata nelle altre creature. Il suo cuore è caratterizzato da una tenerezza e sensibilità ispirata dall'amore e trema al tocco del dolore e della sofferenza altrui. Un tale cuore non si trova nei tesori degli angeli e sicuramente l'essere umano da solo può presentare al suo Signore un cuore pieno di amore sincero verso gli altri...Se una tale lacrima viene posta nel mare della trasgressione, lo ripulirà. Se cade in una foresta di peccati, la brucerà e riempirà di nuovo lo spazio con la luce della virtù. Gli angeli possono compiere qualsiasi cosa, ma non possono presentare questa goccia di lacrima. Gli angeli non dormono in ragione della loro consapevolezza dell'essere e degli attributi divini. La loro veglia però non possiede l'eccellenza dell'insonnia umana in ragione della sofferenza altrui. La qualità dell'amore che permea il cuore umano è un prezioso dono di Dio. Quando qualcosa lo muove, assume uno strano potere e s' innalza al di sopra delle considerazioni relative alla religione, alla comunità, alla nazione ed alla madrepatria. Poi vede il cuore di un altro essere umano e ne sente la sofferenza e ne viene istintivamente attratto>>[39].

Hadith-i Pakistan (1984)

<<Il bisogno più urgente è uno sforzo comune per riformare la sua società, che deve essere salvata dalla rivalità e dall'ossessione di ammassare ricchezza. Non vi potrà essere disastro più grande dopo la dissoluzione dell'Impero Ottomano dell'anarchia in Pakistan. Considero tutto quello che si trova in relazione con questo problema come qualcosa

---

[39] Nadwi, *Tuhfah-I Malwa* (Lucknow, 1992), 34-6.

di secondario. Il primo obbligo per il Pakistan è quello di essere stabile e mantenere la sua responsabilità morale islamica. Tutte le altre questioni sono di natura periferica. Il Pakistan, al fine di mantenere la sua identità distintiva ed essere protetto dall'anarchia, deve assolutamente mettere in atto una riforma della società. Il declino morale che si è rapidamente insinuato nella sua società, portando nella sua onda complessi problemi e risultati disastrosi deve essere fermato. Il richiamo deve essere dato attraverso le moschee, nei raduni politici, nelle conferenze islamiche e nelle piattaforme delle organizzazioni. Il Pakistan deve essere salvato da due elementi pericolosi. Prima di tutto, deve essere salvato dai conflitti settari e secondariamente deve essere protetto dall'anarchia politica. La storia mostra che le migliori democrazie soccombono alla corruzione, quando mettono fine alle [possibilità] di progresso>>[40].

Un'edizione corretta del *Hadith-i Pakistan* è stata pubblicata sotto il nuovo titolo di *Da'wat-i Fikr wa 'Amal*. I seguenti passi tratti da quest'opera importante incapsulano il messaggio rivolto dallo Shaykh Nadwi ai musulmani pakistani:

<<È evidente che nessun sistema di credenza o istituzione educativa di una nazione può funzionare nel vuoto, ma ha bisogno di un'ambiente di libertà e di risorse. La società ha bisogno di svilupparsi senza ostacoli ed anche l'articolazione delle *'aqā'id* deve essere mantenuta in modo consistente. Una lingua che promuove solo superficialmente l'unità (di una nazione) mina l'impegno dei profeti ed inoltre ha un effetto debilitante sull'opera relativa al rinnovamento in ogni parte del mondo>>[41].

---

[40] Nadwi, *Tuhfah-I Pakistan* (Karachi, 1984), 38-40.
[41] Nadwi, *Da'wat-i Fikr wa 'Amal*, 61-3.

Quest'opera importante deve essere letta insieme alla stimolante monografia intitolata *Calamity of Cultural And Linguistic Chauvinism*, per valutare la sua critica del Pakistan e del Bangladesh.

Tuhfah-i Mashriq: Bangladesh (1984)

<<Dovreste apprezzare e stimare la vostra nazione. Dovreste chiudere il cuneo che si è ampliato ed ha causato un divario tra le vecchie e nuove generazioni. Abbracciate entrambe queste sezioni della società. Abbracciate la fratellanza degli *ulama* dai quali avete aiuto nelle questioni religiose. Costoro possono essere la vostra guida ed aiutarvi ad avere famigliarità con gli insegnamenti coranici. La classe educata può diffondere questi insegnamenti islamici nella lingua bengalese. Entrambe le classi possono poi rafforzare la nazione in virtu' dello spirito pionieristico dell'Islam. Il Bangladesh rappresenta la terza famiglia più ampia a livello demografico nella comunità delle nazioni musulmane...La rinascita islamica può iniziare da qui e voi avete la potenzialità per farlo. È necessario che sia data preferenza all'Islam rispetto ai legami famigliari ed al lignaggio. Quindi, non deve essere posto alcun ostacolo nella ricerca di questo fine. Dobbiamo amare tutta l'umanità ed ogni linguaggio. Assicuratevi che la vostra lingua progredisca ed amatela, ma non nutrite alcuna animosità verso nessun altro linguaggio. Il pregiudizio linguistico infatti non ha alcuna rilevanza storica nell'Islam. Questo punto è stato poi ribadito dallo Shaykh Nadwi con le seguenti parole:

<<I musulmani in passato imparavano tutte le lingue ed assumevano una certa padronanza su di loro, sviluppando con esse una letteratura islamica. La lingua persiana ne è un esempio. Il persiano, che era

stata lingua degli Zoroastriani, ha prodotto nella sua storia letteraria poeti come Sa'di, Rumi etc>>[42].

Il segno della decadenza morale in Arabia saudita

L'associazione dello Shaykh Nadwi con le organizzazioni e gli studiosi nel Regno Saudita gli hanno dato un'idea dell'emergente società araba, la cui cultura era gradualmente consumata dall'influenza occidentale. Queste tendenze preoccupanti potevano essere avvertite nell'*Haramayn*. Costui, quindi, si è sentito in dovere di manifestare le sue preoccupazioni al regno saudita rispetto alla sua posizione di custode delle *Haramayn*. Il regno non era inaccessibile alle influenze straniere, in modo particolare quelle derivanti dalla presenza americana nelle regioni ricche di petrolio. Il fatto più allarmante è che l'accordo di collaborazione tra monarchia saudita e Stati Uniti hanno esposto un nuovo ed alieno stile di vita ai sauditi, che è stato adottato in modo indiscriminato dai membri della famiglia reale, dall'élite e dai giovani.

Una lettera scritta dallo Shaykh Nadwi nel 1979[43] alla monarchia saudita mette in luce i vizi sociali che si erano insinuati nella società saudita ed hanno minacciato di modificare l'originaria forma dell'Islam. Alcune delle preoccupazioni erano relative:

- Alla diffusione di programmi e film trasmessi in televisione che avevano un impatto negativo sulla mentalità araba. Come risultato, la violenza, la

---

[42] Nadwi, *Tuhfah-i Mashriq* (Karachi, n. d.), 31-2.
[43] Queste lettere sono contenute nella sua opera in lingua araba intitolata *Kayfa Yanzur al-Muslimūn ila al-Hijāz wa Jazirah al-'Arab*.

promiscuità e le tendenze antisociali venivano sdoganate.

- Il fanatismo sportivo era divenuto più diffuso tra i giovani. Invece a sport formativi quali il tiro con l'arco ed il nuoto non veniva assegnato il riconoscimento che meritavano.

- L'autoindulgenza, la stravaganza ed uno stile di vista dissoluto erano le parole chiave dell'élite. La loro passione per i beni materiali era proverbiale. Il consumismo aveva plasmato la loro visione dei valori islamici. In ragione del loro stile di vita egoista, nessuno sforzo è stato compiuto per alleviare la terribile povertà ed il futuro squallido della popolazione saudita[44].

La critica dello Shaykh Nadwi della società araba illustra il suo pensiero indipendente ed anche la sua profonda preoccupazione relativamente alla decadenza morale nelle società musulmane. "Consultazione al di sopra del confronto" era il suo principio guida fino alla fine. La sua lettera alla monarchia ha rafforzato la concezione dello Shaykh Nadwi secondo cui l'Islam deve raggiungere le "porte del potere". Uno sviluppo parallelo al materialismo incontrollato fu l'ascesa nel regno dell'estremismo islamico. Il crescente malcontento tra alcuni "*ulama*" in ragione della presenza invadente della cultura occidentale ha prodotto molteplici estremisti tra la gioventù araba. Un estremista influente, Muhammad 'Abdullāh al-Qahtāni, affermando di essere il Mahdi, ha assediato l'Haram Sharif nel corso della stagione del pellegrinaggio del 1979. Per cinque giorni, vi fu un pandemonio nei sacri precinti della Ka'bah dal momento che gli uomini del Mahdi tenevano in ostaggio i pellegrini. La loro

---

[44] Nadwi, *Kārwān*, vol. 2, 278-81.

denuncia della monarchia saudita continuò senza sosta. Gli scontri sanguinosi tra gli estremisti e le truppe condussero alla fine dell'assedio. Al-Qahtāni venne ucciso dalle truppe saudite e gli altri estremisti si arresero. Dopo circa due settimane la normalità venne ripristinata nell'Haram. Quest'evento tragico ricordò l'assedio compiuto da una setta di eretici, i Qaramiti, nel primo periodo dell'Islam. Lo Shaykh Nadwi ha espresso la sua preoccupazione che la santità dell'Haram venisse violata dalle sette devianti con ambizioni politiche[45].

La conferenza sulla *Sirah*

L'International *Sirah* Conference è stata tenuta in molti paesi musulmani per portare in rilievo la multiforme personalità del Profeta (pbsl). Il suo successo è stato accreditato allo spirito visionario dello Shaykh 'Abdullāh Ansārī. Il ricordo dello Shaykh Nadwi dei contributi di Ansari viene espresso in modo eloquente con queste parole:

<<La mia conoscenza dello Shaykh Ansari attraversa un periodo di 30 anni. Durante questo periodo, sono stato nella posizione di osservare in diversi incontri e conferenze la sua personalità senza pretese, la sincerità e la passione per la conoscenza. Come promotore delle conferenze che avevano come tema la *Sirah* del Profeta (pbsl), lo Shaykh Ansārī ha dimostrato il suo profondo amore verso il Profeta (pbsl). Attraverso queste conferenze ha infuso uno spirito dinamico allo studio della nobile personalità del Profeta (pbsl). Ha poi partecipato in molte conferenze e simposi internazionali, ma nessuno poteva essere paragonato alla conferenza sulla *Sirah* presieduta dallo Shaykh

---

[45] *Ibid.*, 284-6.

Ansārī. La sua presenza emanava un'aura di spiritualità tra i delegati che rappresentavano delle istituzioni leader nei loro rispettivi paesi. La sua personalità carismatica me lo ha reso caro>>[46].

Alla conferenza parteciparono intellettuali, dignitari di altro rango e reali del mondo arabo. Nel suo discorso inaugurale, lo Shaykh Nadwi ha ricordato al pubblico che il tema dominante della conferenza si sarebbe dovuto focalizzare sui distruttivi effetti della nifaq (ipocrisia) nelle società musulmane: <<Grazie a Dio che il nostro male non è né il kufr e nemmeno lo shirk. Il nostro male è il nifaq (ipocrisia). Proclamiamo qualcosa e ne facciamo un'altra. Questa duplicità ha reso noi e la nostra società indegni di fiducia. Come risultato, l'Islam ora è divenuto poco attraente per gli altri sebbene il nostro carattere, in passato, sia stata la ragione per cui i non-musulmani cominciavano ad apprezzare l'Islam>>.

King Faisal Award (1980)

La King Faisal Foundation venne fondata nel 1976 dai figli del re Faisal, il terzo monarca dell'Arabia Saudita, per perpetuare l'eredità umanitaria del loro padre. La missione della Fondazione era quella di preservare e promuovere la cultura islamica[47]. Il primo King Faisal International Prize per il servizio reso all'Islam venne ricevuto dal Mawlana Mawdudi nel 1979 come riconoscimento della sua eccellenza in materia di erudizione. Lo Shaykh Nadwi ha ricevuto questo prestigioso premio nel 1980. La sua risposta nel rispetto di questa tradizione d'indipendenza rivela anche il suo spirito di sacrificio. Costui spiega:

---

[46] Nadwi, *Purāne Charāgh*, vol. 3, 51-60.
[47] Rabey Hasani, *An Eminent Scholar*, 89.

<<Mi trovavo in Rae Bareli e come al solito ero occupato con il mio programma di scrittura quando mio nipote Sayyid Muhammad Rabey, che era arrivato da Lucknow, mi informò che mi era stato assegnato il Faisal Award. Un invito per ricevere l'Award in *Riyād* era già stato inviato. Seguirono poi una serie di messaggi di congratulazioni. La procedura per il Faisal Award è la seguente: i candidati per l'Award sono consigliati dalle organizzazioni islamiche e dalle eminenti personalità. Dopo la scelta, viene annunciato il nome del candidato. Oltre alla citazione e ad una medaglia d'oro, viene assegnato anche un importo pecuniario notevole[48]. In una missiva inviata al presidente del comitato di selezione, ho espresso il mio apprezzamento per la sua decisione anche se ho sentito che vi erano altri studiosi maggiormente degni di ricevere il premio...Il premio in denaro doveva essere distribuito ai seguenti destinatari come annunciato dal mio rappresentante, il Dottor 'Abdullāh 'Abbās Nadwi. Metà della somma doveva essere donata ai rifugiati afgani, mentre due altre istituzioni, il Tahfiz al-Qur'an e la Madrasah Sawlatiyyah (Mecca) avrebbero dovuto ricevere ¼ della somma ciascuno>>[49].

Il senso d'indipendenza (*istighmā*) ha caratterizzato l'attitudine dello Shaykh Nadwi verso gli allettamenti della ricchezza e dello status. Questi erano per lui qualcosa che apparteneva alla vita transitoria e non lo facevano deviare dalla sua missione della *da'wah*. Il seguente episodio relativo all'eminente studioso 'Allāmah Yusuf al-Qardāwi testimonia lo spirito d'indipendenza dello Shaykh Nadwi:

---

[48] *Saudi Aramco World* (September/October 2000), 37.
[49] Il premio in denaro ammontava a 200,000 riyāl.

<<Ricordo un episodio avvenuto circa 30 anni fa, quando lo Shaykh Nadwi si è recato in visita in Qatar. Questo era un periodo di estrema difficoltà finanziaria per la Nadwah. I suoi amici e sostenitori gli suggerirono di rivolgersi agli influenti uomini d'affari del Qatar per introdurre loro i problemi che la Nadwah era chiamata ad affrontare e quindi sollecitare la loro assistenza finanziaria. Lo Shaykh Nadwi respinse con fermezza questa proposta anche in quelle difficili circostanze e disse: "Queste persone ricche sono tutte malate in ragione del loro smoderato amore per il mondo. Noi siamo i loro medici. Forse si addice ad un medico allungare la mano verso il suo paziente al fine di curarlo?" Risposi: "Shaykh, assisterai la Nadwah attraverso il loro supporto finanziario". Lo Shaykh però rispose: "Costoro non possono distinguere tra un contributo sincero ed uno sospetto. Ai loro occhi, noi siamo solo degli opportunisti>>[50].

Il centennale della Dār al-'Ulūm Deoband

Dopo la prima guerra d'indipendenza nel 1857 (definita ammutinamento), studiosi eminenti come il Mawlana Qāsim Nānautwi fondarono il Dār al-'Ulūm Deoband nel 1867. Dai suoi umili inizi, divenne una prestigiosa sede di apprendimento ed era considerata come l'Al-Azhar dell'Asia meridionale. Nel corso degli anni, l'istituzione ha prodotto dei prominenti studiosi nelle discipline degli *hadith*, del *fiqh*, del *tasawwuf* e del *tafsir*[51].

Il Dār al-Ulūm ha mantenuto con vigore i suoi legami con la tradizione di Waliyullah ed ha seguito rigorosamente il *fiqh*

---

[50] Nadwi, *Kārwān*, vol. 2, 295-77.
[51] Yusuf Qardāwī, "Rabbānī Ummat, Mawlana Sayyid Abul Hasan Ali Nadwi" in *Ta'mir-i Hayāt* (Special Number, 2000), 139.

hanafita. Rappresenta una sintesi dei quattro fili che lo hanno dotato della sua identità unica. Per prima cosa, ha evitato le dispute settarie ed ha invece promosso il *tawhid* come sostrato del suo programma di riforma. Quest'approccio era in linea con la visione dello Shah Waliyullah e di altri riformatori. Secondo, ha mantenuto un legame indissolubile con la sunna sia in teoria che in pratica.

Gli scritti degli studiosi ed i resoconti biografici sono testimoni della devozione dell'istituzione verso l'opera di rinascita del contenuto e dello spirito della Sunna. Terzo, il tasawwuf era incoraggiato in modo che la prospettiva corretta e l'approccio bilanciato riflettevano la sua reale essenza. La fede e l'introspezione generano lo zelo ed il fervore di ottenere il compiacimento divino. Ed infine, l'impegno teso a difendere il messaggio dell'Islam nella sua pura forma era la sua caratteristica principale. Movimenti riformisti come i Tabligh hanno cristallizzato la traiettoria della Dār al-Ulūm nell'ambito del *tabligh* e della *da'wah*.

Lo storico discorso dello Shaykh Nadwi, originariamente scritto in arabo per gli *ulama* e gli intellettuali arabi, era un brillante esempio di abilita' oratoria. Ciononostante, lo Shaykh ha deciso di parlare in urdu in modo che le centinaia di migliaia di partecipanti potessero comprendere il cuore del messaggio che intendeva comunicare. In accordo con la sua semplice personalità, lo Shaykh Nadwi mise da parte le formalità e affermò che le celebrazioni del centenario non avevano bisogno di abbellimenti per proporre l'immagine di un'istituzione riconosciuta a livello internazionale[52].

Lo Shaykh Nadwi nella sua valutazione dell'istituzione ha lodato i suoi sforzi per risvegliare lo spirito islamico tra i musulmani indiani, l'amore per la shari'ah e generare le qualità della dedizione e del sacrificio di sé.

---

[52] Relativamente alla storia di Deoband cfr. Sayyid Mahbub Rizwi, *Tārikh Dār al-Ulūm Deoband*, vol. 1-2 (Deoband, 1994).

Deoband divenne il precursore di nuove tendenze religiose e la sede più importante della tradizionale cultura islamica e dell'apprendimento teologico in India.

Deoband ha rappresentato il bastione dell'Islam per circa un secolo. La sua celebrazione centennale venne commemorata nel marzo del 1980. La partecipazione dello Shaykh Nadwi ha aggiunto una dimensione internazionale alla sua celebrazione per conto della sua associazione con il mondo arabo[53]. Lo Shaykh Nadwi non ha partecipato alla sessione inaugurale in quanto non gradiva la partecipazione del primo ministro Indira Gandhi, che era stata invitata senza che lui ne fosse stato informato. La celebrazione che attrasse centinaia di migliaia di partecipanti dal mondo musulmano ricordava l'atmosfera di 'Arafāt.

Lo Shaykh Nadwi ha tenuto il suo discorso che, oltre a porre in prospettiva i contributi della Dār il-Ulūm, ha sottolineato l'attaccamento dei musulmani indiani all'Islam: <<Solo voi (musulmani indiani) potete salvare l'India (dalla sua anarchia morale). Voi possedete le nobili parole di Dio e del Profeta (pbsl), il *tawhid*, le credenze ed il principio di fratellanza. Voi possedete un sistema completo di giustizia sociale che deriva dalla consapevolezza di Dio ('*āqibat al-muttaqīn*)>>.

In una nota positiva, lo Shaykh Nadwi ha offerto ai partecipanti il seguente consiglio:

<<Conoscente la vostra forza. Rendete giustizia a voi stessi. La questione per voi non è né limitata al carattere dell'istituzione islamica e nemmeno alla validità di una scuola di pensiero. Oggi la sfida principale è proteggere la vostra identità islamica e le fonti della conoscenza islamica che formano il vostro

---

[53] Cfr. Nadwi, *Kārwān*, vol. 2, 306-9. In qualità di membro del comitato della *Shūrā* in Deoband, lo Shaykh Nadwi ebbe la responsabilità di creare un network di studiosi nel mondo arabo.

carattere islamico. La questione cui dovete rispondere riguarda la leadership di questo paese. Non siete stati cresciuti qui per seguire passivamente i passi altrui, per attendere ed aspettare gli altri o per prendere spunto dagli altri. La vostra responsabilità, infatti, è quella di diagnosticare le malattie della società di questo paese e di offrire dei rimedi>>[54].

È stata una sfortuna che le celebrazioni siano state rovinate da un conflitto tra il consiglio direttivo e Qārī Muhammad Tayyib, rettore della Deoband. Molti fattori hanno portato i membri della famiglia del Qāri Tayyib in conflitto con il consiglio della *shūrā*. L'intervento politico, il nepotismo ed altre circostanze hanno contribuito alla rottura di quest'istituzione riconosciuta a livello internazionale.

Il coinvolgimento dello Shaykh Nadwi in risolvere la crisi fu a livello personale. Costui ha deplorato la situazione politicizzata di cui era caduta preda Deoband. Anche se riconobbe i servizi resi da Qāri Tayyib alla sua crescita ed al suo sviluppo, ha anche nutrito la speranza che la crisi potesse essere evitata qualora i suoi elementi scismatici non avessero sfruttato quella situazione d'incertezza. Quest'approccio equilibrato avrebbe potuto conservare la sua immagine. Il decesso nel 1983 di Qāri Tayyib fu un capitolo triste nella storia di Deoband[55].

Il fenomeno della scissione nelle *madāris* (conosciute anche come *waqf*) divenne una tendenza pericolosa in India. Deoband non fece eccezione: due *madāris* sotto l'egida del Dār al-'Ulūm operavano di fatto come due istituzioni parallele. Questo stato di cose si poneva contro la visione dei fondatori di queste rispettabili istituzioni, i cui sacrifici erano basati

---

[54] Cfr. Nadwi, "Dār al-'Ulūm Deoband kā Paighām" in *Bayyināt* (Karachi, 1980).
[55] Nadwi, *Kārwān*, vol. 2, 313-4.

sull'unità della comunità musulmana. La critica da parte dello Shaykh Nadwi degli orientamenti settari può essere apprezzata alla luce della sua vicinanza a queste istituzioni religiose.

Verso una nuova epoca

Il XV secolo dell'Hijrah ha annunciato delle speranze rinnovate per la *ummah* che aveva fatto esperienza di una decadenza politica negli ultimi decenni. In molti paesi ha segnato un punto di svolta nella richiesta dei musulmani dell'indipendenza dalla pervasiva influenza occidentale. La retorica del progresso nella scienza e nella tecnologia era il nuovo slogan per promuovere nei musulmani la fiducia in se stessi. La rivoluzione iraniana del 1979 venne considerata un precursore delle idee rivoluzionarie che hanno apertamente sfidato la supremazia occidentale. Allora, lo stato d'animo celebrativo nel 1980 ha creato un'onda di euforia in tutto il mondo islamico ed era anche un'espressione tangibile delle promesse di rapidi mutamenti e di una leadership potenziale per la *ummah*.

Su richiesta dello *Student Islamic Movement* che aveva organizzato il seminario, lo Shaykh Nadwi ha tenuto un intervento in cui ha condiviso i suoi pensieri relativamente al futuro della *ummah*. Non vi era dubbio che questa valutazione critica delle sfide che la comunità islamica si trovava ad affrontare sottolineassero la sua profonda comprensione delle dinamiche che modellavano gli eventi globali. Secondo lo Shaykh Nadwi, le tendenze revivaliste rappresentavano delle guide infallibili per ripristinare la dignità musulmana tra la comunità delle nazioni. I masha'ikh potevano liberarli dalle crisi che erano chiamati ad affrontare. Per la stessa motivazione, i musulmani non dovrebbero essere isolati dalle principali attività in quanto esisteva la proverbiale faglia della leadership inefficace. Lo Shaykh Nadwi ha formulato un programma in 10 punti che avrebbe infuso energia nei paesi musulmani al fine di renderli proattivi nel promuovere una significativa trasformazione.

Le caratteristiche salienti

La coscienza islamica è legata al progresso emotivo e spirituale dei musulmani ed ha bisogno di essere udita per fortificare la causa della *da'wah*. Questo può essere realizzato solo se l'universalità del messaggio profetico filtra attraverso tutte le sfaccettature dell'esistenza. In modo simile, il mondo islamico ha bisogno di una leadership intellettuale che attinge la sua ispirazione dalla sua ricca eredità. Infatti, la civiltà islamica nel corso del suo apogeo era un simbolo di progresso e di prosperità. Sosteneva una tradizione intellettuale che non era limitata a paesi o culture. La sua visione generale era quella di diffondere l'eterno messaggio del Corano così come era incarnato nel paradigma della *iqra*'[56].

Nella valle del Kashmir

Circa un anno dopo il King Faisal Award, lo Shaykh Nadwi ricevette nell'ottobre del 1981 il titolo di dottore in letteratura presso l'università del Kashmir. Lo Shaykh Nadwi accettò questo prestigioso riconoscimento a condizione che al suo conferimento non fosse attribuita alcuna agenda politica[57]. Inoltre, aveva davanti a sé molti studiosi[58] che posero un precedente ricevendo dei dottorati honoris causa.

---

[56] Nadwi, *The Fifteenth Century* (Lucknow, 1982).

[57] Il Kashmir è stato testimone dell'escalation del conflitto in seguito alla presenza militare nel territorio da parte dell'India.

[58] Il riferimento è diretto al Mawlana Daryabadi ed al Mawlana Sayyid Sulaymān Nadwi.

Il breve discorso[59] che tenne nella settima convocazione dell'University Of Kashmir venne ampiamente apprezzato. Il pubblico che includeva critici, insegnanti, studenti e specialisti nelle scienze sia tradizionali (*qadīm*) che moderne (*jadīd*) furono affascinati dalle sue parole ispiranti. Le osservazioni preliminari dello Shaykh Nadwi mostrano che la conoscenza era un'unità organizzata, un tutto e che non poteva essere divisa in parti. Il suo riferimento ai versetti della *iqra'* ha conferito il tono al suo discorso, la fusione di conoscenza ed azione.

Secondo lo Shaykh Nadwi la conoscenza dovrebbe rafforzare il carattere ed il legame tra essere umano e Creatore.

L'uomo in se stesso non è l'origine o la sorgente della conoscenza. È invece solo l'agente o il vicario chiamato ad attualizzare la volontà di Dio su questa terra. La svolta più tragica e pericolosa nella storia della conoscenza o piuttosto di quella dell'umanità è avvenuta quando l'essere umano ha dimenticato la verità fondamentale di essere solo un agente di Dio, il Signore dei mondi. All'essere umano è stato affidato il mondo, ma non il suo possesso e quindi non ha il diritto d'impiegare le risorse della terra secondo il suo desiderio o capriccio o per la promozione di benefici limitati a livello nazionale, etnico, tribale o razziale, e nemmeno per conseguire la dominazione politica e personale sugli altri. È stata veramente una grande calamità quando la conoscenza è stata recisa dal suo legame con Colui che la concede. Che spettacolo entusiasmante presenta oggi il mondo! L'essere umano ha guadagnato la conoscenza, ma Colui che la concede è scivolato via dalla sua mente. Dichiaro con tutto il senso di responsabilità e tutta l'enfasi a mia disposizione che l'essere umano non potrà rimettere a posto gli affari di questo mondo

---

[59] Pubblicato come monografia sotto il titolo *The Place of Knowledge and the Role of Scholars* (Springs, 2018).

a meno che non riconosca di essere una semplice creatura inviata da Qualcuno presso cui dovrà anche ritornare. Costui ha bisogno di riconoscere di trovarsi alla fine della conoscenza che oggi possiede, mentre Dio, Colui che la garantisce, il suo Creatore e Signore, si trova all'altro lato>>[60]. In modo simile, le conferenze pubbliche dello Shaykh Nadwi in Srinagar si sono focalizzate sul bisogno dei musulmani del Kashmir di articolare una personalità islamica forte e visibile. La sua valutazione delle condizioni religiose rappresenta un'onesta osservazione della debolezza penetrata nella società del Kashmir. Di conseguenza, è stato l'Islāmiyāt che li ha legati alla comunità dei paesi musulmani.

Nelle sue lezioni lo Shaykh Nadwi evoca l'immagine della valle pittoresca che personifica il Kashmir. Il suo paesaggio mozzafiato e la fragranza celeste hanno pervaso il suo ambiente. Diversi secoli prima, Sayyid Ali Hamdani (d. 1384) invitò gli abitanti del Kashmir al *Tawhid* e a rinunciare alla loro fede politeista. Il suo successo fenomenale nel piantare i semi dell'Islam nel suolo del Kashmir può essere attribuito alla sua carismatica personalità[61]. La sua vita era infusa con lo spirito del *tablīgh* che lui ha condotto con zelo nella valle. Lo Shaykh Nadwi ha ricordato al pubblico del Kashmir che il *tawhid* ha dato loro la forza interiore per affrontare le sfide del proprio tempo. In considerazione del periodo turbolento che ha segnato il governo dell'India sul Kashmir occupato, l'attenzione posta dallo Shaykh Nadwi sulla necessità di sollevare una coscienza islamica ha assunto una importanza maggiore. Costui invitò i gruppi di difesa nella valle a promuovere l'unità di scopo ed a fortificare la causa islamica tra le leggi draconiane imposte dal governo indiano.

---

[60] *Ibid.,* 9-10.
[61] Nadwi, *Islam: Three Core Beliefs* (Kuala Lumpur, 2016), 39-41.

Il Kashmir, come la Palestina, è stata scenario di una palese violazione dei diritti umani. La loro storia condivisa di espropriazione ha illustrato l'impotenza della Nazioni Unite di implementare le risoluzioni dell'Assemblea. Le situazioni sono peggiorate con nessuna prospettiva di autonomia per entrambi gli stati musulmani.

A parte la crisi politica che gli abitanti del Kashmir erano chiamati ad affrontare, lo Shaykh Nadwi ha fatto riferimento al valore intrinseco dell'integrità (*ghayrat*) intesa come caratteristica redentiva delle loro vite soggette a restrizioni. Nell'essenza il *tawhid* era una centrale che illuminava il cammino nel corso di queste circostanze buie e disperate. Il suo messaggio era enfatico, nessun elemento ostile avrebbe potuto influenzare il corso positivo degli eventi destinati ai musulmani del Kashmir se avessero seguito l'ideale posto dal Profeta (pbsl). Quest'approccio ha senso anche per i musulmani che vivono da minoranze e condividono una situazione simile.

Seminario: Islam e gli Orientalisti

Un seminario internazionale sul tema "Islam and Orientalists" venne organizzato dal *Dār al-Musannifin* (Azamgarh)[62] nel febbraio del 1982 ed aveva come scopo quello di elaborare una valutazione critica dei contributi degli Orientalisti agli studi islamici. Lo Shaykh Nadwi ha preparato un intervento su Studi islamici, orientalismo e studiosi musulmani[63]. In questo periodo inoltre dovette affrontare la triste dipartita di suo nipote il Mawlana Muhammad Thānī (m. 1982) che per lui fu un duro colpo. Il Mawlana Thānī poteva essere considerato il suo braccio destro ed era anche

---

[62] Fondata dall'illustre studioso Shibli Nu'māni, l'accademia ha pubblicato delle opere letterarie di grande merito.

[63] Cfr. Nadwi, *Islamic Studies, Orientalists and Muslim Scholars* (Lucknow, 1983).

un autore stimato, specialmente sui *mashā'ikh* dell'India[64]. Allo stesso modo, un'altra importante figura, Sayyid Muhammad al-Hasani, anch'egli nipote dello Shaykh Nadwi, era un abile traduttore ed un critico della letteratura araba. Costui ha condiviso l'orizzonte intellettuale dello Shaykh Nadwi ed ha mostrato la sua versatilità nel pensiero islamico contemporaneo.

L'intervento dello Shaykh Nadwi era relativo all'inclinazione degli Orientalisti verso la distorsione degli eventi storici per screditare la personalità del Profeta (pbsl). Ha affermato che nessun' opera originale sia per lo scopo che l'approfondimento è stata scritta per le università nell'ambito degli studi islamici. La critica dell'Orientalismo da parte dello Shaykh Nadwi non tradisce alcun tipo di emozionalismo. Anche se riconosce gli importanti contributi di alcuni orientalisti nell'ambito dello studio degli *hadith* o della *Sirah* del Profeta (pbsl), osserva che l'orientalista tipico rivendica "obiettività ed imparzialità". In realtà, molti orientalisti tendono a presentare le loro scoperte in modo drammatico al fine di rimuovere la fede dei musulmani nella persona del Profeta (pbsl). Al contrario, le fonti della *Sirah* si basano sull'autenticità storica e l'inattaccabilità morale. In altri termini, la tendenza degli orientalisti di distorcere i dati storici è chiara. Di conseguenza, la valutazione dello Shaykh Nadwi è finalizzata a neutralizzare la loro agenda nascosta, nonostante gli enormi contributi fatti da alcuni sinceri orientalisti[65].

Un'analisi simile delle opere consigliate nell'ambito degli studi islamici trova eco nello Shaykh Nadwi che ha osservato:

---

[64] Cfr. Muhammad Hasani, Sawānih Sayyid Muhammad Thānī Hasani (Rae Bareli, 2019).

[65] Nadwi, *Islamic Studies*, 7-8: <<Alcuni di questi studiosi si sono dedicati allo studio delle scienze islamici non per un motivo di ordine politico, economico o missionario, ma per soddisfare il desiderio di conoscenza con devozione e diligenza>>.

<<È deplorevole che nessun'opera originale e profonda sia stata intrapresa dalla nostra università. Per quel che concerne la lingua inglese, non è stata prodotta alcuna robusta letteratura (sugli studi islamici) dopo lo Spirit of Islam del Syed Ameer Ali che costituisce un'eloquente introduzione all'Islam>>[66].

La critica della ricerca degli Orientalisti da parte di Azami rappresenta uno studio eccellente che spiega la motivazione che li ha spinti ad intraprendere lo studio del Corano. I fili della distorsione, dei dati spuri e delle insinuazioni sono intessuti nella loro interpretazione degli studi coranici e degli *hadith*. Quest'opinione viene condivisa dalla critica dello Shaykh Nadwi verso l'Orientalismo[67].

Una valutazione della ricerca degli Orientalisti, secondo Azami, si basa sul radicato pregiudizio verso il Corano e la Sunna perpetuando la mentalità colonialista nella vita islamica. Edward Said nel suo brillante studio sull'Orientalismo prova in modo convincente d'interpretare "l'Islam come un attacco ed una sfida alla loro supposta autorità relativamente a quello che costituisce la tradizione islamica"[68].

Al cuore gli studi degli orientalisti vi sono dei concetti erronei relativi all'Islam risalenti a secoli fa. Il loro fervore missionario, l'opportunità politica ed altri subdoli piani hanno influenzato i loro scritti sotto una parvenza di obiettività. Non è necessario aggiungere che la letteratura erudita degli anni recenti è filtrata attraverso i dipartimenti di studi islamici nelle istituzioni occidentali per presentare

---

[66] Nadwi, *Kārwān*, vol. 3, 232.
[67] Muhammad Mustafa Azami, *The History of the Qur'ānic Text: From Revelation to Compilation* (Kuala Lumpur, 2003), 303-33.
[68] Cfr. Edward Said, *Orientalism* (London, 1994).

una forma in qualche modo attenuata del pregiudizio orientalista. Comunque, la loro ostilità verso l'Islam è continuata in modo imperturbabile. Muzaffar Iqbal ha fatto un'osservazione pertinente:

<<È chiaro che non importa che cosa i musulmani affermano: il pregiudizio costruito intorno ai circoli accademici occidentali non sarà eliminato fino a quando gli studiosi non decideranno di mutare le loro attitudini radicate. Sfortunatamente, questo tipo di cambiamento non sembra essere all'orizzonte>>[69].

Isma'il Nawwab ha ripetuto la valutazione dello Shaykh Nadwi del progetto orientalista. Molteplici fattori sono responsabili per le sue attitudini polarizzanti: il colonialismo, lo zelo missionario e le manifestazioni politiche dell'imperialismo. Nell'ambito intellettuale gli orientalisti hanno raccolto il prevalente clima politico per perseguire il loro compito che consisteva nel diffamare la tradizione islamica e l'immagine del Profeta (pbsl)[70].

Il futuro degli studi islamici è riassunto dallo Shaykh Nadwi in un'analisi equilibrata: <<Un bisogno fondamentale dei nostri tempi è quello di rivoltarsi contro l'assalto dell'irreligiosità sul mondo islamico che sta minacciando di distruggerne le basi sia intellettuali che culturali. Ripristinare la fiducia dell'educata gioventù musulmana nelle norme e nei valori islamici e, oltre ogni altra cosa, nella missione profetica di Muhammad (pbsl), sarebbe il più grande atto di rinascita islamica. Dal momento che questa classe oggi sta soffrendo di una confusione ed alienazione intellettuali, il bisogno urgente

---

[69] Cfr. Abdur Raheem Kidwai, *Literary Orientalism: A Companion* (New Delhi, 2012), 36-39.
[70] Cfr. John Esposito (ed.), *Muslims and the West: Encounter and Dialogue* (Islamabad, 2001).

è combattere la presente *Jāhiliyyah* attraverso la ragione probante e la saggezza>>[71].

Orientalismo letterario

Un'altra tendenza emergente nello studio dell'Orientalismo è rappresentata dall'Orientalismo letterario. 'Abdur Raheem Kidwai ha contribuito immensamente a questo genere. Tracciando la crescita e lo sviluppo dell'orientalismo in uno specifico ambiente, Kidwai fornisce un archivio di importanti informazioni relative al pregiudizio radicato degli scrittori europei verso l'Islam. L'ondata di letteratura che si rapportava all'Islam ed ai musulmani ha visto una costante crescita di erudizione negli anni recenti che ha indicato un aumento della radicata ostilità, dello zelo polemico e delle rappresentazioni negative. Vi sono degli studi eruditi seri e focalizzati intrapresi presso diverse università che suggeriscono che l'orientalismo letterario ha assunto un'importanza significativa nell'analisi degli incontri interculturali che modellano i contorni delle relazioni tra musulmani e cristiani. Troppo spesso però, l'opposizione binaria tra l'Islam ed il Cristianesimo domina il discorso della tradizione erudita. I commenti di Kidwai servono come punto di riferimento relativamente al futuro corso dell'Orientalismo letterario:

<<Fa emergere che i concetti errati sorgono, per la maggior parte, dalla mancanza di conoscenza e comunicazione che preclude ogni sana comprensione. In un mondo multireligioso e pluralista come il nostro abbiamo bisogno di una comprensione migliore, promossa dalla conoscenza e

---

[71] Nadwi, *Islamic Studies*, 63-4.

nutrita dallo spirito di tolleranza che possa mettere fine ai pregiudizi reciproci>>[72].

Un seminario in Algeria

Il sesto seminario internazionale è stato organizzato dal ministero degli affari religiosi presieduto dallo Shaykh Abdur Rahmān Shaybān nel 1982. Questa fu la prima visita dello Shaykh Nadwi in questo paese islamico che si era liberato del giogo del colonialismo francese attraverso innumerevoli sacrifici compiuti dai suoi *ulama* e dalle masse. Tra i "fari di luce" vi erano lo Shaykh Abdul Hamid ibn Badis e lo Shaykh Muhammad Bashir al-Ibrahim, le cui personalità sono sinonimo dell'indipendenza dell'Algeria.

Il seminario si teneva a Tilmisan, una storica città dell'Algeria. L'intervento dello Shaykh Nadwi, intitolato "Le caratteristiche dell'Islam" era basato su di un capitolo tratto dal suo libro *A Guidebook for Muslims*[73]. Lo scopo dell'intervento era quello di mettere in luce davanti al pubblico arabo lo spirito delle credenze e della pratica islamica. Questo comporta la corretta comprensione ed interpretazione della fede (*'aqā'id*) relativamente alle due questioni interrelate del compiacimento di Dio (*ridā ilāhi*) e della preparazione per l'Altra vita.

Una serie di lezioni è stata organizzata anche in Algeri, la capitale, e la risposta del pubblico, in modo particolare della gioventù, fu travolgente. Nello stesso tempo, lo Shaykh Nadwi ha notato anche con preoccupazione in che modo la macchina statale aveva soppresso le espressioni religiose e disapprovava l'adozione dell'identità islamica da parte della

---

[72] Cfr. Abdur Raheem Kidwai, *Orientalism in English Literature: Perception of Islam and Muslims* (New Delhi, 2016).
[73] Nadwi, *A Guidebook for Muslims* (Lucknow, 1985), 31-57.

gioventù. Inoltre, la politica repressiva dello stato era emblematica della sua evidente ostilità verso l'Islam[74].

Sri Lanka

Lo Sri Lanka (Ceylon) evoca le immagini del progenitore dell'umanità, il Profeta Adamo, i cui discendenti, secondo diversi storici, si stabilirono in questo paese. Il picco di Adamo è stato venerato come una pietra miliare della storia dell'umanità e l'impronta del piede di Adamo è comunemente associata a quest'evento.

Inoltre, esistono dei legami storici tra lo Sri Lanka e la dinastia omayyade sebbene l'Islam non si sia stabilito qui come negli altri paesi. Nel 1982, lo Shaykh Nadwi venne inviato come rappresentante per partecipare nelle attività della rinomata università, la Jami'ah Nazimiyyah che era stata fondata da un filantropo, Muhammad Nazim. Il Professor Muhammad Shukri, un laureato presso Edimburgo, ricopriva la carica di vice-cancelliere. Costui inserì molte delle opere dello Shaykh Nadwi nei curricula dell'università. L'intervento dello Shaykh Nadwi alla cerimonia di laurea trattava dell'unità dell'umanità e del suo significato nel contesto della storia dello Sri Lanka[75].

I musulmani in Sri Lanka, un paese a maggioranza buddista, godevano della libertà religiosa. Successivamente però il conflitto etnico tra la minoranza tamil e la maggioranza singalese degenerò in una guerra civile conducendo alla perdita di vite innocenti. In modo simile, lo Shaykh Nadwi ha scritto ampiamente sull'occupazione dell'Afghanistan da parte dei russi e sulla guerra civile in Libano. Il genocidio contro i rifugiati musulmani perpetuato dai maroniti cristiani e dalla milizia falangista ebbe un effetto straziante sullo

---

[74] Cfr. Nadwi, *Western Civilisation, Islam and Muslims*, 142-5.
[75] Nadwi, *Kārwān*, vol. 2, 360-4.

Shaykh Nadwi. A questo fine, i suoi articoli riflettono la responsabilità dei paesi musulmani (in particolare arabi) per la loro acquiescenza e passività verso le tragiche condizioni dei rifugiati palestinesi[76].

La *da'wah* in Hyderabad

La *da'wah* dello Shaykh Nadwi aveva un ampio scopo che viene illustrato nella serie di conferenze tenute ad Hyderabad presso il Central Institute of English and Foreign Languages. Hyderabad con la sua ricca eredità culturale possedeva resilienza e risorse interiori per riallineare il suo destino. A paragone con i suoi compatrioti musulmani nell'India settentrionale, Hyderabad dimostra un notevole grado di progresso ed ha mantenuto una coesistenza armoniosa con la sua maggioranza induista. Lo Shaykh Nadwi, nelle sue lezioni illuminanti, ha messo in guardia i musulmani contro il declino morale che solitamente precede quello politico. Ha poi sottolineato l'importanza della *insāniyat* (umanità) ed il ruolo attivo dei musulmani nel salvare il paese dall'abisso dell'anarchia, della corruzione e della violenza.

Il seguente passo rappresenta un invito toccante rivolto ai musulmani affinché' mantengano la loro identità collettiva in relazione alle realtà che si confrontano con le loro vite:

<<Se gli *'ulama* si sottraggono al proprio dovere di aumentare la consapevolezza tra i musulmani relativamente alle sfide che sono chiamati ad affrontare, allora un grave pericolo incombe sulle loro vite. L'assenza di un'effettiva leadership ha delle ripercussioni sia intellettuali che religiose per la società musulmana. Se non si nutre alcuna preoccupazione relativa a dove il paese sta andando, allora gli effetti

---

[76] *Ibid.*, 365-8.

saranno avvertiti da tutti. Arriverà un tempo in cui persino compiere le preghiere canoniche diventerà estremamente difficile. Uno scenario peggiore è rappresentato dalla cancellazione dei simboli islamici, tra i quali la moschea occupa un ruolo egemone. Ogni tentativo di disconnettersi dalla situazione prevalente crea un senso di alienazione ed ha un impatto diretto sull'identità collettiva dei musulmani>>[77].

Conclusione

L'elaborazione del concetto di *da'wah* in occidente da parte dello Shaykh Nadwi ha un grande significato. Lo Shaykh Nadwi reputava infatti che vi fossero delle grandi possibilità per il futuro dell'Islam nei paesi non musulmani. Questo può essere raggiunto solo quando i musulmani riconoscono il loro ruolo vitale come messaggeri della fede. Oltre alle opportunità economiche, la loro presenza deve essere motivata dallo zelo di promuovere l'universale messaggio dell'Islam tra i non-musulmani.

---

[77] Nadwi, *Tuhfah-I Dakkan*, 59-60.

Capitolo X

Le tendenze delle istituzioni transnazionali

Al di là dei suoi orizzonti intellettuali vi erano altri fattori che hanno forgiato il ruolo dello Shaykh Nadwi come voce delle preoccupazioni e delle aspirazioni della comunità musulmana. Di particolare interesse è la sua visione relativa alla fondazione d' istituzioni accademiche che possano comunicare il messaggio dell'Islam in un idioma contemporaneo. Queste istituzioni potrebbero fornire un forum per una migliore comprensione tra l'Islam e l'Occidente. Nel contesto indiano, lo Shaykh affronta i problemi che erano legati agli sviluppi politici nel paese ed avevano un diretto impatto sul futuro della comunità musulmana.

Gli studi dedicati agli *Hadīth*

Le molteplici attività dello Shaykh Nadwi nel corso degli anni hanno assunto una maggiore importanza sia nei termini dei suoi viaggi dedicati alla *da'wah* che del suo programma di scrittura. La sua carriera d'insegnamento alla Nadwah venne interrotta proprio a causa dei suoi impegni. Ciononostante, la sua passione per il *tafsir*, l'*adab* e la storia si riflette in molte delle sue opere. Non mancava inoltre l'interesse verso gli studi dedicati agli *hadīth*, anche se non sono stati chiaramente delineati per diversi ordini di ragioni:

- La breve carriera d'insegnamento dello Shaykh Nadwi non gli ha dato l'opportunità di insegnare le *Sihāh Sittah* (le sei autorevoli collezioni di *ahādīth*).

- I suoi traguardi letterari hanno messo in ombra il suo interesse verso gli *hadīth*[1]. Lo Shaykh Ruh al-Quds Nadwi ha discusso nel dettaglio la posizione dello Shaykh Nadwi come *muhaddith* (esperto degli *hadīth*)[2]. I lettori possono fare riferimento ai tre volumetti[3] dello Shaykh Nadwi relativamente ai suoi contributi per lo studio degli *hadīth*. Sotto molti punti vista, i temi principali[4] sono stati amplificati nei suoi scritti e fino agli ultimi giorni della sua vita il *Sahīh Bukhārī* ed il *Tahzib al-Akhlāq*[5] vennero da lui studiati con grande interesse.

Il profilo di studioso dello Shaykh Nadwi negli studi dedicati agli *Hadīth* può essere dedotto dal suo *sanad* (autorizzazione) ricevuta dai suoi insegnanti, la cui genealogia accademica gode di una posizione invidiabile.

The *Role of Hadīth in the Promotion of Islamic Climate and Attitudes*[6] rappresenta un'importante opera monografica che venne letta alla Mecca nel 1981 alla presenza degli studiosi del King Abdul Aziz University e dei pellegrini educati provenienti da ogni parte del mondo.

---

[1] Abu Suhban Ruhal-Quds, "Mawlana Ali Mian awr 'Ilm i-Hadith" in *Al-Qāsim Special Issue: Mufakkir-I Islam Mawlana Sayyid Abul Hasan Ali Nadwi*, 2002, 33-34.

[2] Cfr. Ruh al-Quddus, "Mawlana Ali Mian awr 'Ilm i-Hadith", 41-45. Il commentario dello Shaykh Nadwi all'*Awjaz al-Masālik* dello Shaykh Zakariyyah è stato ricevuto positivamente nel mondo arabo.

[3] *Al-Madkhal ilā Dirāsāt al-Hadith al-Nabawin al-Shari: Muhammad ibn Ismā'il al-Bukhāri wa Kitābahu al-Jāmi' al-Sahih*. Cfr. *Al-Qāsim Monthly*, 334-35. Questa monografia venne pubblicata in seguito alla visita a Samarcanda.

[4] Ruh al-Quds, "Mawlana Ali Miyan awr Ilm-i-Hadith", 37.

[5] Compendio di tradizioni del Profeta (pbsl) scritto in arabo da Sayyid 'Abdul Hayy al-Hasani.

[6] Nadwi, *The Role of Hadith in the Promotion of Islamic Climate and Attitudes* (Lucknow, 1982).

Lo Shaykh Nadwi ha sottolineato il significato degli *Hadīth* nelle vite dei musulmani nel modo seguente:

> <<Gli *hadīth* forniscono la luce guida con cui giudicare le norme e le pratiche sociali nella comunità musulmana. Sprona i musulmani ad occuparsi del loro dovere di promuovere il bene e di prevenire il male, rifiutando sia le deviazioni nelle questioni religiose che la cieca imitazione della civiltà occidentale. Inoltre, solo attraverso la Sunna la comunità musulmana può preservare la sua identità>>[7].

Rābita Adab al-Alam al-Islami
(Lega mondiale della letteratura islamica)

Dalla pubblicazione del *Mukhtārāt*, l'orientamento islamico della letteratura è stato promosso in modo entusiasta dallo Shaykh Nadwi. I suoi primi scritti[8] sulla letteratura araba hanno articolato la componente islamica senza la quale le diverse discipline accademiche potrebbero essere inadeguate o diventare delle piattaforme per promuovere l'ateismo e lo scetticismo. Secondo lo Shaykh Nadwi, la letteratura (*adab*) ha il potere di creare uno spazio per degli ideali positivi. Al contrario, i critici letterari ed accademici che sono scollegati dalla cultura islamica hanno la tendenza ad indebolirne gli obiettivi. Il regime di Nasser nel ventesimo secolo esemplifica questa mentalità.

---

[7] *Ibid.*, 2.
[8] Le lezioni di Hasan Basri sono state incluse dallo Shaykh Nadwi nella sua classificazione di *adab*. Il testo *Mukhtārāt*, per esempio, contiene dei capolavori letterari dal periodo classico degli 'ulama, *mashā'ikh* che non sono stati considerati come *adab*.

I fini e gli obiettivi della Rābita Adab

- Compilazione di opere di critica letteraria basate su principi islamici.
- Una valutazione sistematica dei generi letterari con un forte ethos islamico.
- Preparazione di opere letterarie in diverse lingue destinate sia ad un pubblico musulmano che non.
- La confutazione di movimenti letterari devianti e la promozione d'istituzioni con forti valori ed ideali islamici[9].

La Rābita Adab è stata guidata dall'orientamento islamico per aver dato un input costruttivo nel mondo dell'*adab*. Non era quindi sorprendente che lo Shaykh Nadwi con la sua vasta esperienza nella letteratura araba abbia rivestito un ruolo fondamentale nella fondazione della Rābita Adab. Sarebbe importante contestualizzare i suoi primi scritti in arabo come il *Mukhtārāt* per esplorare le norme del criticismo letterario islamico così come è incarnato nella dichiarazione della missione della Rābita. Lo Shaykh Nadwi ha reputato che la fusione tra gli scritti classici e le tendenze contemporanee fosse possibile, il che rappresentava una piattaforma adeguata a introdurre l'olistica interpretazione dell'*adab*[10]. Questo approccio era coerente con la concezione dello Shaykh Nadwi secondo cui l'Islam non riconosce la separazione tra il vecchio (*qadīm*) ed il nuovo (*jadīd*). Di conseguenza, la produzione della conoscenza con dei pregiudizi

---

[9] *Kārwān-i-Adab*, vol. 8, April 2001-March 2002.

[10] Amin Hussain, "Rābita Adab Islami: Mawlana Shaykh Nadwi ki Fikri Qiyādat awr Tahrik Adab i-Islam ki Samara" in *Kārwān i-Adab*, vol. 8, 115-124.

d'islamizzazione[11] (sebbene con la sua interpretazione e la cornice concettuale mutevoli) non è stato un fenomeno recente. Infatti, gli scritti dello Shaykh Nadwi riflettono una visione che è stata ampiamente influenzata dagli studiosi suoi contemporanei[12].

L'International Institute of Islamic Thought (Washington) si è dedicato ampiamente alla produzione di scritti relativi al concetto d'islamizzazione. Il Professor Ismā'il al-Faruqi è considerato il fondatore della Islamisation of Knowledge Project (1982). Comunque, Wan Daud sostiene che lo studioso malese, Syed Naquid Al-Attās fosse la figura leader nell'esposizione originale del concetto d'islamizzazione. Relativa ad una breve panoramica dell'influenza dello Shaykh Nadwi sulla Rābita, venne pubblicato un numero speciale dell'*Al-Manhāl*, un mensile dedicato alla letteratura, all'arte ed alla cultura. Diversi articoli sono stati presentati alla sessione della Rābita che vennero tenute in diversi paesi in onore dei contributi dello Shaykh Nadwi. Le sessioni d'eulogio (*takrim*) hanno prodotto importanti citazioni per riconoscere i servizi da lui resi a questa disciplina. Non è esagerato affermare che lo Shaykh Nadwi abbia contribuito immensamente ad una nuova lettura interpretativa dell'*adab*[13].

Lo Shaykh Nadwi ha auspicato la convergenza degli studiosi, degli intellettuali e dei critici letterari musulmani a livello mondiale, i cui contributi potrebbero influenzare la nuova generazione di musulmani e creare una nuova scuola di pensiero[14]. La Nadwah, che aveva avanzato quest'idea, ha tenuto un seminario internazionale nel 1981 che attirò un ampio numero di studiosi da università ed altre istituzioni. Il

---

[11] Wan Daud, *The Educational Philosophy and Practice of Syed Muhammad Naquib Al-Attas*, 371-422.

[12] Cfr. Muhammad Asad, *Islam at the Crossroads* (1934)

[13] Cfr. Zayed 'Abdul, "Āthār al-Shaykh Al-Nadwā fi al-Adab al-Islami" in *Al-Manhal* (Riyadh, 1421), 122-25.

[14] Bilal Hasani, *Nadwi: Thought and Mission*, 168-72.

ruolo della letteratura araba e di altre lingue con riferimenti specifici alla loro rilevanza islamica venne decisa in questo seminario e, nel 1984, venne fondata la Rābita Adab e lo Shaykh Nadwi venne eletto presidente. Il primo seminario internazionale si tenne nel 1986. Rappresentanti da diverse regioni della Rābita vennero eletti per coordinare le sue attività. In breve, la sua rete globale ha facilitato il successo crescente dei laboratori ed ha creato un mercato di nicchia nei circoli letterari.

Lo Shaykh Nadwi riteneva che i valori e l'impegno siano incarnati nella letteratura e, di conseguenza, aumentavano l'apprezzamento estetico degli scritti liberi da orpelli. Come i nostri istinti naturali, la letteratura non è confinata a fattori esterni, ma si espande come l'universo e l'oceano della conoscenza, che non può essere contenuto in un piccolo recipiente. Lo Shaykh Nadwi deplora le tendenze che hanno caratterizzato la letteratura nei tempi moderni, per cui si reputa che il pensiero progressista e la libertà d'espressione siano segni di una genuina letteratura. In altri termini, le tradizioni antiche e le idee religiose non hanno alcuno spazio nel mondo riconfigurato della letteratura. Secondo lo Shaykh Nadwi, la letteratura ha origine nelle scritture rivelate ed il Corano vi iscrive "l'eterno sigillo della perfezione".

Un eloquente esempio del tenore universale della letteratura, basata sui valori morali, è espresso nelle seguenti parole: <<Un fiore non dovrebbe essere apprezzato solo perché sboccia nel cortile di una moschea?>>

'Abdul Quddus Abu Salih, segretario della Rābita, ha fatto alcuni commenti importanti relativamente alla speranza nutrita dallo Shaykh Nadwi di ampliare sia il suo scopo che la sua funzione. Grandi passi vennero compiuti sotto la sua presidenza al fine che la Rābita diventasse "un paradiso islamico...un simbolo di moderazione, lontano dal fanatismo e pienamente preparato ad agire secondo le sue linee guida...". Una saliente caratteristica del rendimento letterario fu la produzione di letteratura islamica per bambini. La precoce mente dei bambini era facilmente recettiva verso i valori islamici. Appartenendo a questo genere, la serie della Qasas funzionava come un'alternativa alla narrativa lontana dagli ideali e le realtà islamiche. Molti studiosi contemporanei ed *'ulama* hanno accolto con entusiasmo le sue opere sia in arabo che in urdu per la loro originalità e scorrevolezza. Riproduciamo qui dei passi selezionati per ribadire lo status dello Shaykh Nadwi nell'ambito della letteratura.

Shaykh Muhammad al-Majzub: scrittore ed intellettuale

<<Un lettore delle opere dello Shaykh Nadwi sentirà che è un autore molto potente. Questa qualità è piuttosto rara. I suoi scritti incantano. Costui è uno dei pochi scrittori capaci di esprimere in modo cogente ai loro lettori i loro sentimenti più reconditi ed il fervore. Questa qualità è propria solo degli scrittori spiritualmente vivi>>.

Dottor 'Abdul Bāsit: eminente autore e poeta

<<La tua visione e familiarità con tutte le questioni rilevanti ci sconcerta. Quel giorno hai parlato della letteratura araba occidentalizzata. Per lungo tempo siamo rimasti sotto il potente influsso della civiltà occidentale. Solo quando hai parlato, abbiamo compreso che un vero scrittore è colui i cui scritti sono intrisi d'Islam e così preserva l'eredità letteraria araba>>.

Professor Rashid Ahmad Siddiqui

<<Mentre leggevo l'opera intitolata *The Pathway to Medina*, ho pensato che questa sezione fosse la migliore. Quando poi sono arrivato alla successiva, ho scoperto che era migliore di quella che l'aveva preceduta, così come la successiva. Poi mi sono spostato nelle altezze dell'eccellenza letteraria. Ho una stima tale verso di te che non riesco quasi ad esprimerla a parole. Quale tesoro di verità ed intuizione hai racchiuso nelle sue poche pagine. Inoltre, vi era l'eleganza del tuo stile stimolante e persuasivo>>.

Māhir al-Qādiri: un eminente poeta urdu

<<L'autore erudito è degno di una grande lode per la sua interpretazione sensibile e perspicace della poesia di Iqbal in *Glory of Iqbal*. Il suo libro possiede tutto il fascino dello stile di Shibli, del pensiero di Ghazali e della sincerità e del fervore di Ibn Taimiyyah. Alcuni notevoli studi critici si trovano senza dubbio qui. Inoltre, questa è un'opera scritta da un *mujāhid* che rappresenta il *Mard-i Mu'min* (il musulmano ideale) di Iqbal>>.

I maggiori contributi dello Shaykh Nadwi

Lo Shaykh Nadwi ha realizzato tre obiettivi revivalisti. Per prima cosa, ha ispirato degli scrittori, che erano lontani dall'Islam, con il contenuto e lo spirito del suo progetto letterario. Inoltre, ha articolato gli ideali islamici con una grazia letteraria che ha esercitato sui lettori una forte impressione. Infine, ha instillato un gusto letterario tra gli *'ulama* per gli scopi della *da'wah*. Qui cercheremo di descrivere tre seminari della Rābita per offrire ai lettori alcune idee del loro scopo e contenuto:

Azamgarh (India), 1995
Tema: Gli scritti biografici

Il seminario si è focalizzato sugli scritti biografici a due livelli:

Scritti dedicati alla sirah: Questo genere era particolarmente significativo dal momento che 'Allāmah Shibli Nu'māni (m.1914), il fondatore della Dār al-Musannifin (Azamgarh), era un pioniere in questo genere letterario. La sua opera in diversi volumi intitolata Sirat al-Nabi (pbsl) rappresenta un contributo significativo a questo genere.

Elementi di scritti biografici: Nel corso di questo seminario sono state esaminate le caratteristiche di questo genere. Le diverse sezioni si sono focalizzate sugli approcci multidisciplinari a questa forma di scrittura. Da un'angolazione differente, una caratteristica negativa -l'eccessiva lode e le tendenze agiografiche- che tendevano ad oscurare i veri contributi di queste personalità islamiche sono state sottolineate.

Istanbul (Turchia), 1996
Tema: Contributi di Sayyid Abul Hasan Ali Nadwi: sessione onoraria

Come riconoscimento dei contributi letterari dello Shaykh Nadwi, la Rābita ha organizzato questa' importante sessione. Studiosi di spicco, tra i quali vi erano l'"Allāmah Yusuf Qardāwī ed il Professor Muhammad Qutb, lodarono ampiamente i servizi resi dallo Shaykh Nadwi. Sedici interventi vennero letti da studiosi prominenti del mondo musulmano che hanno reso entusiastici tributi a quest'unico approccio alla *da'wah*, ai contributi letterari ed alla straordinaria erudizione nel pensiero islamico contemporaneo.

Lahore (Pakistan), 1997
Tema: Diari di viaggio a Mecca ed a Medina

Il discorso principale dello Shaykh Nadwi si basava sui commoventi versi sulle *Haramayn*. Vennero anche sottolineati i contributi letterari del poeta a questo genere. È inoltre interessante notare che figure internazionali presenti in questo seminario hanno illustrato la varietà dei diari di viaggio del mondo musulmano. Il punto focale, comunque, erano le *Haramayn* intorno a cui gli stili letterari sono stati esplorati[15].

Centro oxfordiano per gli studi islamici (OCIS)

Il viaggio dello Shaykh Nadwi in Occidente aveva maturato la sua comprensione delle dinamiche della cultura occidentale. Costui aveva sperato che l'apprezzamento delle ricche tradizioni islamiche potesse essere sostenuto attraverso la creazione di un'istituzione fondata per questo fine. Una lettera del Professor Khaliq Ahmad Nizami (m. 1997)[16] ha sottolineato la necessità di una tale istituzione. La sua fattibilità era supportata da intellettuali di spicco non-musulmani tra i quali vi era anche l'eminente accademico britannico, il dottor D. G. Browning. Studioso riconosciuto ed autorità sulla storia dell'India musulmana, il Professor Nizami era associato con la Aligarh Muslim University come

---

[15] Cfr. *Ta'mir-I Hayāt*, 1995: 33, 27-30; Nadwi, *Kārwān*, vol. 6, 280-95.
[16] Mohammad Ahmad, *Literary Contributions of Professor K. A. Nizami* (Delhi, 2000).

insegnante e vice-cancelliere. La lista dei suoi libri include una lettura critica dell'imperatore mogul Akbar ed una serie dedicata alla vita ed al tempo dei santi dell'ordine sufi Chishti nell'India musulmana.

Allo Shaykh Nadwi venne domandato di presentare uno scritto sull'Islam e l'Occidente. L'università di Oxford con la sua orgogliosa tradizione di 700 anni di insegnamento accademico rappresentava la sede ideale per quell'istituzione. Per lo Shaykh Nadwi era la materializzazione della speranza che un giorno avrebbe potuto rivolgersi ad un pubblico davanti al quale avrebbe potuto esprimere liberamente i suoi pensieri sulla cultura occidentale che aveva tenuto le redini nelle sfere politiche, scientifiche ed intellettuali. Lo Shaykh Nadwi ha letto il suo scritto "Islam ed Occidente" nel corso di un seminario tenutosi presso l'Università di Oxford il 22 luglio del 1983. Al seminario, presieduto dal Dottor D. G. Browning del College di St. Cross, ad Oxford, erano presenti molti professori ed accademici, oltre che diversi studiosi provenienti dal Pakistan e da molti paesi arabi che erano stati invitati ad esprimere il loro punto di vista sull'argomento. Dal momento che il seminario era stato organizzato per considerare la fondazione di un centro islamico ad Oxford, il suo intervento si focalizzava sull'importanza di una tale istituzione nel cuore della sua orgogliosa tradizione accademica. Inoltre, fece alcuni commenti in cui esprimeva il suo apprezzamento verso il Dottor Farhan Nizami che dal suo inizio aveva ricoperto l'incarico di direttore del centro[17].

Il cuore del messaggio rivolto all'Occidente dallo Shaykh Nadwi è riportato in modo succinto nei seguenti passi del suo perspicace scritto:

<<Il mondo oggi sarebbe differente se il progresso nella scienza e nella tecnologia fosse accompagnato

---

[17] Nadwi, *Islam and the West* (Lucknow, 1983).

dalla consapevolezza di Dio e dal rispetto dei valori umani. Allora le sue risorse potenti ed illimitate sarebbero state guidate da scopi ed ideali superiori. In modo simile, avrebbe promosso la cooperazione tra le diverse nazioni invece di generare lo spirito di contesa, scontro e conflitto. Allora ci saremmo trovati a vivere come membri di una famiglia civilizzata ed illuminata. Sfortunatamente, al presente siamo divisi nel blocco orientale ed occidentale, la cui rivalità sta minacciando la stessa esistenza della civiltà o meglio del genere umano. C'è ora bisogno di una leadership rivoluzionaria per salvare la civiltà, specialmente in Occidente (di cui l'Inghilterra costituisce una parte in possesso anche di una storia gloriosa). Una tale leadership ha bisogno di essere realista, nobile, coraggiosa e accomodante per istillare una nuova vita nella cornice morente della civiltà moderna ed anche dell'umanità. I centri educativi ed intellettuali, i letterati e gli scrittori di questo paese possono giocare un ruolo leader in questa nobile impresa. Spero che il proposto Centro islamico, che viene da voi qui fondato al momento opportuno, si riveli il primo passo compiuto in questa direzione. Questa è la speranza ed il desiderio che mi hanno condotto qui nonostante la salute precaria ed i molti impegni>>[18].

La seguente informazione desunta dalla *Newsletter* della *OCIS* è relativa all'importante ruolo dello Shaykh Nadwi nel centro:

<<Attraverso i primi anni dello sviluppo del Centro, Sayyid Abul Hasan Ali Nadwi si è dimostrato instancabile nel promuovere la mobilitazione del suo

---

[18] Nadwi, *Islam and the West*, 6-16.

supporto sia morale. In quanto presidente del consiglio di amministrazione ha raramente permesso alla fragilità della sua età avanzata di impedire le sue regolari visite ad Oxford ed è rimasto in contatto costante con gli altri membri del consiglio ed il numero crescente dei sostenitori.

Lo Shaykh Nadwi ha mantenuto un interesse attivo ed un perseverante supporto per una preparazione attenta delle attività accademiche del Centro. Ha poi supportato la priorità assegnata alla diretta sponsorship della ricerca sulla storia intellettuale e sociale del mondo musulmano. Ha poi incoraggiato l'impegno verso le pubblicazioni erudite e, in particolare, il coinvolgimento da parte di importanti studiosi del mondo accademico sia islamico che occidentale, attraverso la fondazione del Journal of Islamic Studies pubblicato dalla Oxford University Press per il Centro dal 1990. Lo Shaykh Nadwi è stato anche molto attivo nel reclutamento costante di un gruppo scelto di studiosi per contribuire all'insegnamento relativo al mondo islamico presso Oxford>>[19].

In occasione del decimo anniversario della fondazione del Centro, sebbene non poté partecipare di persona alle celebrazioni, lo Shaykh Nadwi ha consegnato un messaggio in cui enfatizzava di nuovo il senso di visione e d'impegno per il quale il Centro era stato fondato:

<<Quanto è accaduto nel mondo nell'ultimo decennio enfatizza il bisogno di un'istituzione accademica in Occidente dedicata allo studio imparziale e obiettivo del mondo islamico- delle sue credenze religiose, dei

---

[19] *OCIS Newsletter Special Issue*, 2000, 1.

valori sociali e morali, delle tradizioni culturali e delle sfide ed opportunità contemporanee. Nel primo decennio l'Oxford Centre for Islamic Studies ha compiuto dei buoni progressi verso quest'obiettivo. Confido che, essendo stato accolto dall'Università di Oxford ed avendo destato l'interesse ed il supporto di molti nel mondo, il Centro, se Dio vuole, continuerà a rendere un contributo intellettuale ed educativo a beneficio di tutti>>[20].

Durante la sua visita ad Oxford nel 1987, lo Shaykh Nadwi ha tenuto una conferenza pubblica intitolata "Islam e conoscenza" in cui ha sviluppato dei temi di rilevanza contemporanea. Costui ha sostenuto che i valori eterni della guida rivelata possono introdurre le interpretazioni islamiche nell'erudizione moderna.

La lezione tenuta dallo Shaykh Nadwi nel 1989 ad Oxford sul tema "Il debito dell'umanità verso il Profeta Muhammad (pbsl)" ha contribuito ad un ampio apprezzamento della rilevanza contemporanea della vita e degli insegnamenti del Profeta (pbsl)[21].

Islamic Foundation, Leicester

L'Islamic Foundation in qualità di eminente istituzione con una forte rete editoriale ha rivestito un ruolo significativo nella diffusione del messaggio dell'Islam in Occidente. La sua produzione editoriale è ammirevole e nel corso degli anni ha completato i suoi dialoghi e seminari interreligiosi per promuovere una migliore comprensione dell'Islam in Europa. Sebbene la Fondazione abbia una forte affiliazione con la Jamā'at-i Islami, lo Shaykh Nadwi ha mantenuto una relazione

---

[20] *Ibid.*, 4.
[21] *Ibid.*, 3.

cordiale con la sua leadership[22]. Le sue visite regolari e le lezioni, alcune delle quali sono state pubblicate dalla Fondazione, hanno dimostrato un rispetto ed un affetto reciproco. I suoi scritti analitici dedicati all'Occidente ed alla responsabilità dei musulmani relativamente alla comunicazione del messaggio dell'Islam riflette i suoi interessi condivisi con la Fondazione in quest'importante ambito.

Da'wah in the West: The Qur'anic Paradigm[23] delinea il modello coranico relativo al condurre la *da'wah* insieme ai suoi requisiti ed alle sfide. Questo studio offre una guida pratica sul come invitare l'umanità all'Islam, in modo particolare in Occidente.

The Role and Responsibilities of Muslims in the West[24] che attinge dal Corano e dalla storia islamica, suggerisce ai musulmani in Occidente in che modo sono chiamati ad affrontare le sfide che si pongono davanti a loro e per portare a termine il loro dovere della *da'wah*.

Il regno di Giordania

La Al-i Bayt Foundation sotto la presidenza del principe della corona Hasan bin Talāl, di cui anche lo Shaykh Nadwi era un membro, ha organizzato una conferenza in Amman nell'Aprile del 1984. Il tema era relativo alle attività intellettuali e storiche dei paesi musulmani. lo Shaykh Nadwi aderì in seguito ad una richiesta personale del principe Hasan di partecipare alla conferenza[25].

In qualità di eminente studioso, l'intervento dello Shaykh Nadwi verteva sulla cultura islamica in India e sugli sforzi

---

[22] Sul tema del rapporto tra Islam ed Occidente sono degni di considerazione i testi scritti rispettivamente da Khurshid Ahmad e Khurram Murad.

[23] Nadwi, *Da'wah in the West: The Qur'ānic Paradigm* (Leicester, 1992).

[24] Nadwi, *The Role and Responsibilities of Muslims in the West* (Leicester, 1993).

[25] Nadwi, *Kārwān*, vol. 3, 12.

incessanti compiuti dagli studiosi e dagli *ulama* per promuoverla. Ha fatto poi riferimento all'impegno dello Shah Waliyullah nell'ambito della propagazione della cultura islamica in una società non-musulmana. Questo aspetto è stato trattato in modo completo da Sayyid Abdul Hayy nella sua eccellente pubblicazione[26]. Complessivamente, questi sono dei resoconti delle attività intellettuali e culturali durante il governo musulmano nel paese. Nel corso di una cena di Stato tenuta dal Principe Hasan di Giordania, venne domandato allo Sheykh Nadwi di rivolgersi agli ospiti. Lui si rivolse loro con le seguenti parole:

<<Oggi, dopo lungo tempo, ho il privilegio di rivolgermi ad alcuni membri dell'élite araba. Consentitemi di affermare che gli arabi, prima di abbracciare l'Islam, erano una nullità. In futuro, senza l'Islam, tornerete ad essere tali. Eravate nomadi nel deserto, ma Dio ha scelto uno dei suoi pii servitori per recare il Suo eterno messaggio di verità. [Il Profeta], avendo ricevuto la rivelazione divina, ha introdotto presso gli arabi arretrati ed analfabeti la conoscenza e l'intuizione. I romani ed i persiani del tempo guardavano agli arabi con disprezzo come nomadi e pastori. Eppure persero i loro imperi che vennero conquistati proprio dagli arabi, e deposero ai loro piedi tutti i loro averi. Inoltre, seguirono questi arabi e trassero molto da loro. Oggi la storia si ripete. Ci troviamo davanti ad uno scenario simile. Persone avide stanno tentando disperatamente di respingere di nuovo gli arabi nel deserto, privandoli della loro fede e della loro ricchezza. In passato siete stati benedetti con l'onore ed il potere grazie all'Islam. Oggi la medesima

---

[26] Sayyid 'Abdul Hayy, *Al-Thaqāfat al-Islamiyyat fī al-Hind* (Damasco, n. d.).

fonte può di nuovo rendervi vittoriosi. Questa non è la mia osservazione, ma è una verità affermata dal califfo Umar. Il nazionalismo arabo in passato non vi è stato di alcun beneficio e non vi aiuterà nemmeno oggi>>[27].

Il principe Hasan fu molto impressionato dalla valutazione onesta dello Shaykh Nadwi relativamente alle condizioni prevalenti in Giordania. Il suo rispetto verso la persona dello Shaykh aumentò considerevolmente giudicando dal forte interesse dimostrato verso le sue opere. A sua richiesta infatti, il governo organizzò per lui delle conferenze in molte università e venne trattato come un ospite di Stato. Il programma fitto dello Shaykh Nadwi includeva una lezione importante presso l'Università di Yarmuk, dove ha tenuto un discorso davanti a migliaia di studenti universitari. La sua visita presso l'*Ashāb-i Kahf*, un sito storico, fu per lui un'esperienza particolarmente commovente.

Il testo intitolato *Faith versus Materialism* costituisce uno studio analitico e comparato di quest'importante evento menzionato in dettaglio nel Corano.

Infatti, la sura *al-Kahf* venne rivelata alla Mecca nel periodo in cui un piccolo gruppo di deboli musulmani -ha osservato lo Shaykh Nadwi- stava affrontando un tipo di persecuzione religiosa simile a quella che aveva indotto i compagni della caverna a nascondersi in una grotta dalla violenza dell'Impero romano. Una descrizione pittoresca delle condizioni che prevalevano alla Mecca preservate nel Corano, illustrano la difficile situazione dei musulmani[28].

Un'altra dimensione legata a queste sure è elaborata da Imrān Hosein, la cui ricerca suggerisce l'empia alleanza tra le diverse potenze mondiali, la cui cospirazione include la

---

[27] Cfr. Akram Nadwi, *Shaykh Abu al-Hasan Ali Nadwi*, 152-3.
[28] Nadwi, *Faith versus Materialism: The Message of Surat al-Kahf* (Lucknow, 1976), 17-53.

secolarizzazione della conoscenza che conduce "al rifiuto dell'intuizione spirituale intesa come sua fonte"[29]. Le conseguenze sono inevitabili dal momento che il mondo continua ad immergersi nella corruzione e nell'empietà.

Il governo del congresso: una valutazione

Le fortune politiche e le tendenze lealiste hanno segnato la vittoria elettorale del Congresso contro il Janata Party, che era stato precedentemente al governo. Ci si aspettava che il partito del congresso rivalutasse le sue politiche passate per cui era andato incontro ad un'umiliante sconfitta. Si auspicava di conseguenza che le strategie future sarebbero state promosse con giudizio tenendo in considerazione i diritti costituzionali dei cittadini. Comunque, gli eventi successivi hanno rivelato delle forme radicate di opportunismo politico che ebbe la meglio sul buon governo. Secondo lo Shaykh Nadwi, il governo dispotico ha privato le masse dei diritti garantiti loro dalla costituzione e li ha esposti ad un nuovo tipo di schiavitù che non era diversa dalla brutalità successiva alla sommossa del 1857 contro il governo britannico[30]. In questo contesto, lo Shaykh Nadwi ha considerato suo dovere morale rivolgersi personalmente ad Indira Gandhi relativamente alla crisi che attanagliava il paese. La sua lettera che precedeva l'incontro con il Primo ministro si focalizzava sulle seguenti questioni:

- La detenzione indiscriminata di civili innocenti contro i quali erano stati commessi degli abusi.
- La macchina statale aveva commesso dei gravi eccessi contro i cittadini

---

[29] Imran N. Hosein, *Surah al-Kahf and the Modern Age* (San Fernando, 2007).
[30] Nadwi, *Kārwān*, vol. 2, 209.

- Lo schema della pianificazione famigliare violava i diritti umani basilari ed aveva consumato la fiducia dei cittadini nel governo.

- La diluizione dei valori morali conseguente alle misure dispotiche assunte dallo Stato[31].

L'appello spassionato dello Shaykh Nadwi per il ripristino della legge e dell'ordine e per il ritorno della normalità nella società era indicativo della sua preoccupazione in qualità di cittadino indiano, studioso musulmano e benefattore (*qadrdān*) dell'umanità.

La mutevole realtà politica in India vide anche l'ascesa delle organizzazioni estremiste indù che promuovevano nel paese un programma di induizzazione. Durante la vittoria elettorale del congresso nel 1980, questi movimenti sfacciatamente hanno perseguito i propri obiettivi militanti: uno stato Hindutva in cui non aveva spazio alcuna forma di protezione dei diritti delle minoranze così come sono stati garantiti all'interno della Costituzione. I musulmani, che formavano la minoranza più ampia, divennero bersaglio delle RSS e di altri gruppi estremisti. L'ascesa del fondamentalismo indù e dell'aggressivo revivalismo[32] nel corso del governo di Indira Gandhi ha liberato il potenziale per il conflitto tra indù e musulmani con tragiche conseguenze. Infatti, la tragedia di Moradabad, come notato dallo Shaykh Nadwi, era finalizzata alla distruzione della base economica[33] della prospera comunità musulmana. Esisteva un modello coerente per distruggere la vita e la proprietà dei musulmani da parte di questi movimenti che, a loro volta, erano supportati dalle forze di polizia. La lunga lista delle difficoltà economiche e

---

[31] Cfr. *Kārwān*, vol. 2, 215-21.

[32] L'RSS e Shiv Seba sono movimenti estremisti indù che perseguono l'idea di uno stato induista che implica la riconversione all'induismo sia dei cristiani che dei musulmani.

[33] Nadwi, *Kārwān*, vol. 2, 318.

dell'assurda perdita di vite umane assunse delle proporzioni allarmanti[34] negli anni successivi. Anche le altre comunità minoritarie non vennero risparmiate dall'onda delle tensioni intercomunitarie. La dissacrazione del tempio sikh presso Amritsar nel 1984 da parte dell'esercito per reprimere la richiesta di uno stato indipendente ha dato vita a dei movimenti di contro rivolta. A peggiorare la situazione, l'assassinio del primo ministro Indira Gandhi nel 1984 da parte delle sue guardie di sicurezza Sikh ha riaperto un capitolo sanguinoso contro le minoranze, in questo caso la comunità sikh. Fu quasi in caso di genocidio per cui il Congresso fu ampiamente colpevole. Le uccisioni indiscriminate hanno rappresentato solo un inizio del caos che ha inghiottito il paese in un lasso di tempo relativamente breve. I seguenti dettagli grafici forniti dallo Shaykh Nadwi illustrano la sua preoccupazione per l'umanità:

<<La tragedia fu evidente nella capitale, Delhi, dove furono assassinati circa cinquecento Sikh... Molti vennero cosparsi di benzina ed altri, dopo essere stati legati a dei pilastri, vennero bruciati vivi. La loro proprietà venne saccheggiata ed anche in questo caso questa carneficina venne condotta in collusione con la polizia. In molti luoghi, furono coinvolti nel saccheggio anche i musulmani, il che rivela la loro avidità e mancanza d'insegnamenti morali...Nel corso delle mie riunioni affermai che chi aveva in casa qualcuno dei beni sottratti sarebbe stato colto dalla malattia e dall'afflizione. Il risultato fu che molti musulmani ebbero paura delle mie parole e riconsegnarono i beni. Quando i Sikh lo vennero a sapere, si presentarono individualmente o in gruppi presso la mia abitazione ed

---

[34] Nel genocidio di Gujarat (2002) migliaia di musulmani vennero massacrati nella città di Ahmedabad e d'intorni.

espressero il loro apprezzamento. Io risposi loro che era un mio dovere sia morale che religioso. L'Islam aveva infatti impartito ai musulmani quest'importante lezione. Nel Corano infatti è scritto: "O voi che credete, siate testimoni sinceri davanti a Dio, e non lasciate che l'odio verso qualcuno vi faccia commette iniquità e vi induca ad allontanarvi dalla giustizia. Siate giusti. Questo è più consono alla pietà e temeteLo, perché Dio ben conosce quello che fate" [Il Sacro Corano 5:8]>>.[35]

Il coinvolgimento attivo dello Shaykh Nadwi venne molto apprezzato dalla comunità Sikh. Da un altro punto di vista, ha inoltre migliorato lo status del movimento del Payam per creare un rapporto con le altre comunità religiose. Facciamo ora menzione di un altro discendente della dinastia dei Gandhi, ossia Rajiv Gandhi (m. 1991). L'interazione dello Shaykh Nadwi con il primo ministro fu particolarmente evidente nel caso di Shah Bano e del tragico incidente della Babri Masjid. La sua coraggiosa presa di posizione ha allentato la tensione che era vicina a trasformarsi in una crisi nazionale. Al cuore della sua corrispondenza con Rajiv Gandhi vi erano questioni che interessavano la nazione al livello sia politico che sociale. L'amore per lo Shaykh Nadwi verso il suo paese ed i suoi abitanti personificavano il suo patriottismo - disinteressato e incrollabile- e per questa ragione mantenne l'abitudine di scrivere ad ogni primo ministro indipendentemente dalla loro affiliazione politica con il solo scopo della *nasīhah* (consiglio)[36].

---

[35] Nadwi, *Kārwān*, vol. 3, 91-92.
[36] Nadwi, *Kārwān*, vol. 5, 100-101.

Malaysia: una nuova esperienza

Il viaggio dello Shaykh Nadwi in Malaysia nell'Aprile del 1987 rappresentò un'importante pietra miliare nelle sue attività legate alla *da'wah* al di fuori dell'India. L'arcipelago malese prima dell'imposizione del governo britannico nel diciannovesimo secolo era composto da tradizionali stati malesi sotto il controllo di sultani ereditari.

La Malaysia e l'Indonesia, due predominanti paesi musulmani nell'arcipelago, supportavano la tendenza riformista (*islāh*) in questa parte del mondo musulmano. In modo simile, le loro aspirazioni nazionaliste combinate con la loro visione della *da'wah* caratterizzavano la loro distintiva identità islamica, in cui erano particolarmente prominenti i tratti della fratellanza e l'adesione agli ideali islamici.

Il programma dello Shaykh Nadwi venne organizzato dall'ABIM sotto la leadership carismatica dell'attivista intellettuale, Anwar Ibrahim[37]. ABIM è l'acronimo malese per la Malaysian Islamic Youth Organisation, che venne registrata ufficialmente nel 1972. Tra i suoi maggiori obiettivi vi era:

<<Stabilire e propagare i principi e gli insegnamenti contenuti nel Corano in modo progressista insieme al messaggio islamico nella sua dimensione universale>>[38].

Nel corso dei suoi interventi tenuti presso le università e le istituzioni, lo Shaykh Nadwi ha ribadito che i musulmani avevano necessità di una riforma a livello sociale in modo che i valori islamici potessero diventare operativi nelle loro vite. Un intervento importante il cui filo conduttore era

---

[37] Cfr. John Esposito, John Voll, *Makers of Contemporary Islam* (New York, 2001), 177-98.
[38] Cfr. *The Oxford Encyclopedia of the Modern Islamic World*, ABIM, vol. 1, 15-16.

rappresentato dalla storia dei giovani nella sura *al-Kahf*[39] era particolarmente attinente ai malesi nei termini delle loro responsabilità e degli obblighi verso l'Islam. Le impressioni dello Shaykh Nadwi relative ad alcuni dei sultanati malesi sottolineano la pervasiva presenza islamica nel corso dei secoli.

Lo Shaykh ha avuto anche modo di visitare l'International Islamic University (IIUM), un'istituzione islamica internazionale che attirava gli studiosi ed il personale insegnante che, come l'eminente studioso, il Professor Isma'il Raji al-Faruqi aveva previsto, ha aperto delle nuove strade al pensiero islamico contemporaneo. Lo Shaykh Nadwi incontrò il Professor al-Faruqi nel 1986 presso l'Institute of Islamic Research in Lussemburgo.

Bisogna notare che il prestigio internazionale della Nadwah aveva attratto un sostanziale numero di studenti sia dalla Malaysia che dall'Indonesia. I loro contributi e l'influenza nei loro rispettivi paesi sono stati considerevoli. Durante la visita dello Shaykh Nadwi in quel paese si verificò un evento spiacevole che ha provocato una serie di violente reazioni tra i musulmani. Qualcuno aveva collocato in internet una versione distorta del Corano. Molti musulmani ingenui credevano che questo fosse un segno della fine dei tempi e che il mondo sarebbe finito presto. Lo Shaykh Nadwi ha respinto queste considerazioni attraverso l'affermazione coranica per cui la sua santità e protezione dagli schemi subdoli è un segno della provvidenza divina. L'opposizione musulmana in tutto il mondo contro quest'atto sacrilego condusse ad una pronta rimozione del documento da internet.

---

[39] Nadwi, *Kārwān*, vol. 3, 246-49.

Due rappresentazioni conflittuali

La rivoluzione iraniana nel 1979 in Iran, che mise fine al governo tirannico della dinastia pahlavi, venne ispirata dalla carismatica personalità dello Ayatollah Khomeini. Quando chiamò alla rivoluzione islamica così come veniva espressa nello slogan *Neither East nor West, Islam is the Best*, la risposta fu travolgente. Ci si aspettava che, come aveva asserito lo Shaykh Nadwi, non avrebbe riaperto le pagine della storia delle dispute e controversie tra sunniti e sciiti. Se Khomeini, a causa di alcune ragioni locali o politiche, non avrebbe potuto dissociarsi dalle credenze e dai punti di vista dell'*Ithnā 'Ashariyyah* (la dominante sette sciita a cui Khomeini appartiene), almeno avrebbe dovuto evitare di proclamarle. Queste speranze nutrite dallo Shaykh Nadwi non si materializzarono così come dimostrano gli eventi accaduti dopo la rivoluzione. La rivoluzione islamica iraniana ha lanciato un'inflessibile campagna per promuovere la sua visione dell'Islam con la sua retorica anti-sunnita.

In risposta alla crescente presenza dello sciismo nei paesi musulmani e la sua accettazione acritica tra molte organizzazioni musulmane motivata da una serie di molteplici ragioni, il famoso studioso indiano, il Mawlana Manzur Nu'mani, ha scritto la seguente opera *Khomeini: Iranian Revolution and the Shi'ite Faith* per ripudiare le loro credenze devianti. Secondo Nu'māni:

> «Era mio dovere dal punto di vista religioso ed anche mio obbligo morale verso quanti condividono la mia fede cercare nel migliore delle mie possibilità la vera posizione relativamente a Khomeini. L'opera aveva come scopo mettere in luce la rivoluzione da lui messa in atto e la fede sciita con un riferimento speciale alla dottrina dell'imamato, perché rappresenta la

fondazione religiosa ed intellettuale della rivoluzione iraniana>>[40].

Quando lo Shaykh Nadwi ha preparato le sue concezioni e l'analisi dello sciismo[41], ha scelto un approccio differente in linea con il suo stile letterario. Il libro intitolato *Islam and the Earliest Muslims: Two Conflicting Portraits*:

> <<È un tentativo di presentare un abbozzo dell'epoca ideale dell'Islam per metterla in relazione alle credenze ed alle opere della setta degli *'Ithnā 'Ashari* (dal suo fondatore fino allo Ayatollah Khomeini) così come vengono introdotte nelle opere autentiche. Viene lasciato alla discrezione, al senso comune, alla prudenza, ed al giudizio migliore dei lettori formarsi un'opinione relativamente a quale delle due rappresentazioni emerge dal Corano ed è accettata dagli storici, sia musulmani che non>>[42].

La valutazione critica dello sciismo dello Shaykh Nadwi è libera dalla polemica e dal sensazionalismo. Questo non significa che i suoi scritti siano apologetici, ma piuttosto costituiscono una robusta esposizione dei fatti radicati nell'obiettività storica e nella sobrietà accademica. Lo Shaykh Nadwi ha evitato tutte le forme di pregiudizio sia personale che settario che tendevano a danneggiare il trattamento accademico di tali opere.

È interessante notare che il riferimento dello Shaykh Nadwi alle opere classiche sullo sciismo, in modo particolare gli scritti di Ibn Taimiyyah, rinforza la critica di questa setta. La

---

[40] Mohammad Manzoor Nomani, *Iranian Revolution and the Shi'ite Faith* (1986), 16.

[41] Nadwi, *Islam and the Earliest Muslims: Two Conflicting Portraits* (Lucknow, 1984).

[42] *Ibid.*, 2.

sua opera, che rappresenta il contributo maggiore a quest'importante studio, è stata ricevuta con reazioni diverse da studiosi ed organizzazioni musulmane. La loro reazione emotiva era basata sulla chiamata all'unità tra sunniti e sciiti fatta da Khomeini. Paradossalmente, questo era un modo per esportare la rivoluzione iraniana con i suoi forti pregiudizi settari. Comunque, gli avvenimenti successivi hanno finito per confermare l'intuizione dello Shaykh Nadwi. Le virulente dimostrazioni e le sinistre campagne organizzate dagli iraniani per destabilizzare la monarchia saudita nel corso della stagione del pellegrinaggio del 1987 è una testimonianza delle strategie della propaganda politica della rivoluzione. Nel contesto di questi eventi politici, l'intervento dello Shaykh Nadwi tenuto nel 1987 in occasione della conferenza internazionale della Rābita relativa alla santità delle *Haramayn*, ha rappresentato un promemoria tempestivo ai delegati relativamente alle sinistre macchinazioni del movimento sciita.

Un'opera egualmente importante, l'*Al-Murtadā* (1989), dovrebbe essere letta insieme a *Two Conflicting Portraits* per valutare la statura dello Shaykh Nadwi come critico letterario. Afferma:

<<Una di queste personalità vittimizzate, il cui valore reale non venne mai apprezzato, era 'Ali bin Abi Talib. Peculiari circostanze nel corso della sua vita, curiose credenze ed alcuni impulsi psicologici si sono combinati per annebbiare la sua vita ed il suo carattere. Non solo gli studiosi imparziali, ma anche quanti hanno fondato il loro credo sulla sua grandezza non hanno mai pensato che fosse utile intraprendere uno studio obiettivo della sua vita e dei suoi traguardi. Le esigenze dell'epoca in cui era vissuto e le difficoltà che dovette affrontare non vennero mai analizzate in modo

obiettivo. Egualmente, il modo con cui si rapportava alle questioni politiche ed amministrative rappresentano alcuni degli aspetti essenziali della sua vita che dovrebbero essere esplorati e studiati in modo giudizioso. Ogni tentativo che ignora queste caratteristiche della sua vita e del suo carattere è sia ingiusto che incompleto, oltre che responsabile di averci condotto ad una conclusione illegittima ed ingannevole>>[43].

Il rimprovero per la rappresentazione distorta della vita e dell'epoca del califfo Ali è dovuto a quegli storici e biografi che confondono la storia con l'eulogia. Questo serio difetto esiste nelle opere dei biografi e degli storici musulmani di Ali. Lo Shaykh Nadwi sostiene che ogni opera che si avvale di moderni strumenti analitici per far emergere la vita multiforme del califfo Ali richiede una visione ampia ed una certa larghezza di vedute. È indiscutibile che la controversia che circondava la sua personalità abbia eclissato i suoi reali contributi con il risultato che la brillantezza del suo carattere è stata perduta nel corso del tempo.

L'*al-Murtadā*, originariamente scritta in arabo e tradotta in inglese con il titolo di *The Life of Caliph Ali* non solo narra le circostanze storiche che hanno prodotto il versatile genio di Ali, ma rifiuta anche le distorsioni e le idee errate che sono state intessute intorno alla sua carismatica personalità. La presentazione degli scritti biografici dello Shaykh Nadwi rispecchia il suo approccio critico al genere. Lo Shaykh invita gli scrittori ad evitare le trappole dell'eulogia nel raccontare la vita e l'epoca degli studiosi, dei *mashā'ikh* e degli *'ulama*. Ritiene infatti che lo studio e la critica storica abbiano bisogno di una sorta di affinità con la personalità di cui si scrive la biografia. Anche se un approccio distaccato rende lo scritto

---

[43] Nadwi, *The Life of Caliph 'Ali* (Lucknow, 1990), 2.

noioso e privo di anima, dei resoconti entusiasti che proiettano una personalità che detiene una posizione impareggiabile tra gli uomini della sua generazione e rappresenta l'epitome della perfezione, sono egualmente inadeguati. Attraverso queste lenti sfocate i successi appaiono nebulosi e diviene difficile per i lettori separare la realtà dalla finzione. Lo Shaykh Nadwi esorta i biografi ad essere attenti nella loro scelta delle parole per rapportarsi in modo costruttivo nell'ambito della formulazione di valutazioni storiche.

Conclusione

La versatilità della vita intellettuale dello Shaykh Nadwi ha iniziato a dispiegarsi in ragione con il suo rapporto attivo con le istituzioni estere. Allo stesso modo, i suoi scritti definiscono anche la maturità del suo punto di vista. Molto spesso il sensazionalismo, uno strumento ideologico per fomentare il conflitto religioso, è discernibile nelle opere polemiche relative ai contributi di eminenti personalità islamiche. In contrasto, l'obiettività dello Shaykh Nadwi è illustrata nella sua serie di scritti dedicati alla vita di personalità islamiche ed al loro contributo alla rinascita islamica, che si discostano del tutto dai ritratti abbelliti appartenenti al genere dell'eulogia.

Capitolo XI

Il ripristino dell'autenticità islamica

Questo capitolo cerca di mettere in luce gli importanti contributi dello Shaykh Nadwi nell'ambito della conservazione dell'identità comune dei musulmani in India. Sebbene venga fatta menzione di eventi importanti che sono centrali nella sua *da'wah*, due incidenti d'importanza nazionale rinforzano la sua posizione di eminente figura religiosa, di leader dotato di abilità, intuizione e visione d'insieme. Il suo fervore islamico era mescolato al pragmatismo, una qualità durevole che lo ha sostenuto durante i periodi turbolenti della crisi politica e del fanatismo religioso nel paese.

Il diritto personale musulmano

L'istituzione del Muslim Personal Law Board in India non fu un fenomeno arbitrario. Il termine del governo musulmano dopo la rivolta del 1857 condusse ad una fine tragica l'applicazione della *shari'ah*, anche se in forma frammentaria, da parte delle diverse dinastie musulmane nel corso dei secoli. Nel contesto politico, il diritto personale musulmano era un'espressione residua degli sforzi degli studiosi di conservare la *shari'ah* in un'epoca cruciale in cui l'imperialismo[1] britannico aveva schiacciato le ultime vestigia del potere musulmano. Non vi era alcun dubbio che la partizione dell'India nel 1947 avesse alterato il carattere demografico dei musulmani che ora erano divenuti una comunità marginalizzata confinata ad uno status minoritario. Vennero quindi compiuti degli sforzi per preservare il diritto personale musulmano e venne adottato lo *Shari'ah Act* del

---

[1] Cfr. Dietrich Reetz, *Islam in the Public Sphere* (New Delhi, 2006).

1937. La riduzione dell'applicazione della *shari'ah* sotto il governo britannico ha necessariamente condotto alla promulgazione dello Shari'ah Act del 1937, che si limitava al diritto di famiglia che includeva *waqf*, divorzio, eredità etc[2].

Comunque, vi fu un tentativo orchestrato sia dai musulmani laici che modernisti di intromettersi in alcune questioni relative alla vita musulmana che erano incorporate nella *shari'ah*. Come risposta a queste minacce crescenti contro la *shari'ah*, gli *'ulama* di diversa tradizione organizzarono un incontro speciale presso il Dār al-'Ulūm Deoband per articolare l'innato dinamismo e la qualità dell'adattabilità della *shari'ah* alle mutanti circostanze nel paese. Di conseguenza, l'All India Muslim Personal Law Board[3] venne fondato nel 1971. I suoi obiettivi erano chiari: preservare e salvaguardare la shari'ah in India. Il Qāri Muhammad Tayyib (m. 1983)[4] fu il primo presidente dell'AIMPLB che ha giocato un ruolo significativo nella promozione del carattere autonomo della *shari'ah*.

Dopo la dipartita del Qāri Tayyib avvenuta nel 1983, lo Shaykh Nadwi venne eletto all'unanimità come presidente, una posizione che detenne fino alla morte avvenuta nel 1999. In occasione di un importante raduno in Kolkata nel 1985, circa 500,000 musulmani si riunirono per ascoltare le parole dello Shaykh Nadwi. Costui invitò i musulmani ad intraprendere un'opera d'introspezione alla luce delle feroci campagne contro la Shari'ah che venivano diffuse insieme a slogan anti-islamici ed attraverso l'istituzione di corti di giustizia per applicare il diritto consuetudinario invece della

---

[2] Mahmood Tahir, "Muslim Personal Law in India: A Historical Footnote" in S. A. H. A. Rizwi, *Supreme Court and the Muslim Personal Law* (Delhi, 1985), 1-5.
[3] Syed Habibul Haq Nadwi, *Islamic Legal Philosophy and the Qur'ānic Origins of the Islamic Law*, 365.
[4] Cfr. Syed Mahbub Rizwi, *Tārikh Dār al-'Ulūm, Deoband*, vol. 1 (Deoband, 1992).

legge islamica. La corte civile non rifletteva il ruolo dell'*Imarāt*, un tribunale musulmano ufficialmente incaricato ed investito di pieni poteri nel giudicare in tutte quelle questioni che ricadevano nell'ambito del diritto personale musulmano. Al contrario, il tribunale era una fusione di costumi senza alcuna sanzione derivante dalla *shari'ah*. Ignorava le innovazioni in questioni sociali e minava le chiare ingiunzioni coraniche relativamente all'eredità delle donne, ed ai diritti degli orfani etc. In breve, era antitetica allo spirito dall'Islam. D'altro canto, l'antipatia musulmana verso il cambiamento era basata ampiamente sulla percepita perdita di autorità. La società patriarcale influenzata dal rigido sistema delle caste aveva influenzato la loro risposta a pertinenti problematiche islamiche. Quindi, non è sorprendente che l'opposizione o il sottile rifiuto della *shari'ah* fosse in linea con la loro *forma mentis*[5].

La critica dello Shaykh Nadwi diretta al declino delle norme e dei valori della società musulmana venne presa seriamente e venne approvata una delibera per accettare il Consiglio come unico giudice della *shari'ah*, il che consolidò la sua posizione di voce delle masse musulmane. Nel corso di quell'anno (1986), il Consiglio dovette affrontare una sfida formidabile alla sua credibilità come guardiano della *shari'ah*. L'interferenza palese della Corte Suprema per emendare le disposizioni coraniche relative alla *nafaqah* (mantenimento) per una donna divorziata hanno provocato una serie di proteste e dimostrazioni senza precedenti, costringendo lo stato ad abrogare la sua decisione. L'utilizzo del termine *matā'* nel Corano era stato tradotto in modo errato dalla Corte Suprema come mantenimento invece che apporto. La traduzione arbitraria della corte aveva violato di fatto il contesto della legge islamica. Il mantenimento implica una somma prefissata che il marito deve versare alla moglie

---

[5] Cfr. Nadwi, *Kārwān*, vol. 3, 113-15.

divorziata. Inoltre, tutte le procedure relative al divorzio (*talāq*) dovevano essere seguite. Tutti i mufassirin (commentatori) concordano all'unanimità che il termine *matā'* in questo contesto non può essere equiparato al termine inglese "maintenance"[6].

Sotto la carismatica leadership dello Shaykh Nadwi, i leader provenienti da diverse scuole di pensiero islamico lavorarono senza sosta per arginare la marea della manipolazione politica e dell'estremismo religioso. La preoccupazione dello Shaykh Nadwi durante questo periodo cruciale era quella di difendere la *shari'ah* contro i suoi ostili elementi che erano pronti a tutto per distruggere la fabbrica dell'identità islamica. Come ha notato Syed Shahbuddin:

<<Lo (Shaykh Nadwi) ha visto chiaramente il processo storico dell'assimilazione al lavoro come obiettivo a lungo termine del nazionalismo indù per assorbire gli indiani musulmani tra gli indù. Questo spiega la sua presa di posizione ferma sulla questione del diritto personale musulmano contro ogni interferenza attraverso la legislazione o attraverso il pronunciamento giudiziario>>[7].

La sfida maggiore nel caso di Shah Bano fu l'elaborazione coranica della *nafaqah* che ha condotto la comunità musulmana a scontrarsi con la burocrazia statale. Contro l'ijma (consenso) dei *fuqahā'* (giuristi) la distorsione deliberata e l'interpolazione dei versetti coranici da parte dei giudici nella corte suprema è stata un tentativo palese di imporre il codice civile univoco. Gli scopi erano chiari: la dissoluzione

---

[6] Cfr. Rizwi, *Supreme Court and the Muslim Personal Law*, 28-32.
[7] *The Fragrance of the East* (January-June 2000), 88-89.

del diritto personale musulmano, la perdita dell'identità islamica e la sua assimilazione nell'ideologia dell'Hindutva[8].

Era una pericolosa situazione, una *fitna* che avrebbe potuto alterare radicalmente il destino dei musulmani qualora non fosse stata messa in discussione. Il ruolo dello Shaykh Nadwi deve essere compreso nell'entroterra di questi avvenimenti. Dalle protratte riunioni alla sua corrispondenza[9] con il primo ministro Rajiv Gandhi, rimase come una solida roccia contro le correnti dell'ostilità e della denigrazione. Il Consiglio, attraverso la sua sostenuta campagna di mobilitazione del supporto oltre il divario settario, ha costretto il governo a mutare la sua posizione relativamente alla promulgazione del Muslim Divorce Bill (1986). I commenti di Habibul Haq Nadvi relativamente al caso di Shah Bano sono pertinenti:

<<Il caso di Shah Bano ha mostrato che sotto la leadership dello Shaykh Nadwi la lotta contro il verdetto della corte suprema ha rispecchiato la situazione precaria di una minoranza assediata, la cui identità musulmana condivisa era minacciata dalle forze laiche che avrebbero dovuto proteggere i loro diritti costituzionali>>[10].

Il Consiglio ha rifiutato le accuse di perpetuare il patriarcato alla luce della difficile condizione delle donne divorziate. Ha asserito che le riforme erano in corso purché non ci fosse alcuna interferenza statale che promuoveva un uniforme codice civile per tutti i cittadini. Un'altra questione di grande preoccupazione era la percepita ineguaglianza di genere relativa al divorzio. Di conseguenza, le disposizioni relative alla legge musulmana erano male interpretate per esigenze

---

[8] Nadwi, *Kārwān*, vol. 3, 116-17.
[9] *Ibid.*, 31-40.
[10] Nadwi, *Islamic Legal Philosophy*, 367.

politiche. Gli esperti legali erano poi dell'opinione che il codice civile proposto negasse la diversità religiosa del paese. In vista della ricezione negativa ricevuta dallo Stato e dai gruppi musulmani marginali, il Consiglio intraprese una campagna nel paese per educare le masse musulmane relativamente alle disposizioni della shari'ah. Per la medesima ragione, il Consiglio si oppose a quelle leggi che s'intromettevano nel diritto personale musulmano. Una chiara distinzione deve essere fatta tra la riforma così come era compresa dal Consiglio e l'abolizione domandata da gruppi composti sia da musulmani che da non musulmani. Sotto questo punto di vista, le corti delle *shari'ah* hanno rivestito un ruolo trainante nella protezione dei diritti delle donne elaborando dei contratti per assicurarsi che, qualora il divorzio fosse stato la sola opzione disponibile[11], sarebbero state seguite le procedure necessarie.

La riforma implicava l'istituzione di misure correttive adottate dal Consiglio rispetto a quelle legate al costume che perpetuavano la violenza ed i delitti d'onore. Nonostante i continui sforzi del Consiglio per proiettare la corretta immagine delle leggi della *shari'ah*, riapparvero i dibattiti relativi all'imposizione del codice civile. La recente ordinanza (2018) che invalida il triplo *talāq* costituisce un altro esempio d'interferenza dello Stato.

In breve, il Consiglio continua a ricevere ogni sorta di critiche per aver creato un presunto sistema legale parallelo, privatizzando la giustizia e minando la costituzione. Purtroppo, il ruolo arbitrale del Consiglio per la risoluzione delle dispute sulle questioni relative alla legge personale musulmana è stato manipolato dai politici per polarizzare i musulmani e le altre comunità religiose.

---

[11] Cfr. Rizwi, *Supreme Court and the Muslim Personal Law*, 67-87.

Babri Masjid: una tragedia

Un'altra intrusione nell'autonomia musulmana furono le minacce rivolte alle moschee che vennero rivendicate come templi indù in origine. La sequenza degli eventi dal 1986 nell'agenda piena dello Shaykh Nadwi venne messa in ombra dalla disputa della Babri Masjid culminata nella sua tragica demolizione avvenuta nel 1992. Ancora una volta, il Consiglio sotto la leadership dello Shaykh Nadwi ha lanciato una vigorosa campagna per fermare l'invasione del sacro precinto da parte dei fanatici del Bharatiya Janata Party (BJP)[12]. La collusione dello stato con il movimento Hindutva venne denunciata dalle masse musulmane che la considerarono un tradimento dei valori per cui Gandhi ed altri pionieri della lotta per la libertà avevano combattuto. Emerse un modello prevedibile, il sostrato della democrazia e del secolarismo venne indebolito dal nazionalismo indù e dal bigottismo religioso. La storia della Babri Masjid in Ayodhya in Uttar Pradesh, che risale al governo dell'imperatore Babur (1526-1530)[13], il fondatore della dinastia mogul in India, testimonia la presenza musulmana su questo sito contestato. Rivendicazioni secondo cui fu il luogo della nascita della divinità indù Rama vennero confutate dagli storici con una prova conclusiva del diritto[14] esclusivo dei musulmani sulla Babri Masijd dal 1528.

---

[12] Cfr. Thomas Blom Hansen, *The Saffron Wave: Democracy and Hindu Nationalism in Modern India* (Delhi, 1999). Vi erano comunque anche degli esponenti politici che mostrarono simpatia verso i musulmani come, per esempio, Laloo Prasad Yadav, ministro dei trasporti, che ha introdotto delle misure rigorose per fermare o controllare le manifestazioni dei militanti.

[13] Cfr. Arshad Islam, "The Hindu-Muslim Conflict Over the Babri Mosque: A Historical Analysis" in *Hamdard Islamicus*, July-September 2003 (Karachi, 2003), 35-36. La moschea venne fondata nel 1528 da Mir Bāqi e dedicata all'imperatore Bābur.

[14] *Ibid.*, 49-53.

Sarebbe una semplificazione eccessiva assumere che gli *'ulama* ed i leader, che erano attivamente coinvolti nel conflitto, si siano semplicemente arresi davanti agli impudenti tentativi dei gruppi estremisti indù di demolire la moschea. Dal momento che lo Shaykh Nadwi cercava di evitare le agitazioni politiche, ha adottato delle strategie pratiche per coinvolgere il governo ed i rappresentanti religiosi indù moderati[15] per risolvere la disputa. Lo Shaykh temeva che vi fosse il pericolo di rivolte e che le infiammate passioni dei musulmani avrebbero condotto a delle serie conseguenze per il loro futuro. In risposta alla pressione musulmana, il governo intervenne per impedire ai fanatici del Vishwa Hindu Parishad (Consiglio mondiale indù) di trasformare la moschea in un *mandir* (tempio), ma i risultati conseguiti furono limitati. Nelle parole dello Shaykh Nadwi:

<<L'apertura delle serrature nel corso della *darshana* (offerte rituali) sono dei passi pericolosi che possono infiammare le emozioni dei musulmani. Si ha la percezione che il governo nutra un pregiudizio solo verso una fazione>>.

Critici come Zoya Hasan hanno sostenuto che lo Shaykh Nadwi avesse concluso un accordo con l'allora primo ministro Rajiv Gandhi affinché il verdetto del caso di Shah Bano venisse revocato attraverso il parlamento ed in cambio sarebbe stato concesso agli indù di compiere dei rituali sul sito disputato aprendo la serratura del cancello della moschea. Quest'accusa

---

[15] Nadwi, *Kārwān*, vol. 4, 285-90. Lo Shaykh Nadwi ha menzionato Shankaracharya di Kanchiuram (Tamil Nadu), un eminente sacerdote indù che era ampiamente rispettato per la sua erudizione ed il suo carisma religioso.

è stata smentita dallo Shaykh Nadwi nella sua missiva al professor David Ludden[16].

I musulmani erano disillusi dal ritmo delle negoziazioni che ritardarono delle significative risoluzioni della crisi. Il conflitto del Babri Masjid fu un periodo traumatico per i musulmani in India. Lo Shaykh Nadwi ha ricordato gli sforzi continui e sostenuti del Consiglio[17] per garantire un accordo con il governo per proteggere la Babri Masjid. Lui stesso ha operato senza mai stancarsi per trovare una formula accettabile che non avrebbe messo in nessun modo in pericolo la pace e la sicurezza del paese.

La risposta musulmana all'invasione degli Hindutva vide la creazione del Babri Action Committee[18], che cercò di mobilitare le masse musulmane per protestare contro queste misure draconiane. Lo Shaykh Nadwi consigliò di esercitare l'autocontrollo in queste difficili circostanze, ma il suo consiglio non venne sempre seguito dalle organizzazioni musulmane. L'agitazione politica e l'indignazione erano dannosi per la causa musulmana, in quanto i seguaci dell'Hindutva sfruttavano la mancanza di unità nei ranghi musulmani per conseguire i loro sinistri scopi. Comunque, questo non implica che lo Shaykh Nadwi scelse la resistenza passiva, ma ha dimostrato che attraverso la consultazione con la burocrazia statale alcune misure di successo potevano essere raggiunte. La sua comunicazione diretta con i primi ministri[19] ed altri influenti politici era finalizzata a

---

[16] Cfr. Zoya Hasan, "Communal Mobilisation and Changing Majority" in David Ludden, *Making India Hind* (New Delhi, 1998). Lo Shaykh Nadwi scrisse a David Ludden una lettera relativa all'articolo citato raccolta in *The Fragrance of the East* (2003), 219-20.

[17] Cfr. Nadwi, *Kārwān*, vol. 4, 335-408 relativamente al ruolo dell'AIMPLB nel conflitto.

[18] Il comitato, fondato dall'avvocato Zafaryab Jilani, ha assunto uno status nazionale nel corso di questo periodo turbolento.

[19] Cfr. Nadwi, *Kārwān*, vol. 4, 372-74.

sottolineare la posizione musulmana contro l'assalto minaccioso dei militanti indù.

Mentre si svolgevano gli eventi, il conflitto della Babri Masjid ha ridefinito il ruolo di leadership dello Shaykh Nadwi. Fu un enorme compito per lui e per i suoi collaboratori preparare delle dettagliate risoluzioni per un dialogo interattivo con le parti coinvolte. Una crisi incombente era un segno infausto di un imminente confronto tra i musulmani e gli indù -un confronto che lo Shaykh Nadwi credeva dovesse essere evitato a tutti i costi.

La serie di governi centrali deboli e di breve durata aprirono le porte di una aperta politica incentrata sulle singole comunità. Il BJP ha cominciato ad utilizzare sempre più simboli comunitari all'interno della sua propaganda elettorale, sotto la presidenza di Lal Krishna Advani, successivamente ministro degli interni. La questione della Babri Masjid venne trasformata da una problematica regionale ad una nazionale. L'ideale nazione indù (ossia l'Hindutva) era simboleggiata nella *ratha-yātrā* (marcia) di Advani nel settembre del 1990. Costui condusse una campagna verso Ayodhya in una jeep Toyota intesa come un'allegoria delle epiche battaglie del *Ramayana* e del *Mahabharata*, la marcia dei ferventi indù contro i poteri del male (ossia i musulmani).

Il governo del BJP nello stato dell'Uttar Pradesh ha alla fine fornito la cornice politica per la demolizione della moschea nel 1992. Il 6 dicembre del 1992, ebbe inizio "l'opera religiosa" (*kārasevā*) e la Babri Masjid, una costruzione di 464 anni, venne completamente rasa al suolo dagli zeloti indù. Le autorità statali e altre agenzie di polizia rimasero impotenti mentre centinaia di persone vennero massacrate in maniera indiscriminata per tutto il paese. Alcuni tentativi di ricostruire la moschea furono vani dal momento che la protezione statale era solo un altro tentativo di coprire gli atti barbari degli zeloti indù.

Dopo una battaglia legale protratta, la Corte Suprema emise il 9 novembre del 2019 un verdetto, secondo cui agli indù venne concesso il diritto di costruire un tempio sulla località contesa. In modo simile la corte emise all'unanimità il giudizio per cui la demolizione della moschea era una violazione dei diritti dei musulmani per cui si provvedeva di una riparazione. Venne domandato al governo di assegnare cinque acri di terra come alternativa per costruirvi una moschea. Così ebbe termine la disputa decennale che vide la perdita di migliaia di vite innocenti nel corso di questo periodo politicamente instabile.

Nella prospettiva dello Shaykh Nadwi il ruolo della legge non ha saputo controllare le reazioni dalle comunità ostili. Sotto questo rispetto, la mobocrazia o l'arpione della violenza intercomunitaria era controproducente per mantenere la pace e l'ordine nel paese. Il ruolo della legge era applicabile a tutti i cittadini indipendentemente dalle loro riserve. Inoltre, lo Shaykh Nadwi affermò che uno stato laico come l'India dovrebbe promuovere la causa della democrazia. Comunque, non tutte le organizzazioni ed i partiti musulmani approvarono il suo approccio a questa questione complicata. In molti casi, gli sforzi dello Shaykh Nadwi finalizzati a trovare una soluzione pratica vennero messi in ridicolo dagli estremisti musulmani. Venne inoltre diffamato e peggio accusato di complicità con i gruppi indù, in quanto aveva domandato che il sito usurpato venisse loro riconsegnato. Il verdetto (2019) dopo 17 anni forse ha confermato la sua posizione.

Retrospettivamente, l'immagine laica dell'India venne seriamente compromessa dai fallimenti dei governi che si sono succeduti per trovare una giusta soluzione a questo conflitto[20].

La crisi del Golfo

Come studioso transnazionale, la cui popolarità ha fatto radici nel mondo arabo, non è una coincidenza che la reazione dello Shaykh Nadwi alla crisi del Golfo risuonasse in questa parte del mondo musulmano. L'invasione del Kuwait da parte dell'Iraq nell'Agosto del 2000 fu un evento infausto con conseguenze disastrose. L'analisi dello Shaykh Nadwi sull'occupazione dell'Iraq suggerisce la sua somiglianza con la guerra di logoramento tra Iran e Iraq. L'occupazione irachena del Kuwait, un piccolo emirato senza risorse militari pari a quelle dell'Iraq, era considerabile alla stregua di un atto di puro brigantaggio (*qazzāqī*)[21] che andava contro i principi universali della moralità e della dignità umana. Secondo lo Shaykh Nadwi:

- L'occupazione irachena ha portato nella sua onda la prevedibile dissacrazione della proprietà e l'umiliazione della nazione sottomessa[22].
- La superiorità militare di Saddam Hussein ha creato la falsa impressione che sotto la sua leadership il mondo arabo sarebbe stato di nuovo una nazione dinamica che ricordava il governo di Salāhuddin Ayyubi[23].
- Invece di dirigere il suo potere militare sui territori occupati, Saddam scelse come suo primo bersaglio i

---

[20] Arshad Islam, *The Hindu and Muslim Conflict*, 45-47.

[21] Nadwi, *Kārwān*, vol.4, 274-92

[22] Cfr. Il Sacro Corano 27:34.

[23] Cfr. Stanley Lane Poole, *Salahuddin and the Fall of the Kingdom of Jerusalem* (Lahore, 1979).

paesi arabi, creando un clima di vulnerabilità per la comunità musulmana[24].

- Sotto queste circostanze, l'Arabia Saudita ha sollecitato l'aiuto militare dei suoi alleati, gli Stati Uniti ed il Regno Unito per proteggere il regno.

Secondo lo Shaykh Nadwi, la scelta saudita aveva provocato una reazione diffusa da parte del mondo musulmano. In qualità di scrittore prolifico la cui *da'wah* era focalizzata in modo particolare sul mondo arabo, lo Shaykh Nadwi espresse del rammarico verso la loro apatia nel fondare una società islamica modello. Tracciando la storia delle *Haramayn* (Mecca e Medina), lo Shaykh Nadwi ha notato che sotto i diversi governi, nonostante i loro difetti, il regno ha sempre difeso la santità dei luoghi santi. Quindi era una mossa deplorevole scegliere degli alleati non-musulmani per la sua sicurezza.

L'indifferenza di Saddam verso la sicurezza delle *Haramayn* ha solo confermato i suoi loschi motivi politici. In un'importante monografia[25] che venne letta al seminario sulla guerra del Golfo al Cairo, lo Shaykh Nadwi ha argomentato che l'isteria[26] tra gli individui e le organizzazioni musulmane aveva sopraffatto il loro senso di obiettività con il risultato che avrebbero obiettato ad ogni forma di critica verso Saddam. In altri termini, costoro erano pronti ad esonerare Saddam dall'accusa di abuso dei diritti umani e di genocidio perché aveva sfidato la potenza dell'esercito imperialista americano.

Dopo la guerra del Golfo, la geopolitica del mondo musulmano è mutata rapidamente. Solo due anni dopo la morte dello Shaykh Nadwi (1999), l'invasione dell'Afghanistan da parte degli Stati Uniti e le forze della

---

[24] Nadwi, *Kārwān*, vol. 4, 274.
[25] Nadwi, *Ummat i-Islama kā Mustaqbil: Khalījī Jang ke Bā'd* (Karachi, n.d.); Nadwi, *'Ālam-I Arabi ke Liye sab se Badā Khatra* (Lucknow, 1991).
[26] Ibid., 5.

coalizione ha introdotto un altro capitolo tragico nella storia musulmana. Allo stesso modo, la seconda invasione dell'Iraq (2003) condotta dalle forze americane ha condotto alla caduta di Saddam Hussein. E quel che è peggio, l'invasione ha esposto la nazione irachena ad una brutalità che poteva essere paragonata al massacro sanguinoso perpetrato dai Tatari[27] nel 1253.

L'ascesa dei movimenti islamisti e dei gruppi jihadisti per rispondere alla minaccia dell'Imperialismo americano sotto il governo di George Bush ha prodotto nella sua onda il fenomeno dell'islamofobia. Una continua campagna contro l'Islam ed i musulmani in Occidente era il risultato del discredito verso tutto quello che aveva un carattere islamico. In un periodo precedente, lo Shaykh Nadwi aveva indicato il bisogno urgente di un dinamico movimento islamico capace di instillare fiducia nella società musulmana e rivelarsi una fonte d'ispirazione in virtù del suo valore, del coraggio e della visione[28]. Per il medesimo motivo, l'invito all'auto-introspezione che lo Shaykh Nadwi rivolse ai musulmani era in linea con il movimento del *Payām*, che s'impegnava per i valori universali del rispetto reciproco e della compassione senza compromettere l'identità islamica.

Una tragica perdita

Vengono ora discusse due importanti figure che completano la vita personale ed accademica dello Shaykh Nadwi. Sebbene costui fosse reticente a fornire un profilo completo della sua vita domestica, i lettori possono avere uno scorcio di una relazione che rifletteva l'ideale islamico. Similmente, il suo duraturo rapporto con lo studioso Asif Kidwai rispecchia le sue stesse ricerche accademiche.

---

[27] Cfr., Nadwi, *Saviours of Islamic Spirit*, vol. 1, 277-311.
[28] Nadwi, *Ummat-i Islam ka Mustaqbil*, 18.

Tayyib al-Nisā'

Un rapporto matrimoniale durato più di cinquant'anni, Tayyib al-Nisā' era il simbolo della moglie devota che condivise le speranze e le aspirazioni dello Shaykh Nadwi. Discendente di una famiglia della nobiltà Qutbiyyah[29], possedeva le attraenti qualità della compassione, della meticolosa osservanza della *Shari'ah* ed era distaccata dai beni terreni. La sua generosità verso i suoi famigliari, gli indigenti e le famiglie in miseria era proverbiale. Era malata di cuore ed era affetta da molteplici malattie[30]. Nei suoi ultimi anni soffrì di una frattura all'anca conseguente ad una caduta. Il dolore fu straziante per almeno tre settimane e gli specialisti le consigliarono un'operazione chirurgica. Tayyib al-Nisa però morì il 15 dicembre del 1989. Le molteplici lettere di condoglianze ricevute dallo Shaykh Nadwi testimoniano del rispetto di cui godeva in molte parti del paese.

Muhammad Asif Kidwai

Una discussione dettagliata su questo studioso islamico non sarà fuori luogo, con un riferimento speciale alla sua traduzione delle opere principali dello Shaykh Nadwi.

Il Mawlana Nu'māni, un noto studioso islamico, fu ampiamente responsabile degli incontri introduttivi con il dottor Asif Kidwai. Lo Shaykh Nadwi fu molto colpito dal suo profilo accademico: un PhD in scienze politiche dall'Università di Londra (la sua dissertazione ha ricevuto dei commenti favorevoli dal suo supervisore), e uno scrittore affermato sia in inglese che in urdu. Dopo la fondazione

---

[29] Sayyid Tufayl Madani, *Sirat-i Sādāt-i Qutbiyyah* (Delhi, n.d.).
[30] *Kārwān*, vol. 4, 163-64.

dell'Academy of Islamic Research e le pubblicazioni del 1959, la raccolta di articoli di Kidwai intitolata *Maqālāt-i Sirah* venne pubblicata nel 1960 e venne bene accolta nei circoli letterari.

Dopo la pubblicazione in arabo del *Mādhā Khasir al-'Ālam* vi fu un forte bisogno di tradurre questo libro in inglese. Il testo originale in arabo aveva visto numerose edizioni e la sua traduzione doveva essere effettata da uno scrittore affermato. La scelta dello Shaykh Nadwi cadde naturalmente su Kidwai che portò a termine il compito con una tale perizia che, dopo quest'importante pubblicazione, la fama dello Shaykh Nadwi si diffuse in molte parti del mondo. Secondo il Professor Zafar Ishaq Ansari, eminente studioso e traduttore, la traduzione inglese di Kidwai era priva di difetti e senza eguali nel suo stile letterario. Questo giudizio venne confermato dal Professor Seyyed Hossein Nasr, uno studioso di reputazione internazionale le cui opere sono ampiamente lette nel mondo musulmano.

La popolarità della traduzione inglese intitolata *Islam and the World* è servita da impulso per utilizzare le abilita' consumate di Kidwai per tradurre in inglese le più importanti e note opere del Mawlana Nu'mani e dello Shaykh Nadwi. Bisogna comunque ricordare che la malattia cronica di Kidwai lo aveva confinato a letto e la sua immobilità gli impedì di assumere degli impegni onerosi. La gravità della sua malattia può essere immaginata dal fatto che un volume cartonato posato sul suo petto sarebbe stato per lui un disturbo. Quindi dovette fare ricorso a pagine non rilegate per effettuare la sua opera di traduzione.

L'opera dello Shaykh Nadwi intitolata *The Four Pillars of Islam* venne ricevuta favorevolmente dal mondo di lingua inglese per il suo stile lucido nella presentazione dei pilastri dell'Islam. Deve essere tenuto a mente che ogni lavoro ha le sue peculiarità relativamente alla terminologia ed al contenuto. Per questo fine, Kidwai consapevole pienamente di questa responsabilità non ha mai deviato dai parametri della *shari'ah*. Le sue traduzioni sono libere dalle tracce di pregiudizio, distorsione e travisamento. In una vena simile, *Glory of Iqbal* e *Pathway to Medina* sono dei capolavori che rafforzano la versatilità letteraria del traduttore. Purtroppo, dopo una prolungata malattia, Kidwai morì il 29 Febbraio del 1989[31].

I viaggi della *da'wah*

Sebbene la sequenza temporale non sia stata seguita in modo rigoroso in questa sessione, i seguenti viaggi dello Shaykh Nadwi dedicati alla *da'wah* fanno riferimento ai suoi contributi a livello globale.

Turchia: una rivalutazione

Nel settembre del 1989, lo Shaykh Nadwi presiedette ad un seminario organizzato dalla Rābita Adab sulla letteratura islamica per bambini tenutasi ad Istanbul. Il concetto di *adab* venne discusso nel dettaglio per dimostrare il suo legame organico con la akhlaq (moralità).

Su richiesta della Rābita, lo Shaykh Nadwi tenne un'importante lezione. Ripercorrendo il glorioso passato del contributo della Turchia alla cultura islamica, lo Shaykh Nadwi ha fatto riferimento ai fattori che hanno peggiorato il tragico declino del paese. Vi era bisogno dell'introspezione per ripristinare la fiducia e l'orgoglio relativamente alla sua eredità islamica. A questo fine, ha messo in guardia i Turchi relativamente alle forze imperialiste che operavano contro l'Islam.

---

[31] *Al-Ahsan Magazine*, vol. 2, 20-21.

Lo Shaykh Nadwi ha delineato una strategia ramificata per una rinascita islamica in Turchia:

1-Rinforzare la consapevolezza religiosa tra le masse turche.

2-Creare un ambiente islamico in modo tale che la loro fede (*īmān*) potesse servire come un bastione contro i movimenti non-islamici[32].

3-Assicurarsi che la generazione futura di turchi musulmani, in modo particolare i bambini, avessero famigliarità con le dottrine e gli insegnamenti islamici senza i quali la comprensione del vero contenuto e dello spirito dell' *'ibādah* potrebbe assottigliarsi.

Molte delle opere maggiori dello Shaykh Nadwi sono state tradotte in turco dallo Shaykh Yusuf Caraca (m. 2021). Comune a queste traduzioni vi è il tema revivalista elaborato dallo Shaykh Nadwi.

Negli ultimi decenni sono visibili in Turchia i segni di una rinascita islamica. L'ordine della Naqshbandia ha avuto un ruolo influente nel diffondere il messaggio del Corano e della sunna. Allo stesso modo, il partito al governo ha fatto dei tentativi coraggiosi per promuovere la tradizionale identità islamica che era stata indebolita dopo l'abolizione del califfato ottomano nel 1923. Il ribaltamento della situazione ha rappresentato una formidabile sfida per il partito al potere che ha cercato di ripristinare le pratiche islamiche nel paese affrontando sia l'opposizione dei politici che degli attivisti che avevano sposato la laicità. L'identità islamica è un altro tema chiave che viene introdotto presso la nazione turca. In questo contesto lo Shaykh Nadwi si riferisce alla domanda che il profeta Ya'qūb ha rivolto ai suoi figli ed ai suoi nipoti: "Che cosa adorerete dopo di me?"[33] Quest'affermazione coranica ha una rilevanza universale, e rinforza il bisogno

---

[32] Nadwi, *Kārwān*, vol. 4, 101.
[33] Il Sacro Corano 2:133.

dell'introspezione nei termini della relazione con Dio ed il grado d'impegno richiesto da questa relazione. Sarebbe interessante notare che lo Shaykh Nadwi ha contestualizzato questo versetto coranico per i musulmani indiani contro lo sfondo dell'ideologia dell'Hindutva. Questo medesimo messaggio ha una certa rilevanza anche per quei paesi con una maggioranza musulmana, la cui fede sfortunatamente ha inclinato verso ideologie quali il socialismo ed il comunismo, che si pongono in netto contrasto con l'obbedienza incondizionata, l'adorazione e la devozione verso Dio[34].

Era quindi necessaria la pubblicazione di una robusta letteratura islamica per incontrare i bisogni dei musulmani intellettuali che erano stati educati nelle istituzioni occidentali. Costoro continuano ad influenzare istituzioni sia educative che politiche nei paesi musulmani e, in molte istanze, posseggono de facto il potere legislativo per realizzare un sistema ibrido in violazione degli ideali islamici. Lo Shaykh Nadwi ha elaborato una supplica appassionata per raggiungere questa nuova generazione per instillare "sia nei loro cuori che nelle menti la fede ed un approccio maturo alla inalterabilità dell'Islam, alla rilevanza dei suoi insegnamenti e della sua leadership in ogni tempo". Secondo lo Shaykh Nadwi, le élite musulmane di orientamento occidentale si aggrappano alla nozione della democrazia liberale intesa come la panacea per i mali che affliggono i paesi musulmani. La loro fissazione sulla democrazia che ritengono opposta alla *shari'ah* rappresenta un riflesso della loro ignoranza o antipatia verso il sistema della *shūrā*. Dalla Malaysia al Mali

---

[34] Cfr. Nadwi, *Inviting to the Way of Allah* (London, 1996); Kurram Murad, *In the Early Hours: Reflections on Spiritual and Self Development* (Leicestershine, 2001), 57-84; Khalid Baig, *First Things First* (Stanton, 2004), 18-22.

questo sistema venne sviluppato, migliorato ed applicato con successo durante il governo musulmano nel corso dei secoli[35].

I versetti satanici

Salman Rushdie, lo scrittore di origine indiana, ha acquisito notorietà per il romanzo sacrilego intitolato *Satanic Verses* (1989), in cui ha ridicolizzato l'illustre personalità del Profeta (pbsl). La reazione musulmana nel Regno Unito ed in parte del mondo musulmano si manifestò con marce di protesta, richiesta di censura del romanzo e rimozione di tutte le copie dagli scaffali delle librerie. La *fatwā* contro Rushdie[36] emessa da Khomeini fu un'eccezione solitaria di un paese musulmano che fece questo passo tra le proteste mondiali. Ha provocato una serie di dibattiti e discussioni accademiche relative alla posizione della *shari'ah* in merito alla validità della *fatwā*. L'analisi di Kharroufah del punto di vista dei studiosi più eminenti (particolarmente i quattro imam) rappresenta un approccio equilibrato alla questione[37].

Nel mezzo di questa precaria situazione, lo Shaykh Nadwi ha deplorato l'attitudine apatica[38] del mondo arabo che si espresse in una sorta di cospirazione del silenzio. Il governo inglese invece estese la sua protezione a Rushdie come forma di promozione della libertà di stampa ed in palese sfida alla sensibilità musulmana.

In breve, la diffamazione del Profeta (pbsl) è continuata senza sosta in Occidente. Nel passato recente le vignette del Santo Profeta (pbsl) pubblicate da un giornale danese, il

---

[35] Amartya Sen, *South Africa and a Global Democracy in Discourse*, (Auckland Park, 2004), 30-32; Cfr. Nadwi, *Turki ki Mujāhid-I Millat-i Islam* (Lucknow, 1989).

[36] Cfr. Akbar Ahmed, *Postmodernism and Islam* (London, 1992), 169-77.

[37] Ala-al-Dan Kharroufah, *The Judgement of Islam on the Crisis of Salman Rushdie* (Kuala Lampur, n.d.).

[38] Nadwi, *Kārwān*, vol. 4, 107.

Jyllands-Posten ha sollevato le proteste dei musulmani di tutto il mondo. Il fallimento delle autorità danesi di censurare i giornali che pubblicavano queste vignette blasfeme deve essere interpretato in un contesto più ampio. Nel 2015 il quotidiano satirico francese *Charlie Hebdo* ha pubblicato delle caricature che raffiguravano il Profeta (pbsl) in modo dispregiativo. La diffusione delle vignette nei maggiori quotidiani europei ha rinforzato lo stereotipo dei musulmani. La parodia del Profeta (pbsl) come terrorista è tra gli ultimi tentativi diffamatori di deridere la sua nobile personalità. Queste caricature rivelano una tendenza particolarmente grottesca, un'Europa che "manifesta un'islamofobia e xenofobia crescente, in cui i musulmani rappresentano i capri espiatori per l'aggravamento della miseria sociale".

Sotto la copertura della libertà d'espressione, i vignettisti non offrono alcuna apologia per la loro satira del carattere del Profeta Muhammad (pbsl). Muzaffar Iqbal ha fornito una spiegazione interessante delle attitudini differenti e spesso conflittuali relative alle vignette:

<<Ci sono altri per i quali l'amore per il profitto è più caro di quello per il Profeta (pbsl) e chi ammassa un ricco raccolto di dollari dalle proteste che seguono la pubblicazione delle vignette. Il raccolto che ammassano è amaro. Ci sono poi quanti sono frastornati dal tumulto quando i cuori dei credenti sono spezzati dal dolore e dalla sofferenza, e domandano sorpresi: "Perché tutto questo chiasso?" Poi ci sono coloro che nel cuore della notte pregano affinché questi tempi terribili giungano alla fine. Poi ci sono coloro che vedono il sopraggiungere dell'Ora, quando ogni anima si troverà davanti al Giusto Giudice, con un resoconto che contiene tutte le loro azioni, che penderà dai loro colli e non ometterà nulla. Quel giorno saranno realmente colti dallo stupore. Ma non vi sarà ritorno,

nessun modo di tornare a questa dimora temporanea dove desidereranno rimuovere le azioni commesse nei terribili recessi del loro capriccio>>[39].

In risposta alla pubblicazione offensiva di Rushdie, Lo Shaykh Nadwi ha preparato una monografia che è stata letta nella Hall della OCIS dell'università di Oxford. La conferenza pubblica intitolata "Il debito dell'umanità verso il Profeta Muhammad (pbsl)" fu una scelta ovvia, e rappresentava la confutazione intellettuale della diffamazione del Profeta (pbsl) da parte di Rushdie. Dato il contesto ed il contenuto della conferenza, ha attirato un pubblico ampio. La risposta fu travolgente e la conferenza pubblicata in una monografia venne letta in diversi luoghi ad un pubblico di lingua araba, inglese ed urdu. Citando ampiamente da studiosi non-musulmani, lo Shaykh Nadwi ha cercato di mostrare l'impatto universale del Profeta (pbsl) sulla crescita e lo sviluppo della cultura e delle civiltà:

<<Ora, in un'epoca in cui l'umanità e la civiltà si trovava al limite della distruzione, il Signore e Creatore del mondo ha fatto sì che un uomo nascesse in Arabia, un uomo cui venne affidato un compito difficile: non solo di salvare l'umanità dalla distruzione imminente, ma anche di innalzarla alle vette sublimi al di là della conoscenza degli storici e dell'immaginazione dei poeti. Se non ci fosse stata una prova storica incontrovertibile per dimostrare i suoi successi, sarebbe stato difficile credere alla sua grandezza. Quest'uomo era Muhammad (pbsl) che nacque nel sesto secolo. Costui ha salvato l'umanità dalla minaccia e da un pericolo imminente e ha dato loro una nuova vita,

---

[39] Cfr. Zafar Ishaq Ansari, *Muslims and the West: Encounter and Dialogue* (Islamabad, 2002), 271-2.

una nuova ambizione, una fresca energia, un senso rigenerato di dignità umana, intelletto ed idealismo. Grazie a lui sorse una nuova era di spiritualità nell'arte e nella letteratura, di sincerità e di servizio altruistico, che ha prodotto una cultura ordinata, graziosa e sublime>>[40].

Lo Shaykh Nadwi ha richiamato l'attenzione sui preziosi doni che hanno avuto un ruolo fondamentale nel progresso dei valori umani e della cultura, e rappresentano una sintesi dei valori terreni e spirituali. La loro influenza ora è divenuta parte integrante della vita e della cultura delle nazioni differenti. I doni universali dell'Islam alla civiltà sono i seguenti:

- La fede chiara e priva di ambiguità nel *tawhid*
- Il concetto di eguaglianza e di fraternità
- Il concetto di dignità dell'uomo inteso come il capolavoro della creazione divina.
- Riconoscimento dello status e dei diritti delle donne
- Rifiuto della disperazione e diffusione della speranza e della fiducia negli esseri umani
- La fusione di conoscenza religiosa e laica
- Enfasi posta sull'utilizzo delle facoltà intellettuali negli ambiti religiosi e spirituali per lo studio e la contemplazione dei fenomeni naturali.
- Venne affidato ai musulmani il compito di promuovere la virtù nel mondo e riportare la verità e la giustizia.
- 9-La fondazione di un credo e di una cultura universale[41].

---

[40] Nadwi, *Mankind's Debt to the Prophet Muhammad* (Oxford, 1992), 3-4.
[41] Nadwi, *Islam and Civilisation* (Lucknow, 1986), 5-6.

Seminario: Abul Kalam Azad

Sotto gli auspici della Mawlana Azad Memorial Academy (Lucknow), lo Shaykh Nadwi ha tenuto una conferenza pubblica sui molteplici contributi dell'Azad. La sua celebrazione centennale è stata segnata dalla traduzione in hindi del suo *Tarjumān al-Qur'ān* (vol. 1). Lo Shaykh Nadwi si è dilungato sulle straordinarie qualità della personalità unica di Azad. Come studioso, politico, e combattente, Azad spese tutte le sue energie e talenti per la libertà dell'India. I suoi sacrifici furono esemplari, il suo servizio ineccepibile e rimase determinato verso gli ideali in cui credeva. Nessuna forma di opportunismo politico o i capricci del tempo e delle circostanze avrebbero mutato la sua missione e a questo fine ha sopportato una serie di difficoltà con un coraggio ammirevole.

Azad ha asserito che un India indipendente avrebbe dovuto rispettare lo status distinto delle sue minoranze. Questo diritto inalienabile era custodito nella Costituzione. Azad però ha accettato anche le realtà e le sfide che i musulmani indiani, dopo la partizione, furono costretti ad affrontare. I seguenti commenti rinforzano la sua identità islamica ed indiana:

<<Sono un musulmano e profondamente consapevole di avere ereditato le gloriose tradizioni dell'Islam dei suoi ultimi tredici secoli. Non sono preparato a perdere nemmeno una piccola parte di quell'eredità. Come musulmano, ho un'identità speciale all'interno dell'ambito della religione e della cultura e non posso tollerare nessuna indebita interferenza. Con questi sentimenti, ho sviluppato anche una profonda comprensione che nasce dalla mia esperienza, che è rafforzata, e non ostacolata dallo spirito dell'Islam.

Sono egualmente orgoglioso del fatto di essere un indiano, una parte essenziale di quell'unità invisibile della nazione indiana. È un fattore vitale senza il quale questa nobile struttura rimarrà incompleta. Non posso mai rinunciare a questa sincera affermazione>>[42].

La rivoluzione russa: una valutazione

L'anno 1990 è stato un'altra pietra miliare nella storia mondiale quando due paesi l'USSR ed il Sudafrica hanno smantellato le loro strutture politiche ed hanno optato per un sistema democratico che garantiva la carta della libertà ai suoi cittadini. La nostra attenzione si concentra ora sulla rivoluzione russa. Fu il collasso di un potere imperiale che si macchiò di oppressione, persecuzione e dispotismo. L'USSR non era altro che un'imposizione del governo slavo su un'ampia zona di paesi e dinastie musulmane indipendenti nell'Asia Centrale. La loro forzata integrazione nella Federazione Russa implicò un'abietta resa al comunismo, la cancellazione dell'Islam dalle loro vite e l'adozione di uno stile di vita che negava la loro identità collettiva.

Le politiche assimilazioniste del regime sovietico hanno avuto delle conseguenze gravi per i musulmani nelle regioni dell'Asia Centrale. La russificazione della loro identità islamica aveva un fine losco, ossia la cancellazione dell'Islam dalle loro vite. Vennero prese delle misure punitive contro i musulmani. La chiusura delle moschee e delle *maktab*, simbolo di attivismo islamico, fu un colpo mortale alla preservazione dell'Islam. Relativamente al sistema delle *maktab*, Adeeb Khalid aveva mostrato che queste scuole islamiche vennero utilizzate dai *jadīd* come ricettacolo di cambiamento e

---

[42] Syed Saiyidain Hameed, *Islamic Seal on India's Independence*, (Karachi, 1998), 190.

rigenerazione culturale[43]. L'approccio riformista fu una risposta agli obsoleti curricula degli istituti educativi islamici ed alla decadenza politica dei principati (*khanates*). Inoltre, si opposero ai riti propri del costume che venivano erroneamente associati alla Sunna. I paesi musulmani come l'Uzbekistan, il Kyrgystan ed il Kazakhstan con una tradizione di cultura e civiltà islamica fermamente stabilita vennero tagliati fuori dal mondo musulmano. Allo stesso modo, Bukhara[44], l'orgoglio dell'Islam, venne sottomessa dall'imperialismo sovietico ed è divenuta un relitto del passato. Altri importanti centri dell'insegnamento islamico vennero messi in ombra dalla presenza di un sistema alieno che sposò l'ateismo ed impose la scrittura cirillica che li separò dal loro glorioso passato islamico[45]. Come risultato di queste misure repressive si creò una diaspora musulmana, un ricordo cupo della brutalità del regime sovietico. La dissoluzione dell'Unione Sovietica venne preceduta in Europa da una serie di eventi epocali. La Germania dell'Ovest e quella dell'Est vennero riunificate dopo la caduta del muro di Berlino. Allo stesso modo, socialismo e comunismo divennero appendici del passato seguiti dall'avvento della democrazia. Inoltre, la mancanza di unità all'interno della gerarchia politica sovietica e le voci di dissenso relativamente al fallimento del marxismo cominciarono a risuonare nei corridoi del potere. L'allora presidente sovietico, Mikhail Gorbachev, ha adottato una politica chiamata *Perestroika*, che ha aperto la porta del dialogo con altri paesi. Gorbachev fu coraggioso nell'affermare che la politica socialista di

---

[43] Adeeb Khalid, *The Politics of Muslim Cultural Reform: Jadidism in Central Asia* (Berkeley, 1998), 89-113.

[44] La collezione di *hadith* dell'Imām Bukhārī è riconosciuta dagli studiosi come la fonte più autorevole in merito alle tradizioni del Profeta (pbsl).

[45] L'abolizione della scrittura araba ha tagliato i musulmani sia turchi che originari dell'Asia Centrale dalle fonti islamiche.

eguaglianza imposta era la causa maggiore del collasso sovietico.

Lo Shaykh Nadwi ha paragonato il Marxismo ad una prigione dove i prigionieri ricevono le loro razioni, mentre il lavoro, lo sforzo e lo spirito di competizione erano loro negati. L'intero paese assomigliava a delle macchine che operano nelle fabbriche[46] in modo sommario. In questo contesto i legami in via di mutamento nell'epoca post-sovietica travolsero quelle nazioni in cui il comunismo era seguito ancora con zelo. Le politiche del pugno di ferro in certi paesi cominciarono ad allentarsi con il risultato che il socialismo[47] concesse una misura maggiore di libertà politica. Persino lo Yemen[48] meridionale, un forte alleato del Comunismo, dopo aver sofferto la sconfitta in una guerra protratta contro la parte settentrionale, venne riunito con il primo a formare la repubblica dello Yemen.

Il turbolento periodo per i musulmani sotto il governo sovietico non ha cancellato per sempre l'Islam. Al contrario, le attività clandestine nella forma di *maktab* ed ordini s'inserirono, anche se in modo ristretto, nella vita delle masse musulmane. L'ordine della Naqshbandiyya[49], un movimento sufi autoctono, fu una forza dominante che fornì una consolazione spirituale alle masse oppresse. In qualità di movimento orientato alla *shari'ah*, ha evitato le pratiche considerate espressioni del costume ed ha condannato ogni forma di *bid'ah*. Gli attivisti sufi hanno mobilitato le masse per aderire strettamente agli insegnamenti dell'Islam. Costoro hanno anche provveduto ad una sorta di coesione sociale per i musulmani espropriati sotto il tirannico governo sovietico.

---

[46] Cfr. Nadwi, *Kārwān*, vol. 4, 246.

[47] Cfr. Nadwi, *Western Civilisation, Islam and Muslims*, 116-19.

[48] *Ibid.*, 24-26.

[49] Cfr. K. A. Nizami, "The Naqshbandi Order" in S.H. Nasr, *Islamic Spirituality: Manifestations*, vol. 2 (New York, 1991), 162-93.

Conclusione

La tendenza musulmana di interpretare gli eventi soggettivamente ha posto un grave pericolo quando le figure politiche hanno sollevato gli slogan equivoci della solidarietà islamica. Al contrario, la richiesta musulmana di un dialogo significativo era possibile solo in un clima di tolleranza. Questo potrebbe essere raggiunto enfatizzando i valori universali dell'Islam nel contesto degli assetti geopolitici.

Capitolo XII

I paradigmi della *da'wah*: le tendenze

La presentazione della *da'wah* dello Shaykh Nadwi si è estesa al di là del tradizionale approccio incentrato sulla *nasihah*. Sebbene una tendenza riformista abbia caratterizzato la sua relazione con la monarchia, i leader politici e gli intellettuali, le sue sessioni (*majālis*) hanno rispecchiato la sua preoccupazione per un pubblico più ampio rispetto all'Islam ed al discorso occidentale. La sua sensibilizzazione relativa alla *da'wah* in molti casi si espresse come una sorta di comprensione costruttiva delle sfide che i musulmani si trovavano ad affrontare nella vita quotidiana. Ne è un esempio la prospettiva descritta nelle opere di Tariq Ramadān relativamente ai musulmani in Occidente. Sia lui che lo Shaykh Nadwi condividono un pensiero comune: la presenza musulmana dovrebbe riflettere un'identità islamica costruita intorno ai principi della *da'wah* e dell'*islāh*.

La lettera al re Fahd bin Abdul Aziz: le preoccupazioni relative all'islāhi

La lettera si focalizza sulle questioni pertinenti che riguardavano il mondo musulmano all'indomani della guerra del golfo (1991). Lo Shaykh Nadwi ha enfatizzato il bisogno di seguire gli insegnamenti del Corano e della sunna, eliminando quei vizi che si erano insinuati nella società musulmana ed avevano riconfigurato la visione della ummah relativamente alla consapevolezza di Dio.

In vista dell'introduzione della cultura occidentale nel paese, era necessaria la riforma della società musulmana a tutti i livelli. Oltre alle sfide che il regno era chiamato ad affrontare, anche le nazioni musulmane erano chiamate a rivalutare urgentemente la loro situazione presente. Solo l'iman combinato con il coraggio, lo spirito di sacrificio e la forza d'animo avrebbe potuto contrastare le ideologie politiche emergenti. Queste influenze dannose erano diffuse e avevano avuto il sopravvento sul mondo musulmano. Di conseguenza, solo una forza formidabile come l'Islam avrebbe potuto contrastare le loro tendenze anti-religiose. Il mondo musulmano stava affrontando una crisi di fiducia nell'emulare la prospettiva visionaria di leader eminenti quali 'Umar bin 'Abdul 'Aziz e Salāhuddin Ayyubi che avrebbero potuto invece disinnescare l'impasse politico prevalente[1].

Il candore ed i saggi consigli dello Shaykh Nadwi al re Fahd vennero dettati dalla sua preoccupazione per il destino della ummah, e costituivano per certi versi una risposta al tragico volgersi degli eventi nel golfo. L'invasione irachena del Kuwait nel 1991, secondo lo Shaykh Nadwi, fu un'immane tragedia che ha causato un danno incalcolabile all'integrità morale dell'Islam[2]. Non era un segreto che Saddam avesse sposato l'ideologia del partito nazionalista arabo batista che aveva come scopo, tra gli altri, quello di minare i valori universali dell'Islam. La sua inclinazione per degli slogan islamici incerti si mostrò nella sua retorica anti-occidentale[3]. I sentimenti populisti ebbero quindi un effetto virale tra le diverse sezioni di musulmani. Sotto questo punto di vista, lo Shaykh Nadwi fu molto chiaro nella sua valutazione:

<<Vi è un difetto palese nel nostro subcontinente che ogni qualvolta qualcuno emette un grido stridente contro un forte potere occidentale diviene un eroe. Tutta la lista dei suoi misfatti viene (per convenienza) dimenticata. La grande tragedia sta nel fatto che questo

---

[1] Nadwi, *Kārwān*, vol. 5, 24-27.
[2] *Ibid.*, 18.
[3] Cfr. Nadwi, *Western Civilization, Islam and Muslims* (1974).

arreca un grande danno all'impegno islamico nell'ambito della *da'wah*>>[4].

Successivamente all'invasione irachena del Kuwait, si verificò una serie di eventi tumultuosi che causarono una profonda spaccatura nella comunità musulmana. La guerra del Golfo nel 1991 contro l'Iraq da parte della coalizione guidata dagli USA, inclusi molti paesi arabi, ha recato indicibili miserie alla nazione irachena. Sanzioni ed embargo petroliferi divennero parte delle misure punitive imposte dalle Nazioni Unite che operavano di concerto con gli Stati Uniti.

L'acuta analisi dello Shaykh Nadwi dell'instabile regione del golfo ha mostrato dei segni di un conflitto maggiore[5]. Un altro fattore debilitante era rappresentato dall'apatia prevalente nel mondo arabo. Lo Shaykh Nadwi ha asserito che solo l'Islam potrebbe dare impeto alla rigenerazione morale della nazione araba. A questo proposito ha affermato:

<<Oggi le nazioni arabe possono sconfiggere i loro nemici (attraverso la forza dell'iman) e quindi proteggere se stessi. Senza l'Islam e l'iman gli arabi non godono di alcuna distinzione, prestigio o integrità...>>[6]

Gli sviluppi politici in India: la risposta musulmana

Passiamo ora alla politica indiana in cui il coinvolgimento dello Shaykh Nadwi era duplice:

- Promuovere gli interessi dei musulmani indiani attraverso delle organizzazioni esistenti.

---

[4] Nadwi, *Kārwān*, vol. 5, 18.
[5] L'invasione americana dell'Iraq nel 2003 ha messo in luce la brutalità verso la nazione irachena.
[6] Nadwi, *Unmmat-i Islamiya ka Mustaqbil*, 20.

- Partecipare ai forum che avevano come fine la ricostruzione della società indiana.

La crisi del Golfo era appena terminata quando lo Shaykh Nadwi dovette affrontare un tragico evento in India, ossia l'assassinio del primo ministro Rajiv Gandhi avvenuto il 21 maggio del 1991. Quello che lo Shaykh temeva maggiormente erano le possibili ripercussioni. Lo spettro della violenza intercomunitaria, dopo l'assassinio di Indira Gandhi nel 1984, contro i Sikh lo indusse a temere che un coinvolgimento musulmano avrebbe distrutto tutti gli sforzi per raggiungere un'armonia tra le comunità. La tensione etnica durante questo periodo venne sovraccaricata da richieste clamorose d'indipendenza da parte di diversi stati. I gruppi separatisti delle Tamil Tiger dello Sri Lanka vennero sospettate dell'assassinio di Rajiv Gandhi[7].

L'interazione dello Shaykh Nadwi con Rajiv Gandhi avvenne anche durante il periodo critico in cui venne emanata una legislazione per il codice civile unico[8]. Questa mossa era una sfida diretta al diritto personale musulmano che godeva di una certa autonomia che non veniva messa in discussione dalle autorità dello Stato. L'intervento di Rajiv, in ampia parte conseguente alla pressione musulmana, ha bloccato l'applicazione di una legislazione riguardante questa delicata questione.

Il coinvolgimento dello Shaykh Nadwi negli sviluppi politici del paese lo spinsero a mantenere un contatto diretto con il successore di Rajiv, Nadi Rao che divenne primo ministro dell'India nel 1992. La serie d'incontri e la corrispondenza con Rao si focalizzano sulla questione della Barbi Madjid e nel più ampio contesto delle problematiche socio-politiche che tormentavano il paese. Sul fronte politico invece, l'emergere

---

[7] Nadwi, *Kārwān*, vol. 5, 32-33.

[8] Cfr. Syed Habibul Haq Nadwi, *Islamic Legal Philosophy and the Qur'anic Origins of Islamic Law*, 360-67.

del Bharatiya Janata Party (BJP) che promuoveva la politica dell'Hindutva minacciava di distruggere la fragile armonia tra musulmani ed indù. La sua vittoria elettorale in molti stati ha allarmato il partito al potere, il Congresso, e non faceva presagire nulla di buono per i musulmani. Inoltre, l'induizzazione del partito ha sottolineato la sua visione integralista: l'India era un paese indù. Questo significa che non vi era alcuna forma di salvaguardia per le minoranze secondo quanto contenuto nella costituzione[9].

L'onda di disordini che seguì provocò il caos in Mumbai, Surat ed altre parti dello stato di Maharashtra. Lo Shaykh Nadwi ha descritto l'uccisione indiscriminata dei musulmani, gli stupri ed i saccheggi come un'eruzione vulcanica. In seguito a questa violenza terribile, i musulmani soffrirono delle perdite irreparabili. L'aumento del numero di morti musulmani implicavano che le forze di polizia operavano in connivenza con i rivoltosi. Le attività commerciali vennero saccheggiate il che creò una crisi economica per una comunità un tempo prospera. I resoconti dei Media che riportavano il massacro descrissero in prospettive fosche la possibilità di riportare la pace in queste zone[10].

In risposta alla crescente agitazione nel paese, lo Shaykh Nadwi intervenne in molti raduni composti da musulmani e non sia a Lucknow che in Rae Bareli. Il tema del suo discorso ruotava intorno agli effetti terribilmente nocivi dell'ingiustizia sulla società indiana. L'ingiustizia (*zulm*), concludeva lo Shaykh Nadwi, era un affronto all'umanità e destava l'ira divina. Lo Shaykh Nadwi era implacabile nella sua critica della politica che promuoveva forme di agitazione. Secondo il suo punto di vista, lo sfruttamento politico e l'interesse limitato minavano il tessuto di una società stabile. Queste tendenze violavano gli ideali della democrazia, del

---

[9] Nadwi, *Kārwān*, vol. 5, 109-17.
[10] *Ibid.*, 113-16; 132-33.

secolarismo e della non-violenza. In virtù della composizione pluralista del paese e delle garanzie democratiche, i musulmani ed i non-musulmani potevano vivere in armonia. Lo Shaykh Nadwi ha enfatizzato il bisogno di apprezzare la diversità culturale ed ha invocato la promozione dei valori dell'amore, del rispetto reciproco e della cooperazione. Lo Shaykh scrisse molteplici monografie[11] che identificavano l'armonia intercomunitaria come la base per la ricostruzione della società indiana. Quest'approccio era in linea con la visione del *Payām* relativamente al bisogno di costruire delle relazioni migliori con gli altri gruppi religiosi. Senza alcun'affiliazione politica, lo Shaykh Nadwi era nella posizione di esprimere il suo punto di vista in modo indipendente, un tratto che condivideva con il Mawlana Madani:

> <<Costui ha intrapreso un lungo viaggio nel paese, predicando il vangelo dell'unità di città in città, di villaggio in villaggio. Moralmente e religiosamente, il suo impegno rimase senza macchia ed al di sopra di qualsiasi sospetto attraverso quel periodo di prova e di crisi. Non reclamava alcun favore per se stesso fino al punto che educatamente rifiutò persino il titolo di Padma Vibushan (onore civile) nel 1954 dicendo che si poneva contro le tradizioni dei suoi precursori ricevere degli onori dal governo>>[12].

Allo stesso modo, lo Shaykh Nadwi ha declinato quest'onore nel 1992 dal primo ministro Rao, dicendo che si poneva contro i suoi principi e le tradizioni dei suoi predecessori. Lo Shaykh

---

[11] Cfr. Nadwi, *Tuhfah Insāniyat* (Lucknow, 1992); *Ta'mir-i Insāniyat* (Karachi, n.d.); *Islāniyāt* (Karachi, 1987); *Millat i-Islamia Hind ka Tārikhī Kirdar* (Lucknow, 2000).
[12] Nadwi, *Muslims in India*, 121-22; *Kārwān*, vol. 5, 66.

riuscì a ribadire gli ideali dei salaf in un ambiente contemporaneo e, in senso specifico, a riallineare gli insegnamenti islamici in risposta ai bisogni delle realtà presenti.

La *da'wah* in Inghilterra

I viaggi dello Shaykh Nadwi nel Regno Unito negli anni che vanno al 1963-96 hanno ampliato il suo orizzonte intellettuale e gli hanno conferito una profonda comprensione della relazione conflittuale tra l'Islam e l'Occidente. Anche nella sua critica dell'Occidente, ha riscontrato delle opportunità nella sostenuta presenza islamica in Europa, in modo particolare nel Regno Unito, che a causa del suo passato coloniale giocava un ruolo significativo nella sua interazione con gli immigrati musulmani provenienti dall'Asia meridionale. Le *majālis* e la corrispondenza sono contenute nell'*Armughān-i Farang* di Akram Nadwi, e manifestano uno stile contemporaneo, mentre i discorsi spirituali posseggono un carattere distintamente sud-asiatico.

Poche citazioni illustrano la fede nutrita dallo Shaykh Nadwi secondo cui la cultura islamica potrebbe conquistare la mente occidentale. Implicito in questa discussione è il persuasivo invito rivolto ai musulmani che vivono in Occidente a ricordare che il loro impegno verso l'Islam deve essere incondizionato.

<<Nei nostri paesi musulmani vi è molta confusione che considero sia irrilevante sia evitabile. La ragione è semplice: i nostri leader vivono nel mondo occidentale. La loro presenza fisica è in Oriente, ma la loro mente e l'anima sono orientate verso l'Occidente. Le loro norme e riferimenti sono distintamente occidentali>>.

<<Anche oggi i musulmani continuano a possedere l'innato potere dell'iman. Sfortunatamente, i nostri leader non conoscono il linguaggio della fede. Il loro intelletto è famigliare con un linguaggio che verbalizza le loro aspirazioni personali e le espressioni [che sono distintamente non-islamiche]. Comunque, non hanno famigliarità con la lingua del cuore il cui messaggio spontaneo e diretto ha l'effetto desiderato. Questo linguaggio è legato all'*imān*, al Corano ed ai *Sahābah*>>[13].

Il rapporto dello Shaykh Nadwi con le istituzioni islamiche in Inghilterra aveva una duplice finalità:

- Creare un forum per una migliore comprensione dell'Islam in Occidente
- Promuovere la *da'wah* in Occidente supportando la pubblicazione di opere che riflettono questo scopo.

L'Islamic Foundation (Leicester), un'istituzione eminente, rappresentava proprio questa tendenza. Molti dei suoi scritti che trattavano dell'interazione dei musulmani con l'Occidente[14] sono stati pubblicati dalla Fondazione. Il discorso dello Shaykh Nadwi spiega i requisiti e le sfide della *da'wah* in Occidente con le seguenti parole:

<<Il requisito basilare affinché un messaggio abbia successo è che utilizzi delle parole buone (kalimah tayyibah) che conducono a dei buoni obiettivi. Il linguaggio non dovrebbe essere solo caratterizzato dall'eloquenza dell'espressione. Se qualcuno scrive relativamente a qualcosa che gli è particolarmente caro e lo fa dal profondo del cuore, potrebbe esercitare sul pubblico l'effetto desiderato. Così prendendo in

---

[13] Muhammad Akram Nadwi, *Armaghān-i Farang* (London, 2004).
[14] Nadwi, *Muslim in the West: The Message and Mission* (Leicester, 1983).

considerazioni queste parti della *da'wah*, sia in forma orale che scritta, porterà frutti in Occidente nel corso del mutamento delle epoche e su quanti parlano diverse lingue>>[15].

Secondo lo Shaykh Nadwi, la competenza linguistica e la sincerità sono degli efficienti comunicatori della *da'wah*. Di conseguenza, queste caratteristiche distintive dovrebbero essere ben articolate ed anche tenere a mente il temperamento intellettuale dei non-musulmani in Occidente. Quest'approccio è stato spiegato dal noto *'ālim*, l'Allāmah Qardāwī, che ha commentato:

<<Lo Shaykh Nadwi possedeva una profonda comprensione dell'enorme distanza che esisteva tra l'Occidente e la civiltà islamica, in modo particolare in riferimento alla crisi educativa, culturale e morale. Ha invece adottato un terzo tipo di approccio che non era né una cieca imitazione dell'Occidente e non è nemmeno rimasto isolato dai benefici che offre in termini di scienza e tecnologia. Quindi, si è distaccato dall'approccio polemico verso l'Occidente ed ha adottato un corso che potrebbe servire come punto di partenza per entrambe le civiltà>>[16].

Secondo lo Shaykh Nadwi, la presenza delle comunità musulmane dovrebbe riflettere la totalità dell'Islam in un ambiente occidentale. I seguenti passi rappresentano dei pertinenti solleciti relativamente all'importanza di esprimere un'identità islamica:

---

[15] Nadwi, *Da'wah in the West: The Qur'anic Paradigm* (Leicester, 1992), 10-17.
[16] Yusuf Qardāwī, "Mufakkir-i-Islam Hadrat Mawlana Shaykh Nadwi ke Da'wati Usul" in *Fikri Islami* (Basti, 2000-1), 211.

<<Dovete guadagnarvi il riconoscimento in questo paese (Regno Unito). Dovreste guadagnarvi il vostro posto e lasciare un'impronta sulla comunità ospitante del vostro valore e significato. Dovete mostrare che la vostra condotta esemplare è più nobile di quella delle altre persone. Dovreste impartire loro delle lezioni di umanità. Dovreste mostrare un impegno e delle nobili virtu' tali che non possano essere trovati esseri umani migliori di voi. Dovete manifestare quanto valete, mostrando quale benedizione e misericordia siete per il paese. Se, comunque, decidete di vivere in un ambiente ristretto accontentandovi semplicemente delle vostre preghiere e del digiuno, completamente apatici verso le persone e la società in cui vivete, senza mai introdurre loro i valori islamici e le vostre qualità personali, allora state attenti che non scoppi alcuna violenza religiosa e settaria. In una tale situazione, non troverete né salvezza né protezione>>[17].

Fondamentalismo: una valutazione

Non è fuori luogo illustrare gli sviluppi geopolitici che hanno esercitato un impatto diretto sul mondo musulmano. L'emergere degli stati musulmani nell'Asia Centrale dopo la dissoluzione dell'impero sovietico ha visto il graduale riallineamento di questi stati musulmani verso il mondo islamico. Comprensibilmente, la rinascita islamica in Occidente sarà chiamata ad affrontare diverse sfide. Un armamentario semantico è stato coniato per sminuire tra i musulmani il risveglio della loro fede e delle pratiche. L'esperienza diretta dello Shaykh Nadwi e gli scritti critici relativi alla rappresentazione stereotipata dell'Islam sono illustrate dal fenomeno del fondamentalismo (*usūliyyah*). Secondo la definizione occidentale, il fondamentalismo è

---

[17] Cfr. Nadwi, *Islamic Studies, Orientalists and Muslim Scholars* (Lucknow, 1983).

associato alla rigidità ed al bigottismo dell'Islam. L'acuta analisi del fondamentalismo da parte dello Shaykh Nadwi si riassume come segue:

<<L'Occidente cerca di ridefinire il termine fondamentalismo come uno strumento di propaganda per giustificare la sua ostilità verso la solida fede musulmana nella scrittura divinamente rivelata e nei suoi insegnamenti. Anche nel mondo arabo la sua connotazione è stata ampliata in un senso negativo per il loro discorso ideologico. La campagna dell'Occidente per sfidare il fondamentalismo inteso in questo senso ha la sua risonanza nell'antica Grecia dove l'Epicureismo era considerato un ideale e uno stile di vita libero senza alcuna responsabilità verso l'Altra vita rappresentava il criterio per il successo materiale. I paesi arabi come l'Algeria, la Tunisia e la Libia hanno lanciato una crociata contro i musulmani che credevano negli insegnamenti islamici e nel primato della *shari'ah* nella vita musulmana collettiva. Quindi, è necessaria una volontà collettiva da parte dagli ulama e dagli intellettuali musulmani per rispondere a questo pericolo incombente[18]. Invece, gli ideali epicurei -secondo la prospettiva dello Shaykh Nadwi- hanno mostrato "un punto di vista materialista ed una prospettiva egoista verso la vita"[19]. L'adesione sincera agli ideali islamici nega invece questa credenza. In un discorso diretto al pubblico arabo, lo Shaykh Nadwi ha categoricamente affermato: "Se, o Arabi, volete aiutarci in qualche modo o desiderate per noi (musulmani indiani) il successo sappiate che non abbiamo bisogno di nessun'assistenza né materiale né finanziaria. Da voi domandiamo solo una cosa: che siate un esempio di perseveranza nella fede e che vi comportiate come avete fatto in passato, ossia come portatori del messaggio divino... se lo

---

[18] Nadwi, *Kārwān*, vol. 5, 161-67.
[19] Nadwi, *Religion and Civilisation* (Lucknow, 1975), 63-64.

farete, ci avrete dato tutto l'aiuto [di cui abbiamo bisogno]">>[20].

L'impegno dello Shaykh Nadwi verso l'autenticità islamica è articolato nei suoi viaggi dedicati alla *da'wah* che verranno discussi nella sezione successiva.

Il lungo viaggio

Il lungo viaggio negli Stati Uniti (1993) è stata la seconda visita dello Shaykh Nadwi nel paese. Nel 1977 venne invitato dalla Muslim Students Association (MSA) per una serie di conferenze. Il Parliament of World Religions aveva organizzato una conferenza e lo Shaykh Nadwi venne invitato a presentare un intervento, ma declinò l'invito. Invece, ha partecipato alla conferenza organizzata dai musulmani presso la Malcolm X Hall sul tema "Lo stato della ummah", contribuendo alla discussione con una monografia intitolata *Islam and the West*. Il seguente passaggio rivela l'impasse tra l'Islam e l'Occidente:

> <<L'Occidente che ha prodotto in passato passi da gigante nell'ambito delle scienze sociali e fisiche ed anche in politica, che ha mutato la mappa del mondo, la cui capacità venne riconosciuta e le cui scoperte sono state utilizzate a vantaggio di tutti, ora sta passando attraverso una fase di stagnazione intellettuale. L'Occidente ora ha bisogno di una leadership nuova e rivoluzionaria che possieda il coraggio profetico per mutare radicalmente il fine della scienza e della tecnologia dalla distruzione alla ricostruzione. Ha bisogno di infondere un senso di equilibrio e di auto-controllo e di condurre ad un riequilibrio tra i campi

---

[20] Muhammad Qasim Zaman, *The 'Ulama in Contemporary Islam*, 165.

politici rivali per salvare la società dal declino e dalla decadenza incombenti. L'Occidente manca da molto tempo di una tale leadership>>[21].

Questo viaggio ha dato allo Shaykh Nadwi la possibilità di riallacciare i rapporti con alcune conoscenze, in modo particolare con il Dottor Sa'īd Ramadān che incontrò nel corso del suo passaggio a Ginevra, in Svizzera. Genero di Hasan Al-Banna, Sa'īd Ramadān ha fondato a Ginevra un centro islamico nel 1969 con il supporto di figure intellettuali provenienti dal mondo musulmano, di cui lo Shaykh Nadwi era un membro influente. La sua prestigiosa rivista, *Al-Muslimīn*, conteneva degli articoli di straordinario merito a cui lo Shaykh Nadwi ha contribuito regolarmente[22].

Un altro viaggio significativo venne intrapreso dallo Shaykh Nadwi con la delegazione dell'OCIS alle città storiche di Samarcanda e di Bukhara. Queste cittadelle della cultura islamica evocavano immagini di erudizione: *hadith*, *fiqh*, filosofia, scienza ed altre branche della conoscenza. La personalità più importante che torreggiava su tutti gli altri ulama e studiosi era l'illustre *muhaddith*, ossia l'Imām Bukhārī. Durante il governo comunista[23] i centri dell'erudizione islamica vennero chiusi e si temette che sarebbero diventati dei relitti del passato. Sotto la presidenza di Gorbachev agli stati a prevalenza musulmana che facevano parte dell'impero sovietico venne garantita l'autonomia, anche se in modo limitato, di praticare la loro fede. L'OCIS, di cui lo Shaykh Nadwi era presidente, intraprese il progetto di restauro del mausoleo dedicato all' Imām Bukhārī con il piano di trasformarlo in un centro di ricerca. Secondo Sayyid Rabey Nadwi, i piani proposti erano finalizzati a riaccendere lo

---

[21] Nadwi, Islam and the West (Lucknow, 1982).
[22] Tariq Ramadān, *Islam, the West and the Challenges of Modernity* (Leicester, 2001), xi.
[23] Nadwi, *Kārwān*, vol. 5, 295-96.

spirito ed il fervore del contributo dell'Imām Bukhārī all'erudizione islamica[24]. La lezione dello Shaykh Nadwi era basata sul Sahīh dell'Imām Bukhārī e la sua posizione e rilevanza universale nella storia dell'Islam. Vennero discusse[25] anche le sue straordinarie caratteristiche insieme al contributo unico dell'Imām agli studi degli *hadith*. Inoltre, una visita alle città storiche di Samarcanda, Bukhara, Tashkent e Farghana in Uzbekistan ha riportato in pieno lo splendore della civiltà islamica[26]. Bukhara in particolare era la sede dell'ordine sufi della Naqshbandiyya[27] e serviva come punto di contatto tra l'ordine *mujaddidi*[28] dello Shaykh Ahmad Sirhindi e il movimento islahi del Sayyid Shah 'Alamullah[29]. Una breve descrizione dell'Uzbekistan da parte dello Shaykh Nadwi ha mostrato le sfide che il paese ha dovuto affrontare per riacquisire la sua posizione nella comunità delle nazioni musulmane. Era un fatto indiscutibile che l'anomalia esistente venne creata dal governo comunista e, anche dopo l'indipendenza, non vi fu alcun significativo mutamento che abbia suggerito una trasformativa identità islamica[30].

---

[24] Sayyid Muhammad Rabey Nadwi, *Samarqand wa Bukhāra ki Bazyāft* (Lucknow, 1998).

[25] Pubblicato come monografia con il titolo di *Al-Imām Muhammad bin Ismā'il al-Bukhāri wa Kitābahu Sahih al-Bukhārī* (Lucknow, 1996).

[26] *Ibid.*, 30-38.

[27] Cfr. Muhammad Hisham Kabbani, The Naqshabandi Sufis Way (Chicago, 1995); K. A. Nizami, "The Naqshbandiyyah Order" in Seyyed Hossein Nasr, *Islamic Spirituality: Manifestations* (New York, 1991), 162-93.

[28] Muhammad Abdul Haq Ansari, *Sufism and Shari'ah* (Leicester, 1986); Nadwi, Saviours of Islamic Spirit, vol. 3 (Lucknow, 1983).

[29] Muhammad Abdul Haq Ansari, *Sufism and Shari'ah* (Leicester, 1986); Nadwi, *Saviours of Islamic Spirit*, vol. 3 (Lucknow, 1983).

[30] Muhammad al-Hasani, *Tadhkirah Hadrat Sayyid Shah Alam-ullah Hasani Rae Bareli*.

Intervento divino

Tornato in India, lo Shaykh Nadwi ha continuato le sue due missioni relative alla promozione della *Payām* e delle preoccupazioni musulmane relative alla demolizione della Babri Masjid. Le violenze intercomunitarie vennero da lui condannate e vennero fatti invece degli sforzi costruttivi da parte dell'AIMPLB per trovare dei modi amichevoli per attenuare le tensioni crescenti tra i musulmani ed i gruppi di estremisti indù. Comunque, la crisi conseguente ebbe dei risvolti diversi quando un terribile terremoto si verificò in una località chiamata Latur, che acquisì notorietà per aver inviato dei volontari per partecipare alla demolizione della Babri Masjid. Da questa località venne inviato un mattone d'oro ad Ayodhya per la costruzione del tempio di Ram che s'intendeva costruire sul sito della moschea demolita. L'intera area venne ridotta in macerie tranne la Masjid che invece rimase salva dagli effetti del terremoto. Circa 77,000 persone persero la vita in questo disastro naturale, mentre le perdite musulmane furono marginali[31].

Conclusioni

Dalla Babri Masjid al mausoleo dell'Imām Bukhārī, era chiaro il tema ricorrente della conservazione dell'eredità islamica. Non vi era alcuna disconnessione dalla turath discernibile nei paesi musulmani nel corso dei secoli. Nonostante gli sconvolgimenti politici e la perdita di potere musulmano, il potenziale relativo alla rinascita islamica era promettente come dimostrano le tendenze emergenti in questi paesi. Di nuovo, l'approccio pratico dello Shaykh Nadwi ha dimostrato che la consultazione invece del confronto era un'opzione auspicabile per cercare delle soluzioni alle

---

[31] Nadwi, *Kārwān*, vol. 5, 297-98.

problematiche affrontate dai musulmani nell'ambito della loro determinazione a conservare la loro identità e cultura.

Capitolo XIII

Onori oltre i confini:
I contributi dello Shaykh Nadwi

I drammatici sviluppi in India e nel mondo musulmano hanno esercitato un impatto diretto sulla formulazione intellettuale dello Shaykh Nadwi relativamente all'autenticità islamica. Tra lo spectrum della sua agenda fitta d'impegni vi erano le sfide a cui doveva rispondere con impegno indefesso. Un'altra sfida pressante era relativa all'identità musulmana. In qualità di studioso di rilevanza internazionale, l'associazione dello Shaykh Nadwi con istituzioni eminenti implicava un pubblico con un background e preoccupazioni differenti. In questo capitolo saranno esaminati infatti gli anni che vanno da 1994 al 1997 che rappresentano l'apice della carriera intellettuale dello Shaykh Nadwi. Nonostante l'età avanzata e la salute fragile, lo Shaykh Nadwi intraprese un corso di azione che ha illuminato le sue qualità di tenacia e di resilienza come dimostrato dal ruolo di leadership assunto nel rispetto della sua formulazione dell'identità islamica.

L'università di Aligarh

Il rapporto dello Shaykh Nadwi con l'Università di Aligarh (AMU)[1] è cominciato nel 1940 all'interno del dipartimento di teologia islamica. Il suo contributo era relativo alla promozione di una riappacificazione tra l'insegnamento tradizionale e le istituzioni accademiche[2]. L'AMU ne era un esempio dal momento che promuoveva la causa

---

[1] Cfr. Hadi Hussain, *Syed Ahmed Khan: Pioneer of Muslim Resurgence* (Lahore, 1970), 113-64

[2] Quest'approccio è sottolineato nell'opera *Kārwān*.

dell'educazione musulmana durante il periodo di crisi in cui le loro fortune politiche erano al minimo storico. Il ruolo pionieristico di Sir Sayyid Ahmad Khan come riformatore[3] ha destato sia l'ammirazione che la critica per i suoi punti di vista controversi relativamente alla ricostruzione della società musulmana[4]. Modernismo islamico[5] era un termine coniato per descrivere degli studiosi quali Sir Sayyid che proposero la teoria secondo cui il destino dell'Islam si basava sull'interpretazione progressiva e razionale del suo sistema di credenze[6]. Quindi, emerse una nuova teologia (*kalām*)[7] con obiettivi chiaramente definiti. Sotto questo punto di vista, Sir Sayyid cercò di riproporre l'eredità intellettuale islamica nello sfondo delle mutanti realtà politiche.

La cornice di riferimento era la sua esposizione razionale del pensiero islamico che faceva chiaramente riferimento all'adozione acritica della civiltà occidentale. Recenti studi sulla vita ed il pensiero del Sayyid hanno ricostruito un resoconto equilibrato dell'opera di questo "modernista". Le prospettive relative ai suoi contributi multidimensionali rappresentano la testimonianza della sua durevole eredità per la causa musulmana e l'armonia comunitaria[8].

La critica dello Shaykh Nadwi all'AMU ha mostrato la sua valutazione imparziale di questa istituzione prestigiosa:

<<Sir Sayyid tra tutti i leader musulmani era unico sotto diversi punti di vista. Possedeva infatti la personalità più eminente e si è impegnato su un fronte

---

[3] Cfr. JMS Baljon, *The Reforms and Religious Ideas of Sir Sayyid Ahmad Khan* (Lahore, 1970).

[4] Ibid., 105-43.

[5] Cfr. Mazheruddin Siddiqi, *Modern Reformist Thought in the Muslim World* (Islamabad, 1982).

[6] Baljon, *The Reform and Religious Ideas*...138-40. Cfr. Hafeez Malik, *Political Profile of Sir Sayyid Ahmad Khan* (Islamabad, 1982), 336-38.

[7] Baljon, *The Reform and Religious Ideas*, 132-42.

[8] Nadwi, *Western Civilisation, Islam and Muslims* (Lucknow, 1974), 70-71.

piuttosto ampio. Il successo conseguito dal suo movimento e l'influenza che ha esercitato sulle giovani generazioni musulmane non hanno avuti pari nella storia sociale ed educativa dell'India musulmana. Sir Sayyid ha lasciato la sua impronta sulla lingua e sulla letteratura ed ha gettato le fondamenta di una nuova scuola intellettuale e letteraria che si è rivelata molto fertile ed originale. Nell'insieme però il movimento di Aligarh non ha raggiunto le aspettative nel fornire una risposta adatta ai bisogni culturali ed intellettuali dei musulmani in quella fatale congiuntura della loro storia. Il compito che si trovava di fronte era quello di sfruttare le esperienze intellettuali e materiali dell'Occidente per i bisogni della società musulmana e la creazione di una nuova generazione islamica, dalla fede ferma, dalle forti convinzioni e consapevole e pronta ad assumere il ruolo che doveva giocare nella leadership culturale del mondo. Poteva prendere dalla civiltà occidentale quanto era buono ed utile e rifiutare invece quanto era falso e dannoso>>[9].

Nel corso di questo cruciale periodo quando l'interferenza dello stato minacciava il suo carattere islamico, vennero compiuti degli sforzi per assegnargli lo status di minoranza, contro la volontà collettiva della comunità musulmana. Lo Shaykh Nadwi fu in prima linea per difendere la sua posizione autonoma. Il seguente passaggio rivela le sue preoccupazioni relative alle ripercussioni della legislazione statale sul carattere islamico dell'AMU:

<<È una grande tragedia della politica moderna che la fonte del pensiero e della moralità, i laboratori della personalità e del carattere e le torri di guardia della vita

---

[9] *Ibid.*, 74-75.

siano state sfruttati per fini politici ed elettorali in modo spietato. Nonostante ci si aspetti che un governo nazionale sia più vicino e simpatizzi maggiormente con i bisogni e le necessità del popolo rispetto ad un governo straniero, ora le funzioni del governo sono limitate esclusivamente al mantenimento della legge e dell'ordine, della difesa contro l'aggressione straniera e la raccolta delle tasse. Dico senza esitazione che emettere dei giudizi sulle istituzioni educative sulla base di mulini e fattorie, distruggere la loro autonomia e recidere i loro legami con la comunità o il gruppo che le ha fondate o mantenute è sbagliato, ingiusto e pregiudiziale>>[10].

Nel corso di un importante discorso tenuto presso l'AMU nel 1994, lo Shaykh Nadwi ha enfatizzato il bisogno di crescere una generazione d'intellettuali la cui eccellenza accademica e la condotta morale possa servire di esempio al resto della comunità[11]. La visione esposta venne estesa anche al Dār al-'Ulūms, dove le scienze islamiche avrebbero potuto essere armoniosamente integrate con la conoscenza contemporanea. L'educazione olistica radicata nella spiritualità islamica[12] avrebbe potuto mantenere con successo l'equilibrio tra la ricerca dei beni terreni e di quelli dell'Altro mondo. Questo punto di vista è rafforzato da Muhammad Asad, noto studioso, che ha affermato che il mondo musulmano ha bisogno di costruire <<una società equa e progressista in cui lo stile di vita islamico possa trovare la sua espressione culturale>>[13].

---

[10] Sheikh Jameil 'Ali, *Islamic Thought and Movement in the Subcontinent* (New Delhi, 2010), 334-35.

[11] Nadwi, *Kārwān*, vol. 6, 23-24.

[12] Nadwi, *Western Civilisation, Islam and Muslims*, 31-32.

[13] *Ibid.*, 32.

Rābita Adab

Dal suo inizio nel 1981, la Rābita Adab ha compiuto un progresso costante nei termini della sua visione e delle ambizioni espansionistiche. In modo particolare i letterati arabi sono entrati a far parte dei ranghi della Rābita per promuovere i suoi obiettivi. A questo fine, la produzione di una robusta letteratura islamica potrebbe effettivamente arginare la marea dell'"apostasia letteraria"[14]. In modo simile, una delle prime opere dello Shaykh Nadwi, *The New Menace and Its Answer*, ha rafforzato questa visione:

<<La cura dei mali del mondo musulmano si trova nella nostra capacità di produrre degli attivisti dedicati al loro compito al di sopra di considerazioni personali e privi di motivazioni terrene. Il loro impegno dovrebbe essere diretto a sciogliere i nodi intellettuali e psicologici delle classi governative della società stringendo con loro dei contatti personali. Questo richiederebbe una letteratura religiosa robusta e un'opera di riforma per mezzo dell'esempio personale. Tratti positivi quali la pietà, la sincerità, il sacrifico e la condotta del Profeta (pbsl) servono come marcatori per una tale riforma>>[15].

Egitto: Le riforme

Le preoccupazioni accademiche dello Shaykh Nadwi non erano confinate solo alle istituzioni della madrasah. In qualità di membro esecutivo della Federazione delle università musulmane (Marocco), i suoi contributi vennero molto apprezzati dai suoi funzionari. Nel 1995 venne organizzata al

---

[14] *Kārwān-I Adab* (Lucknow, 2001-02), 122-24. Cfr. Nadwi, Muhammad Rabey, *Mawlana Sayyid Abul Hasan Ali Nadwi, 'Ahd-Sāz Shakhsiyyat* (Lucknow, 2001), 185-99.

[15] Nadwi, *The New Menace and its Answer* (Lucknow, n.d.)

Cairo una conferenza internazionale. A causa della sua salute precaria ed i diversi impegni, lo Shaykh non fu nella condizione di partecipare alla conferenza. Comunque, venne rappresentato dal Mawlana Nazrul Hafeez Azhrari, un insegnante della Nadwah che lesse il suo scritto relativo all'educazione degli *'ulama* e degli operatori della *da'wah*. I partecipanti alla conferenza hanno espresso una deliberazione sulla flessibilità di un curriculum uniforme per le istituzioni affiliate alla Federazione. Sulla base del resoconto del Mawlana Azhari, venne asserito che potevano essere notati dei mutamenti nella vita delle masse egiziane. La seconda metà del XX secolo ha visto il declino religioso in seguito alle politiche nasseriane. Allo stesso modo, i regimi successivi hanno adottato un approccio basato sulla linea dura per mettere a tacere ogni forma di ripresa dell'attivismo islamico. Le voci di opposizione vennero messe a tacere ed i maggiori movimenti islamici vennero banditi dalla partecipazione alla vita politica del paese. Ciononostante, la rinascita islamica divenne più pronunciata in quanto la gioventù divenne maggiormente incline alla religione. Vi era un interesse degno di nota verso la letteratura islamica, in modo particolare verso le opere degli studiosi contemporanei. Un corso di studi islamici venne progettato da Abdul Karim Sulaymān, uno studente dello Shaykh Nadwi. Nel curriculum erano incluse opere quali *Rise and Fall of Muslims and Saviours of Islamic Spirit*. Un'altra opera acclamata l'*Al-Murtadā*, che trattava della vita e dell'epoca del califfo Ali, venne molto apprezzata dagli "ulama egiziani e dai letterati. Nel contesto della religiosità emergente in questo periodo, i notevoli contributi dello Shaykh Nadwi non possono essere ignorati[16].

---

[16] *Ibid.*, 20-21

L'identità corporativa islamica: la strada aperta

Non era una coincidenza che lo Shaykh Nadwi fu spinto a rivedere le sfide che i musulmani indiani dovevano affrontare nei termini della loro identità collettiva. Nell'evoluzione della società musulmana, le tradizioni religiose e culturali con una distinta influenza induista erano considerate delle norme accettabili. Anche se lodava ampiamente la ricca eredità islamica che la comunità ha sviluppato nei secoli nel corso dei diversi periodi del governo musulmano, lo Shaykh Nadwi ha assunto anche una posizione pratica. Secondo la sua prospettiva, le pratiche sincretiste indebolivano la fibra morale della vibrante società musulmana. Queste pratiche erano inoltre elevate allo status di atti meritori degni della ricompensa divina. Alla luce di questi sviluppi allarmanti, ha considerato suo dovere morale esporre questi vizi sociali. In modo particolare i matrimoni avevano assunto una sfumatura che non era dissimile dalle loro controparti indù. Queste funzioni avevano di fatto corrotto la semplicità della sunna[17] del Profeta (pbsl). L'ostentazione e l'opulenza volgare erano tratti del costume che accentuavano la distanza tra gli ideali islamici e la *bid'ah* (innovazione). In breve, la riforma della società musulmana era una priorità considerata l'ascesa del revivalismo induista. Inoltre, era necessaria la maturità politica per preservare l'identità culturale musulmana.

La risposta alle sfide che si ponevano di fronte alla comunità musulmana, afferma lo Shaykh Nadwi, era possibile attraverso l'unità di pensiero ed azione piuttosto che l'interesse settario. L'India avrebbe potuto orgogliosamente vantarsi di riformisti del calibro di Shah Waliyullah, Sayyid Ahmad Shahid e Shah Ismā'il Shahid per i loro contributi esemplari. La loro persistente influenza ha portato alla

---

[17] Nadwi, *Western Civilisation, Islam and Muslims*, 112-14.

fondazione di istituzioni come la Nadwah ed il movimento transnazionale della *Tablighī Jamā'at*[18].

Nell'ambito dell'azione lo Shaykh Nadwi elaborò per i musulmani indiani due strategie. Prima di tutto, un programma legato alla *da'wah* era essenziale per rendere i non-musulmani famigliari con gli insegnamenti islamici e i valori universali della fratellanza e dell'uguaglianza. La comunità musulmana nel corso dei secoli aveva piantato queste esperienze spiritualmente arricchenti sul suolo indiano. Secondo, la classe educata nella comunità poteva dare dei contributi positivi preparando una letteratura islamica con una risonanza globale.

In modo simile, l'analisi dello Shaykh Nadwi dei movimenti islamici nel contesto indiano è elaborata nella sua opera a più volumi intitolata *Saviours of Islamic Spirit*, in cui afferma:

<<La storia reca testimonianza al fatto che non vi è mai stato un periodo, seppure breve, nel corso degli ultimi 1500 anni in cui il messaggio dell'Islam sia stato eclissato. I suoi insegnamenti non sono stati soffocati dall'eresia e la coscienza islamica non è divenuta così assopita da accettare una fede contaminata. Ogni volta che da qualsiasi parte veniva fatto uno sforzo per distorcere gli insegnamenti dell'Islam, per pervertire o falsificare i suoi insegnamenti, o veniva attaccato da tendenze materialiste, qualcuno si faceva avanti per accettare la sfida. La storia ha conservato molti movimenti potenti che hanno rappresentato un pericolo per l'Islam, ma ora è difficile trovare persino il vero impatto del suo pensiero. L'Islam ha acquisito un ascendente su queste forze contendenti. Questi potenti movimenti oggi sono conosciuti semplicemente come

---

[18] Nadwi, *The Life of Caliph 'Ali* (Lucknow, 1991). Cfr. 'Abbas Nadwi, *Mir Kārwān*, 446-47.

diverse scuole di pensiero e possono essere ritrovati solo nelle opere filosofiche e teologiche. Quest'impegno contro tutto quello che non era islamico, lo spirito di preservare e rinnovare gli originari insegnamenti della fede e lo sforzo d'infondere nelle persone uno spirito rivoluzionario per riasserire il messaggio divino sono antiche come lo stesso Islam>>[19].

La continuità dell'*islāh* e del *tajdīd* hanno consentito all'Islam di "rispondere alle sfide del giorno e di arginare il pericolo dell'interpolazione e della deviazione dalle sue fonti perenni". Nel punto di vista dello Shaykh Nadwi, le istituzioni religiose dovrebbero tenere in considerazione le mutate circostanze della ummah e proporre delle soluzioni realistiche che offrano un futuro promettente. Ha poi fatto riferimento alla mentalità del ghetto, in cui i musulmani erano caduti. Complesso d'inferiorità ed auto-sabotaggio erano controproduttivi al ruolo della *da'wah* nella società indiana.

Il movimento del *Payām* ha riaffermato la visione dello Shaykh Nadwi relativa al dialogo interreligioso in un periodo in cui il clima di bigottismo religioso aveva reso la coesistenza tra musulmani ed altri gruppi religiosi una sfida scoraggiante. Allo stesso modo, ha promosso la partecipazione dei musulmani nelle attività politiche del paese. Il suo patriottismo era ammirevole. Era costume dello Shaykh Nadwi scrivere ad ogni primo ministro come parte della sua opera di *da'wah* e presentare le sue idee sul come migliorare le condizioni deteriorate del paese. Syed Shihabuddin ha osservato correttamente:

<<Lo Shaykh Nadwi ha visto chiaramente che il destino dei musulmani indiani era interconnesso con

---

[19] Nadwi, *Kārwān*, vol. 6, 87-101.

quello della totalità degli indiani. Inoltre, in un'epoca di pluralismo democratico, una rivoluzione islamica o la restaurazione del potere islamico era fuori dal reame della possibilità. Comunque, era possibile per i musulmani indiani condurre una vita islamica e nello stesso tempo partecipare all'amministrazione del paese e contribuire al suo progresso e sviluppo>>[20].

Raid della polizia nella Nadwah

Considerato il calibro dello Shaykh Nadwi sia dal punto di vista personale che religioso, il raid della polizia alla Nadwah con il pretesto che nascondesse degli studenti militanti provocò uno shock generale. Il raid della polizia era arbitrario ed aveva dei forti toni politici. Diversi studenti vennero feriti ed altri arrestati. Era chiaro che l'azione della polizia era palesemente provocativa e rappresentava un tentativo deliberato di gettare discredito sul carattere patriottico dell'istituzione. L'ira musulmana che si diffuse in tutto il paese era comprensibile. Le istituzioni islamiche vennero accusate senza alcuna prova a supporto di essere basi di reti terroristiche. In risposta all'onda di disordini tra i musulmani, lo Shaykh Nadwi scelse il processo democratico per portare alla luce l'ingiustizia commessa contro la Nadwah. Venne organizzata una conferenza stampa a cui parteciparono politici, attivisti e giornalisti dei principali media. La rivalutazione dello Shaykh Nadwi dei tragici eventi mise in risalto le misure arbitrarie messe in atto dalla polizia. Ricordò ancora una volta ai partecipanti lo status internazionale della Nadwah ed il ruolo pionieristico degli *ulama* indiani nella lotta per l'indipendenza. Fu quindi del tutto ironico che l'immagine della madrasah venisse compromessa attraverso accuse di cospirazioni. Il periodo immediatamente successivo

---

[20] Nadwi, *Muslims in India*, 7-21.

(1994-1995) fu testimone di una raffica di attività in supporto della Nadwah da istituzioni come la Rābita 'Ālam al-Islami dal mondo arabo, che ha espresso la sua solidarietà alla causa della Nadwah ed ha presentato rimostranze in merito a livello statale[21]. Il profilo internazionale dello Shaykh Nadwi ed il ruolo di mediazione vennero inoltre riconosciuti dalle più alte sfere della politica.

Seminari letterari

Fin dalla sua fondazione nel 1981, la Rābita Adab ha ampliato la sua presenza sia in Asia meridionale che nel mondo arabo. Ha inoltre attirato un apprezzabile numero di studiosi con delle credenziali impeccabili. Le riviste dedicate allo studio della letteratura come genere islamico[22] sia in arabo che in urdu vennero notate per la loro erudizione e fascino letterario. Sotto molteplici punti di vista, costoro hanno prodotto pubblicazioni prestigiose anche in altre discipline. La leadership visionaria dello Shaykh Nadwi ha fatto sì che la Rābita raggiungesse altri paesi musulmani come la Turchia e la Malesia. Il tasso di successo fu apprezzabile. Inoltre, il numero di conferenze condotte nel mondo musulmano è servito a valorizzare il suo ruolo importante nel corso degli anni.

Venne tenuto un seminario internazionale in Turchia nell'agosto del 1996 per riconoscere i contributi dello Shaykh Nadwi nell'ambito sia religioso che letterario. Eminenti studiosi quali lo Shaykh Yusuf Qardāwī ed il Professor Muhammad Qutb[23], contemporanei dello Shaykh Nadwi, pronunciarono il discorso principale relativamente ai suoi eccezionali contributi al pensiero islamico. Le sessioni (*haflat*

---

[21] Nadwi, *Kārwān*, vol. 6, 150-51.
[22] Ibid., 153.
[23] Nadwi, *Ahm Dīnī Da 'wat* (Karachi, n.d.).

al-takrīm) si sono focalizzate sulla sua versatilità e rappresentavano un doveroso tributo al suo ruolo pionieristico nella rinascita islamica[24].

Il discorso principale della sessione, preparato e letto da Qardāwī, venne tenuto sullo stesso Shaykh Nadwi ed era intitolato "*Da'wah* Methodology in Shaykh Nadwi's Writings". Durante il suo soggiorno ad Istanbul, lo Shaykh Nadwi reputò che fosse opportuno inviare una delle sue consuete lettere al primo ministro della Turchia, Najmuddin Erbakan, che aveva incontrato negli eventi precedenti. Nella missiva veniva discusso il bisogno di creare un ambiente islamico, in modo particolare tra la gioventù turca. Lo Shaykh Nadwi aveva nutrito grandi speranze per una rinascita islamica nel paese che una volta era stato il bastione della cultura e della civiltà islamica[25].

L'onore delle chiavi della Ka'bah

Il 18 dicembre del 1996 allo Shaykh Nadwi venne conferito un altro onore, quando il suo nome venne incluso tra la folla di aspiranti per entrare nella Ka'bah. Nelle sue stesse parole:

<<Mi trovavo ad una certa distanza dalla Casa di Dio e mi chiedevo se mi sarebbe stato concesso l'onore (di entrare nella Ka'bah). Improvvisamente, il venerato Shaykh Shaybi, la cui famiglia era custode delle chiavi della Ka'bah dal tempo del Profeta (pbsl), mi consegnò la chiave e m'invitò ad aprire la porta...In questo modo sono stata la prima persona che ricevette la benedizione di entrare nella Casa di Dio, Mi venne richiesto dal principe Mash'al bin Muhammad bin Saud

---

[24] Nadwi, *Kārwān*, vol. 6, 156-58.
[25] Nadwi, *Saviour of Islamic Spirit*, vol. 1, 11-13.

di pronunciare una *du'ā*...In questo mondo non vi era onore più grande di questo atto benedetto>>[26].

Nel corso di questo secondo pellegrinaggio nel 1950 allo Shaykh Nadwi venne concesso lo straordinario onore di entrare nella Ka'bah e prendere con sé chi volesse. Secondo lo Shaykh Rabey, lo Shaykh Nadwi attribuiva questa speciale benedizione alla speciale grazia ed alle suppliche del Mawlana Raipuri. L'intuizione e la cura che ebbe verso lo sviluppo intellettuale dello Shaykh Nadwi gli aprì le porte del riconoscimento accademico nel mondo arabo. Il pellegrinaggio in molti modi "ha piantato i semi ed i loro frutti hanno continuato ad apparire negli anni a venire".

Una panoramica sul settarismo

L'associazione dello Shaykh Nadwi con gli studiosi e le organizzazioni di diverso orientamento in India ha avuto delle importanti implicazioni per la promozione della rinascita islamica. Secondo la sua prospettiva, l'*islāh* ed il *tajdīd* erano radicate in molteplici discorsi e non vi era un'espressione singolare e monolitica sotto questo punto di vista. La preoccupazione principale dello Shaykh Nadwi era relativa all'espressione dell'identità musulmana ed al bisogno generale di preservarla. La distintiva cultura indo-islamica, che ebbe bisogno di secoli per evolversi, rappresenta un caso emblematico. Le sue istituzioni religiose sono state costruite intorno ad un vasto network di erudizione transnazionale. Sotto questo punto di vista, i movimenti e le istituzioni islamiche servono come bastione contro lo *shirk* (idolatria) e la *bid'ah* (innovazione). Inoltre, vennero stabilite due scuole di *fiqh* (hanafita e shafi'ita) nelle regioni geografiche del paese e la loro dominanza venne influenzata dagli eventi politici da

---

[26] Nadwi, *Kārwān*, vol. 6, 206-7.

quando l'Islam ha fatto la sua presenza nel subcontinente. La scuola giurisprudenziale hanafita è divenuta dominante in India attraverso l'impegno degli studiosi emigrati dall'Asia centrale ed il mecenatismo delle dinastie politiche nel corso dei secoli.

Nel corso del XIX secolo l'emergere del movimento degli Ahl-i Hadith[27] ha portato in netto rilievo il conflitto settario che ha caratterizzato il paese nel secolo successivo. Gli scritti polemici di natura periferica (*furu'*) si sono trasformati in una battaglia ideologica. Inoltre, nell'ultima parte del XX secolo, gli Ahl-i Hadith si sono alleati con i salafiti nella regione del Golfo. Il supporto ideologico e finanziario ha permesso al movimento di lanciare una campagna al vetriolo contro i movimenti riformisti e le *madāris*. Queste istituzioni ben fondate hanno invece mantenuto un equilibrio armonioso tra il *taqlīd* ed il *tasawwuf*. Lo Shaykh Nadwi ha rifiutato l'atteggiamento di condanna degli Ahl-i Hadith sottolineando il ruolo unico dei riformatori e delle madaris del paese. Il suo stesso curriculum accademico includeva lo studio degli Hadith con studiosi del calibro di 'Allāmah 'Abdur Rahmān Mubārakpuri, un famoso *ālim* degli Ahl-i Hadith. A detta di tutti, il suo rispetto tra gli *'ulama* arabi lo hanno reso la scelta ideale per presentare una valutazione priva di pregiudizi della *turāth* (eredità) del paese. Sotto questo punto di vista, la monografia *Al-Adwā* ha un duplice scopo:

- Informare gli *'ulama* arabi della centralità del Corano e della sunna che permeava la visione e la missione dei movimenti *tajdīdī* e le *madāris* nel paese.
- Sottolineare le sfide che i musulmani indiani erano chiamati ad affrontare rispetto alla minaccia degli Hindutva e la proposta applicazione di un codice civile unico.

---

[27] *Ibid.*, 90.

La monografia[28] scritta in uno stile positivo e lucido contiene un resoconto fattuale delle attività della *da'wah* nel paese ed il loro ruolo nell'impartire i veri contenuti del *tawhid*. Come risposta, gli *ulama* arabi diedero una tacita approvazione del taqlid, che ha rinforzato anche la posizione dello Shaykh Nadwi come portavoce (*tarjumān*) dei musulmani indiani. Lo Shaykh 'Abdul 'Aziz bin Bāz, il Gran Mufti dell'Arabia Saudita, ha emesso una *fatwa* per conto del *Council of Fiqh* e del *World Muslim League* secondo cui seguire una delle quattro ben note scuole di fiqh era perfettamente valido. Quindi, la campagna salafita in India, per certi versi, venne frenata ampiamente grazie agli sforzi dello Shaykh Nadwi.

Le diverse correnti della *Salafiyyah* non hanno sempre seguito un modello uniforme. Questa variazione è dovuta ai contenuti ideologici esposti. Per esempio, gli *ulama* della *Salafiyyah* moderata adottano un approccio cauto in relazione alle quattro scuole giuridiche classiche. Invece, gli intransigenti bollano i musulmani come eretici per aver aderito alle pratiche basate sul *fiqh*. In altri termini, costoro si oppongono ad ogni forma di *taqlīd*. La loro ossessione con i credi e le sette deviati ricorda la prospettiva dei Khawarij all'inizio della storia islamica. La sterilità intellettuale e l'esclusività salvifica costituiscono infatti i tratti principali del loro discorso islamico. In senso specifico, l'impegno critico della tradizione islamica è totalmente respinto. Inoltre, il loro approccio conflittuale rafforza la loro attitudine intollerante verso la sana evoluzione del pensiero islamico.

Un altro aspetto che merita una seria attenzione è l'ondata della letteratura polemica prodotta dalla *Salafiyyah*. Viene immediatamente alla ribalta l'attenzione sproporzionata verso le questioni astratte e dogmatiche. Il loro riferimento ad Ibn Taimiyyah come loro ideologo è indifendibile

---

[28] Nadwi, *Al-Adwā* (Lucknow, 2000).

considerata la sua vasta erudizione. In breve, invocando le credenziali di Ibn Taimiyyah per rafforzare la *fatwa* contro i musulmani tradizionali, tradiscono la loro mancanza di decoro accademico[29].

Queste tendenze inquietanti evidenziano la loro soffocante produzione di opere islamiche attraverso i social media e le case editrici. Inoltre, gli studiosi e le istituzioni finanziate dalla monarchia saudita e dai paesi del Golfo sono responsabili della diffusione delle loro dottrine.

Conferenza internazionale sul Qadianismo

Negli anni precedenti il mondo islamico era esposto ad una serie di etichette religiose associate al termine fondamentalismo. L'Islam nella sua forma originaria era anatemizzato in Occidente ed i musulmani modernisti hanno considerato questo fenomeno come un ostacolo alla loro interpretazione progressista della fede e della pratica islamica. La battaglia ideologica lanciata dall'Occidente ha trascurato per convenienza le sette devianti che cercavano di erodere gli immutabili principi islamici. Il Qadianismo, per esempio, con una notoria storia di eresia ha guadagnato terreno sotto il mecenatismo subdolo del colonialismo britannico, le cui ambizioni politiche sono state attuate con un fervore continuo. Nei suoi primi anni di evoluzione come religione parallela all'Islam, Mirza Ghulam Ahmad avanzò la bizzarra pretesa di essere un profeta, per la quale venne veementemente attaccato dagli *'ulama*. Il Mawlana Muhammad Ali Mongiri, fondatore della Nadwah, ha trascorso gli ultimi anni della sua vita a combattere il pericolo del Qadianismo. Altri eminenti *'ulama*, come Anwar Shah Kashmiri, scrissero delle opere importanti per contrastare il movimento eretico. L'opera di Iqbal intitolata *Islam and*

---

[29] Cfr. 'Abbās Nadwi, *Mir Kārwān*, 428-30.

Ahmadism ha esposto la "grave natura della miscredenza -sia religiosa che culturale- al corpo politico dell'Islam".

La resistenza al Qadianismo ha guadagnato slancio negli ultimi decenni attraverso le organizzazioni islamiche, in modo particolare in Pakistan, che hanno mobilitato le loro energie per aumentare la consapevolezza delle sinistre ambizioni del Qadianismo a livello internazionale. Nel novembre del 1997 venne tenuta una conferenza internazionale alla Nadwah, che venne presieduta dallo Shaykh Muhammad bin Abdullah al-Subayyal, Presidente dell'Imam Council nella Mecca. Parteciparono alla conferenza altri dignitari di spicco ed istituzioni islamiche. Il tema della sessione era chiaro: il Qadianismo rappresentava una rivolta clandestina ed una cospirazione orchestrata contro la fine della profezia e l'unità dell'Islam. In modo simile, lo Shaykh Nadwi ha articolato nel suo intervento l'osservazione di Iqbal:

<<È ovvio che l'Islam, che intende unire i suoi diversi segmenti sulla base di un credo uniforme, non può mostrare alcuna simpatia verso un movimento che mette in pericolo la sua stessa unità ed è irto del pericolo del dissenso nel futuro>>.

Il "pericolo del dissenso" era una causa di preoccupazione per la ummah musulmana e, secondo la prospettiva dello Shaykh Nadwi, i musulmani indiani potrebbero contribuire positivamente ad opere che combattono l'assalto di movimenti ereticali come il Qadianismo[30].

L'attacco all'Islam

In qualità di membro esecutivo della Rābita (World Muslim League), le visite regolari dello Shaykh Nadwi alle *Haramayn*

---

[30] Nadwi, *Kārwān*, vol. 7, 53-7.

(Mecca e Medina) hanno implicato anche una serie di conferenze davanti ad un pubblico di delegati dei movimenti e delle istituzioni islamiche internazionali. Questa conferenza incapsulava il ruolo universale dell'Islam contro la campagna denigratoria occidentale. I seguenti passi ripetono le pertinenti osservazioni dello Shaykh Nadwi relativamente alla radicata ostilità occidentale verso l'Islam:

<<La cospirazione vista da diverse angolazioni rappresenta un tentativo disonesto di distogliere i musulmani dai loro ormeggi religiosi e culturali. Secondo questa prospettiva l'Islam dovrebbe diventare un'altra fede nominale che preserva degli artefatti religiosi in un museo. In questo modo, non vi sarà alcuna manifestazione pratica della fede e della pratica islamica e quindi perderà il suo carattere globale. Le redini di questa cospirazione sono tenute dagli Stati Uniti e da Israele>>[31].

La sfida attuale è quella di dimostrare ai musulmani del nostro tempo l'intrinseco potere eterno dell'Islam che è adatto ad ogni parte del globo. La salvezza dell'umanità giace nel suo messaggio universale. L'Islam non è mai stato esposto ad un pericolo più grande come oggi, quando i superpoteri stanno compiendo degli sforzi sostenuti per controllare le risorse del mondo...L'Islam continua ad essere considerato un pericolo potenziale e si sta muovendo verso questo precipizio di ostilità riportato dai superpoteri. Questo periodo difficile dovrebbe risvegliare i musulmani per far fronte alle sfide che si pongono davanti a loro>>.

Questi commenti rivelano la profonda comprensione dello Shaykh Nadwi degli eventi che sarebbero stati destinati a provocare dei profondi mutamenti nell'ambito della civiltà.

---

[31] Nadwi, *Kārwān*, vol. 7, 66-8.

Un altro tragico dramma che si stava svolgendo in Occidente era il discorso relativo allo scontro di civiltà.

Conclusione

Organizzazioni divergenti nel loro orientamento come la Rābita Adab simbolizzano la versatilità dello Shaykh Nadwi nel affrontare questioni che riguardavano le aspirazioni della ummah musulmana. Ancora più importante era il futuro incerto dei paesi musulmani in seguito alla globalizzazione ed agli sviluppi geopolitici.

Capitolo XIV

Verso la fine del viaggio

La lunga carriera dello Shaykh Nadwi che si estese per un periodo superiore ai sessant'anni fu piena di eventi. Tra le crescenti pressioni e gli impegni impellenti che richiedevano lunghi soggiorni all'estero, la sua preoccupazione per questioni urgenti in patria riflettono le sue ambizioni per il *Payām*. Ora, che aveva passato gli ottant'anni, la sua salute cominciò a deteriorare ed i medici gli consigliarono di restare a riposo. Comunque, lo Shaykh Nadwi non poteva rimanere lontano dagli sviluppi relativi al destino dei musulmani indiani intesi come forza politica. Questo periodo (1998-99) può essere considerato come la fase culminante della sua vita in ragione dei suoi maggiori contributi verso la formulazione di un ordine islamico ed il riconoscimento internazionale per i suoi traguardi letterari.

Dīnī Ta'līmī Council: sfide ed opportunità

Il *Takbir-I Musalsal*[1], una raccolta di discorsi dello Shaykh Nadwi, può essere considerato un'opera pionieristica che riflette le azioni ed i progressi del Council per un periodo superiore ai cinquant'anni. La seguente citazione tratta dallo Shaykh Nadwi cattura in modo succinto lo spirito del Dīnī Ta'līmī Council:

<<Abbiamo avuto successo nei nostri sforzi. La forma laica del sistema educativo incoraggiata [dallo Stato] non mette in ombra il bisogno d'impartire ai nostri bambini un'educazione religiosa e morale. L'esistenza della comunità musulmana è ancorata a credenze

---

[1] Masud ul-Hasan 'Uthmānī, *Takbir-I Musalsal* (Lucknow, 2002).

ferme e fondate (*'aqā'id*)[2]. I musulmani dovrebbero considerare loro dovere diffondere il messaggio del Dīnī Ta'līmī Council in ogni villaggio. La tendenza delle autorità statali è quella d'imporre la loro volontà sulle masse esprimendo i loro punti di vista limitati. Questa tendenza era evidente nella questione del diritto personale musulmano. Di conseguenza, i musulmani dovrebbero intraprendere un'azione collettiva per rafforzare [gli scopi] del concilio e prendere una ferma risoluzione per superare gli ostacoli e proteggere la loro cultura, la *shari 'ah* e la loro fede>>[3].

Il tentativo elaborato dallo stato per allineare l'educazione religiosa ad un progetto sincretista era estremamente pericoloso. Gli esiti erano prevedibili: le giovani generazioni si sarebbero sentite estranee alla loro *'aqīdah* e l'insegnamento della storia mitologica era pensato per confondere i musulmani in generale[4]. La preoccupazione dello Shaykh Nadwi per la ummah in un certo senso s'ispirava alla vita del profeta Ya'qūb, le cui parole sono state espresse in modo eloquente nel Corano: "Chi adorerete dopo di me?"[5].
Il parallelo tra i musulmani indiani ed il consiglio che il profeta Ya'qūb diede ai suoi figli ha delle implicazioni importanti. L'Islam può sopravvivere solo quanto una lealtà indiscutibile viene mantenuta verso la fede intesa come stile di vita piuttosto che una collezione eterogenea di riti e di costumi[6]. Se non fosse stata intrapresa un'azione correttiva per affrontare quella situazione piuttosto seria, allora esisteva un grave pericolo che la ummah soffrisse il medesimo destino dei musulmani di Spagna. In questo modo la sindrome

---

[2] Nadwi, *Kārwān*, vol. 1, 434.
[3] Uthmānī, *Takbir-I Musalsal*, 621.
[4] *Ibid*, 624.
[5] Il Sacro Corano 2:133.
[6] Nadwi, *Kārwān*, vol. 7, 126-27.

andalusa[7], una metafora del declino musulmano, sarebbe stata inevitabile.

Vande Mataram: una valutazione

Bisogna fare una chiarificazione relativamente alla canzone nazionale *Vande Mataram* al fine di comprendere l'opposizione dello Shaykh Nadwi su base religiosa. In seguito alle elezioni del 1999 quando il Bharatiya Janata Party (BJP) fu nella condizione di formare una coalizione di governo, rese obbligatorio in tutte le scuole cantare questa canzone. Ogni classe doveva possedere una mappa dell'India, un'immagine della dea Sarasvati e cantare *Vande Mataram*[8].

È chiaro che i contenuti politeisti del testo della canzone avevano un messaggio antitetico al *tawhīd* e l'opposizione musulmana alla sua introduzione obbligatoria negli istituti scolastici non aveva una motivazione politica. I membri del partito dell'Hindutva, comunque, interpretarono la presa di posizione dello Shaykh Nadwi come antipatriottica e quindi cominciarono a lanciare una campagna diffamatoria per discreditare i suoi contributi all'armonia intercomunitaria. Rappresentanti dei media locali ed esteri intervistarono lo Shaykh Nadwi relativamente alla controversia del *Vande Mataram* e le risposte dello Shaykh Nadwi riaffermò la fede islamica del *tawhīd*.

Durante questo periodo politicamente travagliato un altro incidente ha avuto un impatto sulla credibilità dello Shaykh Nadwi come portavoce dei musulmani indiani. Degli agenti di sicurezza alle prime ore dell'alba fecero irruzione nella sua casa in Takya Kalān alla ricerca di materiale sovversivo. Lo Shaykh Nadwi si trovava a Lucknow quando avvenne la

---

[7] Cfr. Philip Hitti, *History of the Arabs* (London, 1986), 537-56.
[8] Citato in Zaheer, *Abul Hasan 'Ali Nadwi*, 85.

perquisizione. Non sorprende che, considerata la sua reputazione, prominenti politici si recarono alla Nadwah per esprimere la loro indignazione per quella perquisizione illegale. Nei circoli politici Sonia Gandhi, presidente del Partito del Congresso, ha espresso il suo profondo rammarico e preoccupazione in una lettera inviata allo Shaykh Nadwi. Il contenuto della lettera rivela il profondo rispetto nutrito verso lui in quanto studioso islamico di fama mondiale[9].

Un altro sviluppo in Rae Bareli mostra la stima che sia gli indù che i sikh nutrivano verso lo Shaykh Nadwi. Quando si sparse la notizia della perquisizione, un'onda di protesta si diffuse per l'intero distretto di Rae Bareli. Tutte le attività commerciali vennero chiuse per esprimere solidarietà con lo Shaykh Nadwi. Quest'azione era del tutto nuova in quanto era stata patrocinata da un attivista indù[10] e divenne di fatto una rappresentazione simbolica dell'armonia comunitaria tra musulmani ed indù. L'approccio privo di compromessi dello Shaykh Nadwi e le successive proteste da parte dei musulmani costrinsero il primo ministro Vajpayee ed il ministro degli interni a riportare la normalità nel paese. Venne quindi promulgato un ordine che annullava il canto obbligatorio del *Vande Mataram*.

Le preoccupazioni dello Shaykh Nadwi per il miglioramento della società erano conseguenti al suo spirito patriottico. Se si verificavano dei disastri naturali, delle rivolte politiche o dei conflitti religiosi in India, lo Shaykh alzava la voce per affrontare queste sfide. Lo Shaykh Nadwi riteneva che l'umanità trascenda la classificazione religiosa ed etnica. Di conseguenza, non vi può essere alcun disaccordo tra l'unità delle idee e la tolleranza religiosa. Lo Shaykh lamentava il declino morale che aveva un impatto negativo sul bisogno di pace ed armonia nel paese. I segni di corruzione e il casteismo

---

[9] Nadwi, *Kārwān*, vol. 7, 211-12.
[10] *Ibid.*

erano infatti dei vizi radicati ed una rovina per questa grande civiltà.

I musulmani in una società pluralista

La voce autorevole dello Shaykh Nadwi non si limitò alla causa musulmana. Nei numerosi raduni in cui erano presenti centinaia di migliaia di persone provenienti da diversi gruppi religiosi, ha enfatizzato la correlazione tra il progresso e la stabilità affinché il paese fosse nella condizione di conseguire il successo.

Al contrario, un'ingiustificata inclinazione nel pendolo avrebbe provocato conflitti e disordini. In queste avverse circostanze sarebbe stato impossibile immaginare una società in cui avrebbero potuto prosperare la pace ed il rispetto reciproco. Secondo il punto di vista dello Shaykh Nadwi, l'ingiustizia (*zulm*) avrebbe prodotto i suoi effetti e posto un grave pericolo per la società. Di conseguenza, una società multiculturale e pluralista come l'India avrebbe potuto conseguire il successo solo coltivando gli ideali della democrazia, della laicità e della non-violenza[11].

L'Islam e la costituzione indiana condividono delle idee complementari per la promozione di valori universali. Nel contesto indiano, questo paradosso può essere riconciliato dal momento che la costituzione custodisce i diritti religiosi inalienabili della comunità musulmana. Inoltre, sin dal suo primo contatto con l'India, la religione islamica ha lasciato un'impronta duratura sul pensiero e sulla cultura indiana. La proclamazione della dignità umana ed il concetto di unità ed eguaglianza potevano essere considerati dei valori islamici[12]

---

[11] Citazioni tratte dall'articolo "Zulm kā Mizāj and Samāj ke liye Sabse Barā Khatra". Citato in Nadwi, *Kārwān*, vol. 7, 198-201.
[12] Cfr. Nadwi, *Islam and Civilisation* (Lucknow, 1986), 19-34.

incorporati nella costituzione indiana. A questo proposito, lo Shaykh Nadwi ha affermato:

<<Per il benessere di questo paese, quando abbiamo deciso di rendere l'India la nostra casa insieme alle nostre credenze religione ed altre caratteristiche culturali islamiche, ci siamo assunti la responsabilità che ne consegue. Quindi, non dobbiamo solo salvaguardare il nostro futuro e la sopravvivenza religiosa delle nuove generazioni, ma lasciare anche un segno permanente dei nostri contributi e del patriottismo altruista. Di conseguenza, dobbiamo partecipare nell'edificazione di una nuova India con tutte le potenzialità concesse da Dio e alimentate dall'Islam...Dobbiamo far sì che l'India sia stimata nel modo e fornire una prova irrefutabile del suo carattere laico e democratico che ci consentirà di prosperare lasciando intatta la nostra fede e la nostra cultura>>[13].

Premi onorari

Circa diciotto anni prima, nel 1980, lo Shaykh Nadwi era stato insignito del King Faisal Award come riconoscimento del servizio reso all'Islam. Anche se lo Shaykh Nadwi aveva evitato la pubblicità, sia localmente che all'estero gli vennero assegnati una serie di riconoscimenti. Ricevette due importanti premi nel 1998-99, ed altri due gli vennero assegnati postumi.

Dubai Award

L'International Islamic Personality Award organizzato sotto l'egida dell'emiro di Dubai, lo Shaykh Rāshid al-Maktoum, veniva assegnato ogni anno nel corso del mese del Ramadān. Importanti studiosi appartenenti alle principali istituzioni

---

[13] Nadwi, *Presidential Address*, 4-5 June 1961, 14.

islamiche venivano chiamati a far parte del comitato selettivo. Il 1998 fu memorabile per lo Shaykh Nadwi, quando venne nominato all'unanimità per il prestigioso premio che accettò, dopo essere stato persuaso sia dal comitato che dai suoi collaboratori. Dal momento che la sua salute era piuttosto fragile, venne organizzato per lui un volo charter da Lucknow. Nel corso del volo, rilasciò molte interviste ai canali televisivi.

La presenza alla conferenza dello Shaykh Nadwi assunse quasi uno stato iconico. Dopo l'annuncio dell'ammontare pecuniario del premio, lo Shaykh indicò pubblicamente la sua distribuzione tra le varie istituzioni islamiche. Nel corso del discorso di apertura lo Shaykh espresse il suo messaggio di *da 'wah* al mondo arabo. Facendo riferimento ai versi di Iqbal che descrivevano il Profeta (pbsl) come l'anima del mondo arabo[14], lo Shaykh Nadwi ricordò loro del loro impegno verso l'Islam. L'applauso entusiasta del pubblico fu una chiara indicazione del suo contributo di grande impatto alla *da 'wah*.

Sultan of Brunei Prize

Nel 1999 il Sultan of Brunei Prize veniva assegnato agli studiosi in riconoscimento della loro eccellenza accademica nell'ambito delle ricerche biografiche sui personaggi principali del pensiero islamico. Il premio, che venne assegnato in collaborazione con l'Oxford Centre for Islamic Studies (OCIS), intendeva incoraggiare l'eccellenza accademica nel campo dell'arte, delle scienze sociali ed umane associate allo studio della civiltà islamica. Precedentemente, erano stati premiati gli studiosi dell'esegesi coranica, del *fiqh* e degli *hadith*. La nomina dello

---

[14] Cfr. Taqiuddin Nadwi, "Mawlana Nadwi ka 'Ālami Award ki Munāsibat se Dubai ka Safr" in *Ta'mir-I Hayāt*, 2000, 157-260.

Shaykh Nadwi si fondava sull'opera *Saviours of Islamic Spirit*, uno studio dettagliato degli autori che si dedicarono alla rinascita degli studi religiosi dai primi secoli della storia islamica ai contributi indiani nel diciottesimo secolo. Una delegazione guidata da un ministro del Brunei annunciò la decisione di consegnare personalmente il premio allo Shaykh Nadwi in Lucknow. Il governo indiano però rifiutò il permesso adducendo come giustificazione la sua incapacità di garantire la sicurezza necessaria ad una delegazione straniera. Alla fine, il Brunei High Commissioner decise di tenere la funzione a Delhi, dove Sayyid Rabey Nadwi rappresentò lo Shaykh Nadwi ed in sua vece ricevette due scudi e una somma in denaro.

Le preoccupazioni sollevate dalle autorità statali relativamente alla sicurezza erano una mossa politica. La Malaysia manteneva infatti delle forti relazioni bilaterali con l'India. Lo Shaykh Nadwi ritenne ironico che le campagne di diffamazione contro di lui da parte di politici settari e studenti universitari dalle tendenze estremiste fossero la causa reale per contrastare delle funzioni islamiche di questa natura[15].

Premi ricevuti postumi

- Lo Shah Waliyullah Award presso l'Institute of Objective Studies (IOS), New Delhi nel 2000. Il premio consisteva in una somma di denaro ed una pergamena contenente una citazione per riconoscere gli studiosi che avevano dato un contributo eccezionale alle scienze sociali, umane, giurisprudenziali ed agli studi islamici.
- L'Islamic Educational, Scientific and Cultural Organisation (ISESCO) Award come riconoscimento

---

[15] Nadwi, *Kārwān*, vol. 7, 276-81.

del servizio impagabile reso dallo Shaykh Nadwi alla cultura araba ed islamica[16].

Problemi di salute

La collaborazione dello Shaykh Nadwi con varie organizzazioni, che implicava continui viaggi nel paese ed all'estero, cominciò ad aver un impatto sulla sua salute. La sua agenda nell'India meridionale includeva dei discorsi di apertura per il *Payām* e la *Rābita Adab* a Bengaluru e Bhatkal. Quando nel marzo del 1999 tornò a Lucknow, era estremamente esausto. Venne colto da un ictus che lasciò paralizzata la parte destra del suo corpo. Su raccomandazione dei medici, parenti ed amici si dissero d'accordo a trasferirlo a Delhi come un volo charter messo a disposizione dal governo per speciali trattamenti medici. Temevano però che lo Shaykh Nadwi avrebbe disapprovato la loro decisione dal momento che era sempre stato adamantino nel rifiutare qualsiasi forma di aiuto da parte del governo, come dimostra il suo rifiuto di essere insignito della più alta onorificenza civile. Come ci si aspettava, lo Shaykh Nadwi non accettò la proposta e si affidò interamente a Dio. Dopo alcune settimane, molti medici che si occupavano di lui furono sorpresi dalla sua rapida ripresa. Da una paralisi quasi completa, lo Shaykh Nadwi cominciò a manifestare positivi segni di miglioramento. Nel corso della sua convalescenza, la Nadwah venne inondata di visitatori e lettere provenienti dal mondo musulmano. Tra i visitatori più influenti vi era il primo ministro Vajpayee, a cui vennero comunicati I sentimenti patriottici dello Shaykh Nadwi: il carattere eterogeneo dell'India sarebbe stato unito solo dai principi della democrazia, del secolarismo e della non-violenza[17].

---

[16] Citato in 'Ali, *Islamic Thought and Movement*, 417.
[17] Nadwi, *Kārwān*, vol. 7, 242-48.

Figure politiche, personalità influenti e sostenitori erano tra i numerosi visitatori preoccupati della salute dello Shaykh Nadwi. Nel corso della sua convalescenza, lo Shaykh ricevette telefonate e fax da tutto il mondo. I *mashā'ikh* levarono delle suppliche per la sua pronta guarigione.

Il seguente episodio dello Shaykh Muhammad Farouq (Sukkur, Pakistan) illustra il rapporto dello Shaykh Nadwi con i suoi maestri e discepoli spirituali. Prominente studioso lui stesso, lo Shaykh Farouq non aveva mai incontrato personalmente lo Shaykh Nadwi. Espresse comunque il desiderio di intraprendere un viaggio solo per conoscerlo. Mentre si trovava in pellegrinaggio, venne a sapere che lo Shaykh Nadwi era stato colpito da un ictus. Allora presso 'Arafāt, vennero levate collettivamente delle suppliche per la sua guarigione. Questo legame spirituale tra loro era stato rafforzato attraverso la grazia divina (*fayd*).

Un'altra dimensione della speciale grazia che Dio ha concesso allo Shaykh Nadwi consisteva nel suo straordinario livello di resilienza. Soffriva infatti di diverse malattie, in modo particolare di dolorosi attacchi di gotta che lo esaurivano fisicamente. Negli ultimi anni della sua vita, utilizzava la sedia a rotelle per muoversi. Nonostante questi ostacoli, lo Shaykh Nadwi possedeva un'indomabile energia che lo spinse ad intraprendere dei viaggi all'estero per finalità legate alla *da 'wah*. Nonostante la sua fragile salute, si recò persino in Bangladesh. Nel corso di una funzione a Dhaka, gli organizzatori suggerirono che lo Shaykh Nadwi venisse portato sul palco con la sedia a rotelle al fine di risparmiargli qualsiasi fastidio. Lui però rifiutò con garbo e mise insieme abbastanza energia per camminare sul palco. Dopo aver sentito l'eccitazione e le grandi aspettative del pubblico, lo Shaykh Nadwi commosso da una così grande partecipazione <<parlò con l'energia di un bambino eccitato che trasmette il messaggio da un cuore pieno di sofferenza per la grave condizione della comunità musulmana>>.

Allo stesso modo, la sua grande forza di volontà si manifestò all'aeroporto di Samarcanda (Uzbekistan), dove non era disponibile alcuna sedia a rotelle. L'aeroporto infatti non provvedeva di alcun servizio per i viaggiatori provocando molti inconvenienti. Dal momento che l'aeroplano si fermò ad una certa distanza dalla sala degli arrivi, lo Shaykh Nadwi dovette camminare con grande difficoltà per arrivarvi. Ciononostante, la *da'wah* era la sua priorità e nessun ostacolo era per lui insormontabile[18].

Tablighī Ijtimā: 1999

La salute migliorata diede allo Shaykh Nadwi la forza di parlare ad un raduno Tablighī alla Nadwah. Secondo delle fonti attendibili, in quella riunione erano presenti diecimila partecipanti. Lo Shaykh Nadwi concentrò abbastanza forza per tenere un importante discorso sul tema del *furqān* (caratteristiche distintive) di un musulmano.

I seguenti passi rivelano la sua profonda comprensione del messaggio coranico di speranza per i musulmani che vivevano nel mondo in diverse situazioni:

<<Il termine *taqwā* solitamente è tradotto come paura o pietà religiosa. Nella terminologia coranica però questa parola ha un significato più completo e rivoluzionario: copre infatti credenze e pratiche, fini e un completo stile di vita approvato da Dio. Se un credente è portatore del vero spirito della *taqwā*, allora Dio gli concede il *furqān* che permea il su intero essere. Attraverso la sua esemplare condotta, obbedisce ai comandi di Dio e del Profeta (pbsl); è un sostenitore dell'umanità, diffonde la guida ed è un essere umano

---

[18] Bilāl Hasani, *Nadwi: Mission and Thought*, 180-4.

perfetto e virtuoso, la cui mente è libera dal male e dagli intrighi. In breve, costui possiede queste caratteristiche distintive>>.

Lo Shaykh Nadwi fece riferimento alle prime generazioni dei musulmani che incarnavano le caratteristiche del *furqān*. Il loro carattere distintivo vinse i cuori dei non-musulmani ed il loro impatto fu tale che intere città si convertirono all'Islam. I musulmani contemporanei possedevano ancora quest'inerente caratteristica per cambiare il mondo. Costoro sono sopravvissuti anche se il mondo è stato testimone di un'indescrivibile brutalità, della violenza e della tirannia. Eppure queste caratteristiche distintive sono in grado di resistere alla tempesta e far sì che la presenza islamica sia avvertita nel mondo. La storia dell'Islam è piena dell'esempio di queste anime pure capaci di mutare gli ambienti religiosi del mondo. La loro condotta ispirante radicata nell'ethos islamico è riuscita a fondare delle vibranti comunità musulmane in un breve periodo di tempo. il loro esempio può essere ripetuto anche oggi, qualora seguano il messaggio coranico contenuto nel seguente versetto: <<O credenti! Sottomettetevi a Dio con tutto il cuore>>[19].

Esempio di patriottismo

Lo Shaykh Nadwi ha sempre condannato con forza ogni azione musulmana che avrebbe potuto compromettere l'integrità dell'Islam. Nel suo ultimo discorso pubblico tenutosi nel dicembre del 1999, ha condannato il dirottamento di un aereo dell'Indian Airlines da parte dei talebani ed ha rivolto un appello per la sicurezza dei passeggeri, in cui ha affermato:

---

[19] Il Sacro Corano 2:208. Cfr. Nadwi, *Kārwān*, vol. 7, 259-64.

<<Sono venuto a sapere del dirottamento dell'aeroplano diretto da Kathmandu e Delhi...È brutale sequestrare degli innocenti passeggeri minacciando la loro vita. Nessuno che ama e rispetta gli esseri umani potrebbe mai approvare una tale azione. Ci rivolgiamo a coloro che sono coinvolti nella risoluzione di questo problema chiedendo di velocizzare i loro sforzi per ottenere il rilascio di tutti gli innocenti passeggeri coinvolti in questa tragedia il più presto possibile. Tutti le persone responsabili devono augurarsi di risolvere questi problemi in modo pacifico e nel maggiore interesse degli esseri umani con simpatia ed amore>>[20].

Gli ultimi giorni

Nel corso del mese del Ramadān, lo Shaykh Nadwi era solito trascorre gli ultimi giorni in ritiro (*i'tikāf*) presso Takya Kalān. Quell'anno però i medici gli consigliarono di rimanere alla Nadwah perché viaggiare avrebbe potuto avere degli effetti avversi sulla sua salute. Anche se i medici lo avevano sconsigliato, lo Shaykh Nadwi comunque cominciò ad osservare il digiuno. La sua routine rimase la medesima, comprese le *tarāwīh salāh* e le *majālis*.

Il 29 dicembre del 1999, lo Shaykh Nadwi partì per Rae Bareli per trascorrere gli ultimi dieci giorni del Ramadān nella dimora della sua famiglia. Durante questo periodo la sua personalità emetteva una grande luce spirituale (*ruhāniyat*) ed era noto che la sua generosità non conoscenza limiti. La sua vita rispecchiava la sunna del Profeta (pbsl) e sembrava pronto ad incontrare il suo Signore.

Il venerdì del ventiduesimo giorno del Ramadān del 1422 a.H. (31 dicembre 1999), lo Shaykh Nadwi spirò. Invece di

---

[20] Nadwi, *The Fragrance of the East*, 2000, 74.

recitare come era solito la sura al-Kahf, cominciò a recitare a voce udibile diversi versetti della sura Yāsin ed in questa condizione spirò. Nella vita e nella morte, la Takya Kalān fu il suo finale ritorno a casa.

Lo Shaykh Nadwi venne sepolto nel cimitero della famiglia presso Takya Kalān. Si ritiene che più di duecentomila persone parteciparono al suo funerale (janāzah). Molte preghiere *in absentia* si tennero in diversi paesi musulmani. Il ventisettesimo giorno di Ramadān del 1422, il monarca saudita re Fahd ordinò che nell'*Haramayn* si pregasse per lui. Questo era un tributo adeguato ad un illustre studioso onorato da milioni di persone nel mondo.

Degni di menzione sono i chiari commenti di Akram Nadwi relativamente al comunicato di Al-Azhar. Questo comunicato lodava lo Shaykh Nadwi "in qualità di Imām vigoroso tra i leader della *da 'wah* e del rinnovamento. Lo shaykh della ummah...che ha detto la verità, ed era tra coloro che invitavano al bene>>.

L'aura di spiritualità pervadeva gli ambienti della Takya Kalān. Gli ultimi due giorni di vita dello Shaykh Nadwi catturano l'essenza della sua vita che fu d'ispirazione per molti nell'ambito della *da 'wah* e dell'adorazione. Non vi fu comunque alcun mutamento nella routine del Ramadān perché riteneva che la continuità avesse la precedenza sugli interessi individuai[21].

La salute fragile dello Shaykh Nadwi non gli impedì di esprimere l'intenzione di compiere il pellegrinaggio l'anno successivo. Come il suo antenato, lo Shah 'Alamullah, enfatizzò l'importanza del *tawhīd*, la rigenerazione morale della ummah e dell'umanità.

Due versi di Iqbal rispecchiano la vita e l'epoca dello Shaykh Nadwi:

---

[21] Gli ultimi giorni di vita dello Shaykh Nadwi sono stati descritti in *Ta'mir-i Hayāt*, 2000, 235-40.

<<*Isolati nella grotta della terra per ricordarLo e glorificarLo o continua a proclamare la Sua grandezza nella vastità dell'universo*>>[22].

---

[22] Citato in Rabey Hasani, *An Eminent Scholar*, 93.

Capitolo XV

La personalità dello Shaykh Nadwi: impressioni

La valutazione dello Shaykh Yusuf Qardawi relativamente alle caratteristiche personali dello Shaykh Nadwi costituisce una testimonianza della sua complessa personalità:

<<Qualunque merito Dio ti abbia attribuito dalle salienti qualità degli eredi dei profeti ad i rinnovatori dell'Islam, Questi meriti sono rappresentati nel tuo chiaro modo di pensare, nel tuo eloquio, nella *da 'wah* appassionata e nel potente *tasawwuf*. Un temperamento equilibrato è il tuo carattere distintivo ben conosciuto tra le organizzazioni islamiche. Quest'attributo ha avuto un grande impatto sul tuo eloquio e sulla sua scrittura ed è una chiara indicazione della tua accettazione tra i musulmani e le organizzazioni islamiche di diverso orientamento>>[1].

Le caratteristiche salienti dalla complessa personalità dello Shaykh Nadwi

Una personalità modesta

Lo Shaykh Nadwi personifica la prospettiva *salaf* sulla vita. Ahmad Shirbāsi, che ha scritto l'introduzione in lingua araba a *Rise and Fall of Muslims* ha commentato lo stile di vita dello Shaykh Nadwi nel modo seguente:

<<[Lo Shaykh Nadwi] era contro ogni forma di ostentazione. Era molto semplice nel modo di vestire, nel cibo e nell'abitazione. Non amava l'eccessiva

---

[1] Nadwi, *Rasā'il 'Ālam*, 78-9.

formalità e l'adulazione. Non ha mai attribuito alcun valore alla ricchezza nel corso della sua intera vita. La sua perseveranza in qualcosa in cui credeva era proverbiale e la sua profonda sincerità era il segreto del suo successo, dove invece altri hanno fallito>>[2].

'Abdul Quddus Abu Sālih ha espresso un punto di vista simile:

<<[Lo Shaykh Nadwi] possedeva un'inclinazione verso l'umiltà che qualche volta era scambiata per timidezza e sottomissione. Il seguente verso, comunque, smentisce la presunta debolezza: "Quando vi era una situazione seria, costui era come un leone feroce">>[3].

L'umiltà era il segno distintivo del suo carattere, non sopportava alcuna forma di presunzione. In modo simile si è astenuto da ogni forma di vanità e di ostentazione. Ha invece coltivato le qualità che erano intrinseche all'eredità della sua famiglia. A questo proposito è possibile fare un riferimento al suo antenato, Sayyid 'Alamullah Hasani. Il coraggio, il valore, la perseveranza e l'impegno erano le caratteristiche del lignaggio degli Hasani.

Amore per l'umanità

L'empatia e la compassione hanno definito la sua interazione con le persone. La sua personalità carismatica attraeva sia i monarchi che le persone semplici. Non vi era nessuna distinzione nel modo in cui si rapportava agli amici, ai parenti, alle famiglie aristocratiche ed alle persone comuni.

---

[2] Akram Nadwi, *Shaykh Nadwi: Life and Works*, 279.
[3] *Ibid.*, 278-9.

È possibile menzionare il sultano di Sharjah, lo Shaykh Muhammad al-Qasimi che andò a visitare lo Shaykh Nadwi a Lucknow. L'affermazione concisa dello Shaykh Nadwi manifesta il suo spirito indipendente: "È una benedizione per l'*amīr* visitare la dimora del faqīr".

L'*amīr* che rappresentava il potere non ha sopraffatto il *faqīr*

Era distaccato dai possessi terreni. I re ed i sultani hanno riconosciuto questa distintiva qualità dello Shaykh Nadwi. Non ha mai gradito ricevere alcun favore da costoro e non era incline ad accettare alcun emolumento in denaro.

I primi ministri dell'India appartenenti a diversi partiti politici hanno cercato senza successo di guadagnare la sua fiducia. Comunque, lo Shaykh Nadwi si è tenuto in regolare contatto con loro per promuovere la consapevolezza dei dilemmi sociali e politici che interessavano il paese. La polarizzazione tra lo stato ed i suoi cittadini rappresentava una fonte di grande preoccupazione per lo Shaykh Nadwi. Era naturale per i cittadini non avere alcuna fiducia nelle istituzioni dello Stato, ma domandavano una trasformazione -un cambiamento qualitativo nelle loro vite. Il circolo vizioso della povertà tra ampi margini delle persone oppresse ricordava che il paese si stava distaccando dalla sua bussola morale. In queste tristi circostanze, lo Shaykh Nadwi ha rafforzato il messaggio del *Payām* che attraversa le barriere etniche e religiose. Lo Shaykh Nadwi riteneva che l'amore fosse sinonimo di umanità e possedesse l'innata qualità di riattivare i sentimenti addormentati negli esseri umani. Secondo le sue stesse parole:

<<L'eccellenza dell'essere umano si trova nel suo amore e nella misericordia verso gli altri. Una persona viene punta da una spina, ma un altro ne sente il dolore.

L'uomo ha ricevuto il dono delle lacrime che gli scendono dagli occhi alla vista del capo scoperto di una vedova disperata, della cucina spenta di un povero e di un uomo malato nell'angoscia. Se questa lacrima viene posta nel mare della trasgressione lo pulirà. La qualità dell'amore che permea attraverso il cuore è un prezioso dono di Dio. Quando qualcosa lo risveglia, assume uno strano potere. Si innalza al di sopra delle considerazioni della religione, della comunità, della nazione e della patria. Se poi vede il cuore di un altro uomo e sente la sua sofferenza, ne viene attratto come da un magnete>>[4].

La vita dello Shaykh Nadwi personifica quest'ideale.

La personificazione della generosità

La generosità del Profeta (pbsl) non aveva paragoni, nessuna necessità delle persone era lasciata priva di risposta. Lo Shaykh Nadwi ha cercato di emulare gli insegnamenti del Profeta (pbsl): ha evitato ogni interesse verso il mondo ed ha speso le somme di denaro ricevute dai premi internazionali per aiutare le persone che si trovavano nel bisogno e le organizzazioni islamiche con problemi economici. Nel corso del mese del Ramadān, il numero delle persone che rompevano il digiuno (*iftār*) ammontava a più di mille. Questa era una routine giornaliera nel corso del mese sacro. Lo Shaykh Nadwi era sempre attento alle necessità finanziarie dei membri della sua famiglia, degli amici e dei suoi sostenitori, e si assumeva la responsabilità di alleviare le loro difficoltà. Secondo i suoi assistenti, del denaro veniva

---

[4] Nadwi, *Islam: An Introduction* (Lucknow, 1998), 151-2.

regolarmente inviato a persone la cui identità era nota solo ai suoi confidenti[5].

La tolleranza

La *da 'wah* in molti casi rappresenta il campo di battaglia delle ideologie e molto spesso gli individui e le organizzazioni si scontravano per la supremazia in questo ambio. Le perdite si manifestavano nella demonizzazione di coloro che lavoravano per la *da 'wah*, e nell'intolleranza pervasiva verso coloro che sostenevano opinioni diverse su questioni marginali (*furū'ī*). La letteratura polemica, le lezioni pubbliche ed i media erano dei veicoli attraverso cui l'integrità degli individui e delle organizzazioni erano denigrate. L'utilizzo indiscriminato del *takfīr* (la dichiarazione di miscredenza verso coloro che avevano punti di vista differenti)[6] da parte dei movimenti settari aveva causato un indicibile danno all'immagine dell'Islam.

Anche lo Shaykh Nadwi dovette sopportare una serie di critiche per il suo approccio tollerante alle questioni relative all'unità dei musulmani. Il movimento del *Payām* era inclusivo dal momento che si rapportava alle questioni che affliggevano la società indiana. Il suo appello rivolto al ripristino dei valori morali tra i diversi gruppi religiosi venne però censurato dagli intransigenti che considerarono questo movimento come non-islamico.

Allo stesso modo, i musulmani modernisti considerarono la sua presa di posizione contro l'*Uniform Civil Code* come un tradimento dei valori islamici progressivi. Per i media costituiva una giornata campale sfidare il suo patriottismo relativamente a questioni religiose controverse contro cui lo

---

[5] Relativamente alla generosità dello Shaykh Nadwi vedi Burhānuddin Sambhali, *Āthār wa Afkār* (2000), 443.
[6] Cfr. Habibul Haq Nadwi, *Islamic Resurgent Movement.*

Shaykh Nadwi ha sempre mantenuto una posizione priva di compromessi. Lo Shaykh Nadwi riteneva che la verità e la giustizia fossero radicati con fermezza nella coscienza collettiva dei musulmani e che invece si dovesse resistere all'ingiustizia ed alla corruzione per salvaguardare una società stabile[7]. Comunque, questo approccio non implica che lo Shaykh Nadwi fosse vendicativo verso gli elementi ostili. Al contrario, era disposto al perdono e mantenne un decoro esemplare sotto queste circostanze. Se i media rivolgevano degli attacchi pungenti alla sua personalità, rispose in modo civile. Il tono aspro era alieno alla sua amabile personalità.

Vi erano molti critici e nemici dello Shaykh Nadwi, ma lui sopportava le loro offese verbali con grande pazienza e, nello stesso tempo, vietò ai suoi collaboratori di rispondere alle loro critiche. Riteneva infatti che il silenzio fosse la migliore risposta per i suoi detrattori[8]. Il profondo amore dello Shaykh Nadwi verso l'umanità e la preoccupazione gli diedero la forza di affrontare delle situazioni ostili con una disposizione calma. Quest'approccio era nella sua essenza la condotta personale del Profeta (pbsl) verso i suoi nemici.

Verso una rigenerazione morale

Nelle sue *majālis* lo Shaykh Nadwi ricordava ai partecipanti dell'importanza dell'auto-correzione. Queste assemblee spirituali rappresentavano degli ambienti adatti per liberare gli aspiranti delle loro qualità negative. Per questo scopo, lo Shaykh Nadwi non consentiva discorsi frivoli, pettegolezzi e interessi terreni. Le assemblee spirituali erano il luogo in cui il carattere doveva venire raffinato e quindi le azioni dovevano adeguarsi agli insegnamenti del Profeta (pbsl).

---

[7] Nadwi, *Reconstruction of Indian Society: What Muslims Can Do?* (Lucknow, n.d.), 26-8.
[8] *Afkār wa Āthār*, 444.

Nelle sue *majālis*, lo Shaykh Nadwi evitava i tecnicismi relativi al *tasawwuf* ed invece focalizzava la sua attenzione sulla rigenerazione morale che era una propedeutica necessaria al suo progetto di riforma.

La nobiltà del carattere

Lo Shaykh Nadwi amava i *mashā'ikh* e apprezzava il loro impegno strenuo per la causa dell'Islam. I suoi libri relativi ai contributi nell'ambito dell'*islāhī* erano articolati con una mente aperta e libera da preconcetti settari. Anche quando non era d'accordo con i loro punto di vista, il disaccordo era fondato sul Corano e sulla sunna. La valutazione critica dello Shaykh Nadwi dei loro scritti era sempre caratterizzata dall'obiettività e dal decoro professionale. La sua critica era libera da malizia, da qualsiasi forma di vendetta e dal desiderio di contesa. A differenza di certi *'ulama* dalle tendenze settarie che hanno una certa propensione per dichiarare devianti gli studiosi e gli intellettuali che sostengono diversi punti di vista, lo Shaykh Nadwi ha invece assunto un approccio prudente. Questo è evidente nella sua critica degli scritti specifici di Sayyid Qutb e Mawdudi[9].

Lo Shaykh Qardāwī ha fatto un commento riflessivo sull'approccio equilibrato dello Shaykh Nadwi. Nelle sue parole:

<<Lo Shaykh Nadwi possedeva una grande integrità sia nei discorsi che negli scritti...non lo ho mai sentito insultare nessuno nei suoi discorsi e nemmeno parlare male. Comunque, questo non gli ha impedito di criticare le idee e le opinioni che reputava fossero scorrette...Lo ha fatto però con grande decoro, con delle

---

[9] Abul Kader Choughley, *Islamic Resurgence: Sayyid Abul Hasan Ali Nadwi and His Contemporaries* (New Delhi, 2011), 199-240.

parole gentili e con il linguaggio di un consigliere amorevole e fidato>>[10].

Le prospettive della *da'wah*

Il Corano fa molteplici riferimenti allo scopo ed alla funzione dalla *da'wah*: <<Invita tutti alla via del tuo Signore con saggezza ed uno splendido insegnamento, e discuti con loro nel modo migliore e più educato perché il tuo Signore ben conosce chi si è perduto dalla retta via e chi invece l'ha seguita>>[11].

Secondo lo Shaykh Nadwi, le parole del precedente versetto <<aprono dei nuovi orizzonti di pensiero ed azione perché non sono limitate. Il Corano l'ha lasciate alla discrezione ed al migliore giudizio di colui che invita (ad operare all'interno di questa cornice). Il fervore della consapevolezza di Dio che domina la sua personalità lo guiderà in una situazione particolare>>[12].

Le qualità dello Shaykh Nadwi nell'ambito della *da'wah*

Qardāwī ha espresso le sue impressioni personali relativamente alle attività legate alla *da'wah* dello Shaykh Nadwi con le seguenti parole:

<<Lo Shaykh Nadwi era un *Rabbānī*; la sua *taqwā* era un'esperienza vivente del suo totale impegno con la parola e l'azione per l'Islam in senso lato. Era un *Qur'ānī*: la sua fonte primaria ed il compagno costante era il

---

[10] Akram Nadwi, *Shaykh Nadwi: Life and works*, 166.
[11] Il Sacro Corano 16:125.
[12] Nadwi, *Inviting to the Way of Allah*, 10-11.

Libro di Dio. Era uno studente del Corano e praticava i suoi insegnamenti nel corso della sua vita>>.

Lo Shaykh Nadwi ricordava ai musulmani che lo studio del Corano si colloca al di là dell'esercizio accademico, perché è il Libro dell'eterna guida. Ognuno può facilmente relazionarsi al Corano quando ci si avvicina al testo "come ad un Libro vivente inteso per l'autoesame e per lo sviluppo della propria personalità"[13].

Lo Shaykh Nadwi era un *Muhammadī* nel senso che ha scelto il Profeta (pbsl) come modello nelle maniere, nello stile di vita e nella condotta. L'astinenza e l'avversione verso le attrattive del mondo -qualità della vita del Profeta (pbsl)- erano radicate fortemente nella personalità dello Shaykh Nadwi.

Il puro *tawhīd*

Lo Shaykh Nadwi ha reso il *tawhīd* la cornice di riferimento del suo impegno verso la *da'wah*. Il monoteismo assoluto è stato predicato da tutti i profeti di ogni epoca ed ambiente, e questa loro chiamata metteva in discussione e sfidava le nozioni di politeismo (*shirk*). Quindi, il concetto islamico di *tawhīd* "elimina ogni tipo d'intermediazione tra l'essere umano ed il suo Creatore per quel che concerne la preghiera e la supplica"[14].

In modo simile, i brevi commenti dello Shaykh Nadwi sul *Taqwiyat al-Īmān* hanno avvallato la sua descrizione dello *shirk*, che si manifesta in modi differenti nelle diverse epoche e le cui conseguenze accidentali hanno rappresentato un grave pericolo per le corrette credenze (*'aqā'id*) dei musulmani. Secondo il punto di vista dello Shaykh Nadwi, lo *shirk* "implica attribuire a qualcuno le qualità e le azioni che

---

[13] Nadwi, *Guidance from the Qur'ān*, 9.
[14] Cfr. Nadwi, *Three Core Beliefs*, 46-7.

Dio ha riservato a Se stesso, rendendole la caratteristica per la Sua adorazione". In altri termini, avere delle credenze e compiere delle azioni che sono condannate nel Corano e nella sunna.

L'Islam ritualistico era grandemente influenzato dall'Induismo e questo era evidente nella venerazione pubblica dei santuari (*mazār*) e delle suppliche per l'intercessione degli *awliyā'*. Lo Shaykh Nadwi ha inoltre messo in luce il declino religioso tra le masse nei suoi scritti e nelle lezioni. Inoltre, nell'ambiente indiano, il ruolo dei *mashā'ikh* è stato enfatizzato per dimostrare il loro legame ininterrotto con la sunna.

La purificazione dell'anima (*tazkiyah*)

La *tazkiyah* o il cammino islamico dell'autorealizzazione si basa su due ideali: raggiungere il compiacimento di Dio ed il successo nell'Altra vita. Gli scritti dello Shaykh Nadwi sull'autopurificazione (*tazkiyah*) fanno riferimento alle malattie morali che affliggono gli individui, i leader religiosi, e le organizzazioni sociali e politiche. Lo Shaykh Nadwi ha reputato che l'inizio del viaggio sia l'autovalutazione, il riconoscimento dei vizi morali che agiscono come barriere nel tentativo di controllare gli impeti egoisti del sé. Di conseguenza, la presenza di un maestro è essenziale per sviluppare un'anima educata cercando di fare qualsiasi sforzo possibile per superare <<i pesanti veli che impediscono ad una persona di trarre beneficio dagli insegnamenti profetici ed assorbire il colore (*sibghat*) di Dio>>.

Lo sviluppo del carattere non è il prodotto di un manuale d'educazione, ma un impegno sincero e significativo per allontanarsi dai vizi che impediscono di conseguire la perfezione della fede (*ihsān*). Secondo lo Shaykh Nadwi, i vizi assumono delle forme differenti e permeano l'individuo e la vita collettiva della società, e si riflettono nella cultura del pessimismo che le contraddistingue. Infatti, la fibra sociale si sta gradualmente indebolendo, deteriorando ogni cosa. L'avarizia, l'opulenza, l'ostentazione, l'ipocrisia, la rivalità sono dei vizi morali che colpiscono tutti gli ambiti dell'esistenza. Contro questa condanna e oscurità, lo Shaykh Nadwi offre un rimedio efficiente, ossia l'autopurificazione (*tazkiyah*), di cui parla il Corano e per la quale il Profeta (pbsl) è stato inviato[15].

L'unità e la completezza dell'Islam

Lo Shaykh Nadwi riteneva che le differenze di opinione (*ikhtilāf*) fossero un fenomeno naturale per le organizzazioni islamiche. Sotto questo punto di vista, ha ritenuto che fosse naturale per i movimenti islamici cercare di edificare una società islamica. Allo stesso modo, nell'ambito della sfera politica espresse in modo chiaro lo scopo e la funzione di una nazione islamica. Vi era comunque una generale tendenza a proiettare una dimensione politica a questo concetto e a non prendere in considerazione la visione e la completezza promossa dall'Islam. Lo Shaykh Nadwi ha elaborato delle chiare linee guida per stabilire una nazione islamica che riteneva attuabile solo se fosse stata in grado di riflettere la rigenerazione morale della società. Assegnava la priorità alla *tazkiyah* per raggiungere il suo ideale.

In questo volume sono stati esaminati gli effetti dannosi del nazionalismo e del materialismo elaborati dallo Shaykh Nadwi. Il nazionalismo è un'ideologia che si oppone al carattere universale dell'Islam e lo Shaykh Nadwi l'ha definita una forma di *Jāhiliyyah* nei tempi moderni in quanto si fonda sul materialismo ed ha un impatto diretto sulla faziosità emergente nei paesi musulmani.

---

[15] Cfr. Nadwi, *Message of Humanity: Reflections* (Springs, 2021).

Lo Shaykh Nadwi ha condotto uno studio penetrante di queste ideologie ed ha avvertito il mondo musulmano relativamente alla loro presenza intrusiva. Nella sua critica di queste tendenze ideologiche, lo Shaykh Nadwi ha fornito un approccio equilibrato alla civiltà occidentale. I musulmani venivano invitati a trarre beneficio dal progresso tecnologico dell'Occidente senza compromettere la loro eredità islamica[16]. Allo stesso modo, la sua critica del nazionalismo arabo non implicava un totale rifiuto del mondo arabo, di cui comunque riconosceva il contributo alla promozione della cultura e della civiltà islamica.

Universalità del messaggio islamico

In molti dei suoi scritti sul *tajdīd*, lo Shaykh Nadwi ha fatto riferimento ad un particolare incidente storico che ha messo in luce il messaggio universale dell'Islam. Prima della battaglia di Qādisiyyah, Sa'd bin Waqqās mandò Rab'ī ibn Āmir come ambasciatore da Rustum, il comandante dell'esercito persiano. Rab'ī ibn Āmir apparve alla corte di Rustum. Il suo abito era pieno di toppe e rammendi e portava come armi una semplice spada ed uno scudo. Entrò poi nell'accampamento persiano con un semplice cavallo. Vestito con i suoi abiti modesti, entrò nella corte calpestando i morbidi tappeti. Dopo aver legato il suo cavallo, si avvicinò a Rustum. Dal momento che era armato, le guardie all'entrata gli domandarono di deporre le armi. Rab'ī ibn Āmir si rifiutò, dicendo che non si era recato alla presenza di Rustum di sua spontanea volontà, ma solo perché costui lo aveva invitato. Se le guardie non gli avessero concesso di entrare con le armi, sarebbe tornato al suo accampamento. Rustum allora gli concesse di tenere le armi. Senza lasciarsi intimorire o impressionare dalla magnificenza della corte, Rab'ī ibn Āmir

---

[16] Nadwi, *Da 'wah in the West*, 16-9.

si avvicinò a lui con grande sicurezza. Quando Rustum gli domandò che cosa avesse condotto gli arabi in Persia, con indomabile coraggio e convinzione derivanti dalle Scritture e dal messaggio del Profeta (pbsl), rispose semplicemente: <<Dio ci ha inviato in modo da poter liberare gli esseri umani dalla sottomissione verso altri esseri umani e condurli all'obbedienza verso l'unico vero Dio. Siamo qui per condurli dalla limitatezza del mondo alla sua spaziosità. Il nostro scopo è quello di liberarli dalla persecuzione perpetrata verso di loro dalle altre religioni. Vogliamo benedirli con la giustizia e l'equità dell'Islam>>[17].

Rab'ī ibn Āmir ha comunicato il messaggio dell'Islam con un linguaggio diretto e potente. Era guidato da una luce interiore e dalla fede nell'Islam che sollevò grande sorpresa nella corte di Rustum.

Le sfide alla *da'wah*

Sotto il punto di vista dello Shaykh Nadwi, il modello della *da'wah* può essere adottato secondo i bisogni delle mutanti condizioni ed adeguandosi ai seguenti criteri:

- Si deve possedere una conoscenza approfondita della psicologia ed avere una buona padronanza del linguaggio. La competenza linguistica riveste una grande importanza nell'ambito della *da'wah*.

- Oltre alla conoscenza ed all'erudizione si deve possedere un linguaggio espressivo e potente. La componente più importante è però la sincerità ed un grande desiderio di persuadere gli altri. Se si scrive o si parla di qualcosa che si ha particolarmente a cuore, può esercitare su coloro che ricevono il messaggio l'effetto desiderato.

---

[17] Nadwi, *The Role and Responsibilities of Muslims in the West* (Leicester, 1993), 16-7.

- In qualità di studente dell'Islam, lo Shaykh Nadwi ha invitato quanti si dedicano alla *da 'wah* o alla diffusione della conoscenza dell'Islam ad evitare di promuovere i punti di vista di una particolare scuola di pensiero o di un'organizzazione specifica. Ci si dovrebbe invece impegnare spinti unicamente dal desiderio di cercare di compiacere Dio e predicare il messaggio dell'Islam nella sua forma originaria. Dio guiderà costoro e coloro che li hanno diretti al messaggio dell'Islam e darà loro delle risorse e li ricompenserà.

- Dobbiamo introdurre l'Islam nella sua totalità e come messaggio di verità. L'Islam non è il monopolio di nessuno[18].

Tributi allo Shaykh Nadwi

In quanto personalità globale nel discorso del *tajdīd*, l'interazione dello Shaykh Nadwi con gli *'ulama*, gli intellettuali e le organizzazioni islamiche era significativo. Attraverso le lenti delle diverse attività, è stato capace di fornire i suoi contributi al pensiero riformista islamico. Questi aspetti vengono esaminati nel volume.

Dopo la sua morte, sia i paesi arabi che altre nazioni musulmane hanno riversato i loro tributi che possono essere considerati una testimonianza della sua personalità multidimensionale e del suo impegno finalizzato ad aumentare la consapevolezza religiosa nelle diverse sessioni della *ummah*. La sua popolarità non era confinata al mondo arabo o al subcontinente come sembrano pensare i suoi critici. I suoi scritti hanno infatti interessato gli studiosi e gli intellettuali che hanno avuto un ruolo essenziale verso le questioni legate al *tajdīd*. Per lo stesso motivo, il patriottismo

---

[18] Cfr. Nadwi, *Muslims in the West: The Message and Mission*.

dello Shaykh Nadwi lo ha attirato nell'ambito della vita politica: ha scambiato dei punti di vista con i primi ministri, e con i personaggi sia politici che religiosi relativamente al destino dell'India. Lettere di condoglianze da influenti personaggi ed istituzioni hanno rafforzato la sua posizione di studioso islamico di spicco. I seguenti tributi sono stati tratti dalle riviste e dai periodici pubblicati nel 2000.

Lo Shaykh Muhammad bin Abdullah al-Subayyal: Imām dell'Haram (Mecca)

<<Studioso internazionale, lo Shaykh Nadwi ha dedicato la sua vita attraverso le lezioni e gli scritti a promuovere la causa della *da'wah* e ad operare in modo incessante per la causa di Dio. In questo campo, i contributi dello Shaykh Nadwi non possono essere negati>>.

Il Dottor Abdullah Sālih 'Ubad, segretario generale della Lega musulmana mondiale (*Rābita 'Ālam*)

<<Lo Shaykh Nadwi si è assunto l'oneroso compito di guidare la comunità islamica per un lungo periodo. Ha illuminato il mondo con il messaggio autentico e lo spirito islamico ed ha impiegato la saggezza intesa in senso lato per promuovere le attività legate alla *da'wah*. Ha adottato la nobile condotta dei *salaf* per illuminare il cammino della *da'wah*. Ha esortato la ummah a rimanere fedele al Corano ed alla sunna, un consiglio che lui stesso ha seguito fino agli ultimi giorni della sua vita terrena>>.

Il Dottor 'Abdul Quddus Abu Sālih, vicepresidente della Lega musulmana mondiale della letteratura islamica (*Rābita Adab*)

<<I necrologi non sono sufficienti per esprimere il nostro profondo dolore per la perdita del nostro patrono e mentore, lo Shaykh Nadwi. I musulmani indiani sono stati privati della sua leadership ed ora sono diventati orfani. La *Rābita Adab* sentirà la mancanza del suo fondatore e presidente, attraverso la cui guida, le suppliche e a sua carismatica personalità, le sue attività sono state sostenute>>.

Il Dottor Anwar al-Jundi

<<Un contributo degno di nota dello Shaykh Nadwi è stato concentrarsi sul mondo arabo e creare un risveglio islamico in modo che possano far fronte alla responsabilità legata alla *da'wah*. Costui ha ricordato ai musulmani arabi della gloriosa posizione che Dio ha garantito loro nel consesso delle nazioni ed il ruolo di leader con cui sono stati benedetti nel Corano>>.

Khalifa Jāsim Al-Kawāri: Direttore dell'Istituto degli affari islamici, Qatar

<<Dopo aver ricevuto la notizia della morte dello Shaykh Nadwi, il nostro lutto è aumentato. Il mondo musulmano ha sofferto la perdita irreparabile di questa personalità acclamata a livello internazionale>>.

'Abdul Rahmān bin Nasir Al-Awhali: ambasciatore saudita in India

<<Lo Shaykh Nadwi ha utilizzato ogni momento della sua vita per ispirare e promuovere la consapevolezza islamica nella ummah. Costui è stato tra i leader che hanno operato

senza sosta per promuovere l'unità dei musulmani e per fondare su una valida base islamica delle istituzioni educative e culturali. Non vi sono parole per descrivere il suo valore>>.

Il Dottor Zaki Badwai: Presidente dell'università islamica (Londra)

<<Lo Shaykh Nadwi è stato uno studioso a livello internazionale ed un *'ālim*, un insegnante, uno scrittore ed un *dā'ī*. Ha lasciato un'eredità di più di ottanta testi che sono stati tradotti nelle maggiori lingue europee. Come riconoscimento della sua *taqwā* e della sua eminenza spirituale, il governo saudita gli ha conferito l'onore di aprire la porta della *Ka'bah*. Quando venne fondato l'Oxford Islamic Centre, il comitato esecutivo ha eletto come presidente lo Shaykh Nadwi, un erudito impareggiabile ed un motivo di orgoglio per il mondo musulmano contemporaneo>>.

Shaykh Sālih Mahdi Samarai, direttore del centro islamico (Giappone)

<<Il servizio reso dallo Shaykh Nadwi all'Islam si fonda sul suo approccio originale alla *da'wah*. La sua influenza non è confinata solo al subcontinente o al mondo arabo, ma si è estese in tutto il mondo. I suoi contributi hanno avuto un impatto sia sui musulmani che sui non-musulmani>>.

'Abdullah al-Tantāwī (Giordania)

<<Lo Shaykh Nadwi ha goduto di uno status prominente in virtù della sua esemplare *taqwā* e del suo ascetismo. A differenza di altri leader religiosi le cui parole ed azioni sono prive della sublimità del carattere, lo Shaykh Nadwi era un *'ālim* che metteva in pratica quanto predicava. Costui può

quindi essere considerato una gemma preziosa custodita nel tesoro dell'Islam>>.

Impressioni degli *'ulama* e degli intellettuali dal subcontinente

Il mufti Taqi Uthmānī (uno studioso del Pakistan ed esperto nella finanza islamica)

<<Lo Shaykh Nadwi è stato una personalità prodigiosa del nostro tempo che ha lasciato un segno indelebile e glorioso su molti campi degli studi e delle attività islamiche con i suoi brillanti contributi. Ha mescolato nella sua personalità conoscenza, spirito visionario, *taqwā* e una prospettiva equilibrata sulle questioni islamiche. Con il suo esempio ha toccato la vita di milioni di persone nel mondo ed il suo impatto sul pensiero islamico contemporaneo è stato significativo. Il suo impegno verso gli ideali islamici è stato ispirato dai *salaf* ed ha formulato i suoi sforzi nell'ambito dell'*islāhī* in risposta alle sfide contemporanee. L'impegno dedicato alla causa dell'Islam personifica i suoi esemplari livelli di sacrificio e d'indomabile coraggio. La sua autobiografia è un'opera notevole in cui sono descritte le sue multiformi attività. Le sue orme sono visibili in tutto il mondo e può quindi essere considerato a ragione una personalità del mondo musulmano>>.

Il Mawlana Muhammad Sālim Qāsmī, rettore del Dār al-'Ulūm Waqf (Deoband)

<<Nel campo della storia, l'orientamento dello Shaykh Nadwi ha esaminato l'impatto del Tablīgh nel riconfigurare le società musulmane nel corso dei secoli. Ha evitato la rappresentazione stereotipata offerta dagli storici del passato e dell'epoca moderna e ha invece focalizzato l'attenzione sulla

rilevanza della cultura sulla conoscenza e sulla spiritualità islamica che ha plasmato il destino delle società musulmane. La sua era una voce autorevole relativamente alla storia islamica che ha integrato le tendenze storiche contemporanee con un ethos islamico.

Lo Shaykh Nadwi ha padroneggiato le diverse discipline nell'ambito dello studio del Corano e delle Tradizioni del Profeta (pbsl) ed ha offerto un approccio corretto per analizzare le questioni contemporanee alla luce dei suoi profondi studi dedicati al Corano>>.

Khurshid Ahmad: eminente studioso e Amīr della Jamā'at-i Islāmī (Pakistan)

<<Lo Shaykh Nadwi ha combinato nella sua unica personalità il ruolo di *'ālim*, storico, riformatore, mentore e *dā'ī*. Il ritiro spirituale, l'impegno strenuo sulla via di Dio, e l'autopurificazione erano una parte complementare della sua persona. La sua opera fondamentale sul Sayyid Ahmad Shahid ha interiorizzato gli ideali di cui sopra. Anche lo Shaykh Nadwi ha interiorizzato il modello del *salaf* nei suoi scritti e nella vita personale. Se il Mawlana Mawdudi ha avuto un approccio razionale nella formulazione della rinascita islamica, lo Shaykh Nadwi ha ridestato i cuori delle persone risvegliando le dormienti aspirazioni verso la riforma>>.

Khawājah Hasan Thānī Nizāmi

<<L'opera *Saviours of Islamic Spirit* non rappresenta solo un resoconto storico dell'*islāh* e del *tajdīd*, ma costituisce anche una proiezione della vita e delle opere dello Shaykh Nadwi. Ha un impatto sulle realtà moderne in cui il mondo musulmano è esposto a prove di diverso tipo. Gli scritti dello Shaykh

Nadwi individuano la malattia che ha colpito i musulmani ed offrono il giusto rimedio. Una tendenza inquietante nelle istituzioni islamiche è l'assenza di spiritualità. Lo Shaykh Nadwi ha riempito il vuoto infondendo uno spirito genuino che ha ispirato le vite di influenti maestri sufi. Era associato con la Naqshbandiyyah e ha supportato attraverso i suoi scritti e le lezioni i contributi eccezionali dell'ordine Chishti.>>

Impressioni di studiosi islamici e collaboratori

Mahmud al-Hasan Arif

<<È inevitabile che ognuno di noi faccia esperienza della morte e l'effetto di una tale perdita induce al pianto. La dipartita dello Shaykh Nadwi ha condotto ad una triste fine l'epoca che induceva al ricordo del *salaf*. Lo Shaykh era uno studioso versatile, un uomo altamente spirituale e possedeva una personalità ineguagliabile. I musulmani pakistani hanno pianto la perdita di un grande studioso islamico e *dā'ī*>>.

La Dottoressa Jameile Shawkat, decano della facoltà di Cultura e conoscenza islamica nell'università del Punjab

<<Se consideriamo la multiforme personalità dello Shaykh Nadwi emerge una caratteristica, ossia il suo essere un uomo sincero ed onesto. Considero gli scritti dello Shaykh Nadwi permeati da una visione missionaria e l'*islāh* non è limitata al suo senso convenzionale. I suoi scritti, inoltre, rappresentavano una critica della civiltà occidentale e degli intellettuali musulmani che erano stati catturati dalle sue trappole. Lo Shaykh Nadwi ha dedicato le sue energie a quest'opera>>.

Il Dottor Muhammad Akram Chaudhry, presidente dell'Oriental College, Lahore

<<Il dipartimento di arabo è orgoglioso di avere avuto nel suo corpo insegnante degli studiosi riconosciuti a livello internazionale. Iqbal, il poeta dell'Oriente, ha insegnato qui e lo Shaykh Nadwi ha menzionato che suo zio, il Sayid Muhammad Talha era un insegnante di letteratura e grammatica araba. Durante la sua permanenza a Lahore, anche lo Shaykh Nadwi ha studiato grammatica con suo zio. Si ritiene che la letteratura incarni l'intera vita nelle sue molteplici sfaccettature. Lo Shaykh Nadwi ha aggiunto a questo concetto una nuova prospettiva secondo cui la fede e gli insegnamenti profetici rappresentano la guida più sicura per apprezzare la letteratura islamica. Quindi, è stato assegnato un riorientamento al concetto della letteratura e la *Rābita Adab* rappresenta una prova dello straordinario contributo dello Shaykh Nadwi>>.

Il Dottor Qāri Muhammad Tāhir, vicecancelliere della *Rābita Adab*, Faisalabad

<<La fine del secondo millennio ha visto la dipartita di questo grande studioso che ha dedicato più di settanta anni alla causa dell'Islam. Ho avuto diverse opportunità d'incontrarlo. La personalità modesta dello Shaykh Nadwi può essere dedotta dalla stima che il suo maestro, il Mawlana 'Abdul Qādir Rāipuri, aveva per lui. Costui ha menzionato che nel giorno di *Qiyāmat*, se Dio gli avesse domandato che cosa aveva portato da questo mondo, avrebbe risposto di aver portato due eminenti personalità: lo Shaykh Nadwi ed il Mawlana Nu'mānī>>.

Mujibur Rahmān Shāmī, editore del *Qawmi Digest*

<<Lo Shaykh Nadwi si poneva al di sopra delle differenze settarie che caratterizzavano la comunità musulmana. Ha mantenuto delle relazioni cordiali con tutte le scuole di pensiero. Una qualità distintiva delle lezioni dello Shaykh Nadwi era l'assenza di criticismo ed era molto cauto anche quando era in disaccordo su determinate questioni con altri gruppi islamici>>.

Il Dottor Sarfaraz Naeemi, principale della Jāmi'iah Naeemia, Lahore

<<Siamo qui riuniti per onorare un'eminente personalità che ha portato avanti in modo fedele il messaggio dell'Islam. Nei suoi scritti e nelle sue lezioni rivolte al mondo arabo ha rappresentato i musulmani del subcontinente ed ha provato che anche i non-arabi posseggono una galassia di studiosi islamici che hanno lasciato delle orme sulla letteratura araba ed altre discipline del pensiero islamico. Costui ha accettato gentilmente l'invito a visitare la nostra istituzione ed ha espresso il suo amore, l'affezione e la fratellanza. I suoi commenti relativamente all'istituto rimarranno incisi nella nostra memoria>>[19].

Impressioni da parte di studiosi contemporanei

Le seguenti citazioni sono state tratte dalle opere autorevoli di Akram Nadwi relativamente alla vita ed all'eredità dello Shaykh Nadwi.

---

[19] Cfr. Muhammad As 'ad Qāsimi, *Abul Hasan Ali Nadwi* (Basti, 2001), 635-86.

Il **Mufti 'Amin al-Husayni** ha affermato: <<Un sincero credente che è stato capace di individuare la malattia e prescrivere la medicina appropriata>>.

Lo **Shaykh Muhammad Bahjat al-Baytar al-Dimashqi** ha scritto in una lettera a lui inviata: <<O nobile amico e leale confidente, ogni volta che penso a te o parlo di te, penso alla tua vasta conoscenza, al tuo nobile carattere, alla gentilezza dell'eloquio ed al piacere che comunichi alle persone che ti sono vicine con la tua amorevolezza, il tuo senso dell'umorismo e gli aneddoti piacevoli>>.

Il **Dottor Mustafa al-Sibā'ī** ha affermato nella sua introduzione al testo *Saviours of Islamic Spirit*: <<Tra le figure più prominenti di questo movimento benedetto vi è l'*ustādh* Abul Hasan Nadwi, l'autore di quest'opera. Costui è uno studioso, un riformatore ed un *dā'ī* devoto. Da quando Dio lo ha benedetto con la conoscenza costui ha continuato a chiamare le persone a Dio con la sua penna e la lingua, attraverso i suoi numerosi viaggi nelle terre arabe e nei paesi islamici, e nei tour che erano stati organizzati appositamente per la *da'wah*. Lo Shaykh Nadwi oggi è considerato uno dei massimi riformatori musulmani dell'India. I suoi studenti sono disseminati in ogni paese e le sue opere e gli scritti sono rinomati per la loro accuratezza accademica, per la sua profonda comprensione della saggezza della *shari'ah*, per l'accurata diagnosi dei problemi del mondo islamico e per il modo di affrontare questi problemi. In aggiunta a tutto questo, si è distinto in ragione di un'anima illustre, un carattere nobile e uno stile di vita che ricorda i studiosi del passato per quel che concerne l'ascetismo, astinenza, l'adorazione e la nobiltà d'animo>>.

Shahid Sayyid Qutb gli disse: <<Sono riuscito a conoscerlo personalmente ed attraverso i suoi scritti. In lui ho riconosciuto il cuore e l'intelletto di un credente. In lui ho riconosciuto una persona che vive per l'Islam ed attraverso

l'Islam, avendone un'eccellente conoscenza...Questa è la testimonianza che do per amore di Dio>>.

Lo **Shaykh Muhammad al-Ghazāli** ha detto, come apprezzamento dei sentimenti, dello zelo e dello spirito evidenti negli scritti dello Shaykh Abul Hasan: <<Questo è l'Islam che solo uno spirito lungimirante ed elevato può servire. Gli spiriti che sono invece insensibili e rovinati, non hanno alcuna condivisione in tutto ciò>>.

Lo **Shaykh Ahmad ibn 'Abd al-'Aziz al-Mubārak** ha affermato: << Lo Shaykh Nadwi è un *dā'ī* per l'Islam ed è giunto in sua difesa attraverso i discorsi e gli scritti. Ha combinato una sana comprensione con la saggezza. Costui appartiene ad un ramo dell'albero genealogico del Profeta (pbsl) ed è un membro della famiglia di al-Mustafā>>.

Lo **Shaykh 'Abd al-Fattāh Abu Ghuddah** lo descrive nel suo libro *Safahāt min Sabr al-'Ulama* con le seguenti parole: <<Costui è una delle figure più anziane dell'epoca degli studiosi divinamente guidati ed è un modello di rettitudine. Lo Shaykh Nadwi è uno studioso, *du'āt* e pensatore tra i più famosi. È un grande erudito, eccezionale nell'introduzione all'Islam ed attraverso le sue parole e le azioni non ha mai cessato d'invitare gli esseri umani a Dio. Quando scrive o parla, dona nutrimento ai cuori ed alle anime, ed illumina l'intelletto e la mente. Egli è il nostro Mawlānā, un uomo virtuoso ed eccellente>>.

In una missiva inviatagli, scrisse: <<Tu sei stato e sei ancora -per grazia divina- un esempio superiore che ci ricorda quelle personalità che Dio ha benedetto con il suo amore nei loro cuori e l'amore delle persone verso di loro, in virtù dell'amore nutrito verso Dio ed il Suo Profeta. Non vi è nulla di strano nell'essere tale perché un nobile albero continua ad avere dei rami in fiore, dei colori attraenti ed una meravigliosa fragranza in ogni epoca ed in ogni luogo. Tutta la lode appartiene a Dio>>.

Lo **Shaykh 'Abd al-Fattāh** ha detto di lui: <<È la benedizione di quest'epoca>>.

Lo **Shaykh Mustafā al-Zarqā** ha affermato: <<Costui è la prova dell'Islam e dei musulmani in India. Costui appartiene ai nostri retti predecessori che Dio ha voluto vivessero nella nostra epoca presente>>.

Il **Dottor Mani ibn Hammād al-Juhānī**, il segretario generale dell'International Islamic Federation of Student Organizations, ha inviato alla Nadwah il seguente messaggio: <<Lo Shaykh Nadwi si è assunto la responsabilità della *da'wah* e della riforma ed ha viaggiato nel mondo invitando a Dio e annunciando la buona novella dell'Islam>>.

Lo **Shaykh 'Abd al-Halim Uways** ha osservato: <<Un uomo che non ha mai compromesso i suoi principi per un solo giorno, che non ha mai elemosinato alla porta di nessuno per un solo giorno e non ha nemmeno bramato il mondo>>.

Lo **Shaykh Yusuf al-Qardāwi** relativamente allo Shaykh Nadwi ha scritto:

<<Testimonio di nutrire un grande affetto per lui e spero che sia per amore di Dio. Lo amo per il suo ascetismo, per la sincerità e la devozione. Lo amo per l'equilibrio e la moderazione. Lo amo perché è sempre stato libero da ogni forma di falsità ed il suo cuore non conosceva alcuna forma di gelosia. Le sue credenze erano libere da qualsiasi forma di politeismo, la sua adorazione era libera da qualsiasi forma di innovazione. La sua lingua era libera da accuse ed insinuazioni>>[20].

---

[20] Akram Nadwi, *Shaykh Nadwi: Life and Works*, 273-7.

Capitolo XVI

Conversazioni del cuore

I contributi dello Shaykh Nadwi alla letteratura *Malfūzāt*

La tradizione di registrare i *malfūzāt* che pertengono alle sessioni con domande e risposte di importanti studiosi o sufi risale ai primi periodi della storia islamica. Le compilazioni dei detti di eccezionali personalità, come di Abū Yazīd Bistāmī per esempio, vennero raccolte dopo la loro morte in forma di monografia in lingua araba. Raccolte simili in persiano compaiono nelle opere di illustri sufi come Abū Sa'īd Abū Khair (m. 1049).

Nel subcontinente il *tasawwuf* si radicò con forza e si sviluppò appieno. Divenne infatti "una forza rinvigorente ed una fonte di progresso sociale, etico e religioso, in seguito agli insegnamenti di un gruppo d'intellettuali". La letteratura *malfūzāt* ai suoi albori trattava prevalentemente della natura e della funzione del *tasawwuf*. Nel corso del XIII secolo questa forma di letteratura ha visto emergere il genere delle *maktūbāt*[1].

Un breve esame della letteratura *malfūzāt* mostra due importanti categorizzazioni: il contenuto e la funzione. In senso letterale, questo genere connota parole, discorsi o affermazioni dei santi sufi o gli atti dei loro incontri, assemblee ed udienze regolari e periodiche con i loro discepoli e sostenitori. Questo genere aveva la funzione di diffondere le dimensioni interiori dell'Islam combinando degli aneddoti con gli insegnamenti del Corano, della sunna e dei maestri sufi. Il linguaggio degli aneddoti era semplice in modo che chiunque potesse comprenderne il significato.

---

[1] Cfr. Akhtarul Wasey, *Roshnī ka Safar* (New Delhi, 2008), 11-20.

Lo stile della conversazione era informale e generalmente includeva un'ampia varietà di soggetti. Da una prospettiva storica, questi frammenti di conversazione informale forniscono un approccio utile per la ricostruzione del milieu del periodo.

La ripresa del genere del *malfūzāt* da parte dello Shaykh Nadwi

Nel suo *Saviours of Islamic Spirit*, lo Shaykh Nadwi analizza in modo corretto la componente *islāhī* del *malfūzāt*[2]. Per esempio, lo Shaykh Nizāmuddin Awliyā (m. 1324) era un'imponente figura spirituale che "ha trasformato la disciplina sufi dalla cultura individuale ad un movimento di massa per il miglioramento morale e spirituale dell'umanità". I suoi insegnamenti trascendevano le barriere etniche e religiose ed aprivano delle nuove vie al tema dell'unità dell'umanità. Il movimento del Payām proponeva insegnamenti simili relativamente alla rigenerazione morale della società. Lo Shaykh Nizāmuddin era un fermo credente nella non-violenza e ribadiva il bisogno del perdono e della magnanimità. A questo proposito affermava: <<Se qualcuno depone una spina sulla tua via, e tu fai lo stesso, il sentiero sarà pieno di spine>>. Il suo consiglio è invece eloquentemente espresso nei seguenti versi: <<Che ogni fiore che sboccia nel giardino della sua vita sia senza spine>>.

Lo Shaykh Nadwi utilizzava spesso il precedente esempio per dimostrare la relazione tra il *tasawwuf* ed il servizio reso all'umanità. Questo non significa che gli elementi eclettici del misticismo abbiano definito la formulazione del Payām dello Shaykh Nadwi. Al contrario, la sua presentazione è stata portata in primo piano attraverso l'universalità degli scritti

---

[2] L'opera *Saviours of Islamic Spirit* tratta di questi aspetti nel sufismo di Yahya Maneri e Nizāmuddin Awliyā'.

profetici e della fusione tra la fede e la pratica. Nella sua vita personale lo Shaykh Nadwi incarnava proprio questa prospettiva[3].

Nell'opera *Morals for the Heart* lo Shaykh Nizāmuddin fa riferimento a degli aneddoti relativi ai santi ed agli *'ulama* per rafforzare le lezioni presentate in forma breve ai suoi discepoli. Il tema di queste conversazioni era l'adesione al Corano ed alla sunna. Contrariamente all'ipotesi secondo cui lo Shaykh Nizāmuddin abbia condonato delle pratiche considerate come non-islamiche dagli *'ulama*, bisogna ricordare la sua meticolosità nell'osservanza della sunna. La sua metodologia potrebbe essere stata variegata, ma la sua promozione dei valori dell'*islāhī* rappresenta un'eredità durevole. Il seguente passaggio rappresenta una sinopsi della sua profonda comprensione del Corano.

Livelli di preparazione per la recitazione del Corano

Per prima cosa, al tempo della recitazione del Corano, il cuore di colui che recita deve essere vicino a Dio solo. Se questo non è possibile, allora il significato di quello che sta leggendo dovrebbe persuadere il suo cuore in questo senso. Se anche questo non è possibile, l'esperienza della maestà e del timore di Dio dovrebbe pervadere il suo cuore.

[Un'altra dimensione] occorre al tempo della recitazione del Corano, quando colui che recita si sente sopraffare dall'umiltà e domanda ripetutamente a se stesso: <<Come posso essere degno di questa benedizione? Come posso meritare un tale onore?>>. Se però non raggiunge questo livello, allora, ricorda che Dio stesso ha promesso una ricompensa a coloro che

---

[3] Cfr. Khaliq Ahmad Nizāmuddin, *The Life and Times of Shaykh Nizāmuddin Auliya* (Delhi, 1991), 91-102, 103-9.

recitano il Corano e, di conseguenza, sarà ricompensato per ogni momento in cui lo ha recitato[4].

Le seguenti conversazioni trattano delle malattie spirituali che tendono a sfocare la distinzione tra la verità e la finzione. Prendiamo l'esempio dell'ostentazione, che si radica anche nelle azioni giuste e come una termite consuma ogni forma di sincerità. In molti esempi, è paragonata ad una formica che s'insinua nel buio della notte nella cavità di una roccia. I suoi effetti sono pericolosi perché, con il passare del tempo, l'ostentazione cerca di trovare una gratificazione nella compagnia di quanti hanno i cuori infestati da questa pianta maligna. L'essere umano quindi distoglie lo sguardo da Dio e patrocina il potere e l'autorità. Al fine di guarire da questo vizio spirituale è necessario affidarsi alle cure di un *mashā'ikh*[5].

L'ambiente possiede una caratteristica peculiare e può facilmente influenzare la disposizione di una persona. Ha un colore e tessuto propri e può penetrare nella mente e nell'anima. Prediamo, ad esempio, una conceria. La pelle delle carcasse emana un odore nauseabondo ed è impossibile rimanere in quel luogo. Persino il migliore profumo non riesce a rimuovere l'olezzo dello sporco. Allo stesso modo, un ambiente corretto dall'immoralità non conduce ad uno stile di vita produttivo e salutare[6].

In compagnia dei *Mashā'ikh*

L'evoluzione del *malfūzāt* nel XII secolo incapsula le caratteristiche distintive ed i legami ininterrotti con la metodologia dei primi sufi. Nel subcontinente il genere del *malfūzāt* deve essere ricondotto a degli sviluppi politici ed alla

---

[4] Nizam-ad-Din-Awliya, *Morals of the Heart* (New York, 1992), 162-3.
[5] *Ibid.*, 140.
[6] *Ibid.*, 333.

risposta alla crescente influenza dell'Induismo tra le masse. Dalle rivolte del 1857, gli *'ulama* ed i *mashā'ikh* sono tornati all'interiorità per fermare la marea delle forme ritualistiche nell'Islam e per collocare nello stesso tempo l'*islāh* all'interno del paradigma del *tasawwuf*.

Il Dār al-'Ulūm Deoband, per esempio, ha giocato un ruolo pionieristico nel promuovere la sintesi di *shari'ah* e *tasawwuf*. Il *tasawwuf* a sua volta rifletteva una sobria interpretazione che prendeva in considerazione le realtà che avevano subito un mutamento in conseguenza dell'impatto con il colonialismo. Nello stesso tempo il *tasawwuf* venne rivisitato per renderlo più compatibile con il temperamento delle masse[7]. L'emergere della figura del maestro sufi era finalizzata ad autenticare le pratiche del *tasawwuf* all'interno della cornice della *shari 'ah*.

L'opera dello Shaykh Nadwi sull'eminente Shaykh Ya'qūb Mujaddidī appartiene al genere delle *malfūzāt*. Poche citazioni riportate dallo Shaykh Nadwi rivelano un mutamento nel modello del *tasawwuf*:

<<Nel corso della mia gioventù ho trascorso molto tempo in Hyderabad in compagnia dei *mashā'ikh*. La letteratura del *tasawwuf* dominava la loro discussione e non era insolito che nelle *majlis* ci si occupasse dei complessi concetti contenuti negli scritti del grande sufi Ibn 'Arabi.

In queste riunioni veniva letto anche il *Mathnawi* di Rumi. Comunque, i miei pensieri erano concentrati sullo studio del Corano e della sunna. Sfortunatamente, l'assenza di fonti testuali islamiche in queste *majālis* destò in me una certa preoccupazione. Mi aspettavo che questi *mashā'ikh* studiassero il Corano con l'aiuto di autentici tafāsīr. Non vi era però alcun segno d'interesse verso il Corano[8].

---

[7] Gli islamisti hanno bollato il *tasawwuf* come deviante. L'opera *Rabbāniyah* dello Shaykh Nadwi rappresenta una risposta probante a questa concezione erronea.

[8] Nadwi, *Suhbate bā Ahl-i-Dil* (Karachi, 1982), 62.

La spiegazione di questo fenomeno è semplice: il testo sacro cancellava qualsiasi parvenza di superiorità dei maestri e rendeva sfocate le linee della distinzione religiosa. In altri termini, non esisteva alcun monopolio sulla spiritualità. Al tempo del Profeta (pbsl), un beduino poteva recarsi alla sua *majlis* e domandare senza alcuna formalità chi fosse il Profeta di Dio (pbsl)[9].

È difficile fare un'analogia relativamente all'Altra vita. Al fine di semplificare la sua insondabile natura, il seguente esempio sarà sufficiente. Se un'unica stella del cosmo può illuminare il nostro mondo, allora per quale ragione è difficile accettare l'*hadīth* che promette la ricompensa di 100 martiri per una sunna, che invece è stata abbandonata?

Questo problema giace nella nostra differente attitudine, dal momento che trascuriamo le ricompense relative al *tajdīd* della sunna. In questo modo svalutiamo delle questioni collegate all'Islam e ne consideriamo impossibile la pratica. Di conseguenza, non sorprende la negligenza mostrata verso questioni di natura giurisprudenziale che pertengono agli atti della *salāh* e della sunna. Le nostre inclinazioni sono immerse solo nei benefici terreni. Inoltre, il mondo diviene un velo e separa le sue dure realtà. Come risultato, la conseguenza è seria: l'attaccamento ai beni terreni non può evitare la dura realtà della tomba[10].

Il discorso dello Shaykh Nadwi: nuove prospettive
Takya Kalān

Il villaggio ancestrale dello Shaykh Nadwi ha sempre risuonato con il *tawhīd* e la sobria interpretazione del *tasawwuf* allineata al Corano ed alla sunna. Non erano visibili alcun cerimoniale o rituale associato all'Islam così come

---

[9] *Ibid.*, 152.
[10] *Ibid.*, 196.

veniva praticato nei santuari. L'illustre mujāhid, Sayyid Ahmad Shahid, ha condotto una vigorosa campagna contro tutte le concrescenze religiose che minavano lo spirito dell'Islam[11].

È un truismo che il *tasawwuf* domini la vita del lignaggio degli Hasani, che ha prodotto innumerevoli *mashā'ikh* impegnatisi nel ripristino del vero contenuto del *tasawwuf*. Lo Shaykh Nadwi era fortunato di trovarsi in compagnia dello Shaykh 'Abdul Qādir Rāipuri la cui eminenza spirituale e la mente illuminata ha plasmato la sua comprensione della tazkiyah. Inoltre, l'esposizione dello Shaykh Nadwi ai diversi filoni del pensiero riformista islamico ha reso più profonda la sua comprensione del *tasawwuf* che non era ingombro di tecnicismi.

Come è stato discusso nei capitoli precedenti, il *tasawwuf* è un termine spesso diffamato a causa del regime della disciplina che un aspirante (sālik) doveva intraprendere per la sua crescita spirituale. Sembra infatti eclettico e definito dalla parvenza di pratiche sincretiste. Questo però non era il *tasawwuf* esposto dallo Shaykh Nadwi che, seguendo l'ordine della Naqshbandia, ha tracciato una linea tra le pratiche del *tasawwuf* e la promozione della tazkiyah supportata dal Corano ed esemplificata dal Profeta (pbsl).

Ci sono tre fonti che fanno riferimento al *malfūzāt* dello Shaykh Nadwi, che sono state raccolte da studiosi coinvolti con le sue attività nell'ambito dell'*islāhī*. I suoi *malfūzāt* differiscono dagli altri per le seguenti ragioni:

- Gli aneddoti sono ridotti al minimo. Il riferimento ai *mashā'ikh* intende mettere in luce la loro spiritualità (*ruhāniyat*) in ragione della sua stretta adesione alla sunna. Resoconti agiografici non solo inclusi nel discorso.

---

[11] Cfr. Nadwi, *A Misunderstood Reformer* (Lucknow, 1979), 9-16.

- Il discorso relativo all'Occidente è esaminato alla luce dei diversi viaggi e delle esperienze dello Shaykh Nadwi, la cui voce autorevole aiuta i partecipanti a sviluppare un'attitudine equilibrata verso quest'argomento. In pratica, i temi ruotano intorno al conflitto delle civiltà ed al rapporto tra materialismo e spiritualità.

- Come mentore, lo Shaykh Nadwi sollecita i partecipanti a riformare le loro vite sulla base degli insegnamenti profetici. Si riferisce agli aneddoti raccolti dalla storia islamica per dimostrare la continuità dell'islāh intesa come componente essenziale dello sviluppo del carattere (*tarbiyah*).

Rae Bareli: centro di spiritualità

La brillante comprensione della storia e degli affari correnti dello Shaykh Nadwi e la sua collaborazione con diverse organizzazioni religiose gli hanno fornito gli strumenti intuitivi ed intellettuali per metterli in relazione alla *tarbiyah*.

Le *malfūzāt* compilate da Muhammad Hasan Ansari in Rae Bareli contengono l'essenza dei pensieri dello Shaykh Nadwi e le risposte alle domande che gli venivano rivolte.

Epoca di riferimento: 1974-79

La base della mia carriera è costituita dal Corano, dalla *sīrah* e dalla storia islamica. Ho tratto un immenso beneficio dall'adab islamica in molte lingue. Secondo la mia prospettiva, il Corano dovrebbe essere l'album attraverso il quale possiamo vedere i ritratti della nostra vita.

Relativamente al carattere universale dell'arabo, lo Shaykh Nadwi ha affermato:<<Gli arabi scolarizzati preferiscono rivolgersi in inglese agli indiani. Ho incontrato un giovane arabo e la nostra conversazione è iniziata in inglese. Dopo un

poco gli ho domandato di parlare in arabo. Rimase senza parole quando si accorse della mia padronanza della lingua araba. Vi è un malinteso per cui si ritiene che il titolo Nadwi appartenga ad un'importante famiglia la cui madrelingua è l'arabo>>[12].

Durante alcuni dei miei viaggi per la *da'wah* a Medina, mi venne domandato di tenere una lezione nella Masjid al-Nabawī. Ho espresso la mia riluttanza a causa del poco tempo che intercorreva tra la preghiera del *Maghrib* e quella dell' *'Ishā'*. Dovevo inoltre tenere in considerazione che molti *musallīs* erano occupati nel *dhikr*. Tenere una lunga lezione sarebbe stata una violazione del decoro. Allora, ho raccontato il seguente episodio tratto dalla vita dell''Allāmah Iqbal e la rilevanza del *dhikr* del Profeta (pbsl) nella sua vita: <<Un *rajah* domandò ad Iqbal di tradurre in inglese molti documenti in persiano. Il rajah si assicurò che ad Iqbal fossero offerti tutti i comfort adeguati alla sua persona. Di notte, un messaggero reale entrò nella stanza di Iqbal e vide che dormiva sul pavimento. Si preoccupò per il comportamento di Iqbal e ne domandò il motivo. Iqbal allora rispose: "Il nostro Profeta (pbsl) era solito dormire sul pavimento. Questo pensiero mi ha attraversato la mente e di conseguenza non sono riuscito a sopportare il pensiero di dormire sul letto. È una questione di orgoglio osservare la sunna del Profeta (pbsl)">>.

Quest'episodio costituiva l'essenza della mia breve lezione. Iqbal ha espresso il suo profondo amore verso il Profeta (pbsl) nei suoi componimenti poetici con un linguaggio magnificente.

Nel corso di un'intervista televisiva venne domandato allo Shaykh quale fosse il luogo che gli era più caro. Dal momento che l'aeroplano stava per atterrare sulla pista, lo Shaykh Nadwi fece menzione della sua opera *Pathway to Medina*.

---

[12] Muhammad Hasan Ansari, *Sayyid Abul Hasan Ali Nadwi: Hayāt wa Kārnāme* (Lucknow, 1999), 102.

Questa era la destinazione che connette i musulmani all'amore per il Profeta (pbsl), in arabo *'ishq*, termine che non ha un equivalente in inglese per descrivere il profondo sentimento nutrito dai musulmani verso il Profeta (pbsl)[13].

Il seguente versetto (*āyah*) descrive l'importanza del *tawhīd* nelle nostre vite. Il profeta Ya'qūb domandò ai suoi figli: "Chi adorerete dopo di me?" Il profeta Ya'qūb rivolse questa domanda ai suoi figli quando si trovava sul letto di morte. Anche i genitori musulmani debbono rivolgere ai propri figli la medesima domanda quando gli articoli della fede sono messi in pericolo. In questo modo diviene chiaro il bisogno di un'educazione religiosa. Se viene mantenuta quest'attitudine positiva allora ci assicureremo che vengano prese delle misure appropriate per salvaguardare l'educazione dei nostri figli. Desidero che un poster contenente questo versetto venga distribuito su ampia scala.

Un paese non può sostenersi se non possiede pace ed armonia, indipendentemente dalle risorse disponibili ed il potere militare. Questa qualità si riflette nello spirito indomabile della resilienza e dell'autodisciplina, ed ha un'influenza positiva sulla costruzione del carattere ed i rapporti sociali.

Il valore delle cose varia con le persone. Se qualcosa privo di valore viene dato a qualcuno, lo tratta in modo sprezzante come qualcosa di mediocre. Il seguente aneddoto desunto dalle Notti Arabe illustra questo concetto:

<<Un uomo si trovava in viaggio ed affidò ad un conoscente una borsa piena di monete d'oro. Passato del tempo, costui tornò dal viaggio e domandò alla persona di riconsegnarli la borsa, ma quest'ultima rispose che non ne sapeva nulla. L'uomo allora venne colto dall'ansia e si recò dal giudice della città per raccontargli l'accaduto. Il giudice lo rassicurò che entro cinque giorni avrebbe riavuto il suo denaro. Poi ordinò

---

[13] *Ibid.*, 141-2.

che la persona che si era mostrata disonesta fosse nominata governatore di una determinata zona. Dopo cinque giorni, la parte lesa si recò di nuovo dal giudice che gli chiese di recarsi dal governatore. Quando quest'ultimo lo vide in lontananza, gli gridò: "Dove sei stato? Ti ho atteso a lungo per riconsegnarti la sua amānat (ossia la borsa piena di monete d'oro)". L'uomo era stupito della preoccupazione del governatore e lo comunicò subito al giudice. Poi domandò semplicemente: "Che incantesimo avete fatto al governatore?" ed il giudice rispose: "Quando una persona riceve qualcosa di grande, allora il valore di qualcosa di minore diviene insignificante".

Quest'aneddoto può essere applicato ai musulmani che vivono nelle diverse parti del mondo[14].

Luogo: Nadwat al-'*ulama* Guesthouse
Compilatore: Mawlana Faisal Bhatkali
Raccolta: *Majālis*-i Hasanah
Periodo: 1995-99.

Il Mawlana Bhatkali ha spiegato il motivo della compilazione di queste *Majālis* con le seguenti parole:

<<Quando ero ancora uno studente (1995-99) sono stato benedetto con l'opportunità di osservare da vicino lo Shaykh Nadwi. Nel periodo in cui ho soggiornato alla Nadwah, vi erano due *majālis*, dopo l'*Asr* e l'*Ishā'*. La *majlis* dell'*Ishā'* era frequentata da centinaia di studenti e professori e si svolgeva nella sala da pranzo della guesthouse. La *majlis* dello Shaykh Nadwi era diversa dalle *majālis* tradizionali. Spesse volte infatti rimaneva in silenzio e rispondeva alle domande che gli venivano rivolte dai partecipanti. Altre volte invece lo Shaykh raccontava degli episodi relativi ai primi musulmani e contestualizzava il loro significato per gli studenti. Lo Shaykh

---

[14] *Ibid.*, 131-2.

Nadwi cercava d'instillare nei partecipanti il rispetto e la riverenza per i *mashā'ikh*. Il messaggio della da 'wah poi dominava sempre la discussione ed era il legame che metteva in comunicazione l'eredità islamica del passato alla realtà del presente.

Man mano che queste *majālis* si svolgevano, mi venne in mente che se questi preziosi momenti non fossero stati conservati, sarebbe stato una vera perdita per la ummah. Le *majālis* rappresentano infatti nella loro essenza la presentazione dello stile della da 'wah dello Shaykh Nadwi. Inoltre in ogni sessione venivano trattati temi relativi al *tasawwuf*, agli aneddoti della vita dei *mashā'ikh*, agli orizzonti della conoscenza, ai resoconti storici ed alla letteratura. La trascrizione di ogni *majlis* rappresenta una fedele resa delle *malfūzāt* dello Shaykh Nadwi>>[15].

La ricostruzione della *malfūzāt* all'interno del loro contesto sociale è emblematica delle correnti del pensiero islamico e delle attività condotte nel mondo musulmano. Inoltre, le caratteristiche della globalizzazione appaiono in modo preminente nel discorso dello Shaykh Nadwi in ragione dello sviluppo e della presenza della tecnologia nelle nostre vite. Le seguenti osservazioni illustrano la sua poliedrica personalità:

<<La condotta reca dei risultati per colui che si dedica alla *da 'wah*. La prima condizione è il distacco dagli interessi terreni. Uno spirito d'indipendenza esercita un impatto maggiore sull'interlocutore. Il Corano e la *sīrah* del Profeta (pbsl) sono delle guide infallibili per promuovere la *da'wah* tra i non-musulmani. Il successo secondo il Corano si basa su un fattore importante, ossia la *taqwā* che crea un ambiente per coltivare delle qualità positive. Se un musulmano internalizza il vero contenuto e lo spirito della *taqwā*, allora la sua condotta personale sarà attraente per i non-musulmani. Bisogna tenere a mente che tutto quello che appare nuovo esercita un effetto

---

[15] Faisal Bhatkali, *Mājalis-I Hasanah* (Lucknow, 2011), 49-51.

sulle persone. Quindi, se i non-musulmani osservano i musulmani che compiono dei semplici gesti quali aprire o chiudere i rubinetti per gli altri, quest'azione sarà accolta favorevolmente. Un'azione semplice ed ordinaria può attrarre l'attenzione di centinaia di non-musulmani. (L'iniziativa umanitaria deve essere sostenuta per compiacere Dio). Qualche tempo fa, una delegazione palestinese è venuta a visitarmi. Nel corso della nostra conversazione, ho messo in luce una contraddizione del pensiero ebraico. Costoro affermano di aver ricevuto la scrittura divina, ma sembra non ne abbiano compreso né il messaggio né gli insegnamenti. Invece, le loro rivendicazioni si basano sul loro rapporto di discendenza dai profeti più importanti. Per queste ragioni ritengono di essere il popolo eletto, unto dal nobile sangue dei profeti di Dio. Dalla prospettiva islamica, una nobile discendenza ed i legami di sangue non hanno alcun significato. Invece, il rispetto dei comandamenti rappresenta il criterio per avere successo nell'Altra vita.

La rinascita islamica ha avuto il suo impatto sulla Turchia, uno stato laico. È interessante notare che i miei libri sono stati accolti con una certa attenzione e molte delle mie opere principali sono state tradotte in lingua turca. Secondo una stima (1999), più di trenta mie opere sono state tradotte da Yusuf Caraca ed altri esperti traduttori. La rinascita islamica, di cui oggi siamo testimoni, mostra delle tracce del mio *Saviours of Islamic Spirit*. Infatti, un resoconto dell'intelligence da parte delle autorità turche ha monitorato l'impatto dei miei libri sulla nazione turca[16].

L'umiltà e la gratitudine rappresentano delle qualità condivise dei *mashā'ikh*, il cui stile di vita incarna un'umiltà radicata in terra. La gratitudine assume diverse forme: reverenza, apprezzamento, reciprocità e riconoscimento.

---

[16] *Ibid.*, 205.

Purtroppo, questi attributi stanno lentamente diminuendo dalle nostre vite.

Ho scritto una monografia intitolata *Prophet Muhammad (pbuh) in the Mirror of His Supplication* che getta luce sul potere rigenerante della du'ā ed in cui viene enfatizzato l'impatto delle suppliche del Profeta (pbsl) che sottolineano la sua saggezza profetica e l'eccellenza morale. Un'altra dimensione delle sue suppliche era la loro eleganza letteraria che rappresenta indirettamente un'espressione intensa del loro status elevato. Nessuno scritto ha mai esaminato nel dettaglio i diversi aspetti delle du'ā.

Vorrei raccontare un episodio. Non potrò mai ringraziare Dio abbastanza perché' nel corso della tawāf, un arabo wahhabita mi prese per mano e mi disse che avevo offerto una descrizione accurata della morte del Ibrāhīm, il figlio del Profeta (pbsl). Quando gli rivolsi delle domande a proposito, lui mi rispose che il mio libro sulla *sīrah* era tra le letture obbligatorie in un college in Arabia Saudita. L'arabo si riferiva alla coincidenza tra la morte del figlio del Profeta (pbsl) ed il verificarsi di un'eclisse di sole. Il Profeta (pbsl) immediatamente cercò di evitare che le persone ritenessero che l'eclissi di sole si verificasse dopo la morte di una persona, perché' era solo un fenomeno naturale ed un segno della maestà e del potere di Dio>>.

Lo Shaykh Nadwi continuò:

<<Paragonate il comportamento del Profeta (pbsl) a quello dei leader politici. Se qualcosa del genere dovesse accadere, la sfrutterebbero subito per i loro interessi. La loro simpatica, empatia e solidarietà pretenziose sono delle coperture che nascondono i loro piani nascosti. La convenienza politica ha la precedenza sulle preoccupazioni genuine delle masse>>[17].

---

[17] *Ibid.*, 333.

Il cuore della questione

Le *malfūzāt* sono state parafrasate per i lettori che non possiedono alcuna famigliarità con i termini tecnici o i riferimenti storici nei testi. La raccolta delle *malfūzāt* di Oxford è presente nell'*Armughān-i Farang* di Akram Nadwi. Il libro tratta delle lezioni, dei discorsi e della corrispondenza dello Shaykh Nadwi con gli studiosi inglesi.

L'illustre carriera di Akram Nadwi cattura la versatilità del suo mentore, lo Shaykh Nadwi. Un erudito studioso di *hadīth*, ha completato una raccolta delle vite del *Muhaddithāt* (studiose di *hadīth* nell'Islam) in arabo[18], che di fatto costituisce il contributo maggiore in questa disciplina.

Lo Shaykh Nadwi era il presidente dell'Oxford Centre for Islamic Studies e si recava in visita ogni anno in Inghilterra per partecipare alle riunioni del consiglio esecutivo. Nel periodo che va dal 28 agosto al 1 settembre del 1991, le *majālis* venivano tenute regolarmente sia a Londra che ad Oxford. Lo Shaykh Nadwi ha commentato in modo penetrante i vari aspetti della storia e della cultura islamica. Tra gli ospiti più importanti vi era il Professor Khaliq Ahmad Nizami, un eminente studioso della storia musulmana nel subcontinente.

L'amore di Iqbal per il Profeta (pbsl) era notevole ed ogni menzione di Medina lo commuoveva profondamente. Secondo il Professor Nizami, il sistema di Iqbal operava in modo diverso. Anche quando si trovava in una conversazione, la sua lingua era occupata nella recitazione del *durūd* al Profeta (pbsl). Sebbene fosse uno studente di filosofia, il suo profondo amore per il Profeta (pbsl) era una manifestazione del potere che gli dava una grande forza interiore (anche nel corso della malattia).

---

[18] Akram Nadwi è l'autore del *Al-Muhaddithāt*, un dizionario biografico in 43 volumi che documenta il contributo delle studiose di *hadīth* negli ultimi 1400 anni.

Una volta una persona discusse con Iqbal delle lingue e criticò l'arabo. Iqbal si adirò ed osservò: "Hai parlato in modo irrispettoso della lingua del mio leader". Immediatamente domandò al suo collaboratore di scacciare la persona da casa sua[19].

Gli insegnamenti contenuti nella letteratura degli *hadīth* hanno un effetto benefico sulla società. Nella nostra comunità, il denaro sprecato nei matrimoni è evidente. Un episodio preservato negli *hadīth* illustra la semplicità del *nikāh*. 'Abdur Rahmān bin 'Awf, un importante compagno del Profeta (pbsl) contrasse matrimonio. Sulla sua veste vi erano delle tracce di profumo e, quando il Profeta (pbsl) gliene domandò il motivo, lui rispose che si era sposato. Il Profeta (pbsl) gli disse che non era stato invitato al banchetto ed 'Abdur Rahmān rispose che non voleva causare alcun inconveniente al Profeta (pbsl)[20].

Se solo i musulmani dedicassero più tempo a delle funzioni ed iniziative orientate alla *da'wah*, i benefici sarebbero immensamente gratificanti.

Non vi fu alcuna interruzione nella continuità della *da 'wah* e del *tablīgh*. Se qualche forma di *fitna* alzava il suo orribile capo, i riformatori dell'epoca l'affrontavano. Per esempio, al tempo di Hasan Basri, l'ipocrisia era piuttosto comune. I burocrati e gli ufficiali erano caduti in questo vizio. Hasan Basri vi si oppose con coraggio ed espose i pericoli di questa fitna. Ha fatto un'importante osservazione che mostra quanto l'ipocrisia fosse radicata nel tessuto sociale: <<Se gli ipocriti lasciassero i vicoli di Basra, allora la città sarebbe deserta>>.

La *da 'wah* nell'Islam gode di uno status universale, al contrario sia del Cristianesimo che dell'Islam che è privo di queste caratteristiche. Infatti, il Cristianesimo non ha un legame con l'originario messaggio portato da 'Īsā. La *da 'wah*

---

[19] Akram, *Armaghān-I Farang*, 130.
[20] *Ibid.*, 132.

invece protegge l'Islam dalla distorsione e dall'interpolazione del suo messaggio universale.

Gli indù avevano espresso preoccupazione per l'aumento della popolazione musulmana nel paese. Il Professor Nizami ha ricordato il seguente episodio: <<Un leader politico indù si lamentò con il Mawlana Abul Kalam Azad della rapida crescita della popolazione musulmana. Costui risposte con sarcasmo che i musulmani erano preparati ad assistere la crescita demografica degli indù>>[21].

L'attitudine britannica verso l'India nei giorni che hanno preceduto la partizione può essere riassunta con una parola sola: disprezzo. Il professor Rashid Ahmad Siddiqui, noto scrittore in lingua urdu, ha ricordato un'esperienza personale. In quei giorni ai musulmani veniva richiesto di viaggiare in terza classe. Lui però stava dormendo in un compartimento di seconda. Un inglese lo vide ed espresse la sua contrarietà dicendo che quella non era la terza classe disponibile per gli indiani. Il professore gli domandò dove stesse andando e l'inglese con disprezzo rispose: <<All'inferno!>>. Il senso dell'umorismo del professore fu impareggiabile, quando rispose: <<Anche io vi sto andando, ma ho un biglietto di ritorno>>[22].

Sayyid Ahmad Shahid si recò a Gwalior, che era uno stato retto da un *rajah* indù. Il Sayyid recitò l'*adhān* ed assolse alla *salāh* in congregazione (*jamā 'ah*). Questa era la prima volta che la preghiera veniva assolta nella dimora del *rajah*, che domandò al Sayyid di concentrare la sua energia spirituale in modo da poterne trarre un beneficio. (Il rispetto mostrato verso il Sayyid era immenso). Sayyid Ahmad rispose che un tale esercizio spirituale sarebbe stato possibile solo se fosse stato accompagnato dalla fede (*īmān*). Ciononostante, accettò la richiesta del *rajah*. Allo stesso modo, il Maharajah Sandhiya,

---

[21] *Ibid.*, 50.
[22] *Ibid.*, 142.

un discendente del *rajah*, mostrò un grande rispetto verso lo Shaykh Nadwi. Sua moglie visitò la dimora di Sayyid Ahmad in Rae Baeli e prese una manciata di sabbia come simbolo di benedizione (*barakah*)[23].

(In quanto membro esecutivo dell'OCIS, lo Shaykh Yusuf Qardāwī era solito incontrarsi regolarmente con lo Shaykh Nadwi). Espresse le sue impressioni sul tentativo deliberato del governo egiziano di impedire alle studentesse d'indossare l'*hijāb* all'università. L'università di Al-Azhar dichiarò che questa disposizione era anti-islamica. In seguito ad una forte polemica, il ministro dell'educazione ritirò la proposta. È interessante notare che le studentesse che in Egitto osservavano l'*hijāb* raggiungevano dei risultati eccezionali nel corso dei loro esami. Il loro successo contraddiceva la falsa percezione per cui l'*hijāb* rappresentasse una sorta d'impedimento per il raggiungimento di traguardi accademici[24].

Qardāwī ha espresso la sua preoccupazione verso l'andamento preoccupante derivato dal movimento anti-*taqlīd*. I suoi sostenitori, influenzati da Nāsiruddin Albānī, hanno cercato di mettere fine alle classiche scuole di *fiqh* per iniziare un nuovo movimento giurisprudenziale. L'Imām Hasan al-Bannā riteneva che, se le persone non posseggono il prerequisito necessario per comprendere la *shari'ah* dovrebbero osservare il *taqlīd*.

Lo Shaykh Nadwi ha riportato un esempio espressivo relativamente allo scopo ed alla funzione dell'*ijtihād*. Se gli *ulama* non avessero speso le loro energie per risolvere le questioni del loro tempo, i musulmani avrebbero dovuto fare ricorso alla legge romana.

Gli Imām possedevano una civiltà ed una cultura di *adab* nonostante le loro differenze in ambito giurisprudenziale

---

[23] *Ibid.*, 144-5.
[24] *Ibid.*, 145-6.

(*ikhtilāf*). Costoro hanno applicato le loro menti alla formulazione di un coerente sistema di legge islamica che ha riflettuto gli obiettivi superiori della *shari 'ah* (*maqāsid*). Sotto questo punto di vista, studiosi eminenti come Sa'id bin Musayyib hanno intrapreso dei viaggi ardui per porsi alla ricerca di un solo *hadīth*. (Gli standard applicati dagli studiosi erano infatti molto esigenti).

Valutazione

Le *malfūzāt* rappresentano una ricca eredità letteraria che ha messo in luce la centralità dell'*islāh* nella società musulmana. Il suo formato ed il suo stile hanno subito delle variazioni nelle diverse epoche in conseguenza di fattori di ordine socio-politico. Nella sua prospettiva è centrale l'elemento della connessione alla catena ininterrotta delle tradizioni *islāhī*. In linea con la presentazione complessiva del *tajdīd*, questo genere si è esteso nelle ampie comunità musulmane originarie dell'Asia meridionale che vivono in Europa e negli Stati Uniti.

Capitolo XVII

I temi chiave negli scritti dello Shaikh Nadwi

I seguenti passaggi tratti dagli scritti dello Shaykh Nadwi riassumono il suo contributo al pensiero islamico contemporaneo, e fanno riferimento in modo particolare alle prospettive relative all'*islāh* ed al *tajdīd*, oltre a rappresentare la sua attività orientata alla *da'wah*, che si rivolgeva sia a musulmani che non-musulmani di diversi entroterra ideologici. Il nostro studio ha mostrato le influenze molteplici che hanno plasmato la versatilità dello Shaykh Nadwi. Deve inoltre essere tenuto a mente che quest'ampio margine d'interazione favorisce la comprensione delle dinamiche del cambiamento che si pongono davanti al mondo musulmano. Di conseguenza, i suoi contributi sia in ambito accademico che relativamente alla *da'wah* erano ispirati dagli sviluppi sociopolitici, che erano caratterizzati dall'Islam e dal discorso occidentale, dai movimenti riformisti che promuovevano il *salaf al-sālih* e dalla ricerca di un'identità collettiva islamica. Queste questioni chiave sono esaminate dallo Shaykh Nadwi nei suoi scritti principali.

Orizzonti coranici

La prima rivelazione fu un evento straordinario: fu il primo contatto tra la terra ed il cielo dopo 600 anni dal tempo in cui Gesù Cristo predicò il Vangelo al mondo. Ora, questi versetti iniziali non comandano obbedienza a Dio né la Sua glorificazione, non invitano ad avvicinarsi a Lui e ad abbandonare l'idolatria, i riti ed i costumi del paganesimo. Tutti questi comandi vennero comunicati successivamente. La prima rivelazione ricevuta dal Profeta (pbsl) è stata: <<Leggi nel nome del tuo Signore, Che ha creato, ha creato l'uomo da una goccia di sangue rappreso. Annuncia che il tuo

Signore è il Generosissimo, Colui che ha insegnato l'uso della penna, ha insegnato all'uomo ciò che non sapeva>>[1].

Questo è stato un evento di immenso significato che ha esercitato un impatto importante sulla vita dell'umanità. Era l'inizio di un'era, in cui vennero compiuti degli sforzi mai visti prima per promuovere la conoscenza. Era un'era in cui la fede e la conoscenza unirono le mani per creare una nuova civiltà. Fu un'era di fede e di ragione.

Il comando relativo al leggere ed all'acquisire conoscenza doveva essere portato a termine sotto la guida di un messaggero inviato da Dio e nel Suo nome in modo che l'essere umano fosse messo nella condizione di procedere nel suo viaggio alla luce della conoscenza divina e della certezza della fede. Il riferimento alla creazione dell'uomo da un grumo di sangue rappreso significava che l'essere umano non dovrebbe cercare di superare i propri limiti, né provare esaltazione nel controllo delle forze della natura perché questo doveva essere consequenziale all'acquisizione della conoscenza[2].

La penna

Ha poi avuto l'onore di essere menzionata nella rivelazione dal momento che è sempre stata uno strumento importante per acquisire la conoscenza. Gli arabi però poco sapevano del suo utilizzo e del suo significato. I pochi esperti nell'arte della lettura e della scrittura erano noti come *kātib* o scrittori. Successivamente, la rivelazione si riferisce alle conoscenze trasmesse agli esseri umani: "Dio ha insegnato all'uomo quel che non sapeva", perché Dio è la fonte ultima della conoscenza che insegna agli esseri umani quello che è ignoto. Tutte le scoperte fatte in qualsiasi ambito sono derivate da

---

[1] Il Sacro Corano 96:1-5.
[2] Nadwi, *Islam and Civilisation*, 62-4.

quest'abilità dell'essere umano d' imparare ed ampliare l'orizzonte della conoscenza.

Questo era il punto di partenza della rivelazione comunicata al Profeta Muhammad (pbsl), che ha avuto un profondo impatto sulla successiva acquisizione della conoscenza, sulla predicazione del messaggio divino e sul modo di pensare. Ha reso la conoscenza una compagna ed un'alleata della religione che ha sempre aiutato gli esseri umani a risolvere nuovi problemi sia culturali che sociali. Da questo punto in poi la religione al cospetto della conoscenza non è mai stata né spaventata e nemmeno timida.

Il concetto di vita islamico

Il messaggio recato dal Profeta Muhammad (pbsl) ha trasformato l'intera vita degli esseri umani in un atto di devozione verso Dio, dal momento che ha proclamato che la ricerca dell'intenzione di ogni azione, sia religiosa che terrena, era quello di cui si aveva bisogno per determinare il loro valore. L'intenzione è resa nella terminologia della *shari'ah* con la parola *niyyah*, con la quale s'intende che ogni persona sarà giudicata secondo la predisposizione interiore con cui ha compiuto una determinata azione. Ogni azione compiuta sinceramente con l'intenzione di obbedire ai comandi di Dio può rappresentare un mezzo per avvicinarsi a Lui. Tutto quello che viene compiuto per compiacere Dio, in ogni ambito dell'esistenza, viene incluso nella religione. Al contrario, tutti gli atti, compresi quelli di culto, qualora siano privi dell'intenzione di compiacere Dio e di conseguire la salvezza nell'Altra vita, divengono irreligiosi[3].

---

[3] *Ibid.*, 59-60

Gli *hadith*

Le azioni e le parole del Profeta Muhammad (pbsl) sono vivificanti, efficaci e significative ed hanno sempre aiutato le persone ad esercitare un autoesame e li ha spinti a combattere contro l'ingiustizia ed il male, la deviazione e le innovazioni nelle norme religiose e nelle usanze della vita sia pubblica che privata. Hanno dato vita a persone virtuose in ogni epoca e paese che hanno intrapreso il processo di riforma e rinascita, hanno combattuto contro delle credenze superstiziose e delle dottrine erronee ed hanno invitato le persone a tornare allo stile di vita islamico. Gli *ahādith* del Profeta (pbsl) per questa ragione sono rimasti sempre l'ancora di ogni comunità religiosa; la loro diligente conservazione, propagazione e studio rappresenta un prerequisito per la continuità degli standard sociali, culturali, intellettuali, morali e spirituali dello stile di vita islamico.

La sunna del Profeta (pbsl) conservata in numerose collezioni di *ahādith* ha sempre rappresentato una fontana di genuino pensiero islamico a supporto del desiderio appassionato di riformare e rinnovare la società musulmana. I riformatori di ogni tempo hanno dedotto dagli *hadith* una conoscenza accurata della fede e del pensiero islamico, su cui hanno fondato la loro tesi e le argomentazioni. Ha costituito anche la forza che sosteneva il loro fervido entusiasmo nell'invitare le persone a tornare alla vera fede e nel combattere ogni norma o costume inadeguato. Così sarà fino alla fine dei tempi per chiunque intenda assumere un'iniziativa di riforma al fine di creare un legame tra la vita delle persone e l'esempio perfetto del santo Profeta (pbsl). Bisogna fare ricorso agli *ahādith* se si vuole provvedere ai bisogni di una società in mutamento secondo i principi della fede e della moralità enunciati dall'Islam[4].

---

[4] Nadwi, *Role of the Hadith in the Promotion of Islamic Character and Attitude*, 302.

L'Islam ed il rinnovamento dell'umanità

L'avvento del potere musulmano e della civiltà islamica nel primo secolo dell'Hijrah sono stati eventi di ineguagliabile significato nello sviluppo morale e sociale degli esseri umani. Questi eventi hanno affrontato il "mondo della Jāhiliyyah" con una crisi mai vista prima. L'Islam non era più solo un movimento religioso, ma emerse come una civiltà progressista e piena di vita ed energia.

La società islamica venne pensata e creata su solidi fondamenti spirituali. L'enfasi reale era riposta non sulla prosperità materiale ma sullo sviluppo di una fibra morale e su di un orientamento metafisico della vita. L'anima dell'uomo era libera dalle contraddizioni all'interno di questa cornice. Non vi era alcuna forma di avidità, nessun desiderio per il potere o le ricchezze. Il governo promuoveva con fermezza l'equità e l'eguaglianza e si riteneva responsabile per la prosperità sia morale che spirituale della sua gente. I suoi governatori e gli amministratori erano noti per le loro qualità morali e per l'ascetismo.

Quanti erano entrati nella comunità islamica potevano impegnarsi in modo più efficace per la rinascita sia morale che spirituale dell'umanità, promuovendo il bene e proibendo quanto è riprovevole. Le rigeneranti correnti dell'Islam scorrevano nel mondo, dando agli esseri umani una nuova vita ed infondendo uno straordinario entusiasmo per il progresso. I valori perduti dell'esistenza erano stati riscoperti. Il paganesimo era considerato reazionario e la conversione all'Islam era invece interpretata come un segno di progresso. Anche le nazioni che non sono state direttamente influenzate dall'Islam, hanno tratto beneficio, sebbene in modo inconscio, dai nuovi impulsi creativi rilasciati dal suo impatto in molte parti del mondo. Numerosi aspetti del loro pensiero e della cultura testimoniano il magico tocco dell'Islam: tutti movimenti riformisti nati in seno alle loro comunità recano infatti i segni delle influenze islamiche.

Un dono universale dell'Islam all'umanità è stata la fede nell'unità e nell'unicità divina. I musulmani hanno esposto la dottrina del monoteismo (*tawhīd*) senza compromessi e di conseguenza quanti sostenevano una diversa fede si sono sentiti in dovere di fornire prove e ragioni delle loro credenze[5].

La rinascita della fede

Per conseguire quest'obiettivo il mondo islamico dovrà ritrovare le sue radici spirituali e ribadire la sua dedizione all'Islam. I musulmani non hanno alcun bisogno di una nuova religione, di una nuova legge canonica, o di un nuovo set di insegnamenti morali. Come il sole, l'Islam non sarà mai antico perché il messaggio profetico di Muhammad ha la qualità di essere fuori dal tempo; dopo di lui non vi è stato e non vi sarà nessun altro profeta. La Sua religione è eterna ed i suoi insegnamenti sono immortali. I musulmani però hanno bisogno della rinascita della fede perché non si possono affrontare delle nuove sfide e rischi con una fede dilapidata e delle pratiche non autorizzate. Un edificio devastato non può resistere ad un'inondazione. Si deve avere una fede vivente, raggiante ed inflessibile nella causa che si cerca di sostenere. Se il mondo islamico aspira ad infondere un nuovo entusiasmo ed una nuova vita nell'umanità, per dargli il coraggio di resistere e per resistere ai torrenti del materialismo e dell'ateismo, dovrà per prima cosa produrre quell'entusiasmo e quella vita in sé stesso.

I musulmani dovranno rigenerarsi dal loro interno. Non possono affrontare le sfide imitando le forme culturali ed i

---

[5] Nadwi, *Islam and the West*, 85-7.

concetti sociali dell'Occidente, perché ogni forma d'imitazione è destinata a rendere le persone più deboli. I musulmani possono impegnarsi solo attraverso la loro forza interiore, rispetto alla quale l'Occidente sta diventando sempre più debole. Il segreto della forza musulmana si trova nella fede nella ricompensa divina nell'Altra vita. Se il mondo musulmano diviene preda del materialismo al pari dell'Occidente, quest'ultimo con la sua superiore conoscenza materiale e potere ha un maggiore diritto di vantare una sorta di superiorità.

La storia testimonia che i musulmani sono diventati indifferenti verso il valore della loro forza interiore e le sorgenti del vigore spirituale che avevano dentro di loro si sono inaridite. Poi sono sorte delle occasioni che domandavano una espressione di fede, e così i musulmani hanno provato ad attingere da quella forza, ma con grande dolore scoprirono che li aveva lasciati tempo prima. Poi sorse su di loro l'idea di aver compiuto una grande ingiustizia verso se stessi nel trascurarla ed hanno compiuto degli sforzi frenetici per ripristinarla, ma ogni sforzo si è rivelato vano.

Durante questi periodi sono accaduti degli eventi nel corso dei quali l'onore dell'Islam sembrava essere in pericolo, e si sperava che tutto il mondo islamico si destasse interamente per difendere i diritti sacri, ma non è accaduto nulla oltre a qualche mormorio o fremito qui e là. Sotto la superfice, ogni cosa rimase morta ed immobile.

L'impegno maggiore davanti ai leader ed ai pensatori musulmani oggi è quello di riaccendere la fiamma della fede nei cuori dei musulmani. Sotto questo punto di vista, debbono fare tutto quello che hanno fatto i primi musulmani nell'ambito della diffusione della loro fede utilizzando tutte le opportunità che la modernità ha posto nelle loro mani[6].

---

[6] *Ibid.*, 188-9.

Le benedizioni divine

L'attitudine di Dio verso l'umanità è opposta a quella degli esseri umani verso i loro simili. Dio non resta deluso dagli esseri umani ed i Suoi favori e benedizioni discendono costantemente su di loro. Ogni bambino che nasce dimostra che Dio non ha perduto la speranza nell'umanità. Ogni singola goccia di pioggia che cade dal cielo ed ogni stele di grano che spunta dalla terra mostrano che Dio non è dispiaciuto dell'uomo. Il sole sorge ogni mattina per donare luce e calore e diffonde la sua luce riposante e rilassante sul mondo. Tra le miriadi creazioni di Dio, l'essere umano rimane la più meravigliosa e la più cara a Dio. L'intero mondo è stato creato e conservato per gli esseri umani.

Nella nostra epoca però gli esseri umani con il loro comportamento dimostrano che il genere umano, la migliore creazione di Dio, non è degna di alcun rispetto. Gli esseri umani sfruttano, opprimono ed uccidono altri esseri umani come se in loro non vi fosse alcun bene. Sembra che gli esseri umani vogliano dimostrare nel tribunale divino che l'umanità è degna di essere sterminata. Sembra che vogliamo provare che gli angeli furono nel giusto quando affermarono davanti a Dio che gli esseri umani avrebbero diffuso la distruzione sulla terra ed avrebbero versato il sangue[7].

La cultura indo-islamica

La struttura culturale dei musulmani è determinata da due fattori maggiori: 1) La fede, lo stile di vita ed il sistema etico islamico, 2) La civiltà locale ed indigena che esercita una certa influenza sulla vita della popolazione.

Il primo costituente della fede, dello stile di vita e del codice di etica islamica rappresenta l'attributo comune della

---

[7] Nadwi, *Introduction to Islam*, 151.

composizione culturale di tutti i musulmani. In qualunque posto vivano e qualunque sia la loro lingua o abito, quest'attributo è da loro condiviso a livello universale e per questa ragione emergono come membri di una singola fratellanza, nonostante le differenze locali. L'altra componente indica quella parte della loro cultura che li distingue dai loro correligionari che vivono in altre parti del mondo e determina il carattere nazionale individuale. Dal punto di vista della fede, della moralità e dello stile di vita islamico, i musulmani indiani, insieme ai musulmani delle altre terre, possiedono una civiltà distinta per cui non vi è titolo più appropriato o comprensivo di "civiltà abramitica". Questa civiltà ha tre attributi essenziali che hanno impresso il loro marchio sull'intero progetto spirituale, intellettuale e sociale e gli hanno dato un gusto ed un carattere propri. I tre attributi sono: timore di Dio, monoteismo (che è stato insegnato da tutti i profeti inviati da Dio all'umanità dopo Ibrāhīm, la cui elaborazione completa si trova nel Corano), ed una consapevolezza permanente e naturale della dignità e dell'eguaglianza umana che non ha mai abbandonato la mente musulmana. Queste caratteristiche conferiscono una personalità distinta alla civiltà abramitica. Per quello che ne sappiamo, in nessun'altra civiltà queste caratteristiche sono così evidenti[8].

L'identità comunitaria musulmana

Noi musulmani indiani abbiamo deciso con fermezza che non abbandoneremo la nostra patria. Nessun potere su questa terra, se non Dio solo, può indurci a mutare la nostra decisione, che abbiamo maturato né per debolezza o disperazione o per convenienza. Al contrario, la nostra

---

[8] Nadwi, *Muslims in India*, 67-8.

decisione è giunta dopo una piena elaborazione della questione.

Nella nostra patria noi, come musulmani indiani, dobbiamo mantenere il nostro credo distintivo e la nostra cultura, i nostri precetti religiosi e lo stile di vita. Non siamo preparati ad abbandonare e non abbandoneremo nemmeno la più piccola porzione della nostra fede.

Come cittadini di questo paese, abbiamo il diritto di vivere in questa nostra terra con dignità e libertà. La costituzione dell'India e le idee democratiche e secolari ci concedono questi diritti. È sbagliato ed è un concetto errato pensare che saremo disposti a vivere in questo paese sacrificando la nostra fede, le tradizioni, la lingua e la cultura. In questo caso, il paese non sarebbe più una patria ma piuttosto una prigione per l'intera comunità, dove si viene condannati ad una vita indignitosa e piena di umiliazioni. Siamo senza ombra di dubbio figli di questa terra e non siamo secondi a nessuno nel nostro amore e rispetto per essa, ma nello stesso tempo abbiamo accettato la fede islamica e la sua visione del mondo.

Qualunque sia la terra di nascita e la nazionalità di un musulmano, non può abbandonare la sua cultura abramitica. Quindi, non ci sia dubbio sulla nostra intenzione di vivere in questa terra come cittadini liberi e rispettabili di un paese libero, in cui domandiamo quanto ci spetta e di cui ci assumiamo le responsabilità relative all'amministrazione ed allo sviluppo. Non vi è assolutamente alcuna ragione per cui dovremmo essere considerati cittadini di seconda classe. La libertà e la dignità sono due diritti inalienabili degli esseri umani, garantiti dai valori umani, morali e legali di una società civilizzata; la loro negazione non ha mai condotto a risultati felici[9].

---

[9] Nadwi, *Islam: The Perfect Religion and Way of Life*, 17-9.

Islam e Occidente

La salvezza del mondo occidentale è possibile solo attraverso il riconoscimento del fallimento intellettuale e morale relativamente alla cornice dell'esistenza sociale e comunitaria e alle questioni esistenziali, volgendosi alla religione ed alla rivelazione profetica per ricevere la guida necessaria. Solo una religione che fornisce alle nazioni occidentali la giusta concezione di Dio, dei Suoi attributi e dei Suoi nomi; che ispira la mente occidentale con l'amore ed il timore, che risveglia l'anima senza indebolire l'intelletto, che crea una forte fede nell'Altra vita quando l'uomo sarà chiamato a rendere conto di tutte le sue azioni, segrete ed aperte, che fornisce una guida pratica e sostanziale contenuta nell'esempio del Profeta (pbsl)- solo questo tipo di fede può prevenire il collasso dall'interno della civiltà occidentale.

Ma forse questa non sarà una religione nel senso occidentale del termine. Piuttosto, sarà un ordine sociale completo, il cui funzionamento è stato esemplificato nelle vite di milioni di esseri umani che appartengono a diversi periodi storici ed in conformità con l'amministrazione ed il governo di molti paesi ed imperi. Questa religione sarà libera dal monasticismo della Cristianità, dal materialismo dell'Occidente moderno, dalle pratiche e dalle credenze dell'antica India, dalla vita lussuosa degli antichi persiani, dalla mollezza e dagli eccessi estetici dei Greci e dal rigore eccessivo degli stoici. Dovrebbe ripudiare il nazionalismo e mettere una luce il dovere essenziale di tutte le nazioni, dei gruppi etnici e delle classi sociali. Dovrebbe rendere l'essere umano altruista e libero dalla dominazione del desiderio e quindi capace d'impiegare le sue energie per i compiti costruttivi della civiltà. Questo tipo d'insegnamento con tutte le qualità che ho enumerato esiste ancora nel Corano, l'unico libro religioso privo di intervento umano e mantenuto nella sua pristina purezza. Il messaggio del Corano può infondere una nuova vita nelle nazioni del mondo, e la sua inesauribile ricchezza intellettuale è capace ancora di affrontare i problemi dei tempi moderni. La profondità di pensiero del Corano rimane accessibile alla comprensione umana senza l'aiuto d' interpretazioni elaborate.

Allo stesso modo, la vita del Profeta (pbsl) e la saggezza dei suoi insegnamenti sono applicabili a tutti e coprono una varietà di situazioni e di problemi. Per i ricchi ed i poveri, per i giovani e gli anziani, per i mariti o i padri, per le mogli o le figlie, per i governati ed i governanti, in pace ed in guerra- il Corano e la vita del Profeta (pbsl) forniscono una serie di principi e di norme per mezzo dei quali anche le mutate condizioni della vita moderna possono essere arricchite e guidate verso un equo ordine sociale che permette a tutti gli esseri umani l'opportunità di soddisfazione.

Le nazioni occidentali per tornare all'Islam hanno bisogno di un enorme coraggio morale, che richiede a sua volta l'ammissione del fallimento: questo impedisce loro di intraprendere il giusto cammino. Quanti in Occidente detengono il potere preferiscono vedere le nazioni distrutte, i paesaggi e le risorse devastati, l'intera umanità gettata nella disperazione piuttosto che fare quest'ammissione. Un falso senso di prestigio e l'orgoglio nel progresso scientifico e materiale impedisce loro di volgersi verso quel profeta illetterato che solo offre una speranza di salvezza. Il risultato di questa presunzione è che generazioni di esseri umani si trovano dinanzi alla possibile distruzione di tutta l'esistenza[10].

Le sfide della *da'wah*

Si dovrebbe essere edotti nella psicologia umana ed avere una buona padronanza linguistica. La competenza linguistica

---

[10] Nadwi, *Muslims in the West*, 50-52.

infatti riveste una straordinaria importanza nell'ambito della *da'wah*. L'Islamic Foundation (Leicester) merita del credito perché ha compiuto ogni passo possibile per presentare il messaggio dell'Islam nell'idioma migliore. La sua produzione di opere sull'Islam in un inglese classico e comprensibile avrà un lungo impatto nella diffusione del messaggio dell'Islam. Oltre al senso comune ed alla consapevolezza della *forma mentis* delle persone cui ci si rivolge, la *da'wah* deve ben articolata. Alcune persone tendono a pensare che il linguaggio sia irrilevante nell'ambito della *da'wah* perché ritengono che consista nel rendere manifesti i propri punti di vista in qualunque forma. Comunque, nel leggere i sermoni di Sayyid Abdul Qadir Jilani e dell'Imam Hasan al-Basri si comprende l'importanza attribuita all'effettiva presentazione dei loro punti di vista. Questi sermoni riflettono la loro padronanza delle sfumature del linguaggio al fine di esercitare un impatto sul loro pubblico. Le abilità oratorie e retoriche di Hajjaj e di Hasan al-Basri sono abbastanza uniche. Hasan al-Basri superava Hajjaj sotto questo punto di vista. Ali Murtada era indubbiamente il signore della retorica e dell'oratoria. Anche Ibn al-Jawzi ha mantenuto un alto standard di competenza linguistica nelle sue opere. Come studente di lingua araba, di letteratura e creatore di antologie di opera arabe, mi sono imbattuto in passaggi che contengono delle eccellenti qualità letterarie nelle opere di Ibn Taimiyyah e dello Shaykh Muhyi al-Din ibn al-Arabi. Sebbene non siano considerati maestri della lingua araba, sono consapevoli dell'importanza del linguaggio per esprimere dei punti di vista. Sayyid Abdul Qadir Jilani ha condotto una vita di ascetismo e rinuncia, eppure i suoi discorsi riflettono una certa preoccupazione per le amenità linguistiche. Generalmente parlando, questi sermoni sono più affidabili ed autentici dei decreti reali delle opere letterarie, perché le persone apprezzavano in modo particolare questi discorsi ed hanno esercitato una grande cura nella loro trasmissione.

Rappresentano, quindi, una riproduzione veritiera delle parole utilizzate dai santi. Quando si leggono le raccolte di questi sermoni, si rimane meravigliati dalla loro eloquenza, dal potere della retorica e dall'efficacia del loro linguaggio.

Quindi, oltre alla conoscenza ed all'erudizione, è importante possedere anche un linguaggio potente ed efficace. L'ingrediente più importante è la sincerità ed il bisogno di persuadere gli altri. Se si scrive di qualcosa che si sente nel profondo del cuore, si può avere sul pubblico dei lettori o degli ascoltatori l'effetto desiderato. Tenendo quindi in considerazione queste parti della *da'wah*, sia in forma orale che scritta, si raccoglieranno dei frutti in Occidente, nei tempi soggetti a mutamento e su quanti parlano diverse lingue. Dio concederà i migliori risultati per la *da 'wah*[11].

La *da 'wah*: una responsabilità musulmana

Fratelli e sorelle, non vi trovate qui solo per guadagnare e spendere. Qualsiasi comunità può farlo. Siete qui per guadagnare secondo i vostri bisogni, ma dovete anche essere consapevoli della vostra missione e presentare agli americani un diverso stile di vita. Dovete recitare l'*adhān* per risvegliare le loro menti ed offrire la *salāh* in modo che possano essere indotti a riflettere. Conducete una vita pura in modo che sviluppino una sorta di repulsione per quanto è degenerato nel loro modo di vivere. Praticate la moderazione al fine che comprendano la follia dell'eccessivo auto-permessivismo. Liberatevi dal dominio delle macchine, vivete in modo calmo, sereno e raccolto in modo che possano comprendere dove si trova la vera pace. Riscoprite il mondo che si trova dentro di voi e sviluppate la spiritualità che potrebbe essere sentita da coloro che entrano in contatto con voi. Desidero che i devoti servi di Dio, persone dal cuore illuminato, vengano a vivere

---

[11] Nadwi, *Da 'wah in the West*, 16-8.

qui ed insegnino alle persone che sono disgustate della vita "coloro che credono, i cui cuori trovano soddisfazione nel ricordo di Dio. Senza dubbio nel ricordo di Lui i cuori trovano soddisfazione"[12].

Oggi solo i musulmani possono recare questo messaggio, ma dove si trovano? Una nazione o una comunità musulmana ha il coraggio di dire agli americani che "nel ricordo di Dio i cuori trovano la pace?" I musulmani stessi non sembrano più credere a questa verità. Come possono quindi comunicare il messaggio dell'unità divina agli altri quando loro stessi hanno perduto la fede nell'efficacia della preghiera, nel potere divino su tutte le perdite ed i guadagni, e nella preordinazione del bene e del male? Come possono costoro, che rispettano gli americani in quanto da loro ricavano il pane quotidiano, dire loro che solo Dio è Colui che concede il sostentamento?

Per prima cosa, cercate di trovare la fede in voi stessi, assolvete alla preghiera e trascorrete del tempo ogni giorno nella meditazione, risvegliate la sensibilità che è stata inaridita dal fumo delle fabbriche; rinfrescate le vostre anime, sistemate lo scopo delle vostre vite, leggete il Corano ogni giorno, studiate la vita del Profeta (pbsl) e cercate in essa la luce, e poi comunicate agli americani il messaggio dell'Islam.

Solo l'Islam è la religione che non disapprova la natura umana, ma dichiara che è essenzialmente pura e senza macchia. Dio ha dato all'essere umano una natura innocente, un'inclinazione verso la bontà e solo noi l'abbiamo degradata. L'uomo è per natura onesto; se viene lasciato ai suoi istinti naturali, seguirà il giusto cammino. Prima di tutto, comprendete queste verità, fate che abbiano un impatto in voi stessi, nei vostri cuori e nelle vostre menti e poi introducete tutto questo agli americani.

---

[12] Il Sacro Corano 13:28.

Voi siete una comunità con uno scopo e gli araldi di un messaggio. Non si addice che diveniate degli animali a due zampe che vivono solo per nutrirsi e procreare[13].

La supplica: l'evidenza della profezia

Il Profeta (pbsl) ci ha insegnato come supplicare Dio ed arricchire il tesoro dell'umanità e gli archivi della letteratura mondiale con le gemme delle suppliche, che sono secondi solo al Sacro Corano per quel che concerne la brillantezza ed il lustro. Il Profeta (pbsl) si è rivolto a Dio con parole commoventi e piene di significato, adatte ed opportune: non potranno mai essere superate da alcuna eloquenza. Queste suppliche vivono come l'ultimo miracolo compiuto dal Profeta (pbsl), testimonianza monumentale alla sua missione profetica. Le parole di queste suppliche dimostrano che scaturiscono dalla lingua di un messaggero di Dio. Riflettono la luce della profezia e la fede di un profeta. Respirano l'umiltà di un perfetto servo, la fiducia e l'orgoglio di qualcuno che è amato dal Signore dei mondi.

Le sue parole sono caratterizzate dalla semplicità della natura profetica, e dalla linearità di un cuore angosciato ed agitato. Queste suppliche sono caratterizzate dalle preghiere appassionate e dalle ansie di chi si trova nel bisogno con la cura e la profonda riverenza mostrata da qualcuno che è consapevole dell'augusto decoro della corte del Signore dei mondi. Le parole pulsano della disperazione di un cuore sanguinante e dell'agonia della sofferenza insieme alla fede benedetta in Colui che cura e soccorre.

In aggiunta ai loro valori spirituali ed espressivi, le suppliche del Profeta (pbsl) posseggono un alto standard letterario. In qualità di rarità letteraria e capolavori, sono insuperabili nel panorama della letteratura. Molti critici

---

[13] Nadwi, *Muslims in the West*, 112-3.

hanno assegnato un alto valore letterario alle lettere personali in ragione della loro spontaneità ed informalità e poiché contengono una franca espressione delle emozioni. Costoro però non sanno -come disse un poeta in urdu- "che dietro le stelle esistono dei mondi".

Vi è anche un'altra forma di letteratura che supera le lettere personali in franchezza e spontaneità, ed in cui scompaiono tutte le maschere e le formalità della comunicazione. L'oratore mette a nudo il suo cuore in tutta sincerità e la lingua parla per il suo cuore. Quando si rivolge a Dio, si solleva al di sopra delle considerazioni dell'ovazione e dell'applauso e si rivolge al suo Creatore, spinto dagli ordini impartiti dal suo cuore. Questa sublime forma di letteratura è chiamata "preghiere devozionali" (*munājāt*)[14].

---

[14] Nadwi, *Prophet Muhammad in the Mirror of His Supplications*, 11-3.

Conclusione

Una presentazione olistica della poliedrica personalità dello Shaykh Nadwi rivela delle interessanti intuizioni nelle diverse linee del pensiero islamico che hanno aiutato a plasmare il destino della *ummah* musulmana. I modelli emergenti di erudizione transnazionale hanno esercitato un'influenza diretta sulla sua percezione della comunità islamica che andava incontro ad importanti mutamenti in risposta alla globalizzazione, alla modernità ed agli sviluppi geopolitici. Nessuno studioso potrebbe ignorare i venti del cambiamento nel definire il mutamento fondamentale dell'*islāh* e del *tajdīd*. Questo concetto elaborato dallo Shaykh Nadwi nelle sue opere più importanti reca i segni del *salaf al-sālih* e delle situazioni in cui si trovarono gli *ulama* mentre affrontavano le sfide del loro tempo.

Il nostro studio rappresenta un modesto tentativo di identificare le caratteristiche prominenti che hanno contribuito al profilo di riformatore dello Shaykh Nadwi. La cronologia della sua vita fornisce l'immagine di un *'ālim* che ha contribuito in maniera significativa al pensiero islamico contemporaneo. La sua versatilità in arabo ed urdu insieme all'attenzione per i ricchi generi letterari, combinata con la sua competenza nella lingua inglese, hanno reso disponibili diverse opportunità per comprendere la rinascita islamica ed il suo impatto sul mondo musulmano.

Ciascuno scritto biografico ha preso in considerazione l'insieme di discorsi molteplici che hanno plasmato la vita e l'epoca delle personalità. Sotto questo punto di vista, lo Shaykh Nadwi non è un'eccezione. Come il presente studio dimostra, la sua relazione con personalità ed organizzazioni di diverso entroterra avrebbe necessariamente condotto ad interpretazioni divergenti. Infatti, sarebbe stata una pretesa esagerata affermare che lo Shaykh Nadwi ha goduto dell'ammirazione e del rispetto di tutti i suoi correligionari.

Questa ingenuità deriva dal concetto dell'ismat 'alā al-khatā che rifiuta ogni forma di valutazione critica delle figure islamiche, in questo caso, di un *'ālim*. In realtà, la tendenza all'agiografia impedisce e preclude ogni forma di ricerca obiettiva ed imparziale. Di conseguenza, sono state esaminate con attenzione le questioni principali presenti negli scritti dello Shaykh Nadwi. Secondo alcuni studiosi, una esigua minoranza, i suoi studi sugli *hadith* erano superficiali se paragonati ai contributi di altri eminenti *'ulama*. Questo punto di vista è insostenibile quando si prendono in considerazione le sue introduzioni (*muqaddimāt*) ai maggiori commentari in lingua araba. Allo stesso modo, il suo studio del Corano era profondo come si evince dalle sue opere più famose. Comunque, la sua produzione erudita viene sminuita dalle affermazioni secondo cui la sua conoscenza storica mise in ombra quella dell'esegesi coranica. Da un altro punto di vista è egualmente possibile affermare che la competenza dello Shaykh Nadwi nell'ambito dell'esegesi coranica era periferica se paragonata al vasto corpus degli studi coranici scritti da sui contemporanei. Questo punto di vista deve essere comunque considerato egualmente erroneo, dal momento che i suoi insegnanti erano degli illustri *mufassirīn* che hanno lasciato delle impressioni indelebili nella sua competenza nell'ambito del *tafsīr*. Nel contesto dell'Asia meridionale, l'associazione dello Shaykh Nadwi con la Tablighī Jamā'at era considerata reazionaria in modo particolare per sua prospettiva riformista di stampo puritano. Quando poi venne fondato il Payām con delle specifiche finalità per risolvere delle questioni di ordine morale che interessavano i cittadini indiani indipendentemente dal credo, venne accusato di promuovere la *wahdat al-adyān*, ossia l'unità delle religioni che ricordava il sincretismo religioso dell'imperatore Akbar. Invece il dialogo interreligioso dello Shaykh Nadwi rappresentava un tentativo coraggioso di cercare un terreno comune per una coesistenza armoniosa tra le diverse fedi. In modo simile, i salafiti hanno criticato con veemenza la sua associazione con il *tasawwuf* in tutte le sue manifestazioni. Sul suolo indiano, gli *Ahl-i Hadith* hanno egualmente condannato la sua valorizzazione del *tasawwuf* che esprimeva la prospettiva del salaf al-sālih. Paradossalmente, le tendenze sufi dello Shaykh Nadwi vennero distorte per progettare i deboli legami della Nadwah con la *Salafiyyah*, in ragione dei suoi legami con il mondo arabo. Questa relazione contraddittoria esprime chiaramente l'ambivalenza che ha caratterizzato la sua vita intellettuale.

L'India dopo la partizione ha offerto una relazione simbiotica tra un ideale fondato nel passato medievale ed un presente in cui gli ideali democratici avrebbero potuto salvaguardare l'identità comunitaria dei musulmani indiani. In questo contesto più ampio dobbiamo esaminare i molteplici discorsi islamici e gli stessi contributi dello Shaykh Nadwi, che gli hanno consentito di articolare in modo autorevole il suo paradigma di autenticità islamica. La sua opera pionieristica *Rise and Fall of Muslims* rappresenta un tentativo coraggioso di collocare il ruolo dell'Islam negli eventi mondiali. Questo punto di vista ha mostrato il primato del Corano e della Sunna esemplificata all'intendo della distintiva cornice del salaf. La proiezione di questa visione trova una piena espressione nella sua opera multivolume *Saviours of Islamic Spirit* che delinea le caratteristiche del tajdīd dai primi anni dell'Islam al diciottesimo secolo.

Secondo la tesi dello Shaykh Nadwi, non vi mai stata nella storia islamica una frattura nella storia islamica nei termini dei mujaddid e per un'interpretazione radicale dell'Islam. Da un'altra prospettiva, l'Islam possiede lo spirito dinamico che lo rende capace di conservare il suo carattere distintivo nell'affrontare le sfide del tempo. In uno specifico contesto storico, si riferisce alle tendenze emergenti della civiltà occidentale ed alla sua pervasiva influenza sul mondo musulmano. Lo Shaykh Nadwi offre una soluzione pragmatica: i musulmani dovrebbero trarre beneficio dai contributi scientifici e tecnologici dell'Occidente, ampliando nello stesso tempo l'attività della *da'wah* in questi paesi. Un'altra dimensione della *da'wah* è rappresentata dall'*adab* islamica, che ha la potenzialità di fermare l'ondata dell'irreligiosità e dell'immoralità diffusa nella letteratura occidentale. Il ruolo ammirevole della Rābita Adab sotto la leadership visionaria dello Shaykh Nadwi ha creato un forum per gli studiosi di diversi orientamenti per creare dei ponti e promuovere l'ethos nella letteratura. Il suo principio guida era la consultazione invece del confronto, come traspare nelle decisioni che ha dovuto prendere con i suoi collaboratori per disinnescare le crisi che altrimenti avrebbero avuto delle tragiche conseguenze per i musulmani indiani. Il contributo singolare dello Shaykh Nadwi era il suo approccio pratico alle situazioni d'importanza socio-politica. Ha messo in guardia i musulmani verso l'eccessivo sentimentalismo ed ha promosso i mezzi democratici attraverso cui i diritti inalienabili di ogni cittadino indiano potevano essere salvaguardati. Quest'attitudine spiega la sua astensione dalla politica di partito e la salvaguardia della sua indipendenza per esprimere dei punti di vista che altrimenti avrebbero richiesto una certa accondiscendenza.

Benché fossa un riluttante attivista, lo Shaykh Nadwi è stato trascinato nella politica a causa delle preoccupazioni per il futuro dei musulmani.

Ha comunque continuato ad evitare ogni forma di vanità e ad aborrire ogni forma di corruzione. Secondo la sua prospettiva una società islamica può prosperare solo se il Corano e la Sunna divengono le sue guide infallibili. Quindi, i musulmani erano chiamati a mostrare una certa perseveranza e ad evitare delle pratiche che si opponevano allo spirito islamico. I depositari della *turāth* islamica erano le istituzioni, gli *'ulama* ed i *mashā'ikh* che hanno contribuito in modo significativo al

Rinascita islamica in India. Lo Shaykh Nadwi ha mostrato un grande apprezzamento verso costoro e fu nella condizione di mostrare in che modo un Dār al-ʿUlum come la Nadwa venisse ricevuto calorosamente nel mondo arabo in qualità di istituzione islamica di insegnamento superiore. Il suo Muslims in India ha poi rafforzato il suo punto di vista secondo cui i musulmani indiani rappresentavano una parte integrante degli sviluppi intellettuali nel mondo musulmano.

Dal momento che le sorti dei musulmani indiani furono soggette ad una drammatica trasformazione dopo il 1947, vi era un bisogno pressante di salvaguardare l'identità corporativa musulmana in relazione alle dominanti controparti indù. Oltre agli sforzi nell'ambito dell'*islāh* da parte della Tablighī Jamā'at, lo Shaykh Nadwi riuscì ad espandere la base della sua *da ʿwah* attraverso il Payām. Il movimento auspicava la *wahdat al-akhlāq* (unità della moralità) che promuoveva i valori fondamentali condivisi dall'umanità. Lo Shaykh Nadwi si rapportava al Payām dalla prospettiva islamica e la *da ʿwah* auspicata era basata sul modello profetico che aveva una rilevanza per gli esseri umani di tutte le epoche. Allo stesso modo, la sua critica del nazionalismo nel mondo arabo che lui paragonava alla *Jāhiliyyah* non era casualmente applicata al nazionalismo indiano. Lo Shaykh Nadwi ha ritenuto che una società islamica può prosperare sotto la costituzione indiana che si fonda sui principi della democrazia, del secolarismo e della non-violenza. Il suo spirito patriottico ha aperto la via per un'accettazione più ampia da parte degli indù della devozione della comunità musulmana e l'attaccamento alla patria. Un paese laico come l'India garantiva la salvaguardia delle pratiche religiose musulmane e lo Shaykh Nadwi attraverso delle istituzioni come l'AIMPLB ed il Dīnī Taʿlīmī Council ha resistito al tentativo del governo di sminuire l'identità comunitaria (*tashakhkhus*) dei musulmani indiani. Questo approccio era in linea con la preferenza del *Mujaddid* nell'andare incontro alla nobiltà per promuovere delle riforme significative.

È chiaro che lo Shaykh Nadwi era ispirato da una preoccupazione radicata nella lettura contestualizzata delle risorse primarie dell'Islam di cui sottolineava il realismo ed il pragmatismo. Eppure, come suggerisce il crescente interesse verso i suoi scritti sia in India che in altre parti del mondo, il suo appello ad una più ampia gamma di questioni sembra toccare una corda d'interesse dei musulmani per quel che concerne le sfide della globalizzazione e della modernità.

Glossario

Āyah (pl. *āyāt*): Versetto del Corano

Āyatullah: "Segno di Dio", titolo onorifico attribuito ai membri principali della gerarchia religiosa sciita.

Bid'ah: Innovazione in ambito religioso.

Bay'ah: Alleanza spirituale.

Dār al'Ulūm: Istituzione educativa islamica.

Da'wah: Introduzione dell'Islam ai non musulmani. Nel caso sia applicata ai musulmani, indica l'atto di ricordare loro degli obblighi religiosi.

Dhikr: Ricordo di Dio.

Dīn: Fede religiosa.

Fiqh: Legge e giurisprudenza islamica

Hadith: Tradizioni concernenti i detti e le azioni del Profeta Muhammad (pbsl).

Hanafī: Scuola di legge sunnita fondata dall'Imām Abu Hanifa.

'Ibādah: Pratica rituale e dovere religioso.

'Ilm: Conoscenza religiosa.

Jāhiliyyah: Lett. "Età dell'ignoranza" indica il periodo pre-islamico della storia araba.

Khalīfah: Maestro spirituale di un ordine sufi.

Kufr: Miscredenza, mancanza di fede.

Madhab: Scuola di giurisprudenza islamica.

Madrasah: Istituzione d'insegnamento superiore.

Masjid: Moschea.

Muftī: Giureconsulto.

Mujaddid: Rinnovatore della conoscenza religiosa e della pratica spirituale.

Murīd: Novizio che sta per intraprendere l'iniziazione spirituale in un ordine sufi.

Murshid: Maestro spirituale.

Salafis: Quanti professano le pratiche dei primi musulmani.

Shā'fi'ī: Scuola di legge sunnita fondata da Muhammad bin Idris al-Shā 'fi'ī

Shari'ah: La sacra legge islamica.

Shaykh: Titolo riservato agli eminenti studiosi e maestri spirituali.

Shirk: Atto di attribuire dei consimili a Dio.

Sufi: Mistici musulmani.

Sunna: Esempio normativo del Profeta (pbsl).

Tafsīr: Commentario del Corano.

Taqlīd: Atto di seguire le disposizioni e le regolamentazioni degli studiosi in materia di fede e di riti religiosi.

Taqwā: Consapevolezza di Dio, fede e pietà religiosa.

Tarbiyah: Educazione morale.

Tarīqah: Ordine sufi.

Tawhīd: Puro monoteismo islamico radicato nell'unicità ed unità divina.

'Ulama: Studiosi di scienze religiose.

Ummah: Comunità musulmana.

Bibliografia

Abdul Hai, *India During Muslim Rule*, Lucknow, 1977.

Ahmed, Akbar, *Discovering Islam: Making Sense of Muslim History and Society*, London, 1988.

------------------, *Postmodernism and Islam*, London, 1992.

Al-Hasani, Muhammad, *Rudād-i-Chaman*, Lucknow, 1976.

------------------, *Payām-Nadwat al-'Ulamā'*, Karachi, n.d.

------------------, *Sīrat Mawlana Muhammad 'Ali Mongīri Bānī Nadwat-al 'Ulamā'*, Karachi, 1980.

------------------, *Tadhkirah Sayyid Shah 'Alamullah, Hasani Rae Bareli*, Karachi, n.d.

Ali, Sheikh Jameil, *Islamic Thought and Movement in the Sucontinent*, New Delhi, 2010.

Andrabi, Abroo, *Muhammad Asad, His Contribution to Islamic Learning*, New Delhi, 2007.

Ansari, Muhammad Abdul Haq, *Sufism and Shari'ah*, Leicester, 1986.

Azad, Abul Kalam, *India Wins Freedom*, Calcutta, 1962.

Azami, Muhammad Mustafa, *Studies in Hadith Methodology and Literature*, Indiana, 1977.

Badawi, Zaki, *The Reformers of Egypt*, London, 1978.

Baig, Khalid, *First Things First*, Stanton, 2004.

Baljon, JMS, *The Reforms and Religious Ideas of Sir Sayyid Ahmad Khan*, Lahore, 1970.

Al-Bannā, Hasan, *Mudhakkirāt al-Da'wat wa al-Dā'iyah*, Beirut, 1984.

Nijnori, Azizur Rahmān, *Tadhkirah Mawlana Muhamad Yusuf Amir-i Tabligh*, Bijnor, 1996.

Chughtā'ī, Ikram, *Muhammad Asad: Europe's Gift to Islam*, 2 vol., Lahore, 2006.

Doi, 'Abdur Rahmān, *'Ulum al-Qur'ān: A Study in Methodology and Approach*, Pretoria, 1997.

Douglas, I. H., *Mawlana Abul Kalam Azad: An Intellectual and Religious Biography*, Oxford, 1988.

Esposito, John (ed.), *Makers of Contemporary Islam*, New York, 2001.

Faridi, Nasim Ahmad, *Hadhrat Shah Abu Sa'id Hasanu*, Lucknow, 1989.

Faruqi, Ismail and Faruqi, Lois Lamya, *The Cultural Atlas of Islam*, New York, 1986.

Ghazali, Muhammad, *The Socio-Political Thought of Shah Wali Allah*, Islamabad, 2001.

Gilani, S.M. Yunus, *The Socio-Political Role of Ulama in Egypt: 1798-1870*, New Delhi, 2007.

Hadi, Husain, *Syed Ahmed Khan: Pioneer of Muslim Resurgence*, Lahore, 1970.

Hameed, Syeda, *Islamic Seal on India's Independence*, New Delhi, 1998.

Hansen, Thomas Blom, *The Saffron Wave: Democracy and Hindu Nationalism in Modern India*, Delhi, 1999.

Hasani, Abdul Hayy, *Nuzhat al-Khawātir*, Rae Bareli, 1991.

------------------------, *Al-Thaqāfat al Islamiyyah fi al-Hind*, Damascus, n.d.

Hermansen, Marcia, *The Conclusive Argument of God*, Islamabad, 2003.

Hitti, Philip, *History of the Arabs*, London, 1986.

Hourani, Albert, *Arabic Thought in the Liberal Age 1798-1939*, Cambridge, 1983.

Iqbal, Muhammad, *The Achievement of Love: The Spiritual Dimension of Islam*, Vermont, 1987.

Islahi, Zafar-al-Islam, *Fatawa Literature of the Delhi Sultanate Period*, New Delhi, 2005.

Isma'il, Abu Rabi, *Intellectual Origins of Islamic Resurgence in the Arab World*, New York, 1996.

Kharroufah, Alā-ud-Din, *The Judgement of Islam and the Crisis of Salman Rushdie*, Kuala Lumpur, n.d.

Khalid, Adeeb, *The Politis of Muslim Cultural Reform: Jadidism in Central Asia*, Berkeley, 1998.

Khan, Masihullah, *Strike*, Port Elizabeth, n.d.

Khan, Shams Tabriz, *Tārikh Nadwat al-'Ulama*, Lucknow, 1984.

Kidwai, 'Abdus Salām, *85 years of Nadwat al-'Ulamā'*, Lucknow, n.d.

Lawrence, Bruce, *Nizamuddin Awliya: Morals of the Heart*, New York, 1992.

Ludden, David, *Making India Hind*, New Delhi, 1998.

Madani, Sayyid Tufayl, *Sirat-I Sādāt-I Qutbiyyah*, Delhi, n.d.

Maneri, Sharfuddin, *The Hundred Letters*, New York, 1980.

Masud, Muhammad Khalid, *Travellers in Faith*, Leiden, 2000.

Mas'ūdi, Muhammad Anzar, *Nqsh-i Darwām: Hayāt-i Muhaddith-i Kashmiri*, Multan, 2006.

Mawdudi, Sayyid Abul A'la, *A Short History of the Revivalist Movement in Islam*, Lahore, 1972.

-----------------------------------, *The Qadiani Problem*, Lahore, n.d.

-----------------------------------, *Towards Understanding the Qur'ān*, vol. V, Leicester, 1995.

Metcalf, Barbara, *Islamic Contestations*, New Delhi, 2004.

----------------------, *Islamic Revival in British India: Deoband, 1860-1900*, Princeton, 1982.

Miftahi, Muhammad Zafiruddin, *Hayāt-i-Mawlānā Gilāni*, Karachi, 1994.

Murad, Khurram, *In the Early Hours: Reflections on Spiritual and Self-Development*, Leicester, 2001.

Nadwi, Syed Habibul Haq, *Islamic Legal Philosophy and the Qur'ānic Origin of the Islamic Law*, Durban, 1989.

-------------------------------, *Islamic Resurgent Movements in the Indo-Pak Subcontinent*, Durban, 1987.

-------------------------------, *The Dynamics of Islam*, Durban, 1982.

Nadwi, 'Abdullāh 'Abbās, *Mīr-I Karwān*, New Delhi, 1999.

---------------------, Abu Suhbān Ruh al-Quds, *Mawlānā Shaykh Nadwi awr 'Ilm-I Hadith*, Lucknow, 2000.

Nadwi, Muhammad Akram, *Armughān-I Farang*, London, 2004.

Nadwi, Muhammad Imran Khan, *Mashāhīr Ahl-I 'Ilm kī Muhsin Kitāben*, Lucknow, 2004.

Nadwi, Muhammad Rabey, *Samarqand wa Bukhārā kī Bāzyaft*, Lucknow, 1998.

Nadwi, Sayyid Abul Hasan Ali, *A Misunderstood Reformer*, Lucknow, 1979.

-------------------------------------, *'Ālam-I Arabiyyah ka Almiyah*, Karachi, 1980.

-------------------------------------, *Al-Imām Muhammad bin Isma'il al-Bukhārī wa Kitabahu Sahih al-Bukhārī*, Lucknow, 1996.

-------------------------------------, *Al-Muslimūn wa Qadiyat al-Filistīn*, Lucknow, n.d.

-----------------------------------, *Appreciation and Interpretation of Religion in the Modern Age*, Lucknow, 1982.

-----------------------------------, *Da'wah in the West: Qur'ānic Paradigm*, Leicester, 1992.

-----------------------------------, *Do Hafte Maghrib Aqsa Men*, Lucknow, n.d.

-----------------------------------, *Do Hafte Turkey Men*, Karachi, 1992.

-----------------------------------, *Faith versus Materialism*, Lucknow, 1976.

-----------------------------------, *From the Depth of the Heart in America*, Lucknow, 1978.

-----------------------------------, *Glory of Iqbal*, Lucknow, 1973.

-----------------------------------,*Guidance from the Holy Qur'ān*, Leicester, 2005.

-----------------------------------, *Hayāt i-'Abdul Hayy*, Karachi, 1989.

-----------------------------------, *Inviting to the Way of Allah*, London, 1996.

-----------------------------------, *Islam and Civilisation*, Lucknow, 1986.

-----------------------------------, *Islam and the Earliest Muslims: Two Conflicting Portraits*, Lucknow, 1984.

-----------------------------------, *Islam and the World*, Lucknow, 1974.

-----------------------------------, *Kārwān-I Zindagi*, 7 vol., Lucknow, 1999.

-----------------------------------, *Life and Mission of Mawlana Mohammad Ilyās*, 1979.

-----------------------------------, *Mankind's Debt to the Prophet Muhammad*, Oxford, 1992.

-----------------------------------, *Meri 'Ilmi wa Mutāla'āti Zindagi*, Rae Bareli, n.d.

------------------------, *Muslims in India*, Lucknow, 1982.

------------------------, *Purāne Charāgh*, Lucknow, 1984.

------------------------, *Rabbāniyah lā Rahbāniyah*, Karachi, n.d.

------------------------, *Riddatun wa lā Abā Bakr lahā*, Lucknow, 1959.

------------------------, *Reconstruction of Indian Society*, Lucknow, 1976.

------------------------, *Religion and Civilisation*, Lucknow, 1975.

------------------------, *Saviours of Islamic Spirit*, 4 vol., Lucknow, 1990.

------------------------, *Sawānih Mawlana Abdul Qādir Rāipūrī*, Lahore, 1977.

------------------------, *Stories of the Prophets*, Lucknow, 1976.

------------------------, *Studying the Glorious Qur'ān: Principles and Methodology*, Leicester, 2003.

------------------------, *Suhbate bā Ahl-I Dil*, Karachi, 1982.

------------------------, *Ta'mīr-I Insāniyat*, Karachi, n.d.

------------------------, *Tārikah Da'wat wa 'Azīmat*, Karachi, n.d.

------------------------, *The Life of Caliph 'Ali*, Lucknow, 1991.

------------------------, *The Role and Responsibility of Muslims in the West*, Leicester, 1993.

------------------------, *Ummat-I Islāmī ka Mustaqbil Khalijī Jang ke Ba'd*, Karachi, n.d.

------------------------, *Western Civilisation, Islam and Muslims*, Lucknow, 1974.

Nadwi, Sayyid Muhammad Hamza, *Maktūbāt-I Hadhrat Mawlana Sayyid Abul Hasan Ali Nadwi*, 2 vol., Rae Bareli, 2004.

Nadwi, Sulaymān, *Hayāt-I Shibli*, Azamgarh, n.d.

Nasr, Seyyed Vali Reza, *The Vanguard of the Islamic Revolution: The Jamā'at-i-Islāmī of Pakistan*, Berkeley, 1995.

Nizami, Khaliq Ahmad, *Secular Tradition at Aligarh Mulim University*, Delhi, 1999.

----------------------------, *Some Aspects of Religion and Politics in India during the Thirteenth Century*, Delhi, 1974.

...., *On Sources and Source Materials*, New Delhi, 1995.

Nomani, M. M., *Khomeini, Iranian Revolution and the Shi'ite Faith*, Lucknow, 1986.

Poole, S.L., *Salahuddin and the Fall of the Kingdom of Jerusalem*, Lahore, 1979.

Qāsimi, Mamshad Ali, *Sayyid Abul Hasan 'Ali Nadwi, Akābir ki Nazar men*, Phulat, 1998.

Qāsimi, Muhammad Asjad, *Mufakkir-i Islam Mawlana Sayyid Abul Hasan Ali Nadwi*, Deoband, 2000.

Qureshi, Ishtiaq Husain, *Ulema in Politics*, Karachi, 1974,

Rahnema, Ali, *The Pioneers of Islamic Revival*, London, 1994.

Rahman, Fazlur, *Selected Letters of Shaykh Ahmad Sirhindi*, Lahore, 1984.

Ramadan, Tariq, Islam, *The West and the Challenges of Modernity*, Leicester, 2001.

Reetz, Dietrich, *Islam and the Public Sphere*, New Delhi, 2006.

Rizwi, S.A.H.A, *Supreme Court and the Muslim Personal Law*, Delhi, 1985.

Robert, Hefner, *Schooling Islam*, Princeton, 2007.

Robinson, Francis, *Islam and Modern History in South Asia*, Delhi, 2001.

--------------------, *Islam and Muslim History in South Asia*, New Delhi, 2001.

--------------------, *The Ulama of Farangi Mahal and Islamic Culture in South Asia*, Lucknow, 2001.

Schimmel, Annemarie, *Mystical Dimensions of Islam*, Chapel Hill, 1975.

Shafi, Muhammad, *Ma'arif-ul Qur'ān*, vol. 5, Karachi, 2001.

Shahid, Muhammad Isma'il, *Taqwiyat al-Imān*, Lucknow, 1991.

Siddiqi, Mazheruddin, *Modern Reformist Thought in the Muslim World*, Islamabad, 1982.

Siddique, Abdur Rashid, *Tazkiyah: The Path to Self-Development*, Leicester, 2004.

Siddiqui, Muhammad Na'im, *'Allāmh Sayyid Sulaymān Nadwi: Shakhsiyyat wa Adabī Khidmāt*, Lucknow, 1985.

Sikand, Yoginder, *Muslims in India since 1947: Islamic Perspectives on Inter-Faith Relations*, London, 2004.

--------------------, *The Origins and Development of the Tablighī Jamā'at: 1920-2000*, New Delhi, 2002.

Uthama, Thameem, *Methodologies of the Qur'ānic Exegesis*, Kuala Lumpur, 1995.

'Uthmāni, Masud'ul Hasan, *Takbir-i-Musalsal*, Lucknow, 2002.

Wan Daud, Wan Mohammad Nor, *The Educational Philosophy and Practice of Syed Muhammed Naquib Al-Attas*, Kuala Lumpur, 1998.

Watt, Montgomery, *Muslim Intellectual: A Study of Al-Ghazali*, Edinburgh, 1963.

Zaheer, Syed Iqbal, Abul Hasan Ali Nadwi, *A Man of Hope Through a Century of Turmoil*, Bangalore, 2005.

Zakariyyah, Muhammad, *Āp Bītī: Autobiography*, 6 vol., Lenasia, 2007.

Zaman, Muhammad Qasim, *The Ulama in Contemporary Islam: Custodians of Change*, Princeton, 2002.

Zebiri, K., *Mahmud Shaltut and Islamic Modernism*, Oxford, 1996.

Periodici

Ta'mīr-I Hayāt, Special Issue (Lucknow, 2000)

The Fragrance of the East, Special Issue (Lucknow, 2000)

Islamic Studies (Islamabad 1993, 32:4).

OCIS Newsletter (January, 2000)

International Journal of Middle Eastern Studies (2003)

Al-Ahsan, (2001 vol. 1-2)

Al-Qāsim, Special Issue (Lahore, 2001).

Karwān-i Adab (Lucknow, 2001).

Al-Mimbar Monthly (Lucknow, 1976).

Bayyināt (Karachi, 1980).

Al-Manhal, (Riyad, 1421).

Hamdard islamicus (Karachi, 2003)

Discourse (Auckland Pakr, 2004).

Fikri-i Islami (Basti, 2001).

SAYYID ABUL HASAN ALI NADWI: LIFE AND LEGACY

By Abdul Kader Choughley, Aligarh, India: K.A.N. Centre for Quranic Studies in associazione con Springs, South Africa: Ahsan Academy of Research, 2022, 416 pp. ISBN: 9789391601256.

Gli studenti dell'Islam dell'Asia meridionale, in modo particolare della Da'wah, del revivalismo islamico e della questione identitaria dei musulmani indiani nell'India indipendente dovrebbero essere grati al Dottor Abdul Kader Choughley, rinomato studioso musulmano del South Africa, per aver prodotto un'opera analitica ed autorevole sull'intera eredità di Syed Abu'l-Hasan 'Ali Nadwi (1913-1999), studioso islamico di spicco e revivalista dei nostri tempi. Gli scritti di Nadwi eloquenti ed ispiranti, scritti in un arabo letterario ed elegante e poi tradotti nelle più importanti lingue, rappresentano un invito costante a ritornare alle radici dell'Islam. Questo studioso ha dedicato il suo cuore e la sua anima al revivalismo islamico, in modo particolare nelle terre arabe. Come studioso devoto e pio che ha condotto una vita ascetica, veniva rispettato in tutto il mondo musulmano. Choughley ha presentato la sua vita ed i suoi traguardi in modo encomiabile.

La fonte principale di questo lavoro è costituita dall'autobiografia dello Shaykh Nadwi in sette volumi, *Kārawān-i Zindagi* in lingua urdu (1984-1999), sebbene l'autore abbia anche attinto ampiamente dalle seguenti opere: (1) *The Rise and Fall of Muslims: Its Impact on the World* (opera scritta originariamente in arabo con il titolo di *Mādhā Khasira al-'Ālam* bi'Inhitāt al-Muslimīn) e (2) *Muslim in the West: The Message and Mission* (1983).

L'autobiografia di Nadwi composta da migliaia di pagine rappresenta una cronaca ben documentata dei suoi tempi, in quanto mettono il lettore a conoscenza delle correnti intellettuali, religiose, socio-culturali ed ideologiche del suo tempo. Nel corso della scrittura di quest'ampia cronaca, Nadwi sembra seguire i passi di suo padre, uno studioso islamico, 'Abdal-Hayy al-Hasani, noto come *Nuzhat al-Khawaiir*, spicca come opera enciclopedica sulla storia intellettuale dell'India musulmana. Quest'ultima opera in otto volumi in arabo opera come un eccellente dizionario biografico di eminenti musulmani dal primo al quattordicesimo secolo dell'*Hijrah*. Nella sua prefazione, Nadwi fa riferimento a tre autobiografie in urdu dei suoi predecessori, che erano anche i suoi mentori sotto vari punti di vista e che lo hanno ispirato ad intraprendere quest'opera: il *Naqsh-i Hayāt* di Husayn Ahmad Madani, l'*Āp Biti* di Muhammad Zakariyya e l'*Āp Biti* da Abdul Majid Daryabadi. L'opera di questi studiosi e di Nadwi hanno in comune la storia intellettuale dei musulmani indiani ed in modo particolare la vita religiosa in India nel ventesimo secolo. Tutte e quattro le opere si rapportano alla questione dell'identità islamica dei musulmani indiani relativamente alle sfide ed alle minacce del colonialismo, dell'occidentalizzazione e dell'estremismo induista.

Choughley non ha solo riassunto l'opera di Nadwi, ma l'ha anche presentata con grande capacità editoriale espressa nella divisione in capitoli, nella cronologia della vita e delle opere di Nadwi e nella ricca bibliografia. Tutte queste caratteristiche rendono questo testo un'opera di rapida consultazione per il lettore.

Nella sua introduzione Choughley presenta i contributi di Nadwi consistenti primariamente nella centralità assegnata al Corano ed alla Sunna, al supporto dato alla *da'wah* ed al *tajdīd*, alla critica dell'occidentalizzazione, del materialismo e delle pratiche non islamiche in tutto il mondo musulmano, in modo particolare nelle terre arabe, ed alla conservazione e potenziamento dell'identità islamica tra l'assediata minoranza musulmana indiana. È notevole che l'impegno di Nadwi sui precedenti fronti non si sia limitato alla produzione di opere stimolanti e coinvolgenti, in quanto era anche un attivista e visitò molti paesi dove tenne una serie di lezioni e conferenze

Ed ha fondato istituzioni, organizzazioni ed accademie. Non meraviglia che molte accademie sparse per il mondo abbiano portato avanti attivamente la sua missione per gli ultimi vent'anni, dopo la sua morte. L'*Ahsan Academy*, che ha co-pubblicato quest'opera, porta il suo nome e ha prodotto più di dodici libri in lingua inglese sull'Islam nell'Asia meridionale.

Sayyid Abu'l-Hasan Nadwi nacque in una famiglia di studiosi musulmani devoti e ricevette un'autentica educazione islamica. Oltre che dai suoi religiosi genitori, i suoi anni formativi sono stati influenzati dagli insegnanti arabi della sua scuola, la *Nadwat al-'Ulama* a Lucknow, ossia lo Shaykh Khalil e lo Shaykh Taqi al-Din al-Hilali, e dagli incontri avuti con Muhammad Iqbal, rinomato filosofo musulmano. Quest'interazione lo ha condotto nel tempo ad acquisire un'invidiabile padronanza della lingua e della letteratura araba, ed a dedicarsi interamente alla causa della *da'wah* e della rinascita islamica nel corso delle sue ricerche accademiche legate in maniera indissolubile all'Islam. Tra i suoi primi scritti, sono degni di una menzione speciale i libri di testo intitolati *Qasas al-Nabīyyīn*. Pensate per dei lettori di lingua araba, queste storie sono inframmezzate copiosamente di versetti coranici al fine di famigliarizzare i giovani studenti con il superbo stile letterario del Corano ed il suo messaggio didattico. All'inizio della sua carriera, nel 1941, Nadwi si avvicinò agli scritti ed alla visione dell'Islam di Sayyid Mawdudi. Choughley ha analizzato in modo dettagliato questo rapporto che si è concluso quando Sayyid Nadwi si è allontanato dalla *Jamā'at-i Islāmī* ed ha aderito al *Tablighi Jamā'at*, un altro movimento revivalista popolare fondato da Muhammad Ilyās. *The Rise and Fall of Muslims*, un'altra opera fondamentale originariamente scritta in arabo nel 1947, con la sua critica lucida al moderno liberalismo secolare ha stabilito le sue credenziali di profondo pensatore musulmano. Il suo attivismo sia religioso che politico lo condusse frequentemente nelle terre arabe, in modo particolare in Arabia Saudita. Nei suoi discorsi appassionati, costui ha esortato i musulmani a ritornare all'Islam originale e ad emulare il ruolo modello del Profeta (pbsl). Con il medesimo vigore ha condotto la *da 'wah* in Occidente. Decine di suoi libri, in cui sono stati raccolti i suoi discorsi sia nel mondo arabo che in Occidente, dimostrano questa dedizione indefessa alla *da'wah*.

Sayyid Nadwi era anche un attivista pragmatico che ha fondato delle istituzioni per una più ampia diffusione delle idee che gli erano care. Oltre a consolidare la *Nadwat al-'Ulama*, ha avuto un ruolo fondamentale nella fondazione delle seguenti istituzioni: *Dini Ta'limī Council, Majlīs Mushāwarah, Payām Insāniyat, Rābitat Abad al-'Ālam al-Islāmī* e il *Muslim Personal Law Board*. Il movimento del *Payām-i Insāniyat* era finalizzato a promuovere delle relazioni cordiali tra musulmani ed indù, in modo particolare nell'onda delle orrende violenze intercomunitarie nell'India post-indipendenza (1947), in cui migliaia di musulmani sono stati brutalmente uccisi sia dalla polizia che dai membri dell'Hindutva. Nadwi si è impegnato per riunire indù e musulmani sotto il vessillo dei loro comuni valori morali e spirituali.

Choughley ha identificato in modo perspicace i seguenti temi chiave negli scritti di Sayyid Nadwi: la spiegazione del significato e del messaggio del Corano inteso come una guida per i musulmani nel mondo moderno, l'elaborazione di uno stile di vita islamico che includesse sia la fede che la pratica, la rilevanza dell'Islam non solo per i musulmani ma anche per l'umanità in generale, la conservazione della cultura indo-islamica mantenendo e rinforzando l'identità musulmana, in modo particolare della minoranza musulmana in India, la critica dell'occidentalizzazione e del materialismo, l'elaborazione di nuove strategie della *da 'wah*, la promozione della letteratura islamica, dell'educazione dei giovani e della rinascita islamica.

In appendice viene riportato un utile glossario ed una bibliografia ben strutturata. Choughley deve essere apprezzato per aver sintetizzato l'opera autobiografica del Sayyid Nadwi rendendola disponibile per i lettori di lingua inglese interessati al movimento di rinascita islamica del ventesimo secolo ed alla storia della comunità islamica in India. Questo testo infatti include tutte le conoscenze ed i dati disponibili relativamente ai successi del Sayyid Nadwi ed al movimento di rinascita islamica del ventesimo secolo.

Abdur Raheem Kidwai

Aligarh Muslim University

Aligarh, India